日建学院

令和6年度版
(2024年度版)

2級 建築施工管理技士

一次対策 問題解説集

2024

はじめに

■　建築施工管理技士の資格について

建築工事の施工技術の高度化・多様化、さらに専門化にともない、建設工事の円滑な施工と工事完成品の質的水準の確保を図る上で、建築施工管理技士の重要性が高まっています。

この様な状況に対応して、国土交通省では、建設工事に従事する者の技術力の向上を図るため、建設業法第27条に基づく技術検定を実施しており、国土交通大臣から指定試験機関の指定を受けている（一財）建設業振興基金が指定試験実施機関となって、「建築施工管理技術検定試験」を実施しています。

建築施工管理技術検定は、１級と２級に区分され、「建築一式工事の実施に当たり、その施工計画及び施工図の作成並びに当該工事の工程管理、品質管理、安全管理等工事の施工の管理を適確に行うために必要な技術」を対象に行われます。

建設業法施行令等の改正により、実務経験を積む前に一次試験のみを受験できるようになりました。この制度によって一次試験に合格した方は、定められた有効期間内に所定の受検資格を満たすと、二次試験を受験することが可能となります。

■試験のポイント

近年の全国合格率は、約35％から50％弱となっており、その年度の問題の難易度により、変動しています。これは、一定以上の得点者を合格させるという「基準点試験」である為です。

したがって、**基本をしっかりと理解しなければならない**試験といえます。

■本書のねらい

本書は、過去６年間の出題を分野別に編集したもので、非常に理解しやすく、かつ、学習を進めやすい編集となっています。そして、最新の令和５年（後期）の問題は、「本試験にチャレンジ *!!*」として、本試験形式で掲載しています。なお、本書では後期試験のみ掲載しています。また、解説にはできるだけ図を配置して視覚からも理解をすることができる内容になっています。

すなわち、本書は、単に「解くだけの問題集」ではなく、「読んで理解する問題集」、「項目別の出題傾向を把握する問題集」でもあるべき、という主旨で作成されています。

合格のために必要なのは、なんといっても「繰り返し」です。「繰り返し」によって問題の解き方が徐々に身についてくるとともに、新たな発見があり、学習の楽しみが湧いてくるものです。

本試験までに本書を繰り返し解くことが、合理的で、かつ、効果的な学習方法であり、合格への最短距離となります。

本書の内容を繰り返し学習することで、試験における項目別の出題内容を理解し、一次試験に合格されますよう、心よりお祈り申し上げます。

日建学院教材研究会

令和６年度版

２級建築施工管理技士　一次問題解説集

目　次

3 共　通

4 施工管理法

5 法　規

本書の特徴と活用方法

●特　徴

① 出題傾向を把握できるよう、過去６年分の出題を、分野別に分類して編集しています（最新の令和５年度（後期）の問題は本試験形式で掲載しています）。

② 問題の難易度によって、A〜Cの３ランクに分類しています。

ランク	難　　易　　度
A 基本問題	比較的易しい問題で、類題も多く出題されている。 確実に解答できなければならない問題。
B 標準問題	多少難解で、正解するには応用力を必要とする。 出題頻度が高く、今後においても出題が考えられる問題。
C 難解問題	難解な問題で、正解するには幅広い知識と応用を必要とする問題。

③ 最新の法改正・基準改定に対応した内容としています。

●学習方法

試験に合格するためには、試験傾向を把握し、過去問題は確実に正解する必要があります。そこで限られた時間内に必要な情報を効率よく習得できるよう、次のような学習方法を実施して下さい。

① 問題は解答肢を選択するだけではなく、全ての設問肢について解説を読み、何度も出題されている設問肢については、マーキングしておきましょう。

② 特に間違った設問肢については、どこを理解していなかったのかを解説でしっかりと確認しましょう。

③ 解答肢の丸暗記はしないようにしましょう。また、関連する事項や手順なども把握するようにしましょう。

④ 問題を１問でも多く把握するために、とにかく問題を解く時間をつくりましょう。

⑤ 「問題番号の左」、「解説肢番号の左」に＊のある設問は、今後の出題があまり考えられない、または、難解で学習効率が低く、試験対策として重要でない事項です。学習においては、深入りする必要はありません。

⑥ その他、問題の見出し他は、次の通りです。

出題年度・問題解説集番号　対応表

出題番号	R04	R03	R02	R01	H30	H29
1	5	1	2	8	6	3
2	13	7	10	11	14	4
3	19	9	17	18	20	12
4	27	29	30	31	28	34
5	32	35	36	40	33	39
6	43	37	38	41	44	42
7	23	24	25	21	22	26
8	58	59	60	61	57	62
9	45	46	47	48	50	49
10	51	52	53	54	55	56
11	67	69	70	71	68	72
12	63	64	65	161	80	66
13	79	159	160	77	78	76
14	73	74	75	170	174	179
15	196	185	197	186	198	187
16	191	15	193	16	192	194
17	183	195	188	189	184	190
18	87	83	84	85	88	270
19	96	90	91	92	97	276
20	100	101	98	94	104	284
21	108	106	102	103	107	288
22	120	119	109	112	116	292
23	145	127	114	117	123	302
24	149	132	121	122	125	308
25	136	137	129	130	126	313
26	154	157	146	147	144	205
27	162	175	135	133	150	211
28	172	181	141	142	138	247
29	200	201	152	156	155	218
30	206	207	163	164	166	225
31	212	244	167	171	176	227
32	214	215	182	140	178	242
33	220	221	202	203	204	238
34	230	228	208	209	210	248
35	239	235	245	246	213	303

出題番号	R04	R03	R02	R01	H30	H29
36	237	233	216	217	219	86
37	251	253	222	223	224	81
38	257	249	229	226	231	82
39	260	259	240	236	241	89
40	266	261	232	243	234	93
41	262	263	252	254	250	95
42	265	264	256	255	258	99
43	271	267	268	269	272	105
44	278	274	273	277	275	110
45	279	280	281	282	283	111
46	289	285	286	287	290	113
47	295	293	294	291	296	115
48	297	299	300	301	298	118
49	309	305	306	307	310	124
50	314	312	315	311	304	199
51						128
52						131
53						148
54						134
55						151
56						143
57						139
58						153
59						158
60						165
61						169
62						168
63						177
64						173
65						180

1

建　築　学

計画原論（問題 1 ～問題 20）

●換気／●伝熱・結露／●日照・日影・日射／●採光・照明／●音響／●色彩

一般構造（問題 21 ～問題 44）

●基礎構造／●木構造／●鉄筋コンクリート構造／●鉄骨構造

構造力学（問題 45 ～問題 62）

●反力／●応力／●曲げモーメント／●応力度／●荷重・外力

建築材料（問題 63 ～問題 80）

●木材／●コンクリート／●金属材料／●防水材料／●シーリング材／●タイル

※例年、14 問出題され、そのうちから 9 問を選択して解答します（解答数が指定数を超えた場合、減点となります）。

R03−01 A CHECK

【問題 1】 通風及び換気に関する記述として、**最も不適当なもの**はどれか。

1. 風圧力による自然換気では、換気量は開口部面積と風速に比例する。
2. 室内外の温度差による自然換気では、給気口と排気口の高低差が大きいほど換気量は大きくなる。
3. 室内における必要換気量は、在室人数によらず一定になる。
4. 室内を風が通り抜けることを通風といい、もっぱら夏季の防暑対策として利用される。

解説

1. 風が建物に当たると風上側の開口部の外側は室内より圧力が高く、風下側の開口部の外側は圧力が低くなる。その圧力差によって換気が行われ、**風力**による**自然換気**の量は、**開口部面積**と**風速**に**比例**する。

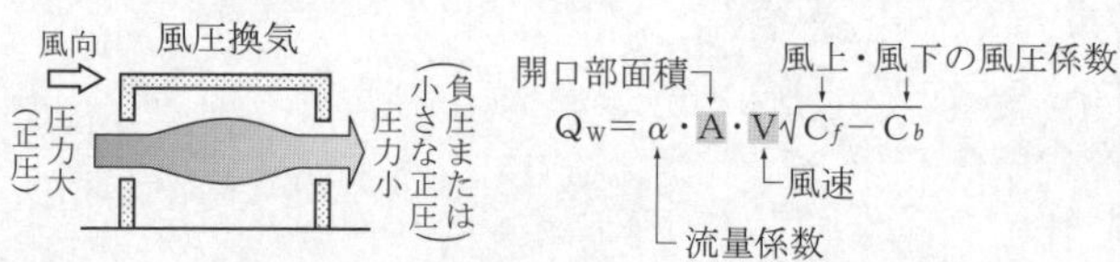

2. **自然換気**の**換気量**は、**開口部面積**に**比例**し、窓の高低差と温度差の積の平方根にほぼ比例するので、室内外の温度差による換気では、給気口と排気口の**高低差**が**大きい**ほど**換気量**は**大きく**、下部の給気口から屋外の空気が吸い込まれ、上部の排気口から軽い空気が排出される。

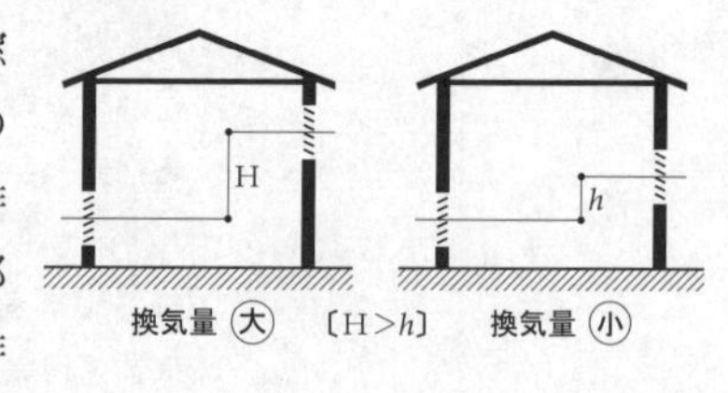

3. **必要換気量**は、室内の汚染濃度を許容濃度以下に保つために必要な最小の換気量をいうもので、**在室者の人数**でその値が**変動**し、室の容積に関係しない。

$$\frac{\text{室内に発生するガス}(CO_2)\text{量}}{CO_2\text{の許容量}-\text{大気中のガス}(CO_2)\text{量}}=\text{必要換気量}(m^3/\text{人}\cdot h)$$

4. 自然換気のなかで、特に風力もしくは温度差による駆動力により、開放された開口部を通じて室内を風が通り抜ける現象を**通風**という。夏期の防暑対策として利用され、特に冷涼感の向上が期待される。気流速度が大きい場合には書類の飛散等の原因となるため、一般には0.5〜1.0m/s程度の風速範囲が望ましいとされる。

正答 3

R02－01 B　　CHECK □□□□□

【問題　2】 換気に関する記述として、**最も不適当なもの**はどれか。

1. 第１種機械換気方式は、地下街や劇場など外気から遮断された大きな空間の換気に適している。
2. 第２種機械換気方式は、室内で発生した汚染物質が他室に漏れてはならない室の換気に適している。
3. 事務室における必要換気量は、在室者の人数でその値が変動し、室の容積に関係しない。
4. 室内外の空気の温度差による自然換気では、温度差が大きくなるほど換気量は多くなる。

解説

1. **第１種機械換気方式**は、給気、排気とも送風機(ファン)などの機械を用いる方式。室内圧は、正圧・負圧いずれも任意にできるので、安定した換気を行える。地下街や映画館、劇場など外気から遮断された**大きな空間**の換気に適している。
2. **第２種機械換気方式**は、**給気**は給気機等の**機械**で行い、**排気**は**自然排気**とする方式で、**クリーンルーム**、**手術室**、**ボイラー室**、**発電室**等に使用し、室内圧は**正圧**となる。汚染物質が他室に広がらないようにするには、排気のみにファンを用い室内を負圧に保つ第３種換気設備が適している。

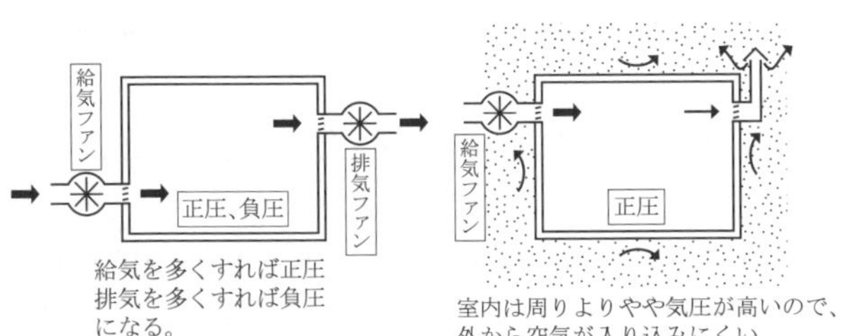

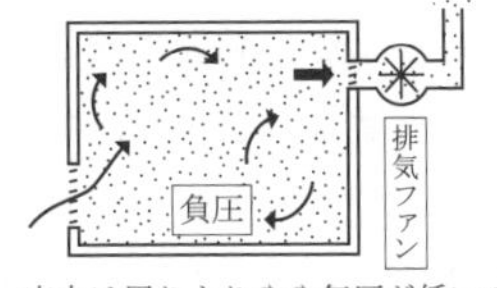

室内は周りよりやや気圧が低いので、
室内の空気は外へもれにくい。

第１種換気方式　　第２種換気方式　　第３種換気方式

3. **必要換気量**をその**室の容積**で割った値を**必要換気回数**といい、換気回数は、部屋の空気が１時間に何回入れ替わるかを表す。必要換気量は、室内の汚染濃度を許容濃度以下に保つために必要な最小の換気量をいうもので、在室者の人数でその値が変動し、室の容積に関係しない。
4. 室内外の温度差による換気は**重力換気**ともいい、室温が外気温より高い場合、屋外の重い空気の中に室内の軽い空気があることになり、室内の空気に浮力が生じ、下部の開口部から屋外の空気が吸い込まれ、上部の開口部から軽い空気が排出される。したがって、**温度差**が**大きく**なるほど**換気量**は**多く**なる。

正答　2

H29−01 A　CHECK

【問題　3】 通風及び換気に関する記述として、**最も不適当なもの**はどれか。

1. 風圧力による自然換気では、換気量は開口部面積と風速に比例する。
2. 換気回数とは、1時間当たりの換気量を室面積で除した値である。
3. 室内での二酸化炭素発生量が多いほど、必要換気量は多くなる。
4. 室内を風が通り抜けることを通風といい、もっぱら夏季の防暑対策として利用される。

解説

1. 風が建物に当たると風上側の開口部の外側は室内より圧力が高く、風下側の開口部の外側は圧力が低くなる。その圧力差によって換気が行われ、**風力**による**自然換気**の量は、**開口部面積**と**風速**に**比例**する。

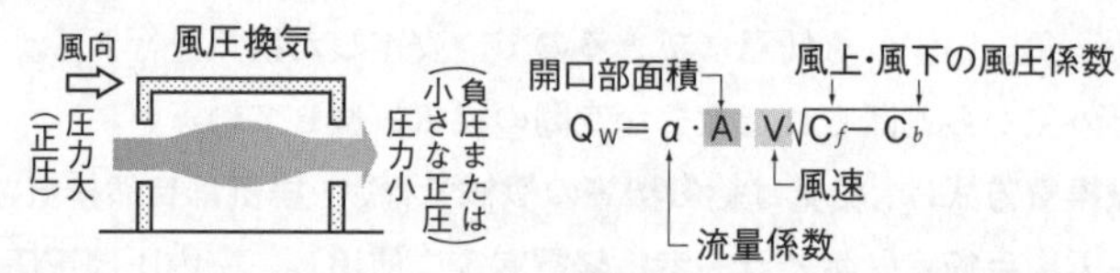

2. **必要換気量**をその**室の容積**で割った値を**必要換気回数**といい、換気回数は、部屋の空気が**1時間**に何回入れ替わるかを表す。必要換気量は、室内の汚染濃度を許容濃度以下に保つために必要な最小の換気量をいう。
3. 室内での**二酸化炭素発生量**が多いほど、汚染濃度を許容以下に保つために新鮮空気が必要となり、**必要換気量**は多くなる。
4. 自然換気のなかで、特に風力もしくは温度差による駆動力により、開放された開口部を通じて室内を風が通り抜ける現象を通風という。夏期の防暑対策として利用され、特に冷涼感の向上が期待される。気流速度が大きい場合には書類の飛散等の原因となるため、一般には0.5〜1.0m/s程度の風速範囲が望ましいとされる。

正答　2

H29−02 A CHECK □□□□□

【問題 4】 換気の方式に関する記述として、**最も不適当なもの**はどれか。

1. 自然換気方式には、屋外の風圧力を利用する方法と、室内外の温度差を利用する方法、又はそれらを組み合わせた方法がある。
2. 全般換気とは、室内全体の空気を外気によって希釈しながら入れ替える換気方式のことである。
3. 局所換気とは、局所的に発生する汚染物質を発生源近くで、捕集して排出する換気方式のことである。
4. 給気系のみに送風機を設けた第２種機械換気方式は、室内で発生した汚染物質が他室に漏れてはならない室に適している。

解説

1. **自然換気**は、主に屋外風圧力と屋内外の温度差によって行われる。換気量は、風による換気では**風速**に**比例**し、**温度差換気**では、**内外温度差**と**換気口の高さ**の差の**平方根**に**比例**する。
2. **全般換気**とは、室全体を換気することによって、室内に発生する汚染物質濃度を薄める方法であり、絶えず新鮮な空気と交換・循環させることである。
3. **局所換気**は、局所的に発生する有毒ガス、熱、水蒸気、臭気を、室全体に希釈、拡散させないように排出する換気方式であり、全般換気に比べて、換気量を少なくすることができる。台所のガスレンジフードのように発生場所の近くに取り付けたカバーから汚染物質を排除する方法や、実験室のドラフトチャンバーのように発生源を密閉して排出する方法がある。
4. **第２種機械換気方式**は、**給気**は給気機等の**機械**で行い、**排気**は**自然排気**とする方式で、クリーンルーム、手術室、ボイラー室、発電室等に使用し、室内圧は**正圧**となる。汚染物質が他室に広がらないようにするには、排気のみにファンを用い室内を負圧に保つ第３種換気設備が適している。

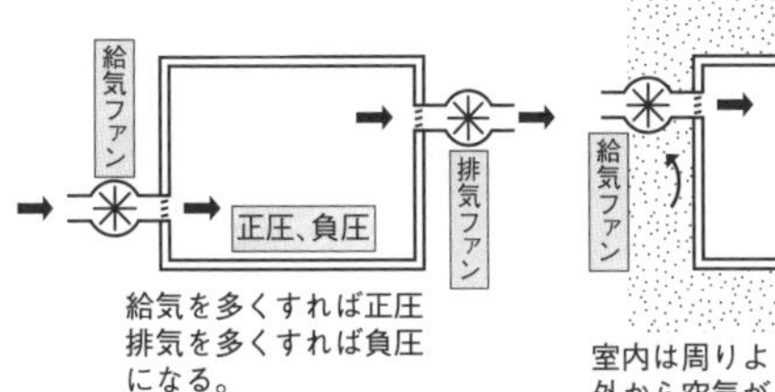

第１種換気方式

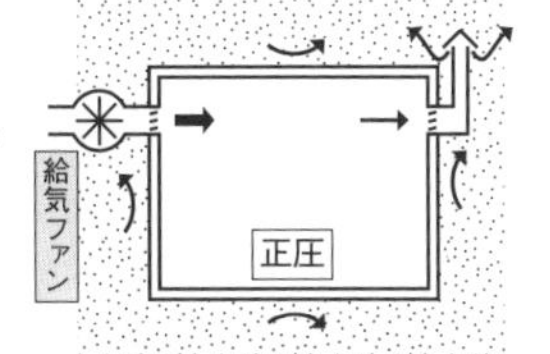

第２種換気方式

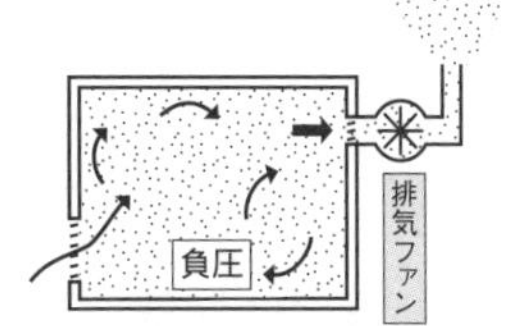

第３種換気方式

正答 4

R04−01 B　CHECK

【問題　5】 冬季暖房時の結露に関する記述として、**最も不適当なもの**はどれか。

1. 外壁の室内側の表面結露を防止するためには、室内側の表面温度を露点温度以下に下げないようにする。
2. 室内側の表面結露を防止するためには、外壁や屋根等に熱伝導率の高い材料を用いる。
3. 外壁の室内側の表面結露を防止するためには、室内側表面に近い空気を流動させる。
4. 室内側が入隅となる外壁の隅角部は、室内側に表面結露が生じやすい。

解説

1. 3. 外壁の室内表面に結露を生じさせないようにするためには、表面温度が露点温度(空気中の水蒸気が水滴に変わるときの温度)以下にならないように、室内側表面に近い空気を**流動**させることは有効である。

2. **結露**は、壁体各部の温度が下がり、これに接する室内空気が**露点温度以下**に冷やされることによって生じるので、室内側の表面結露を防止するためには、壁体各部の温度を上げることで防止できる。壁体各部の温度を上げる方法は、壁体の**熱貫流抵抗**を**大きく**することである。

4. 室内側が入隅となる外壁の隅角部は、他の部分よりも熱を伝えやすく外気温度に近くなるため、室内側に表面結露が生じやすくなる。この**隅角部**を**熱橋(ヒートブリッジ)**という。

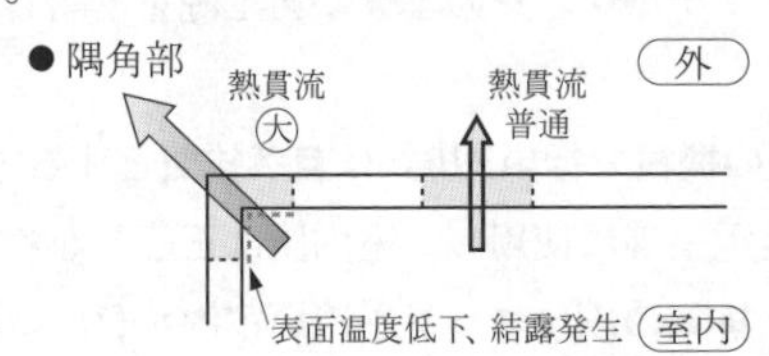

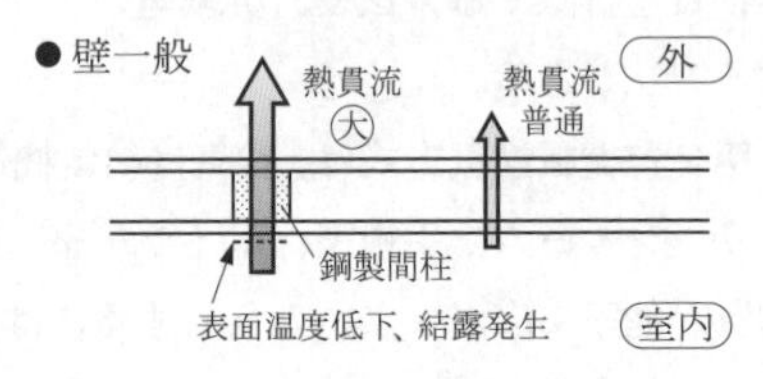

ヒートブリッジ

正答　2

H30−01 B　CHECK

【問題　6】 湿度及び結露に関する記述として、**最も不適当なもの**はどれか。

1. 露点温度とは、絶対湿度が100％になる温度である。
2. 冬季暖房時に、室内側から入った水蒸気により壁などの内部で生じる結露を内部結露という。
3. 冬季暖房時に、室内の水蒸気により外壁などの室内側表面で生じる結露を表面結露という。
4. 絶対湿度とは、乾燥空気１kgと共存している水蒸気の質量である。

解説

1. **露点温度**とは、絶対湿度を一定に保ちながら空気を冷却した場合に、**相対湿度**が100％となり、空気中の水蒸気が**結露**し始める温度である。
2. **内部結露**とは、壁体などの内部で結露する現象である。壁体内や２重サッシの間へ室内から湿気が入り込むと、内部の**露点以下**に下がったところで結露する。

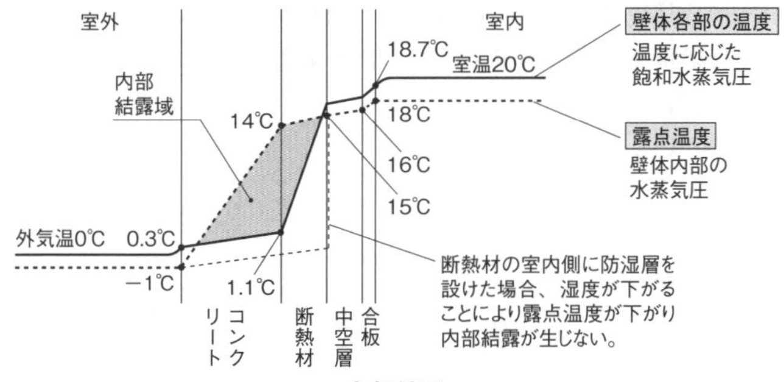

内部結露

3. 露点温度とは、ある温湿度状態の湿り空気を冷却したときに、飽和状態となり水分の凝結が始まる温度を言う。すなわち、空気中の水蒸気は、その露点温度より低い物体に触れると水分が凝結し、水滴となる。これが表面結露現象である。表面結露の発生の有無は、表面近傍の湿り空気の絶対湿度から露点温度を空気線図より求め、その値より壁面等の表面温度が低ければ表面結露することとなる。

＊4. 絶対湿度とは、空気中に含まれる水蒸気の総量で、単位はkg/kg′またはkg/kg(DA)で表す。水蒸気を含んだ湿り空気中のかわき空気(DA：Dry Air) 1kgに対する水蒸気量を表す。

正答　1

R03−02 B　CHECK □□□□□

【問題　7】 日照及び日射に関する記述として、**最も不適当なもの**はどれか。

1. 日照時間は、日の出から日没までの時間をいう。
2. 太陽放射の光としての効果を重視したものを日照といい、熱的効果を重視したものを日射という。
3. １年を通して終日日影となる部分を、永久日影という。
4. 天空日射量とは、日射が大気中で散乱した後、地表に到達する日射量をいう。

解説

1. 気象分野では、ある地点における、**日の出から日没まで**の時間を**可照時間**といい、天候などの影響で実際に日照があった時間を**日照時間**という。
2. **日照**は、太陽放射の光としての効果を重視したものであり、**日射**は、熱的効果を重視したものである。
3. **夏至**に**終日日影**となる部分は、１年を通じて日影となるので**永久日影**という。
4. 大気層を直接通り抜けて直接地表に達する日射量を**直達日射量**、途中で乱反射されて地上に達する日射量を**天空日射量**といい、両方を合計したものを**全天日射量**という。

正答　1

R01−01 C CHECK □□□□□

【問題 8】 日照及び日射に関する記述として、**最も不適当なもの**はどれか。

1. 北緯35度付近の冬至における終日日射量は、南向きの鉛直面が他のどの向きの鉛直面よりも大きい。
2. 日照時間は、日の出から日没までの時間をいう。
3. 北緯35度付近の夏至における終日日射量は、東向きの鉛直面よりも水平面の方が大きい。
4. 大気透過率が高くなるほど、直達日射が強くなり、天空日射は弱くなる。

解説

1.3. 我が国における**終日日射量**の大小関係は以下である。

夏至：水平面 ＞ 東西面 ＞ 南　面（＞ 北面）

冬至：南　面 ＞ 水平面 ＞ 東西面

ポイントは以下であり、いずれも太陽高度から容易に判断できる。

① **夏至**における太陽高度は、最も高くなり、１年のうちで水平面の直達日射量は最大となるが、**南面**の垂直壁面は最小となる。

② 太陽の高度は冬至が最も低くなるので、**終日日射量**は、**南向き鉛直面**が他のどの向きの鉛直面よりも**大きい**。

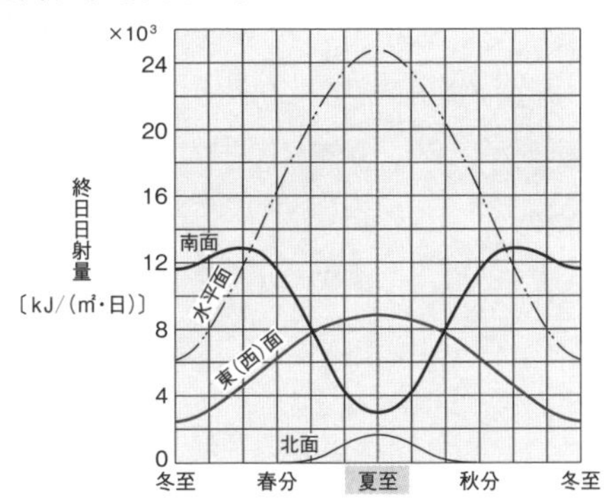

鉛直壁面・水平面の終日日射量（北緯35°）

2. 気象分野では、ある地点における、**日の出**から**日没**までの時間を**可照時間**といい、天候などの影響で実際に日照があった時間を**日照時間**という。

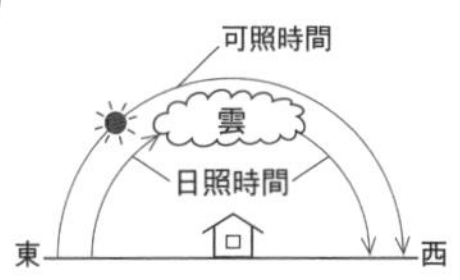

4. 大気層を通り抜けて直接地表に達する太陽光線の日射量が直達日射量であり、途中で乱反射して地上に達する日射量が**天空日射量**である。大気中の塵埃が少なければ乱反射は少なく、大気透過率が大きくなるので、直達日射が強くなり、天空日射は弱くなる。

正答 2

R03−03 B　CHECK □□□□□

【問題　9】 採光及び照明に関する記述として、**最も不適当なもの**はどれか。

1. 室内のある点における昼光率は、時刻や天候によって変化する。
2. 昼光率は、室内表面の反射の影響を受ける。
3. 全天空照度は、直射日光による照度を含まない。
4. モデリングは、光の強さや方向性、拡散性などを視対象の立体感や質感の見え方によって評価する方法である。

解説

1. **昼光率**は、**室内のある点の照度**と、その時の**全天空照度の比**でもあり、天空輝度が変化(同様に全天空照度が変化)しても、ある点の照度も同じ割合で変化するので昼光率は**変化しない**。
2. **昼光率**は、**直接入射する昼光**と室内で**反射**して入射する昼光(間接昼光率)の合計で評価する。
3. **全天空照度**は、大気中で拡散された**天空光のみ**による水平面照度を指し、直射日光成分は含まない。
4. **モデリング**とは、光の強さや方向性により**立体感**を与え、見せ方を表現する手法である。

正答　1

R02−02 B　CHECK □□□□□

【問題　10】 照明に関する記述として、**最も不適当なもの**はどれか。

1. 光束は、視感度に基づいて測定された単位時間当たりの光のエネルギー量である。
2. 照度は、単位面積当たりに入射する光束の量である。
3. 輝度は、光源の光の強さを表す量である。
4. グレアは、高輝度な部分や極端な輝度対比などによって感じるまぶしさである。

解説

1. **光束**は、視感度に基づいて測定された単位時間あたりの**光のエネルギー量**をいい、単位はlm（ルーメン）である。
2. **照度**とは、**受照面の明るさ**を表し、単位面積当たりに入射する光束の量をいう。採光や照明などによる、室内の明るさを示す指標となる。

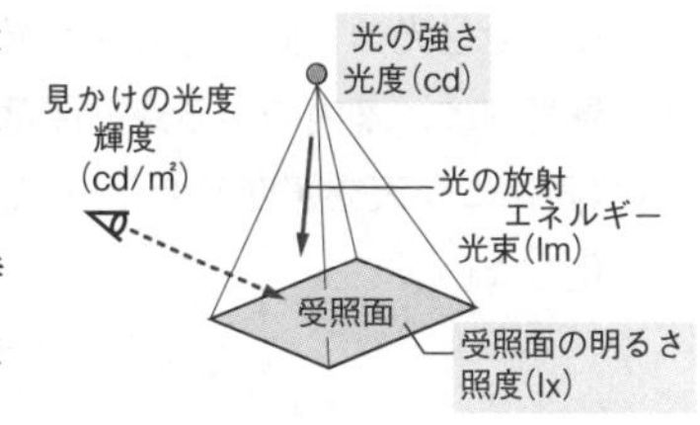

3. **輝度**は光源面（発光面、反射面、透過面）から、特定の方向に単位立体角あたりに放射する光の光源における**単位面積あたりの明るさ**をいう。光源の明るさ（輝きの程度）の指標として用いられるが、光源だけではなく、反射面（壁面や天井など）の明るさを評価する場合にもよく使われる。
4. **グレア**とは、時間的空間的に不適切な輝度分布、輝度範囲、または極端な対比などによって、まぶしさを感じたり、物が見えにくくなったりすることをいう。

図A・直接グレア

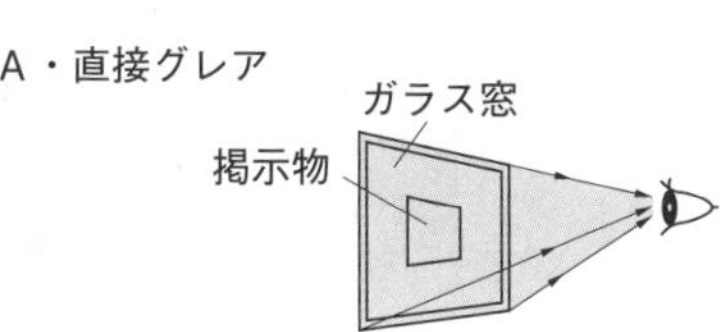

図B・反射グレア

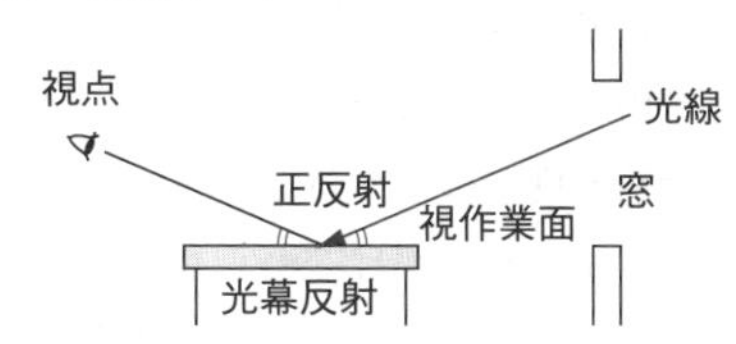

正答　3

R01−02 B　　CHECK

【問題　11】 昼光に関する記述として、**最も不適当なもの**はどれか。

1. 直射日光は、大気を透過して直接地表に届く昼光の成分である。
2. 昼光率は、屋外の全天空照度が大きくなると、低くなる。
3. 室内のある点における昼光率は、時刻や天候によって変化しない。
4. 室内の要求される基準昼光率は、居間より事務室の方が高い。

解説

1. **昼光**とは、太陽光線による昼間の光(自然光)のことで、その明るさをいう。直射光は直射日光のことであり、天空光は太陽光線が空中に拡散したもので空の明るさのことであり、全昼光は、直射光と天空光を合わせたものである。

2. **昼光率**は、**室内のある点**の**照度**と、その時の**全天空照度**の**比**でもあり、天空輝度が変化(同様に全天空照度が変化)しても、ある点の照度も同じ割合で変化するので昼光率は変化しない。

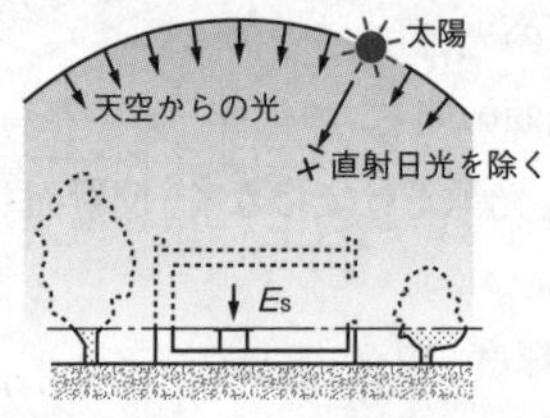

全天空照度 E_s

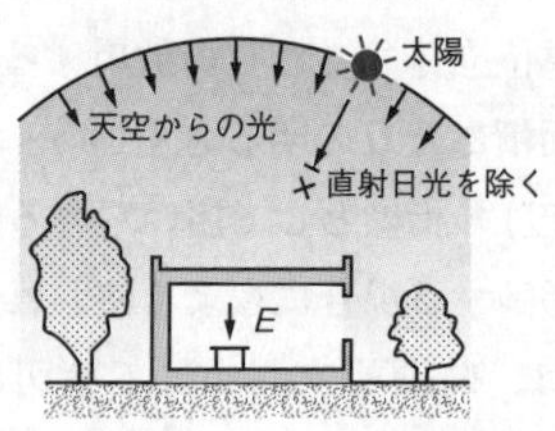

室内のある点の水平面照度 E

$$昼光率\ D=\frac{E}{E_S}\times 100\ (\%)$$

3. **全天空照度**は、障害物のない屋外での、直射光を除いた**天空光**のみによる**水平面照度**であり、天候や時間(時刻)によって変化する。しかし、昼光率は、窓からの採光による室内各部の明るさを表す値で、全天空照度に対する、室内各部の照度の比率である。全天空照度が変化すると、室内各部の照度も同じ割合で変化するため、この２つの値の比率である昼光率は変わらない。

4. 全天空照度を、設計用の標準状態を仮定した15,000(lx)と想定し、JIS Z 9110の各室の照度基準(最低に近い値)を満たすように求めた昼光率を基準昼光率といい、事務室、普通教室は２％、住宅の居室は0.7％程度とされる。

正答　2

H29−03 C　CHECK □□□□□

【問題　12】 昼光に関する記述として、**最も不適当なもの**はどれか。

1. 昼光は、直射日光と天空光に大別され、天空光は太陽からの光が大気中に拡散したものである。
2. 昼光率は、室内のある点での天空光による照度と、屋外の全天空照度との比率である。
3. 室内のある点における昼光率は、時刻や天候によって変化する。
4. 室内の要求される基準昼光率は、居間より事務室の方が大きい。

解説

1. 昼光とは、太陽光線による昼間の光(自然光)のことで、その明るさをいう。直射光は直射日光のことであり、天空光は太陽光線が空中に拡散したもので空の明るさのことであり、全昼光は、直射光と天空光を合わせたものである。
2. **昼光率**とは、屋外の全天空照度に対する室内のある水平面の照度との比率をいい、屋外の照度が変化すると、室内のその場所の照度も同様に変化して、屋外と室内の明るさの比率は一定になる。

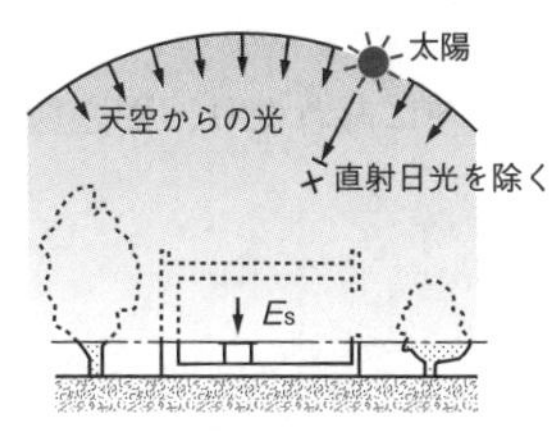

全天空照度 E_s

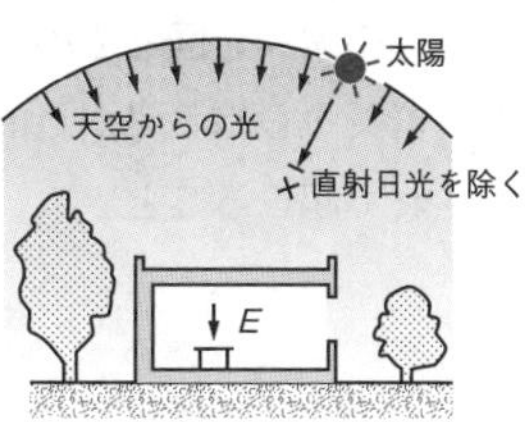

室内のある点の水平面照度 E

$$昼光率 D = \frac{E}{E_s} \times 100\ (\%)$$

3. **昼光率**は、**室内のある点の照度**と、その時の**全天空照度の比**でもあり、天空輝度が変化(同様に全天空照度が変化)しても、ある点の照度も同じ割合で変化するので昼光率は変化しない。

＊4. 全天空照度を、設計用の標準状態を仮定した15,000(lx)と想定し、JIS Z 9110の各室の照度基準(最低に近い値)を満たすように求めた昼光率を基準昼光率といい、事務室、普通教室は２％、住宅の居室は0.7％程度とされる。

正答　3

R04−02 B　CHECK □□□□

【問題　13】 照明に関する記述として、**最も不適当なもの**はどれか。

1. 光束は、視感度に基づいて測定された単位時間当たりの光のエネルギー量である。
2. 輝度は、光源の光の強さを表す量である。
3. 天井や壁等の建築部位と一体化した照明方式を、建築化照明という。
4. 照明対象となる範囲外に照射されるような漏れ光によって引き起こされる障害のことを、光害という。

解説

1. 光束は、視感度に基づいて測定された単位時間あたりの光のエネルギー量をいい、単位はlm(ルーメン)である。
2. **輝度**は光源面(発光面、反射面、透過面)から、特定の方向に単位立体角あたりに放射する光の**光源**における単位面積あたりの**明る**さをいう。光源の明るさ(輝きの程度)の指標として用いられるが、光源だけではなく、反射面(壁面や天井など)の明るさを評価する場合にもよく使われる。光源の光の**強さ**を表す量は**光度**である。
3. **建築化照明**とは、照明器具を天井や壁などに組み込み建築物と一体化させることにより、建築デザインとの調和を図るもの。
4. **光害**とは、照明器具から出る光が目的外の方向に漏れたり、周辺環境にそぐわない明るさや色で照射されて起こること。

正答　2

H30−02 B　CHECK

【問題　14】照明に関する記述として、**最も不適当なもの**はどれか。

1. 光源の光色は色温度で表され、単位はK(ケルビン)である。
2. 一般に直接照明による陰影は、間接照明と比べて濃くなる。
3. 照度は、点光源からある方向への光の強さを示す量である。
4. タスク・アンビエント照明は、全般照明と局部照明を併せて行う方式である。

解説

1. **色温度**は、**光源**が発する光の色を表す数値で、その光色の色度(色相と彩度とを合わせた要素)に近似する色度の光を放つ黒体(光をまったく反射しない仮想的な物体)の絶対温度(K：ケルビン)で示される。色温度が**高い**ほど白く**青み**を帯び、**低い**ほど**黄色**から**赤み**を帯びる。
2. **直接照明**は、光源からの直接光で作業面を照らすもので、効率は良いが、照度が不均一になりやすく、間接照明よりも陰影が濃くなる。**間接照明**は、壁面・天井面などで反射させてから作業面を照らすもので、効率は悪くなるが、照度を均一にしやすく、雰囲気のある照明が可能である。

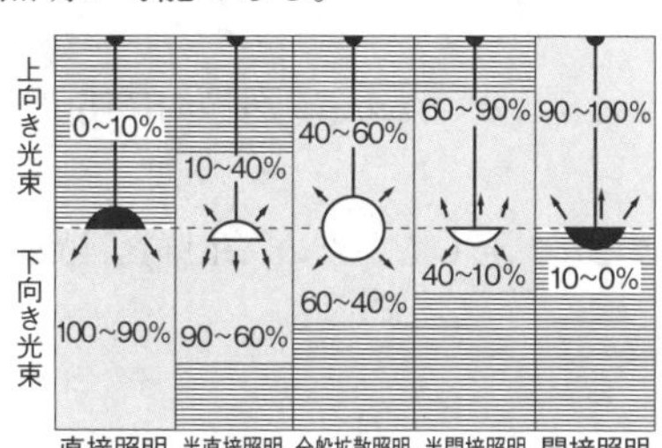

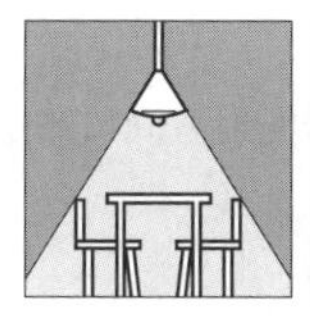
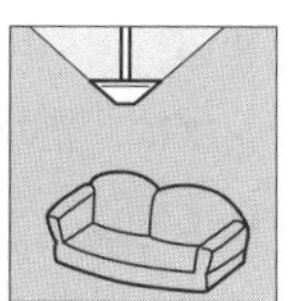

直接照明　　間接照明

3. **照度**とは、**受照面の明るさ**を表し、単位面積当たりに入射する**光束**の量をいう。採光や照明などによる、室内の明るさを示す指標となる。
4. **タスク・アンビエント照明**は、**全般照明**と**局部照明**を併せて行う方式である。作業面上と室内全体とに著しい明暗が生じると目が疲れやすく、作業の低下につながるので、全般照明による照度は、局部照明の照度の**1／10以上**とすることが望ましい。

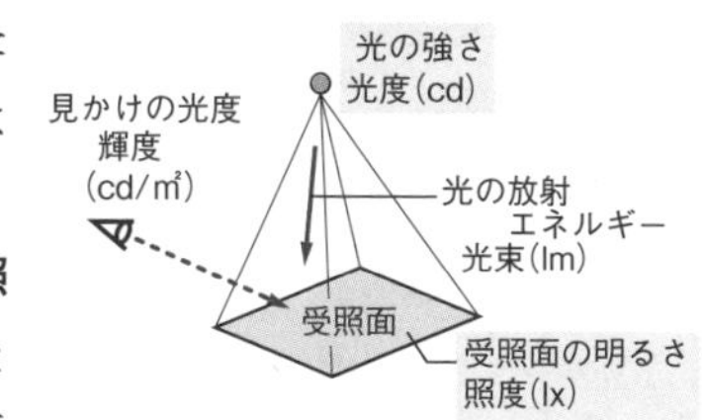

正答　3

R03−16 A　CHECK

【問題　15】 LEDランプに関する一般的な記述として、**最も不適当なもの**はどれか。

1. 他のランプ類に比べ耐熱性が低いため、高温にさらされないよう、発熱体の周辺への設置は避ける。
2. 他のランプ類に比べ寿命が短いため、高い天井等、ランプの交換がしにくい場所への設置は避ける。
3. 光線に紫外線をほとんど含まないため、屋外照明に使用しても虫が寄り付きにくい。
4. 光の照射方向に熱をほとんど発しないため、生鮮食料品の劣化を助長しない。

解説

1. **LEDランプ**は、他のランプ類に比べ**耐熱性**が低いため、高温にさらされないよう、発熱体の周辺への設置は避けなければならない。
2. LED(発光ダイオード)は、機器内部で無駄になる光が少ないため器具効率が高く、**消費電力**が低いという利点があるため住宅や事務所等幅広い用途で多く採用されている。LEDの特徴として、点滅応答時間が極めて短く、**長寿命**、**低発熱**、**小型・軽量**等のメリットがある。
3. **LEDランプ**は、光線に紫外線をほとんど含まないため、屋外照明に使用しても虫が寄り付きにくい。
4. **LEDランプ**は、光の照射方向に熱をほとんど発しないため、生鮮食料品の劣化を助長しにくい。

正答　2

R01－16 A　CHECK □□□□□

【問題　16】 照明設備に関する一般的な記述として、**最も不適当なもの**はどれか。

1. LEDは、高効率で他の照明器具に比べ寿命が長く、省エネ対策として広く用いられる。
2. Hf蛍光ランプは、ちらつきが少なく、主に事務所などの照明に用いられる。
3. ハロゲン電球は、低輝度であり、主に道路やトンネルの照明に用いられる。
4. メタルハライドランプは、演色性がよく、主にスポーツ施設などの照明に用いられる。

解説

1. **LED**(発光ダイオード)は、機器内部で無駄になる光が少ないため器具**効率**が高く、**消費電力**が**低い**という利点があるため住宅や事務所等幅広い用途で多く採用されている。LEDの特徴として、点滅応答時間が極めて短く、長寿命、低発熱、小型・軽量等のメリットがある。
2. **Hf蛍光ランプ**は、高周波点灯専用形蛍光ランプのことで、**効率**がよく、**長寿命**なので、一般事務室・学校・店舗等の照明に適している。ちらつきが少ない。
3. **ハロゲン電球**は、小型のうえ高輝度で、また光色(色温度3,000～3,400K)、**演色性**も優れているので、一般照明用として、店舗などのスポット照明等に用いられる。
4. **メタルハライドランプ**は、水銀とハロゲン化金属(メタルハライド)の混合蒸気中のアーク放電による発光を利用した**高輝度**、**省電力**、**長寿命**のランプのことをいい、水銀灯やナトリウムランプ等のHID(高輝度放電ランプ)よりも**演色性**に**優れている**。スポーツ照明には、効率だけではなく、演色性、色温度等を考慮した高演色のメタルハライドランプが多く採用されている。

正答　3

R02−03 B　　CHECK

【問題　17】 吸音及び遮音に関する記述として、**最も不適当なもの**はどれか。

1. 遮音とは、壁などに入射する音を吸収又は透過させて反射させないようにすることをいう。
2. 遮音による騒音防止の効果を上げるには、壁や窓などの透過損失の値を高めるようにする。
3. 有孔板と剛壁の間に空気層があるとき、主に中音域の音を吸音する。
4. グラスウールなどの多孔質材料は、主に高音域の音を吸音する。

解説

1. 空気中を伝わった音を壁材などで遮断し、反対側への**音エネルギーの透過**を防ぐことを**遮音(透過損失)**という。
2. 遮音による騒音防止の効果を上げるには、壁や窓などの**透過損失の値**を**高める**(透過損失が大きいほど遮音性能がよい)。

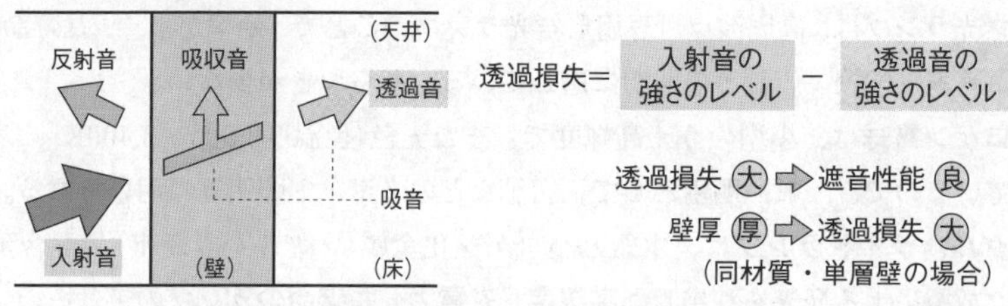

3. 有孔板のような**孔あき板**は、背後に剛壁の間に空気層があると、孔と背後の空気層が共振し、主に**中音域**の音を吸音する。
4. **多孔質**のグラスウールなどの吸音材は、その微細空隙により、一般に**中・高音域**の吸音率が大きい。

正答　1

R01−03 B　　CHECK

【問題　18】 音に関する記述として、**最も不適当なもの**はどれか。

1. 吸音率は、入射する音のエネルギーに対する反射音以外の音のエネルギーの割合である。
2. 床衝撃音には、重くて軟らかい衝撃源による重量衝撃音と、比較的軽量で硬い物体の落下による軽量衝撃音がある。
3. 単層壁の音響透過損失は、一般に、壁体の面密度が高くなるほど、大きくなる。
4. 劇場の後方部は、エコーを防ぐため、壁や天井に反射板を設置する。

解説

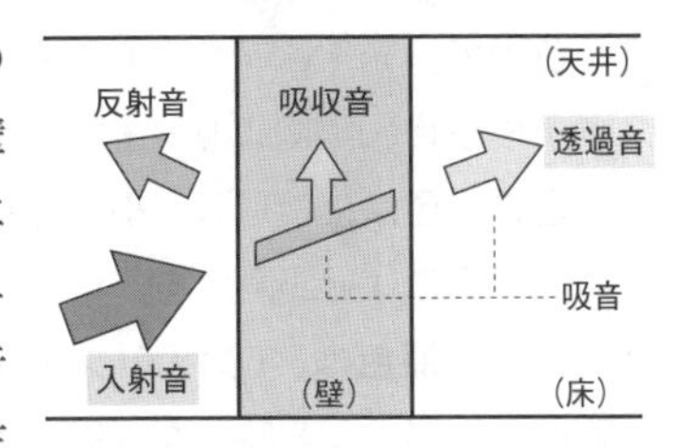

1. 壁面に対してある音が入射した場合、入射音側の室へ反射する音成分、壁体に吸収される音成分、壁体を透過する音成分の３つに分類できる。吸音率は壁面に対する入射音に対して、反射音以外の音のエネルギー比率として定義される。すなわち、反射音以外の成分には吸収成分と透過成分の２種類が存在するため、吸音率が大きい場合でも壁体への吸収率が小さく、透過成分が大きい場合には、隣室に音が透過してしまう。この場合、遮音性能は低くなる。
2. **床衝撃音**には、**軽量**床衝撃音(靴音や家具の移動等によって生じる衝撃音)と**重量**床衝撃音(子供の飛び跳ね等によって生じる衝撃音)とがある。
3. **透過損失**(音響透過損失)は、壁などに**入射**した音に比べ、**透過**した音がどれだけ減少したかを示す指標である。**透過損失**の値が**大きい**ほど、透過したときの**損失**が**大きい**ことになり、壁などの遮音性能が高いことを表す。均質な材料による一重壁の場合、同じ厚さであれば、単位面積($1\,m^2$)当たりの質量(面密度という)が大きいものほど、透過損失は大きくなり、遮音性能が高い。
4. エコー等の音響障害は、直接到達音と反射音の行程差が約17m(時間差で約１／20秒)以上ある時に生じる。大規模な音楽ホールの客席後部の壁や天井は、吸音率が高く(反射率が低く)、また、反射を分散させ、乱反射させるような小さな平面からなる不規則面で構成されることが多い。したがって、劇場の後方部は、エコーを防ぐため、壁や天井に吸音材を設置する。

正答　4

R04-03 B　　CHECK □□□□□

【問題　19】　色に関する記述として、**最も不適当なもの**はどれか。

1. 純色とは、各色相の中で最も明度の高い色をいう。
2. 色彩によって感じられる距離感は異なり、暖色は寒色に比べて近くに感じられやすい。
3. 印刷物や塗料等の色料の三原色を同量で混色すると、黒に近い色になる。
4. 明度と彩度を合わせて色の印象を表したものを、トーン(色調)という。

解説

1. **純色**とは、各色相の中で最も**彩度**の**高い**色をいう。明度ではない。
2. 色相で、赤・黄赤を中心に赤紫、黄緑などは、暖かく感じられ**暖色**とも呼ばれる。暖色系の色は、実際より近く、大きく見えるので、これを**進出色・膨張色**という。一方、寒色系の色は、後退し、小さく見えるので、**後退色・収縮色**という。また、明度・彩度の高いものは近距離感を、低いものは遠距離感を与える。
3. 色の**三原色**は、CMYK(シアンcyan・マゼンタmagenta・イエローyellow)で作られる色で、混ざると暗くなり黒に近づいていく混色方法で、減法混色と呼ばれ、この3色を同じ割合で混ぜると黒に近い色になる。
4. **トーン(色調)**とは、色の三属性のうち、**明度**と**彩度**の組み合わせで表した色の系統である。

正答　1

H30−03 A　CHECK □□□□□

【問題　20】 色に関する記述として、**最も不適当なもの**はどれか。

1. 色の膨張や収縮の感覚は、一般に明度が高い色ほど膨張して見える。
2. 同じ色でもその面積が大きいほど、明るさや、あざやかさが増して見える。
3. 補色を対比すると、同化し、互いにあざやかさが失われて見える。
4. 暖色は、寒色に比べ一般に近距離に感じられる。

解説

1. 色の**膨張**や**収縮**の感覚は、一般に**明度**の影響が大きく、明度・彩度とも**高い**ほど**膨張**して見え、明度が**低い**(暗い色)ほど**収縮**して見える。

大　明度・彩度　小
膨張・進出　収縮・後退

2. **面積**の大小によって起こる対比を面積効果といい、同じ色でもその面積が**大きい**ほど、**明るく**、あざやかさが増して見える。様々な色の効果は、色の面積が大きくなるほどその効果を強める。

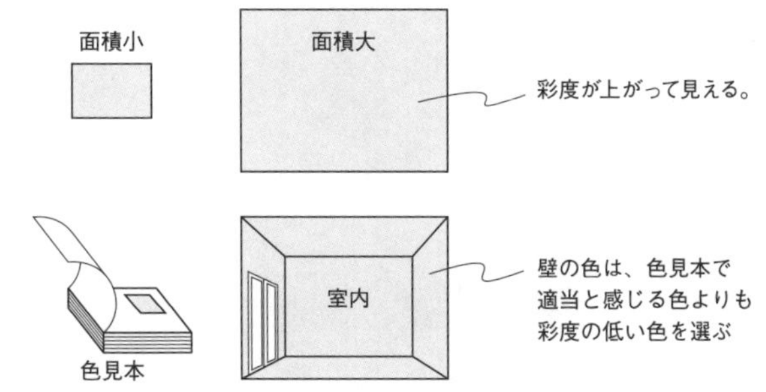

3. 補色を並べると、互いに強調しあい、**あざやかさが増して**見える。これを**補色対比**といい、赤に対して補色の関係にある緑をバックの色にすると、赤がより鮮やかに見える。

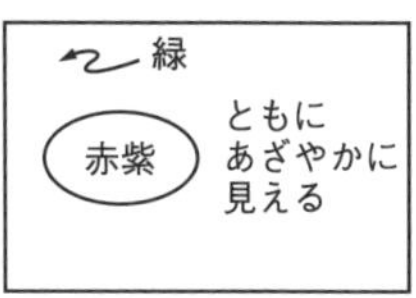

補色対比

4. 色相で、赤・黄赤を中心に赤紫、黄緑などは、暖かく感じられ**暖色**とも呼ばれる。暖色系の色は、実際より近く、大きく見えるので、これを進出色・膨張色という。一方、寒色系の色は、後退し、小さく見えるので、後退色・収縮色という。また、明度・彩度の高いものは近距離感を、低いものは遠距離感を与える。

正答　3

R01－07 A　　CHECK □□□□

【問題　21】　基礎構造に関する記述として、**最も不適当なもの**はどれか。

1. 独立フーチング基礎は、一般に基礎梁で連結する。
2. 同一建築物に杭基礎と直接基礎など異種の基礎を併用することは、なるべく避ける。
3. 直接基礎の鉛直支持力は、基礎スラブの根入れ深さが大きくなるほど大きくなる。
4. 直接基礎の底面は、冬季の地下凍結深度より浅くする。

解説

1. 独立基礎は、建物を支える構造物である基礎の1つで、コンクリートを円柱や直方体などの形状に固めたものが一般的で、建物の四隅や柱の真下など、構造的に荷重がかかる位置に単独で設置する。特に大きな荷重がかかる柱等の下に用いられることが多い。独立基礎は、一般に**基礎梁**を用いて相互に**連結**することにより、不同沈下を防止する。

●基礎の分類

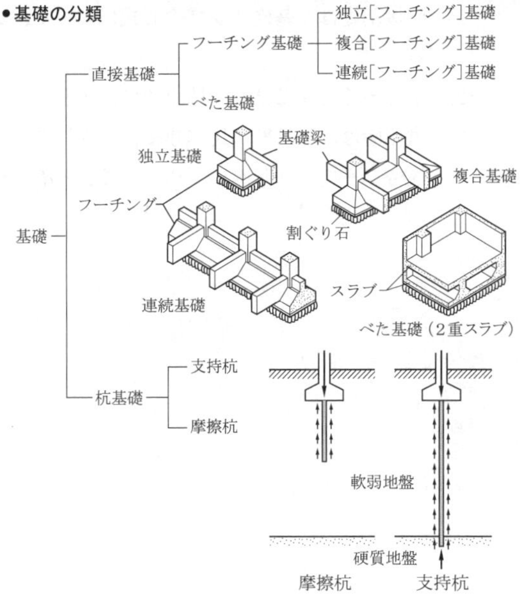

基礎
- 直接基礎
  - フーチング基礎
    - 独立[フーチング]基礎
    - 複合[フーチング]基礎
    - 連続[フーチング]基礎
  - べた基礎
- 杭基礎
  - 支持杭
  - 摩擦杭

独立基礎　基礎梁　複合基礎　フーチング　割ぐり石　連続基礎　スラブ　べた基礎（2重スラブ）

軟弱地盤　硬質地盤　摩擦杭　支持杭

2. 構造的に一体の建築物では、杭基礎と直接基礎の**併用**は不同沈下の原因となるので、**避ける**ことが望ましい。
3. **地盤の許容応力度**を定める場合は、基礎に近接した最低地盤面から基礎荷重面までの根入れ深さが関係しており、同じ地盤の場合、基礎の**根入れ深さ**が深くなるほど**鉛直支持力**は**大きく**なる。
4. **直接基礎の底面**は、冬季の**地下凍結深度**より深くすることにより、霜柱等による影響を受けないようにする。

正答　4

H30−07 A　CHECK □□□□□

【問題　22】 地盤及び基礎構造に関する記述として、**最も不適当なもの**はどれか。

1. 直接基礎は、基礎スラブの形式によって、フーチング基礎とべた基礎に大別される。
2. 水を多く含んだ粘性土地盤では、圧密が生じにくい。
3. 洪積層は、沖積層に比べ建築物の支持地盤として適している。
4. 複合フーチング基礎は、隣接する柱間隔が狭い場合などに用いられる。

解説

1. **直接基礎**は、**フーチング基礎**と**べた基礎**に大別される。直接基礎は、地表近くの地盤が強く、建物が比較的低層のものに適しており、フーチング基礎である布基礎は、主に良い地盤のときに用いられ、逆T字型のコンクリートで、建物の荷重を分散して地盤に伝える。べた基礎は、鉄筋コンクリート造の堅固な下地で、弱い地盤でも不同沈下を起こしにくく、現在では最も多く使われている。

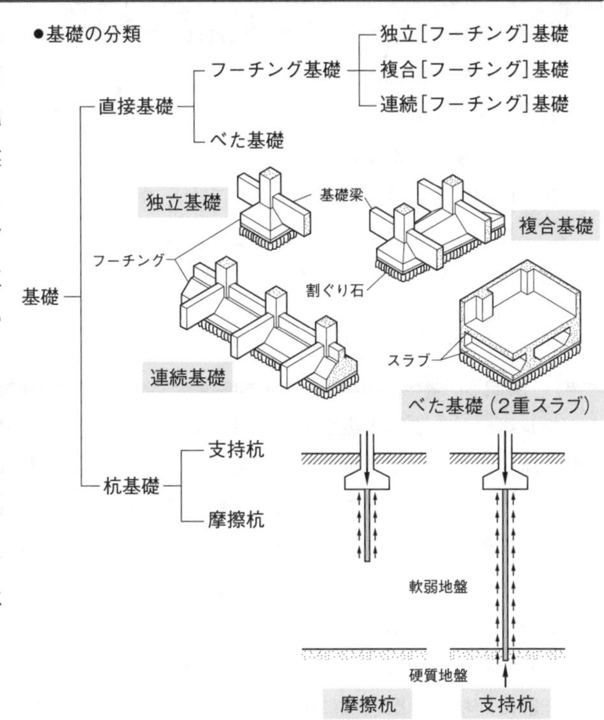

2. 水を多く含んだ**粘性土地盤**では、土の間隙を構成する水や空気が抜け出て、土の体積が徐々に減少し圧密が生じやすい。

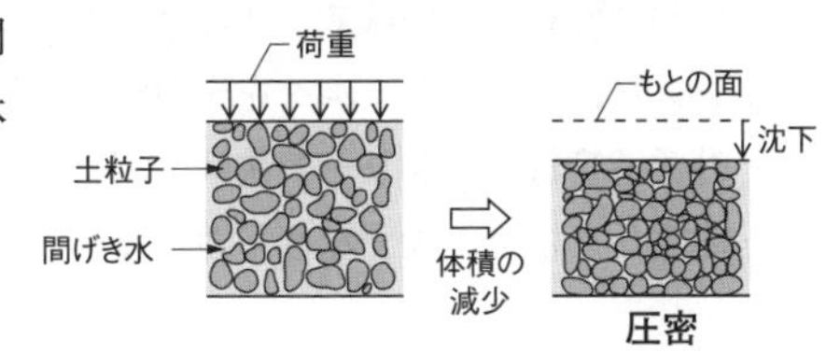

3. 洪積層は約170万年前～約１万年前の洪積紀に生成された地層で、沖積層より地盤の強度も大きく、**洪積層**の方が建築物の**支持地盤**として適している。
4. **複合フーチング基礎**は、２本以上の柱を１つのフーチングで支える基礎形式で、隣接する柱間隔が狭い場合等に用いられる。

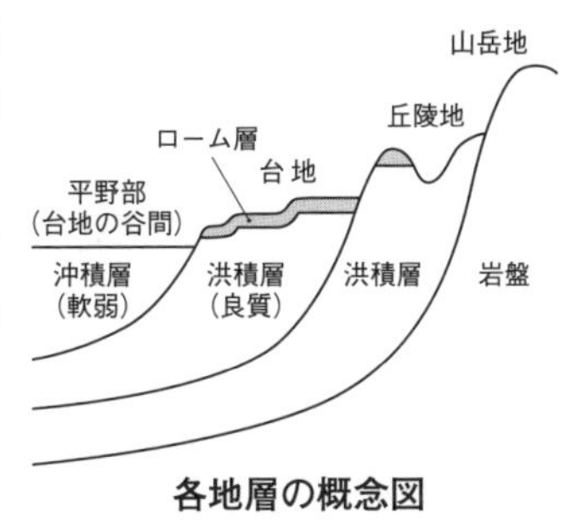

各地層の概念図

正答 2

R04−07 B　CHECK □□□□□

【問題　23】 杭基礎に関する記述として、**最も不適当なもの**はどれか。

1. 場所打ちコンクリート杭工法には、アースオーガーを使用するプレボーリング拡大根固め工法がある。
2. アースドリル工法は、オールケーシング工法やリバース工法に比べて、狭い敷地でも作業性がよい。
3. 節部付きの遠心力高強度プレストレストコンクリート杭(節杭)は、杭本体部に外径が軸径よりも大きい節部を多数設けたもので、主に摩擦杭として用いられる。
4. 外殻鋼管付きのコンクリート杭(SC杭)は、大きな水平力が作用する杭に適している。

解説

1. **プレボーリング拡大根固め工法**は、先端に拡大ヘッドが付いたアースオーガーにて地盤を所定深度まで掘削攪拌し、拡大ヘッドにより杭径以上の根固め球根を築造後、アースオーガーを引き上げる。その孔に杭を挿入し、所定深度に定着させ、根固め液と杭周固定液の硬化によって杭と支持層との一体化を図り、支持力を発現させる。**既製杭**を用いた埋込み工法(セメントミルク工法)である。
2. **アースドリル工法**は、オールケーシング工法やリバース工法に比べて機械設備が小さく済むため、**狭い**敷地でも**作業性がよい**。
3. 一般に**節杭**は、**摩擦杭**に用いられることが多い。設置方法は、打ち込みながら杭周囲に砂利・砕石あるいはスラグなどを充填し、杭摩擦力を高める打込み工法と、プレボーリング後にセメントミルクを充填する工法がある。
4. **外殻鋼管付コンクリート杭**は、鋼管に膨張性のあるコンクリートを遠心力で張り付け一体化した杭で、大きな水平力が作用する杭に適している。

正答　1

R03−07 A　CHECK

【問題　24】 基礎杭に関する記述として、**最も不適当なもの**はどれか。

1. 既製コンクリート杭の埋込み工法のひとつで、杭の中空部を掘削しながら杭を圧入する中掘工法は、比較的杭径の大きなものの施工に適している。
2. 拡径断面を有する遠心力高強度プレストレストコンクリート杭(ST杭)は、拡径部を杭の先端に使用する場合、大きな支持力を得ることができる。
3. 摩擦杭は、硬い地層に杭先端を貫入させ、主にその杭の先端抵抗力で建物を支持する。
4. 場所打ちコンクリート杭は、地盤を削孔し、その中に鉄筋かごを挿入した後、コンクリートを打ち込んで造る。

解説

1. **中掘り工法**は、杭中空部にオーガーを挿入し、地盤を掘削しながら土砂を排出し、杭を設置する工法であり、比較的大きな径の杭の施工に適している。
2. **遠心力高強度プレストレストコンクリート杭**の拡径断面を有するものを、杭の先端に使用する場合は、**大きな支持力**を得ることができる。
3. **摩擦杭**は、硬い地盤が深く、そこまで杭を打ち込むのが難しい場合などに、主に土と杭の**接触面**の**摩擦力**で建物荷重を支える杭である。
4. **場所打ちコンクリート杭**は、地盤を掘削機械又は手掘りで地盤を削孔し、その中に**鉄筋かご**を挿入して、コンクリートを**トレミー管**等を用いて打設して造る。

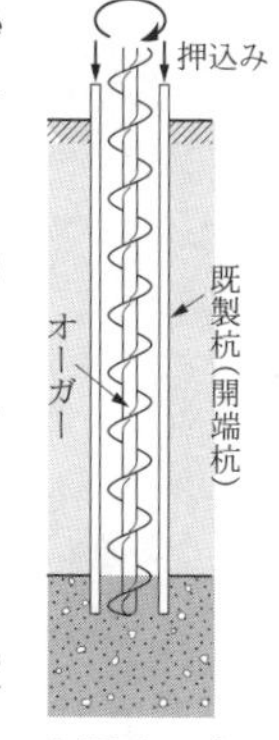

中掘り工法

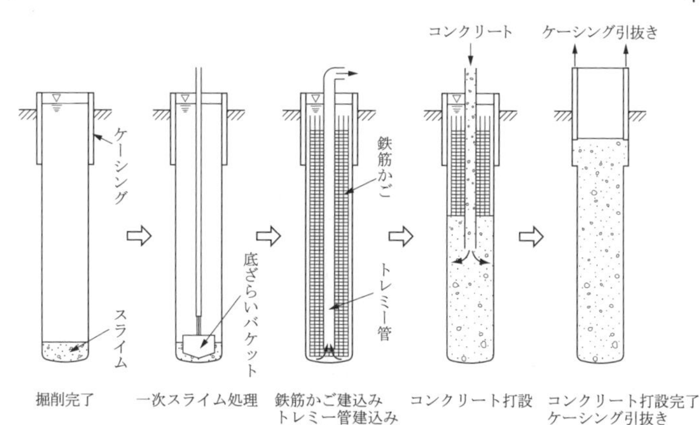

場所打ちコンクリート杭の施工順序

正答　3

R02−07 C　CHECK □□□□

【問題　25】 杭基礎に関する記述として、**最も不適当なもの**はどれか。

1. 場所打ちコンクリート杭工法には、アースオーガーを使用するプレボーリング拡大根固め工法がある。
2. SC杭(外殻鋼管付きコンクリート杭)は、一般に継杭の上杭として、PHC杭(遠心力高強度プレストレストコンクリート杭)と組み合わせて用いられる。
3. 鋼杭は、地中での腐食への対処法として、塗装やライニングを行う方法、肉厚を厚くする方法等が用いられる。
4. 既製杭工法には、鋼管の先端を加工した鋼管杭本体を回転させて地盤に埋設させる回転貫入工法がある。

解説

1. **プレボーリング拡大根固め工法**は、先端に拡大ヘッドが付いたアースオーガーにて地盤を所定深度まで掘削攪拌し、拡大ヘッドにより杭径以上の根固め球根を築造後、アースオーガーを引き上げる。その孔に杭を挿入し、所定深度に定着させ、根固め液と杭周固定液の硬化によって杭と支持層との一体化を図り、支持力を発現させる。**既製杭**を用いた埋込み工法(セメントミルク工法)である。
2. SC杭は、設計基準強度80N/mm²以上の高強度コンクリートを鋼管の中空部に注入し、遠心締固めによって製造した鋼管コンクリート杭であり、大きな強度と靭性を有するが、高価なため、経済性を考慮して、一般にPHC杭と組合せて上杭として使用される。
3. **鋼杭**は、杭表面の腐食をみこした処理方法は次のとおりである。
   ① 肉厚を厚くする：一般的には1mm程度の**腐食しろ**を見込む。
   ② 表面塗装など：コールタールと樹脂系の焼付け塗料やライニングなどにより保護皮膜とする。
4. 回転圧入による埋込み工法(回転貫入工法)は、杭先端に羽根(翼)のついた鋼管を回転し、羽根のねじ効果で推進力を得て、杭を建て込む。

正答 1

H29−07 A　　CHECK □□□□□

【問題　26】　基礎杭に関する記述として、**最も不適当なもの**はどれか。

1. 節付き遠心力高強度プレストレストコンクリート杭(節杭)は、杭本体部に外径が軸径よりも大きい節部を多数設けたもので、主に摩擦杭として用いられる。
2. 外殻鋼管付きコンクリート杭は、じん性に富み、大きな水平力が作用する杭に適している。
3. 場所打ちコンクリート杭は、地盤を削孔し、その中に鉄筋かごを挿入したのち、コンクリートを打ち込んで造る。
4. 既製コンクリート杭は、鋼管杭に比べて破損しにくく、運搬、仮置きに際して、取扱いが容易である。

解説

＊1. 一般に節杭は、摩擦杭に用いられることが多い。設置方法は、打ち込みながら杭周囲に砂利・砕石あるいはスラグなどを充填し、杭摩擦力を高める打込み工法と、プレボーリング後にセメントミルクを充填する工法がある。

2. 外殻鋼管付コンクリート杭は、鋼管に膨張性のあるコンクリートを遠心力で張り付け一体化した杭で、大きな水平力が作用する杭に適している。

3. **場所打ちコンクリート杭**は、地盤を掘削機械又は手掘りで地盤を削孔し、その中に**鉄筋かご**を挿入して、コンクリートを**トレミー管**等を用いて打設してつくる。

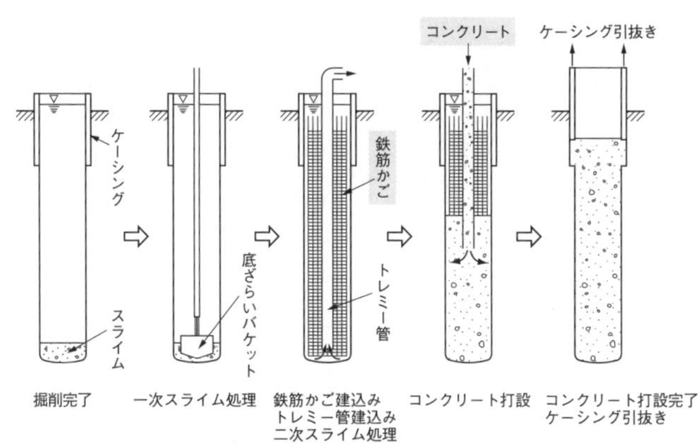

場所打ちコンクリート杭の施工順序

4. 鋼杭(鋼管又はH形鋼)の特徴は下記のとおりである。

①工場製作品であるため、安定した材料品質が得られる。

②曲げに強く、水平力を受ける杭に適する。

③応力に応じて材質や肉厚を変えた合理的な設計ができる。

④支持地盤の不陸に対応しやすい。

⑤コンクリート杭と比較して質量が軽く、取扱いが簡単である。

⑥腐食に対する対策が必要である。

⑦大口径で薄肉の鋼管は、局部座屈を生じることがある。

⑧先端開放形の打込み杭では、支持地盤への根入れが十分でないと支持力が低下する場合がある。

既製コンクリート杭は、鋼管杭に比べると破損しやすい。

正答 4

R04−04 A　CHECK □□□□□

【問題　27】 木造在来軸組構法に関する記述として、**最も不適当なもの**はどれか。

1. 床等の水平構面は、水平荷重を耐力壁や軸組に伝達できるよう水平剛性を十分に高くする。
2. 胴差は、垂木を直接受けて屋根荷重を柱に伝えるための部材である。
3. 筋かいをたすき掛けにするためにやむを得ず欠き込む場合は、筋かいに必要な補強を行う。
4. 筋かいの端部は、柱と梁その他の横架材との仕口に接近して、ボルト、かすがい、釘その他の金物で緊結する。

解説

1. 床などの水平構面は、水平荷重を耐力壁や軸組に伝達する役割があるので、**剛性**をできるだけ高くする。

2. **胴差**は、1階と2階の間に用いられる**横架材**で、2階以上の荷重を1階の管柱に伝えるためと、1階管柱の頭つなぎと2階管柱の足固めの役割を果たす。垂木を直接受けて屋根荷重を柱に伝えるために用いられるのは、桁である。

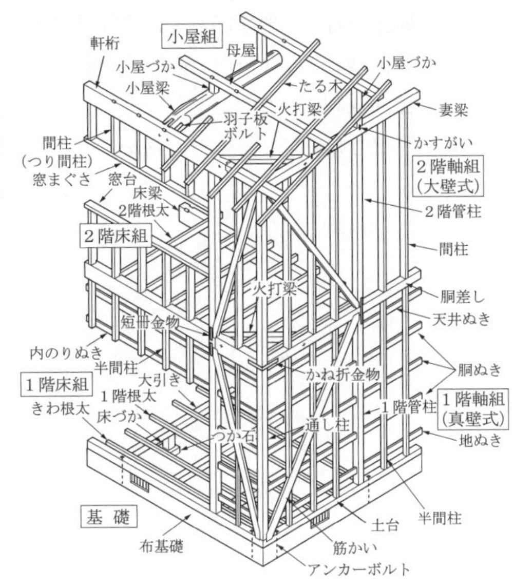

3. **筋かい**には、**欠込み**をしてはならない。ただし、筋かいをたすき掛けにするためにやむを得ない場合において、必要な補強を行ったときは、この限りでない。筋かいと間柱の交差する部分は、筋かいを欠き取らずに、間柱断面を切り欠くようにする。

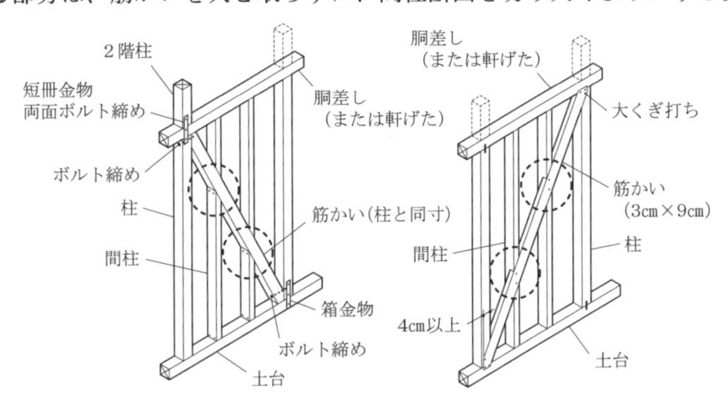

筋かいと間柱の取合部 ⇨ 間柱のほうを欠込む

4. **筋かい**の端部は、その中心線ができるだけ柱と梁その他の横架材の中心線の**交点**に**一致**するようにし、ボルト、かすがい、くぎその他の金物で**緊結**する。

正答 2

H30−04 A　CHECK □□□□□

【問題　28】 木造在来軸組構法に関する記述として、**最も不適当なもの**はどれか。

1. 構造耐力上必要な軸組の長さの算定において、9cm角の木材の筋かいを片側のみ入れた軸組の軸組長さに乗ずる倍率は3とする。
2. 構造耐力上主要な部分である柱の有効細長比は、150以下とする。
3. 3階建の1階の構造耐力上主要な部分である柱の断面は、原則として、小径13.5cm以上とする。
4. 圧縮力を負担する木材の筋かいは、厚さ1.5cm以上で幅9cm以上とする。

解説

＊1.　軸組長さに乗ずる倍率は、たすき掛けの場合、片側のみの場合の数値の２倍とする。

	軸組の種類	倍　率
(1)	土塗壁または木ずりその他、これに類するものを柱および間柱の片面に打ち付けた壁を設けた軸組	0.5
(2)	木ずりその他、これに類するものを柱および間柱の両面に打ち付けた壁を設けた軸組	1
	厚さ1.5cm以上で幅９cm以上の木材又は径９mm以上の鉄筋の筋かいを入れた軸組	
(3)	厚さ３cm以上で幅９cm以上の木材の筋かいを入れた軸組	1.5
(4)	厚さ4.5cm以上で幅９cm以上の木材の筋かいを入れた軸組	2
(5)	９cm角以上の木材の筋かいを入れた軸組	3
(6)	(2)から(4)までに掲げる筋かいをたすき掛けに入れた軸組	(2)から(4)までのそれぞれの数値の２倍
(7)	(5)に掲げる筋かいをたすき掛けに入れた軸組	5
(8)	その他(1)から(7)までに掲げる軸組と同等以上の耐力を有するものとして大臣が定めた構造方法を用いるもの又は大臣の認定を受けたもの	0.5から５までの範囲内において大臣が定める数値
(9)	(1)または(2)に掲げる壁と、(2)から(6)までに掲げる筋かいを併用した軸組	(1)または(2)のそれぞれの数値と(2)から(6)までのそれぞれの数値の和

2.　構造耐力上主要な部分である柱の**有効細長比**(断面の最小二次率半径に対する座屈長さの比をいう)は、150以下としなければならない。

3.　地階を除く階数が２を超える建築物の１階の構造耐力上主要な部分である柱の張り間方向及びけた行方向の小径は、構造計算等によって構造耐力上安全であることが確かめられた場合を除き、13.5cmを下回ってはならない。

4.　**圧縮力**を負担する木材の**筋かい**は、**厚さ３cm×９cm以上**、**引張力**を負担する**筋かい**は、**厚さ1.5cm×９cm以上**とする。

正答　4

R03−04 C　　CHECK

【問題 29】 鉄筋コンクリート造の構造形式に関する一般的な記述として、**最も不適当なものはどれか。**

1. シェル構造は、薄く湾曲した版を用いた構造で、大きな空間をつくることができる。
2. 壁式鉄筋コンクリート構造は、室内に梁形や柱形が突き出ないため、室内空間を有効に利用できる。
3. フラットスラブ構造は、鉄筋コンクリートの腰壁が梁を兼ねる構造で、室内空間を有効に利用できる。
4. ラーメン構造は、柱と梁の接合部を剛接合とした骨組で、自由度の高い空間をつくることができる。

解説

1. **シェル構造**は、曲面板構造ともいわれ、屋根部分などに構造材として薄い曲面板を用いた構造。外力を主として曲面板の面内応力で伝達できるので、板を薄く、スパンを大きくすることができる。スパンの大きい体育館などに採用される。
2. **壁式鉄筋コンクリート構造**は、板状の壁体と屋根スラブ・床スラブを一体的にした構造で、壁体が柱と梁の役目を兼ねている。一般に、開口部が比較的小さく、間仕切壁が多い一戸建て住宅や5階建て以下の共同住宅に主に採用されている。
3. **フラットスラブ構造**は、梁がなく、鉄筋コンクリートの屋根スラブや床スラブが梁を兼ね、柱頂には柱頭部を付けた柱で支持する構造。梁がないので、室内の空間が大きくとれ、倉庫・工場などに採用される。しかし、日本では採用例は少ない。
4. **ラーメン構造**は、**柱・梁**を剛に接合した格子状などの骨組。耐力壁や屋根スラブ及び床スラブも骨組と一体に構成された構造で，最も一般的な構造である。

正答 3

R02−04 B　　CHECK □□□□□

【問題　30】 鉄筋コンクリート構造に関する記述として、**最も不適当なもの**はどれか。

1. 片持ちスラブの厚さは、原則として、持出し長さの１／10以上とする。
2. 柱の最小径は、原則として、その構造耐力上主要な支点間の距離の１／20以上とする。
3. 腰壁やたれ壁が付いた柱は、地震時にせん断破壊を起こしやすい。
4. 大梁は、せん断破壊よりも曲げ降伏が先行するように設計する。

解説

1. 普通コンクリートを用いた**片持ちスラブの厚さ**tは、片持ちスラブの出の長さl_x(スラブの短辺方向の有効長さ)の**1／10**を超える値とする($t>l_x/10$)。図参照。

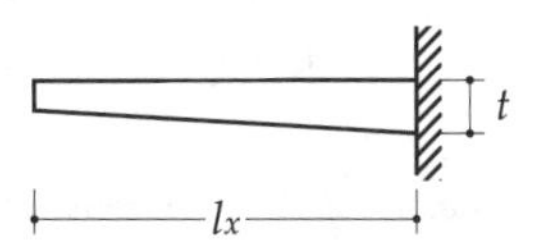

2. **柱の小径**は、その構造耐力上主要な支点間の距離の**1／15**以上としなければならない。

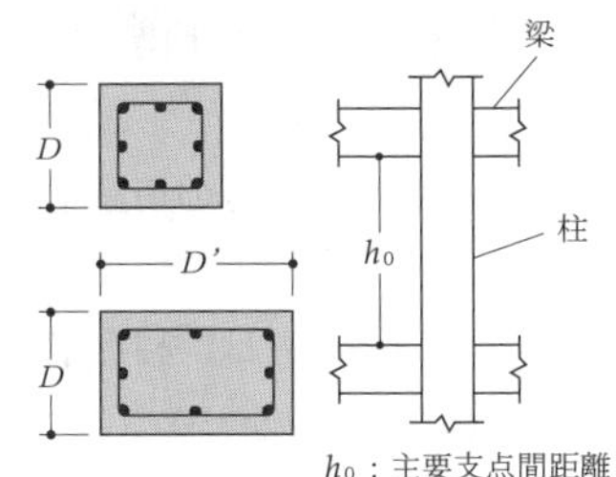

h_0：主要支点間距離

●普通コンクリート：$D \geqq \frac{h_0}{15}$

●軽量コンクリート：$D \geqq \frac{h_0}{10}$

3. 非耐力壁であっても、腰壁、垂れ壁が柱と接している場合は、柱を拘束する形になり、支点間距離の短い短柱となる。このような**短柱**には、地震時に水平力が集中するとともにせん断破壊を起こしやすい。
4. **大梁**は、両端での**曲げ降伏**がせん断破壊に先行するように設計することにより、ぜい性破壊を防止し、変形能力を増し、大地震に対し粘りで抵抗させることができる。

正答　2

R01－04 A　CHECK

【問題　31】　鉄筋コンクリート構造に関する記述として、**最も不適当なもの**はどれか。

1. 耐震壁の壁量は、地震力などの水平力を負担させるため、下階よりも上階が多くなるようにする。
2. 大梁は、床の鉛直荷重を支えるとともに、柱をつなぎ地震力などの水平力にも抵抗する部材である。
3. 柱と梁の接合部を剛接合とした純ラーメン構造は、骨組みで地震力などの水平力に抵抗する構造である。
4. 床スラブは、床の鉛直荷重を梁に伝えるとともに、架構を一体化し地震力などの水平力に抵抗させる役割も持っている。

解説

1. **耐震壁の壁量**は、上階の重量も支える**下階**の方が多く必要となる。耐震壁は、平面的に縦・横両方向に**バランス**よく配置し、上階、下階とも**同じ位置**になるように設けるのがよい。
2. **大梁**は柱と柱をつなぎ、骨組みを構成し、**床の荷重**を支えると同時に、地震力その他の**水平荷重**にも**抵抗**する。
3. 鉄筋コンクリート構造でのラーメン構造とは、柱と梁の接合部を剛接合とした門形の骨組みの構造である。これに、壁や床や屋根などのスラブを合わせて一体とした構造で、最も一般的な構造である。また、剛接合とは、外力を受けても接合部が変形しない接合をいい、柱と梁が一体となる。
4. **床スラブ**は、床の鉛直荷重を梁に伝え、地震時に各ラーメンと一体となって**水平力**に対し、**抵抗**させる役割を持っている。

正答　1

R04−05 A　CHECK

【問題 32】 鉄筋コンクリート構造の配筋に関する記述として、**最も不適当なもの**はどれか。

1. 梁の幅止め筋は、腹筋間に架け渡したもので、あばら筋の振れ止め及びはらみ止めの働きをする。
2. 梁は、全スパンにわたり主筋を上下に配置した複筋梁とする。
3. 柱の帯筋は、柱の上下端部より中央部の間隔を密にする。
4. 柱の帯筋は、主筋を取り囲むように配筋したもので、主筋の座屈を防止する働きをする。

解説

1. **幅止め筋**は、鉄筋コンクリート梁のあばら筋の幅を一定に保つように、腹筋の間に架け渡す水平補助筋で、あばら筋の振れ止め及びはらみ止めの働きをする。
2. **梁主筋**は、**曲げモーメント**に有効に働くよう配筋される。引張側だけに主筋を配筋したものを単筋梁といい、圧縮側にも配筋したものを複筋梁という。構造耐力上主要な梁は、靭性確保、クリープ防止のため、全スパンにわたり**複筋梁**とする。
3. **帯筋の径**は、**6mm以上**とし、その**間隔**は、**15cm**(柱に接着する壁、はりその他の横架材から上方又は下方に柱の小径の2倍以内の距離にある部分においては、10cm) **以下**で、かつ、最も細い主筋の径の15倍以下とする。柱の中央部より**上下端部**を**密**にする。
4. **帯筋**とは、柱の軸方向の主筋を取り囲むように、一定の間隔で帯状に巻く横方向の鉄筋で、主筋の座屈を防止する働きをし、柱のせん断破壊に抵抗するための鉄筋である。

正答 3

H30−05 B　　CHECK

【問題　33】鉄筋コンクリート構造に関する記述として、**最も不適当なもの**はどれか。

1. 鉄筋は、引張力だけでなく圧縮力に対しても有効に働く。
2. 梁のせん断補強筋をあばら筋という。
3. 柱のせん断補強筋は、柱の上下端部より中央部の間隔を密にする。
4. コンクリートの設計基準強度が高くなると、鉄筋のコンクリートに対する許容付着応力度は高くなる。

解説

1. 鉄筋コンクリート構造では、**圧縮力**は**コンクリート**と**鉄筋**で負担し、**引張力**は**鉄筋**のみで負担する。
2. **あばら筋**は、梁のせん断補強に用いられ、応力により梁主筋が梁の外にはみ出すのを拘束し、靭性を高めるものである。鉄筋コンクリートの柱と梁には曲げ耐力以上のせん断耐力を与え、**せん断破壊**を起こさないように設計する。
3. **帯筋**の径は、6 mm以上とし、その間隔は、**15cm**(柱に接着する壁、はりその他の横架材から上方又は下方に柱の小径の2倍以内の距離にある部分においては、**10cm**)以下で、かつ、最も細い主筋の径の15倍以下とする。柱の中央部より**上下端部**を**密**にする。

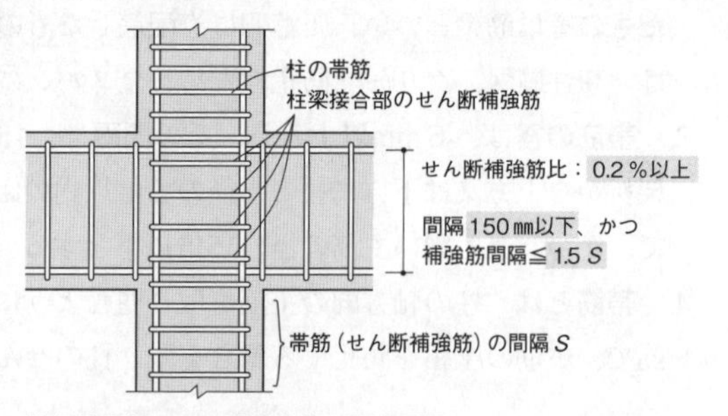

柱梁接合部のせん断補強筋の配筋要領

4. 鉄筋の許容付着応力度は、コンクリートの設計基準強度により決まるので、**設計基準強度**が**大きく**なると、**許容付着応力度**は比例して**大きく**なる。

異形鉄筋のコンクリートに対する許容付着応力度(N/mm^2)

	長期		短期
	上端筋	その他の鉄筋	
普通コンクリート	$\frac{1}{15}F_c$ かつ $\left(0.9+\frac{2}{75}F_c\right)$ 以下	$\frac{1}{10}F_c$ かつ $\left(1.35+\frac{1}{25}F_c\right)$ 以下	長期に対する1.5倍

[注]　1）上端筋とは曲げ材にあってその鉄筋の下に300mm以上のコンクリートが打ち込まれる場合の水平鉄筋をいう。

2）F_cは、コンクリートの設計基準強度(N/mm^2)を表す。

正答　3

H29−04 A　CHECK □□□□□

【問題 34】 鉄筋コンクリート構造に関する記述として、**最も不適当なもの**はどれか。

1. 大梁は、曲げ降伏よりもせん断破壊を先行するように設計する。
2. 柱は、軸方向の圧縮力、曲げモーメント及びせん断力に耐えられるように設計する。
3. 耐震壁は、周囲の柱や梁と一体に造られた壁で、地震時の水平力に対して抵抗する。
4. 床スラブは、床の鉛直荷重を梁に伝えるとともに、地震時の水平力に架構が一体となって抵抗できるようにする役割を持っている。

解説

1. **大梁**は、両端での**曲げ降伏**がせん断破壊に**先行**するように設計することにより、ぜい性破壊を防止し、変形能力を増し、大地震に対し粘りで抵抗させることができる。
2. **柱**は、**軸方向の圧縮力**、**曲げモーメント**及び**せん断力**に十分耐えられるようにする。
3. **耐震壁**は、耐力壁ともいわれ、地震等の水平荷重に抵抗する能力を持つレベルの強度を確保した壁であり、**水平せん断力**に対して有効である。
4. 床スラブは、床の鉛直荷重を梁に伝え、地震時に各ラーメンと一体となって水平力に対し、抵抗させる役割を持っている。

正答 1

R03−05 A　CHECK

【問題　35】 鉄骨構造の一般的な特徴に関する記述として、**最も不適当なもの**はどれか。

1. トラス構造は、比較的細い部材による三角形を組み合わせて構成し、大きな空間をつくることができる。
2. H形鋼の大梁に架けられる小梁には、大梁の横座屈を拘束する働きがある。
3. 柱脚の形式には、露出形式、根巻き形式、埋込み形式がある。
4. 鋼材は不燃材料であるため、骨組は十分な耐火性能を有する。

解説

1. **トラス構造**は、比較的細い部材による**三角形**を組み合わせて構成し、梁がないので、**大きな空間**がとれ、倉庫、工場などに採用されている。
2. H形鋼の大梁の**横座屈**を防止するには、大梁の材軸と直角方向に小梁などの**横補剛材**を設ける。
3. 鉄骨造の柱脚の形式には、**露出形式**、**根巻き形式**、**埋込み形式**があり、構造計算上、露出形式はピン支点、根巻き形式は半固定支点、埋込み形式は固定支点としている。

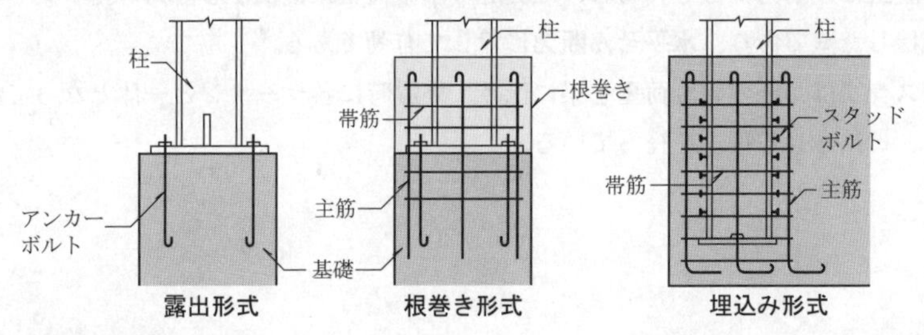

4. **鋼材**は**不燃材料**であるが、熱に弱く錆びやすいため、**耐火被覆**や**錆止め等**を施さなければ、**耐火性能**や**耐久性**を保つことはできない。

正答　4

R02−05 A　CHECK □□□□□

【問題　36】 鉄骨構造の一般的な特徴に関する記述として、鉄筋コンクリート構造と比べた場合、**最も不適当なもの**はどれか。

1. 骨組の部材は、工場で加工し、現場で組み立てるため、工期を短縮しやすい。
2. 骨組の部材は、強度が高いため、小さな断面の部材で大きな荷重に耐えることができる。
3. 構造体は、剛性が大きく、振動障害が生じにくい。
4. 同じ容積の建築物では、構造体の軽量化が図れる。

解説

1. **鉄骨構造**は、鉄筋コンクリート構造に比べ、**短い工期**で高い精度の加工組立が可能で、工場加工の比率が高く、現場作業が少ないので、工期を短縮しやすい。
2. **鋼材**は強くて粘りがあるため、鉄筋コンクリート構造に比べ、小さな断面の部材で骨組みを造ることができ、**変形能力**も**大きい**。
3. 鉄筋コンクリート構造と比べ構造体は、**剛性**が小さく、振動障害が生じやすい。
4. 鉄骨構造に用いられる**鋼材の強度**は、コンクリートより数倍から**10倍**程度**大きい**ため、部材断面を小さくすることができ、同じ容積の建築物では、構造体の**軽量化**が図れる。

正答　3

R03−06 B　CHECK □□□□□

【問題　37】 鉄骨構造に関する記述として、**最も不適当なもの**はどれか。

1. ダイアフラムは、梁から柱へ応力を伝達するため、仕口部に設ける。
2. エンドタブは、溶接時に溶接線の始終端に取り付けられる。
3. 丸鋼を用いる筋かいは、主に引張力に働く。
4. スチフナーは、ボルト接合の継手を構成するために、母材に添える。

解説

1. **ダイアフラム**は、柱と梁の接合部に設ける補強材である。梁と柱の相互で曲げ応力を伝達できるように配置する鉄骨プレートで、通しダイアフラム、内ダイアフラム、外ダイアフラムがある。通しダイアフラム形式は、柱を梁の上下フランジの位置で切断し、その切断した部分にダイアフラムを入れる形式である。内ダイアフラム形式は、柱内部の梁の上下フランジの位置にダイアフラムを入れる形式である。外ダイアフラムは、柱の四角にダイアフラムを取り付ける形式である。

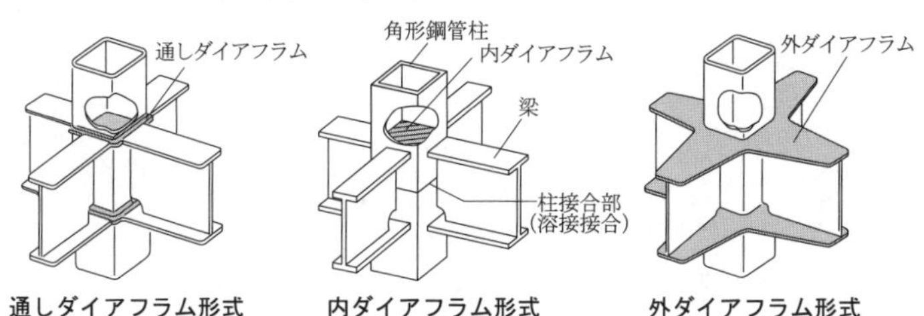

通しダイアフラム形式　**内ダイアフラム形式**　**外ダイアフラム形式**

2. 溶接の始端・終端には、溶接欠陥の発生を防ぎ、有効長さを確保するために、補助板としてエンドタブを設ける。

3. **丸鋼**を筋かいに用いる場合、筋かいは引張力に対してのみ有効な**引張筋かい**として設計することになる。

4. **スチフナー**は、補剛材で、**ウェブ材の座屈**を防ぐため、梁せい方向に取り付ける材のことである。ボルト接合の継手を構成するために、母材に添える板は、**スプライスプレート**(添板)である。

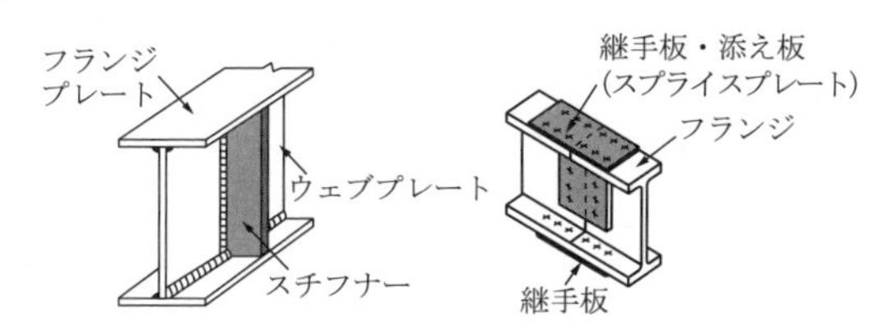

R02−06 A　CHECK □□□□□

【問題　38】 鉄骨構造に関する記述として、**最も不適当なもの**はどれか。

1. ガセットプレートは、節点に集まる部材相互の接合のために設ける部材である。
2. 添え板(スプライスプレート)は、梁のウェブの座屈防止のために設ける補強材である。
3. ダイアフラムは、柱と梁の接合部に設ける補強材である。
4. 合成梁に用いる頭付きスタッドは、鉄骨梁と鉄筋コンクリート床スラブが一体となるように設ける部材である。

解説

1. **ガセットプレート**は、鉄骨構造の柱・梁などの接合部およびトラスの節点において、組み合わせる部材を接合するために用いる鋼板のことをいう。

2. **スプライスプレート**とは、**添え板**のことで鋼構造部材である鉄骨柱や梁などの継手において、応力伝達のために部材に添える接合用鋼板のことである。設問の記述はスチフナーについての記述である。

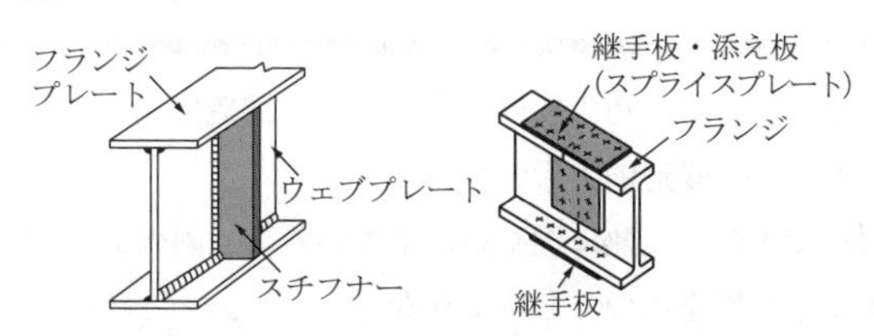

3. **ダイアフラム**は、**柱と梁の接合部**に設ける補強材である。梁と柱の相互で曲げ応力を伝達できるように配置する鉄骨プレートで、通しダイアフラム、内ダイアフラム、外ダイアフラムがある。通しダイアフラム形式は、柱を梁の上下フランジの位置で切断し、その切断した部分にダイアフラムを入れる形式である。内ダイアフラム形式は、柱内部の梁の上下フランジの位置にダイアフラムを入れる形式である。外ダイアフラムは、柱の四角にダイアフラムを取り付ける形式である。

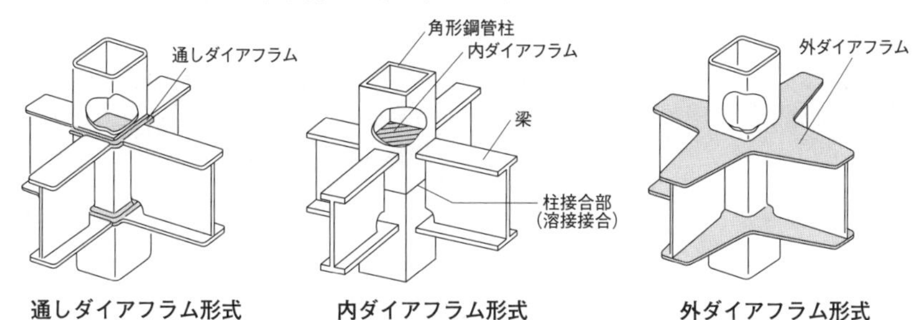

4. 合成梁に用いる**頭付きスタッド**は、鉄骨梁と鉄筋コンクリート床版が一体となって働くように、鉄骨梁のフランジ上端面に**垂直**に**溶接**する。

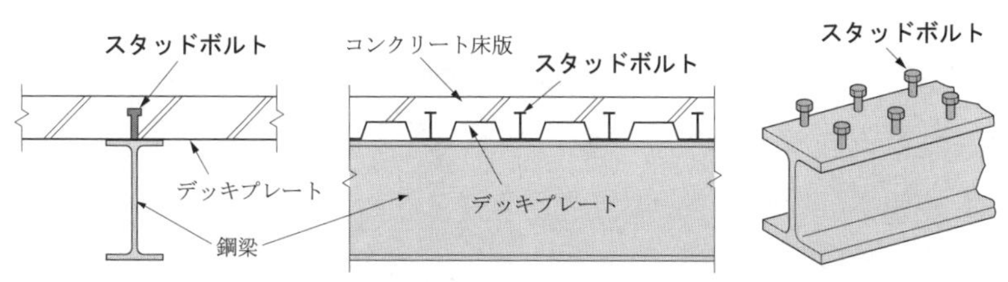

正答 2

H29−05 A　CHECK

【問題　39】 鉄骨構造の一般的な特徴に関する記述として、**最も不適当なもの**はどれか。

1. 鋼材は強くて粘りがあり、変形能力の高い骨組が可能である。
2. 鋼材は不燃材料であるため、骨組は十分な耐火性能を有する。
3. 鉄筋コンクリート構造に比べ、大スパンの建築物が可能である。
4. 鉄筋コンクリート構造に比べ、工場加工の比率が高く、現場作業が少ない。

解説

1. 鋼材は強くて粘りがあるため、鉄筋コンクリート構造に比べ、小さな断面の部材で骨組みを造ることができ、**変形能力**も**大きい**。
2. 鋼材は不燃材料であるが、**熱に弱く**錆びやすいため、耐火被覆や錆止め等を施さなければ、耐火性能や耐久性を保つことはできない。
3. 鉄骨構造は、鉄筋コンクリート構造に比べ、**軽量**のわりに部材強度が大きいため、**大スパン**の建築物が可能である。
4. 鉄骨構造は、鉄筋コンクリート構造に比べ、短い工期で高い精度の加工組立が可能で、工場加工の比率が高く、現場作業が少ない。

正答　2

R01−05 A　CHECK □□□□□

【問題　40】 鉄骨構造の一般的な特徴に関する記述として、**最も不適当なもの**はどれか。

1. 軽量鉄骨構造に用いる軽量形鋼は、通常の形鋼に比べて、部材にねじれや局部座屈が生じやすい。
2. 鉄筋コンクリート構造に比べ、鉄骨構造の方が架構の変形能力が高い。
3. 鋼材は不燃材料であるため、骨組は十分な耐火性能を有する。
4. 鉄筋コンクリート構造に比べ、鉄骨構造の方が大スパンの建築物を構築できる。

解説

1. **軽量形鋼**は、厚さ6mm以下の薄鋼板を常温で成形したもので、普通の形鋼に比べて部材に**ねじれ**や**局部座屈**が生じやすい。
2. **鋼材**は強くて粘りがあるため、鉄筋コンクリート構造に比べ、小さな断面の部材で骨組みを造ることができ、**変形能力**も**大きい**。
3. **鋼材**は不燃材料であるが、**熱**に**弱く**錆びやすいため、耐火被覆や錆止め等を施さなければ、耐火性能や耐久性を保つことはできない。
4. **鉄骨構造**は、鉄筋コンクリート構造に比べ、**軽量**のわりに部材強度が大きいため、**大スパン**の建築物が可能である。

正答　3

R01−06 A　CHECK

【問題　41】鉄骨構造に関する記述として、**最も不適当なもの**はどれか。

1. 丸鋼を用いる筋かいは、主に引張力に働く部材である。
2. スチフナーは、節点に集まる部材相互の接合に用いられる鋼板である。
3. エンドタブは、溶接時に溶接線の始終端に取り付けられる補助部材である。
4. 裏当て金は、完全溶込み溶接を片面から行うために、溶接線に沿って開先ルート部の裏側に取り付けられる鋼板である。

解説

1. **細長比が大きい**圧縮筋かいは、極めて小さい荷重で座屈してしまうので、引張筋かいの強度と変形能力により地震に抵抗することになる。したがって、細長比の大きい丸鋼を筋かいに用いる場合、筋かいは引張力に対してのみ有効な引張筋かいとして設計することになる。

2. **スチフナー**は、補剛材で、ウェブ材の座屈を防ぐため、梁せい方向に取り付ける材のことである。鉄骨構造の柱・梁などの接合部およびトラスの節点において、組み合わせる部材を接合するために用いる鋼板はガセットプレートである。

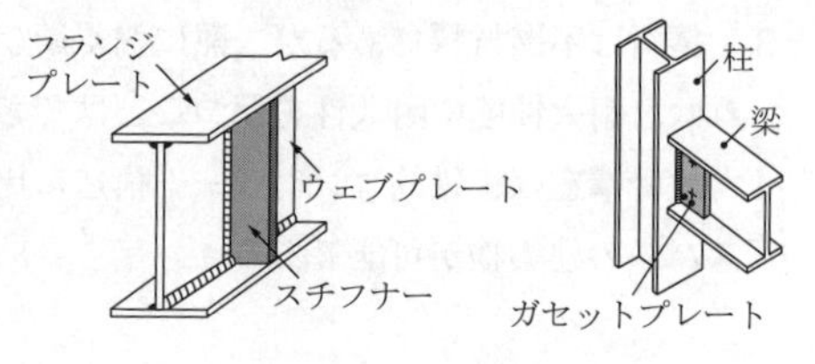

3. 一般に溶接始端には溶込不良やブローホールなど、終端にはクレーター割れなどの欠陥が生じやすい。これらの欠陥を母材幅内の溶接部の中に発生させないようにするために溶接始端、終端に取り付ける補助板をエンドタブという。

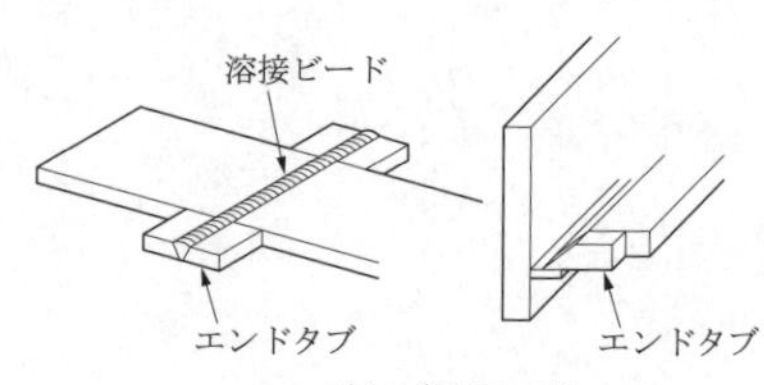

エンドタブ使用の例

4. **裏あて金**とは、溶接部の底部に裏から当てる金属。一般に、突合せ溶接(完全溶込み溶接)を行う場合は、突き合わせる部材の全断面が完全に溶接されなければならない。そのためには、裏はつりあるいは裏当て金を使用して、十分なルート間隔をとり、裏当て金を密着させる。

正答　2

H29−06 A　CHECK □□□□□

【問題　42】 鉄骨構造の部材に関する記述として、**最も不適当なもの**はどれか。

1. 柱の形式には、形鋼などの単一材を用いた柱のほか、溶接組立箱形断面柱などの組立柱がある。
2. 梁の形式には、単一材を用いた形鋼梁のほか、プレート梁やトラス梁などの組立梁がある。
3. 筋かいは、棒鋼や形鋼を用いるもので、主に圧縮力に働く部材である。
4. ガセットプレートは、節点に集まる部材相互の接合に用いられる鋼板である。

解説

1. 充腹形の形鋼柱、非充腹形のトラス柱、ラチス柱、帯板柱などがあるが、梁に準ずる。その他、４枚の鋼板をコーナー部で溶接したビルドアップ材、鋼板を冷間で折り曲げた後に溶接により閉断面とした冷間成形材、円形鋼管を冷間でロール成形した角形鋼管材等がある。
2. 鋼板と鋼板を溶接で組み立てたもの等をプレート梁といい、ウェブプレートの代わりに、山形鋼で斜材や垂直材をトラス状に組み立てたものをトラス梁という。形鋼やプレート梁のように、ウェブが鋼板で満たされているものを充腹梁、ラチス梁やトラス梁などのようなものを非充腹梁という。
3. 細長比が大きい圧縮筋かいは、極めて小さい荷重で座屈してしまうので、引張筋かいの強度と変形能力により地震に抵抗することになる。したがって、細長比の大きい部材を筋かいに用いる場合、**筋かい**は引張力に対してのみ有効な**引張**筋かいとして設計することになる。
4. ガセットプレートは、鉄骨構造の柱・梁などの接合部およびトラスの節点において、組み合わせる部材を接合するために用いる鋼板のことをいう。

正答　3

R04−06 B　CHECK □□□□□

【問題　43】 鉄骨構造の接合に関する記述として、**最も不適当なもの**はどれか。

1. 高力ボルト接合の形式には、摩擦接合、引張接合、支圧接合等があり、このうち摩擦接合が多く用いられる。
2. 支圧接合とは、ボルト軸部のせん断力と部材の支圧によって応力を伝える接合方法である。
3. 完全溶込み溶接とは、溶接部の強度が母材と同等以上になるように全断面を完全に溶け込ませる溶接である。
4. 隅肉溶接の有効長さは、隅肉溶接の始端から終端までの長さである。

解説

1.2. **高力ボルト接合**には、摩擦接合、引張接合、支圧接合の３種類の形式があり、一般に**摩擦接合**が用いられる。

①摩擦接合は高力ボルトで接合材を締付けた際に生じる大きな材間圧縮力によって得られる接合材間の摩擦抵抗で応力を伝達する接合法である。

②引張接合は高力ボルトの軸方向に応力を伝達する接合法である。

③支圧接合は高力ボルトで接合材を締付けて得られる接合材間の摩擦抵抗とリベットや普通ボルトのようなボルト軸部のせん断抵抗および接合材の支圧力とを同時に働かせて応力を伝達する接合法であるが、高力ボルトを支圧接合として採用する場合には、建築基準法による国土交通大臣の認定を受ける必要がある。

3. **完全溶込み溶接**(突合せ溶接)は、溶接部の**強度**が母材と**同等**になるように全断面を完全に溶け込ませる溶接である。

継手 継目	突合せ継手	かど継手	T継手
突合せ溶接 (完全溶込み溶接)			
部分溶込み溶接			
隅肉溶接	(重ね継手)		

4. **隅肉溶接**の**有効長さ**は、始端と終端は十分のど厚がとれないので、まわし溶接を含めた全長から、**隅肉サイズ**の**２倍**を差し引く。

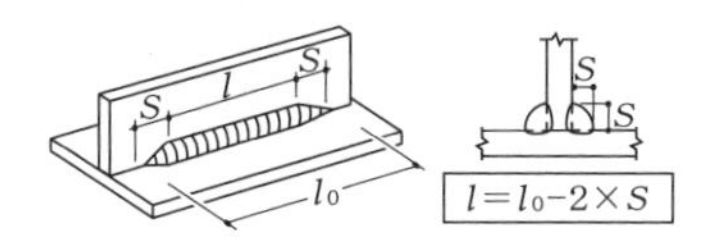

正答 4

H30−06 B　CHECK □□□□□

【問題 44】 鉄骨構造の接合に関する記述として、**最も不適当なもの**はどれか。

1. 高力ボルト摩擦接合は、高力ボルトで継手部材を締め付け、部材間に生じる摩擦力によって応力を伝達する接合法である。
2. 普通ボルトを接合に用いる建築物は、延べ面積、軒の高さ、張り間について、規模の制限がある。
3. 溶接と高力ボルトを併用する継手で、高力ボルトを先に締め付ける場合は両方の許容耐力を加算してよい。
4. 隅肉溶接は、母材の端部を切り欠いて開先をとり、そこに溶着金属を盛り込んで溶接継目を形づくるものである。

解説

1. **高力ボルト摩擦接合**は、高力ボルトで継手部材を締め付け、部材を密着させて部材間に生じる**摩擦力**によって応力を伝達する接合法である。

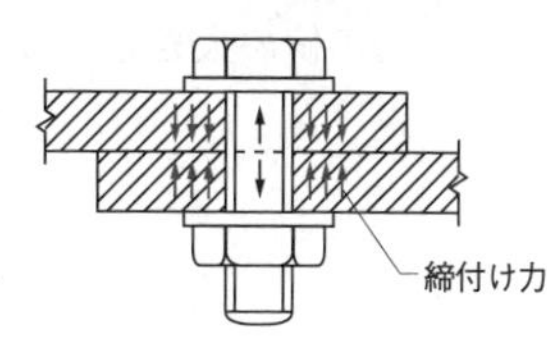

＊2. 普通ボルトは、延べ面積が3,000m²を超える建築物又は軒の高さが９mを超え、若しくは張り間が13mを超える建築物の構造耐力上主要な部分には、使用してはならない。

3. 溶接と高力ボルトの併用継手の場合、**高力ボルト**の締付けを先に、**溶接**を後に行う場合は、両方の**許容耐力**を**加算**することができる。

4. 応力を伝達させる溶接継目の形式は、完全溶込み溶接、部分溶込み溶接、隅肉溶接の３種類がある。**完全溶込み溶接**(突合せ溶接)は、接合しようとしている母材の端部を溶接しやすいように切欠き(**開先加工**)をしてみぞ(グルーブ)をつくり、そのなかに溶着金属を完全に満たした溶接継目である。隅肉溶接は、母材を重ねたり、一方の母材の端部をほかの母材の表面に取り付けて、できる偶角部に溶着金属を盛っていくものである。

継手 / 継目	突合せ継手	かど継手	T 継手
突合せ溶接 (完全溶込み溶接)			
部分溶込み溶接			
隅肉溶接	(重ね継手)		

正答 4

R04−09 B　　CHECK □□□□□

【問題　45】 図に示す単純梁ABに等分布荷重ωが作用するとき、支点Bにかかる鉛直反力の値の大きさとして、**正しいもの**はどれか。

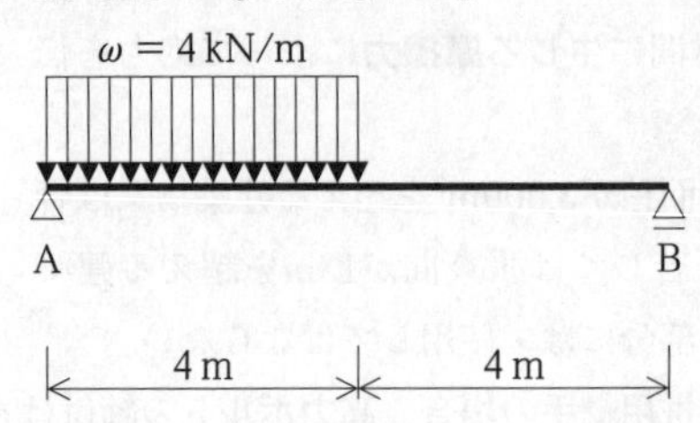

1.　2 kN
2.　4 kN
3.　8 kN
4.　12kN

解説

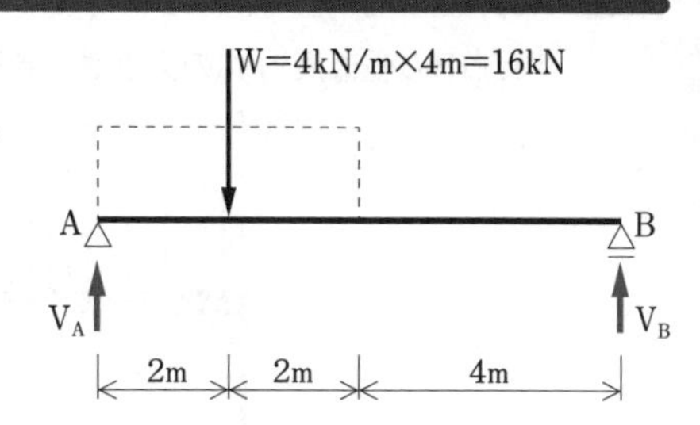

等分布荷重wを集中荷重Wに置き換える。

等分布荷重wは、１m当たり４kNであるから

集中荷重W＝４kN/m×４m＝16kN

支点Aにおけるモーメントのつり合いより、

$-V_B \times 8\,\mathrm{m} + 16\mathrm{kN} \times 2\,\mathrm{m} = 0$

$-8V_B \cdot \mathrm{m} = -16\mathrm{kN} \times 2\,\mathrm{m}$

$8V_B \cdot \mathrm{m} = 32\mathrm{kN} \cdot \mathrm{m}$

$\therefore V_B = 4\,\mathrm{kN}$

正答 2

R03−09 B　　CHECK

【問題　46】　図に示す単純梁ABに等変分布荷重が作用するとき、支点Aの垂直反力V_A及び支点Bの垂直反力V_Bの大きさの比率として、**正しいもの**はどれか。

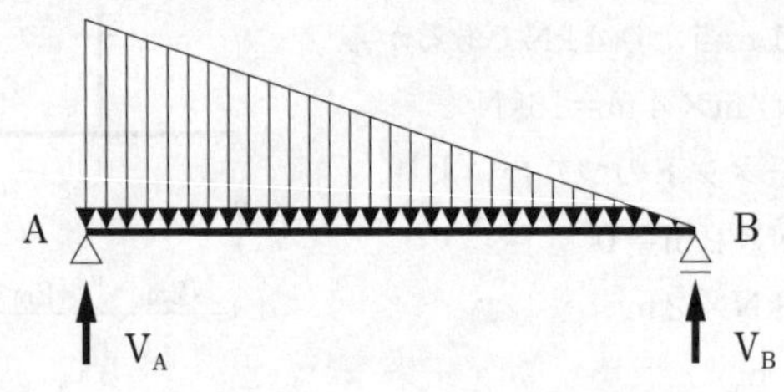

1. $V_A : V_B = 1 : 1$
2. $V_A : V_B = 2 : 1$
3. $V_A : V_B = 3 : 1$
4. $V_A : V_B = 4 : 1$

解説

等変分布荷重を集中荷重Wに置き換える。集中荷重Wは単純梁ABを１：２に内分する点に作用するため、AC間をl、BC間を２lとする。(図参照)

$\Sigma M_A = 0$よりV_Bを求める。

$M_A = W \times l - V_B \times 3l = 0$

$V_B \times 3l = W \times l$

$V_B = \frac{1}{3} W$

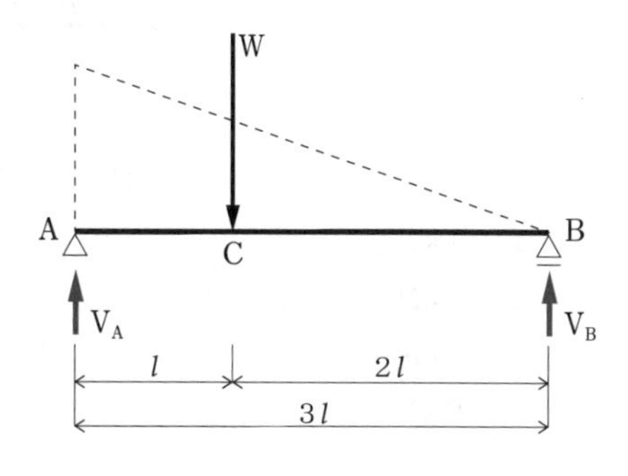

$\Sigma Y = 0$より、

$V_A + V_B = W$ ――― ①

$V_A = W - V_B$

$= W - \frac{1}{3} W = \frac{2}{3} W$ ―― ②

①と②より、

$\frac{2}{3} W + V_B = W$

$\therefore V_B = \frac{1}{3} W$

$\therefore V_A = \frac{2}{3} W$

よって、

$\therefore V_A : V_B = \frac{2}{3} W : \frac{1}{3} W = 2 : 1$

正答 2

R02−09 A　　CHECK □□□□□

【問題　47】図に示す単純梁に集中荷重P_1及びP_2が作用したとき、支点Aの鉛直方向の反力の値の大きさとして、正しいものはどれか。

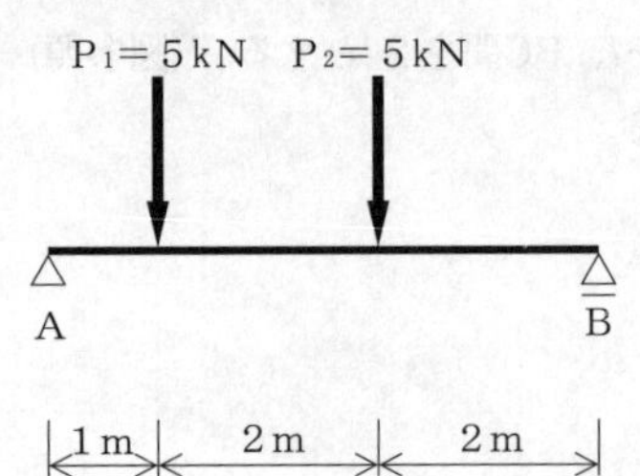

1. 4kN
2. 5kN
3. 6kN
4. 8kN

解説

集中荷重P_1及びP_2により、支点A、Bに生じる反力V_A及びV_Bを求めると、

$V_A+V_B=P_1+P_2=10kN$……………(1)

となる。

支点Bにおけるモーメントのつり合いより、

$V_A \times 5\,m-P_1 \times 4\,m-P_2 \times 2\,m=0$

$5V_A \cdot m=5\,kN \times 4\,m+5\,kN \times 2\,m$

$5V_A \cdot m=30kN \cdot m$

$\therefore V_A=6\,kN$

(1)式より、

$\therefore V_B=4\,kN$

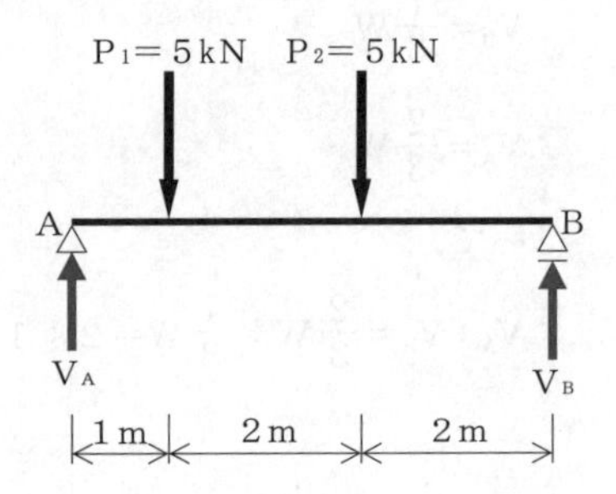

正答　3

R01－09 A　CHECK

【問題　48】 図に示す単純梁にモーメント荷重が作用したとき、支点Bに生じる鉛直反力の値の大きさとして、**正しいもの**はどれか。

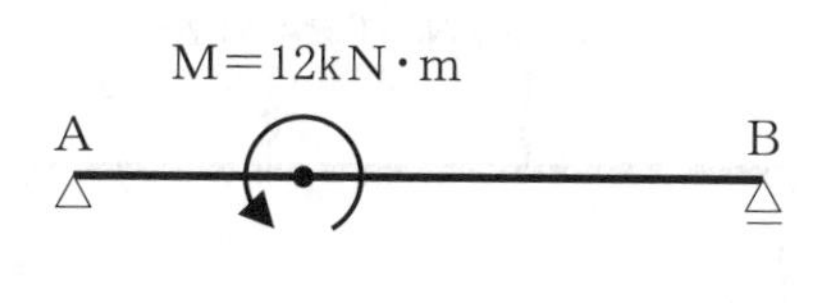

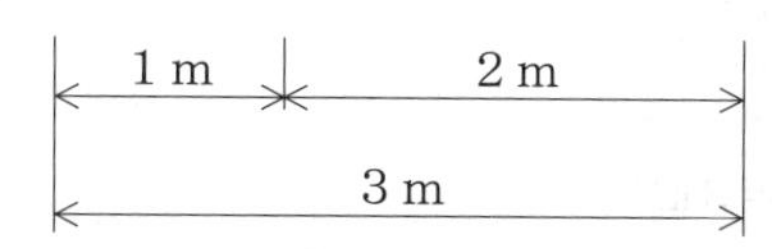

1. 12kN
2. 6 kN
3. 4 kN
4. 3 kN

解説

モーメント荷重のみが作用する場合の反力は、モーメント荷重(M) / スパン長さ(l)、で求めることができる。

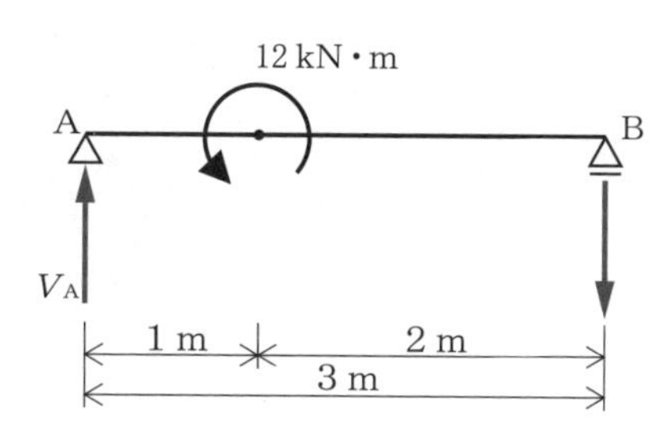

$$V_A = V_B = \frac{M}{l} = \frac{12\ \text{kN・m}}{3\ \text{m}}$$
$$= 4\ \text{kN}$$

H29−09 B　CHECK

【問題　49】 図に示す単純梁に集中荷重P_1及びP_2が作用したときに支点に生じる鉛直反力V_A及びV_Bの値の大きさの組合せとして、**正しいもの**はどれか。

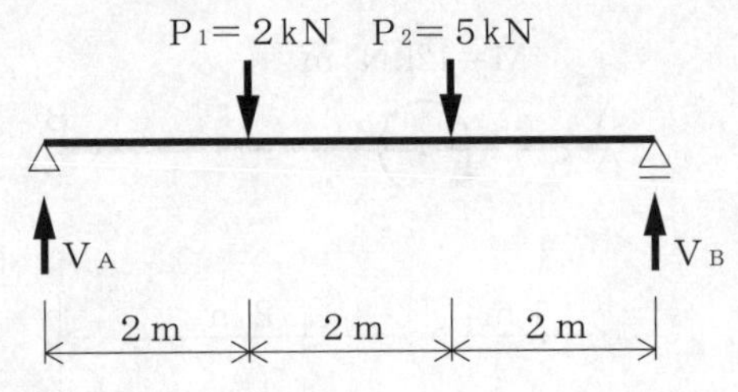

1. V_A＝4kN、V_B＝3kN
2. V_A＝3kN、V_B＝4kN
3. V_A＝5kN、V_B＝2kN
4. V_A＝2kN、V_B＝5kN

解説

集中荷重P_1及びP_2により、支点A、Bに生じる反力V_A及びV_Bを求めると、

$V_A+V_B=P_1+P_2=7\,kN$ ・・・・・・・・・(1)

となる。

支点Bにおけるモーメントのつり合いより、

$V_A\times 6\,m-P_1\times 4\,m-P_2\times 2\,m=0$

$6V_A\cdot m=2\,kN\times 4\,m+5\,kN\times 2\,m$

$6V_A\cdot m=18\,kN\cdot m$

$\therefore V_A=3\,kN$

(1)式より、

$\therefore V_B=4\,kN$

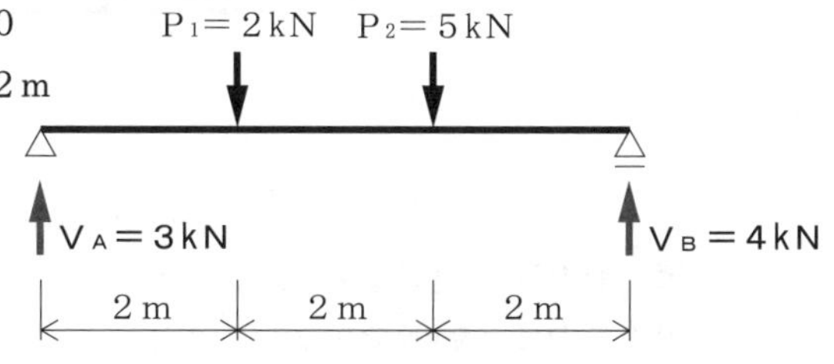

正答 2

H30−09 B　　CHECK □□□□□

＊【問題　50】 図に示す片持ち梁に等変分布荷重が作用したとき、C点に生じる応力の値として**正しいもの**はどれか。

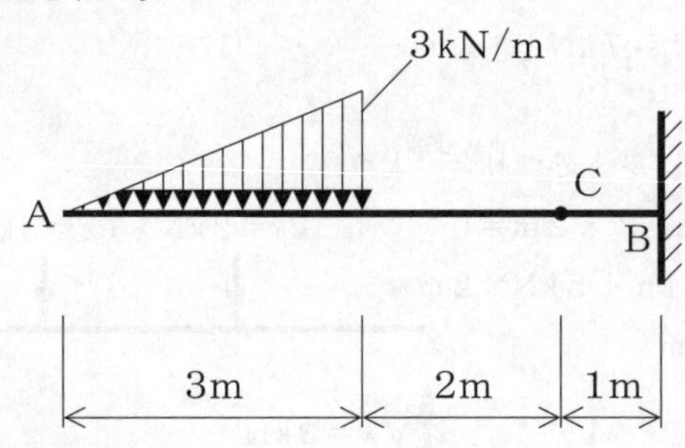

1. せん断力は、3kNである。
2. せん断力は、9kNである。
3. 曲げモーメントは、4.5kN・mである。
4. 曲げモーメントは、13.5kN・mである。

解説

片持ち梁の応力は、反力を求めなくても、自由端側から求めることができる。

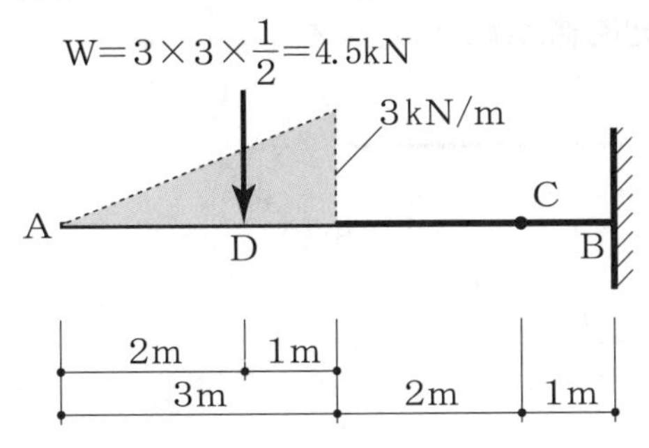

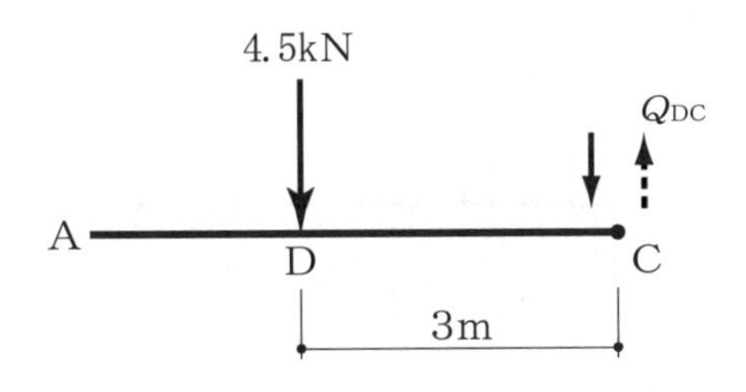

「せん断力」

$\therefore Q_{DC}=4.5kN$

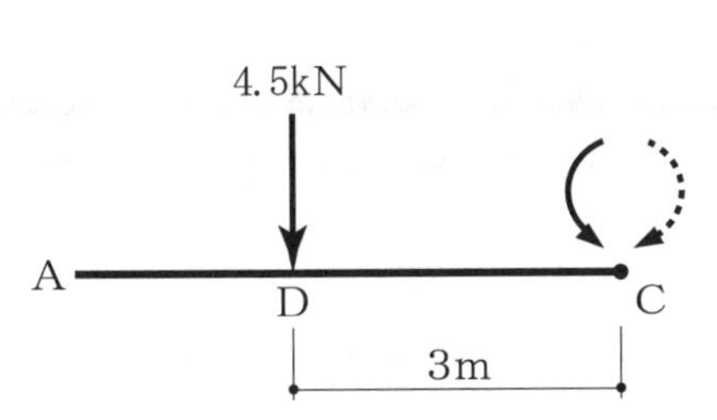

「曲げモーメント」

$\therefore M_C=4.5kN\times3\,m=13.5kN\cdot m$

正答 4

R04−10 C　CHECK □□□□□

【問題 51】 図に示す単純梁ABの点Aにモーメント荷重Mが作用したときの曲げモーメント図として、**正しいもの**はどれか。

ただし、曲げモーメントは、材の引張側に描くものとする。

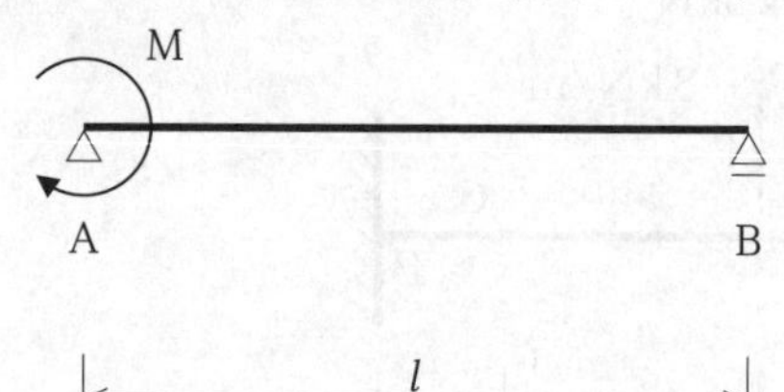

1.

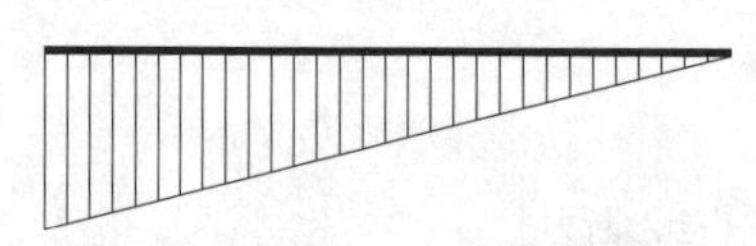

2.

3.

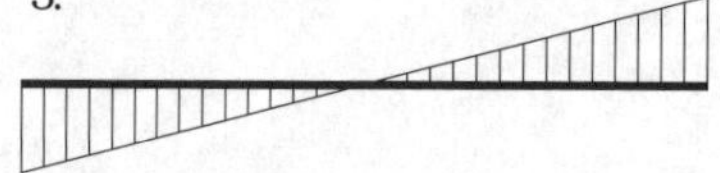

4.

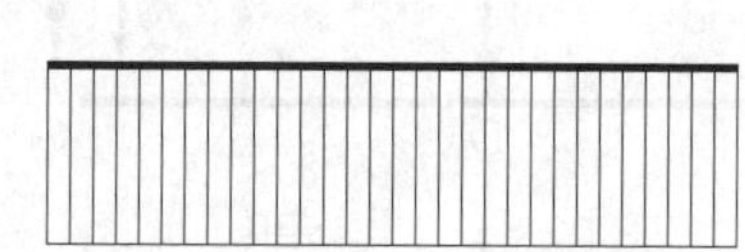

解説

モーメント荷重が作用する場合の反力は、モーメント荷重(M) / スパン長さ(l)、で求めることができる。

$V_A = V_B = \frac{M}{l}$ (大きさが同じで向きが逆)

曲げモーメント図は、単純梁の右側から考える。

$M_B = 0$

$M_A = \frac{M}{l} \times l = M$ (下側凸)

肢1が正しい曲げモーメント図となる。

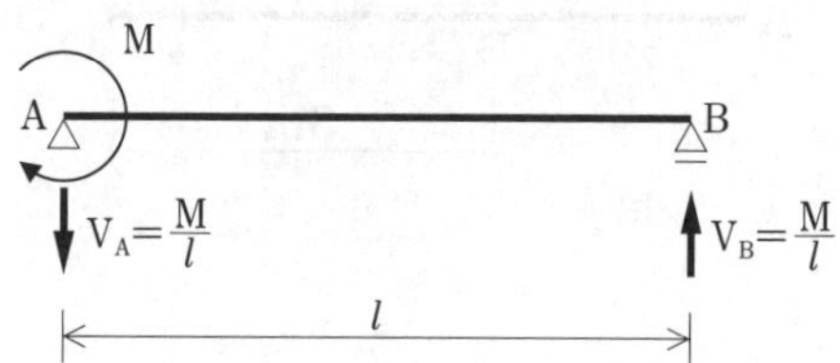

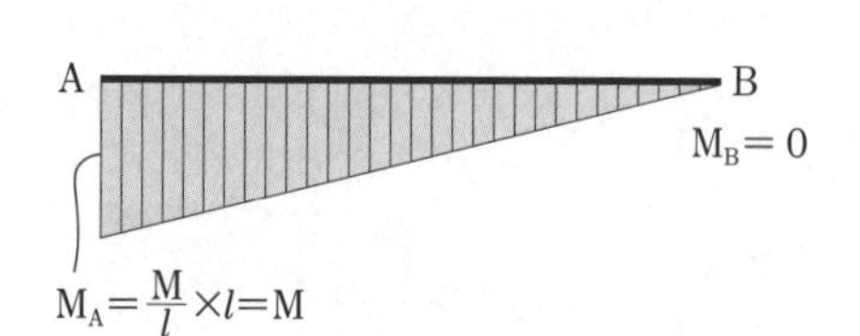

曲げモーメント図

正答 1

CHECK □□□□□

R03−10 B

【問題 52】 図に示す単純梁ABのBC間に等分布荷重wが作用したときの曲げモーメント図として、**正しいもの**はどれか。

ただし、曲げモーメントは、材の引張側に描くものとする。

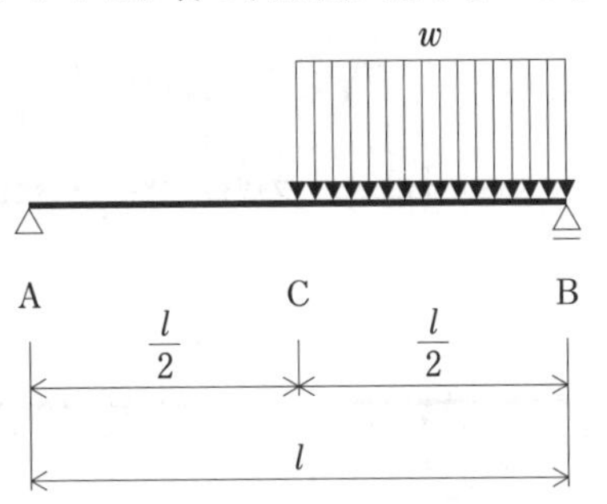

1.

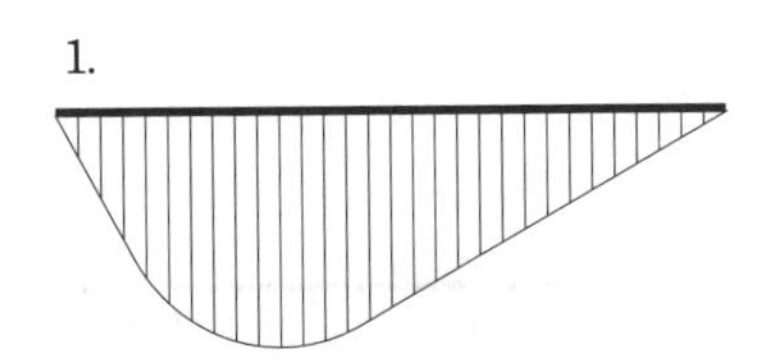

2.

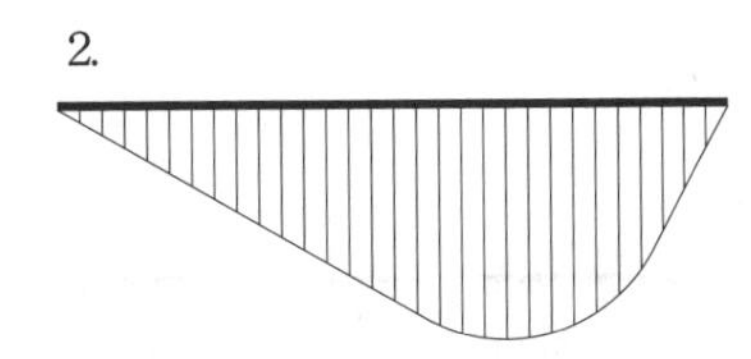

3.

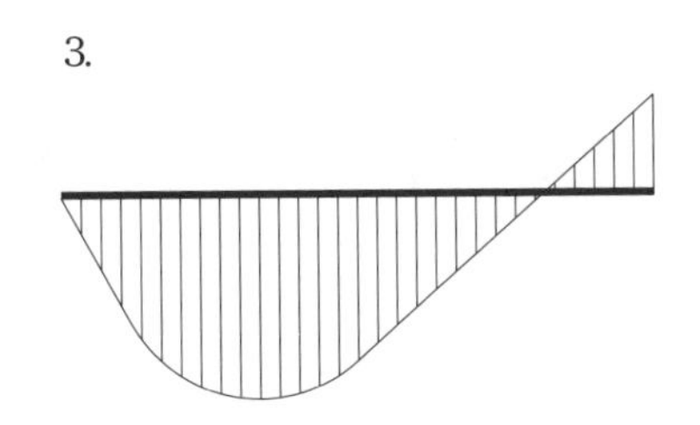

4.

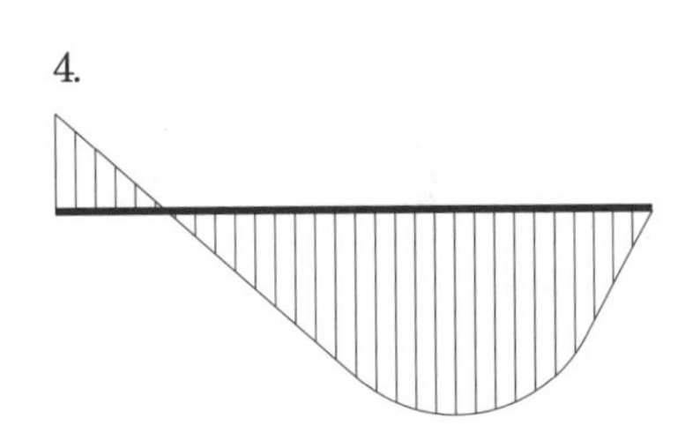

解説

BC間は等分布荷重なので曲げモーメントが曲線となり、AC間は曲げモーメントが直線となる。また、単純梁の両端A点、B点における曲げモーメントが0となることから、この問題の曲げモーメント図は2.となる。

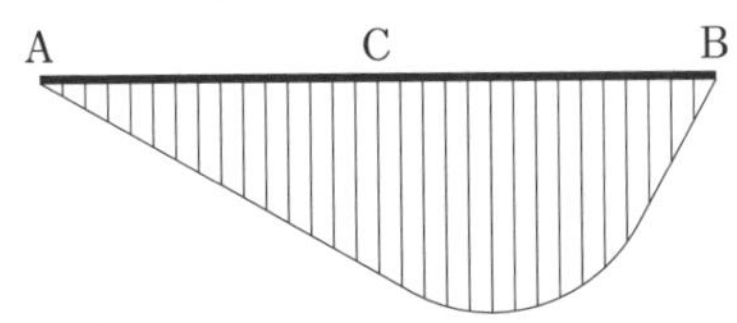

正答 2

R02−10 C　CHECK

【問題　53】 図に示す単純梁に等変分布荷重が作用したときの曲げモーメント図として、正しいものはどれか。

ただし、曲げモーメントは、材の引張側に描くものとする。

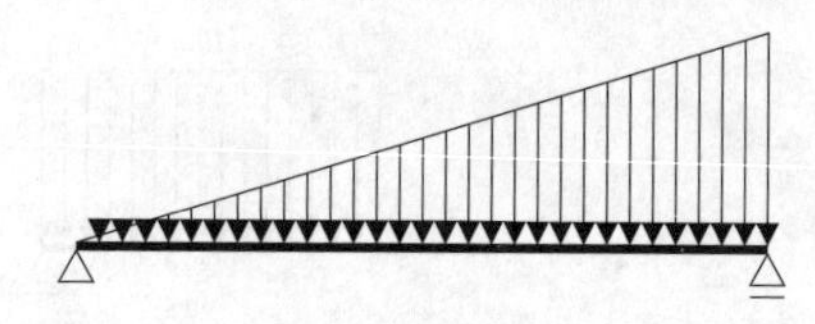

1.

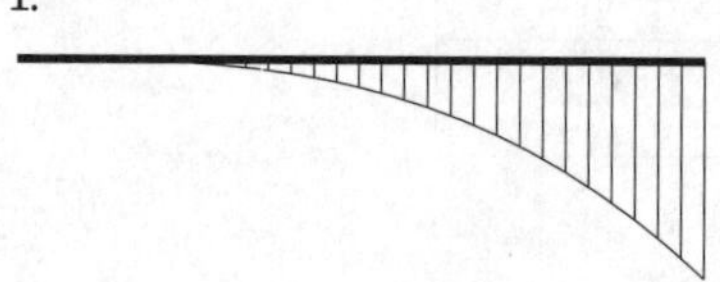

2.

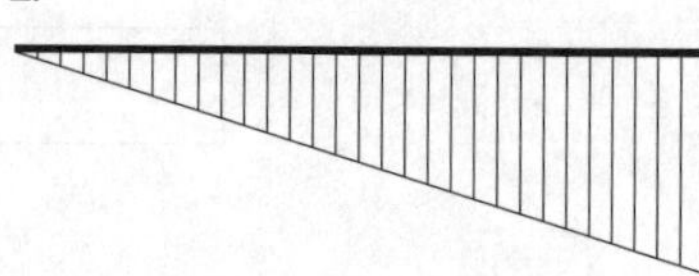

3.

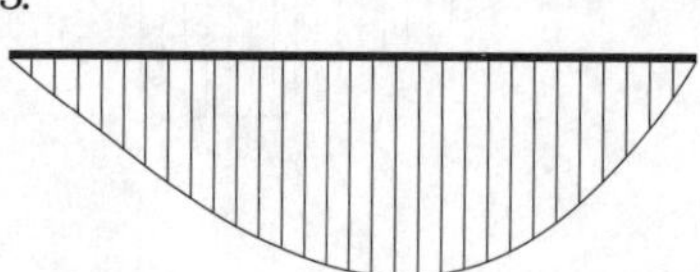

4.

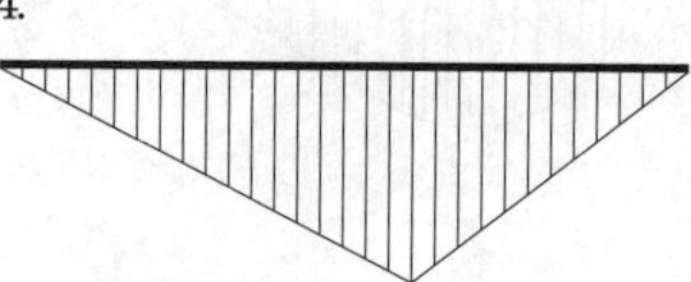

解説

等変分布荷重なので、単純梁の2：1のところで集中荷重に置き換える。ここで曲げモーメントが最大となり、単純梁の両端における曲げモーメントは0となる。等変分布荷重なので、曲げモーメント図は曲線となる。曲線のモーメント図は、1.と3.とであるが、1.は、途中まで、曲げモーメントが0と両端が曲げモーメント0になっていないので除かれ、この問題の曲げモーメント図は3.となる。

正答 3

R01−10 B　CHECK □□□□□

【問題　54】 図に示す単純梁に集中荷重２P及び３Pが作用したときの曲げモーメント図として、**正しいもの**はどれか。

ただし、曲げモーメントは材の引張側に描くものとする。

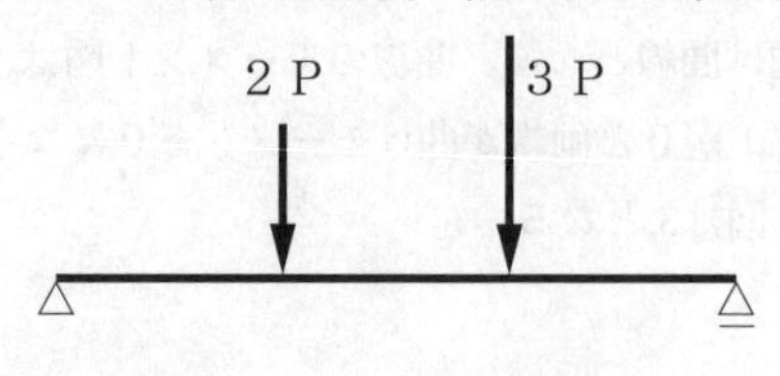

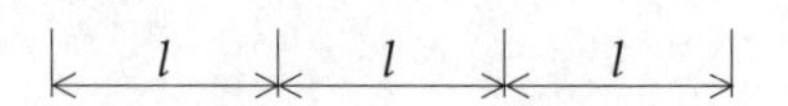

1.

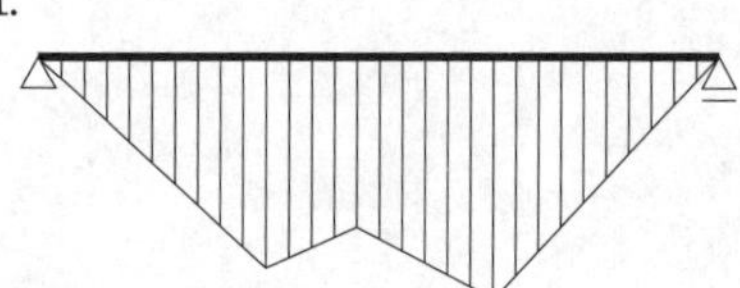

2.

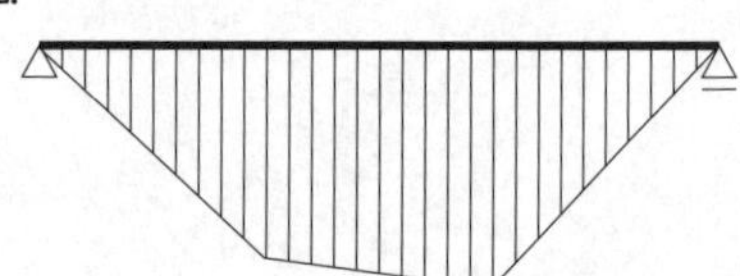

3.

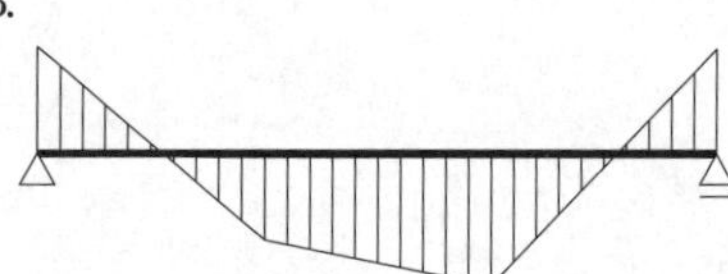

4.

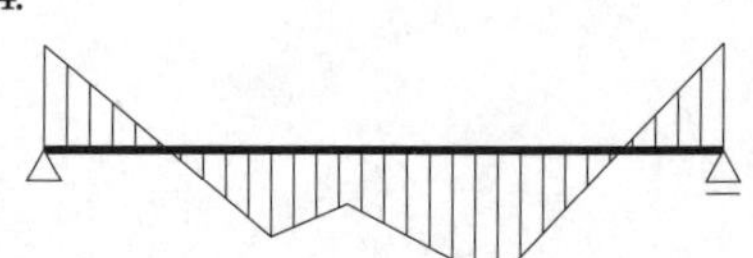

解説

反力V_A、V_Bを仮定し、
$\Sigma M_A = 0$よりV_Bを求める。

$$M_A = 2P \times l + 3P \times 2l - V_B \times 3l = 0$$
$$3V_B = 8P$$
$$V_B = \frac{8}{3}P$$

$\Sigma Y = 0$より、

$$V_A + V_B = 2P + 3P$$
$$V_A = 5P - \frac{8}{3}P$$
$$= \frac{15-8}{3}P = \frac{7}{3}P$$

●反　力

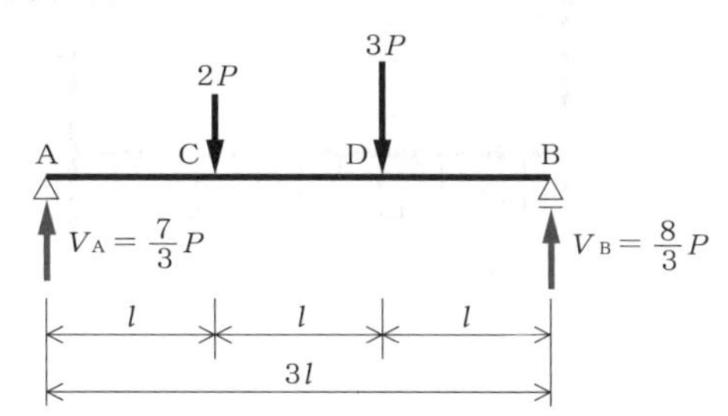

各点の曲げモーメントを求めて凸側に書く。

$$M_C = V_A \times l = \frac{7}{3}Pl \text{（下側凸）}$$

$$M_D = V_B \times l = \frac{8}{3}Pl \text{（下側凸）}$$

●曲げモーメント図

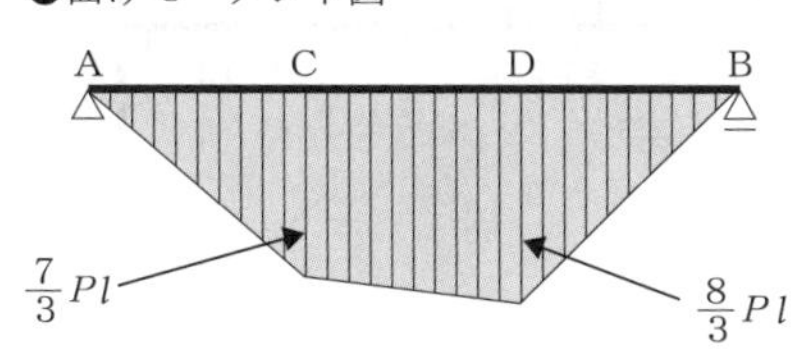

正答 2

H30−10 C　　CHECK □□□□□

【問題　55】 図に示す片持ち梁に集中荷重Pが作用したときの曲げモーメント図として、正しいものはどれか。

ただし、曲げモーメントは材の引張側に描くものとする。

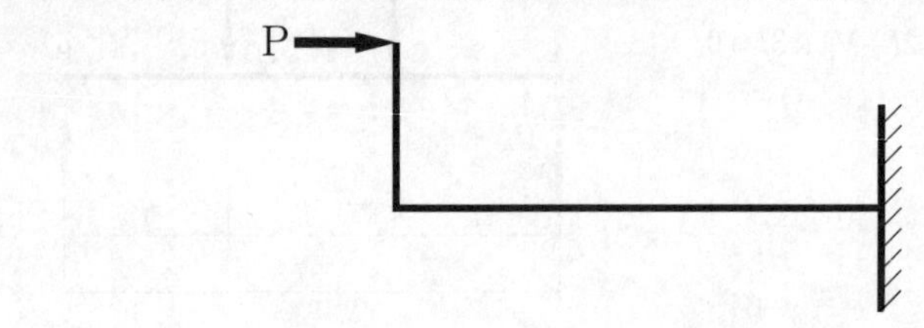

1.

2.

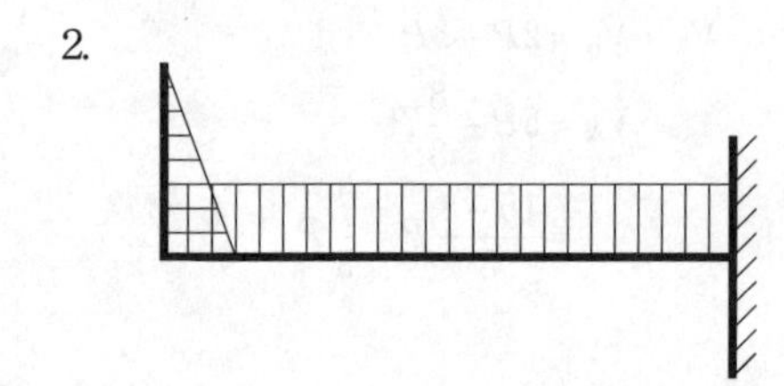

3.

4.

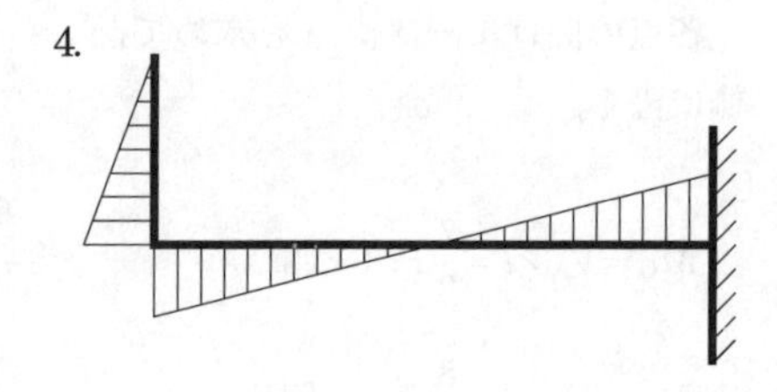

解説

自由端側から考える。

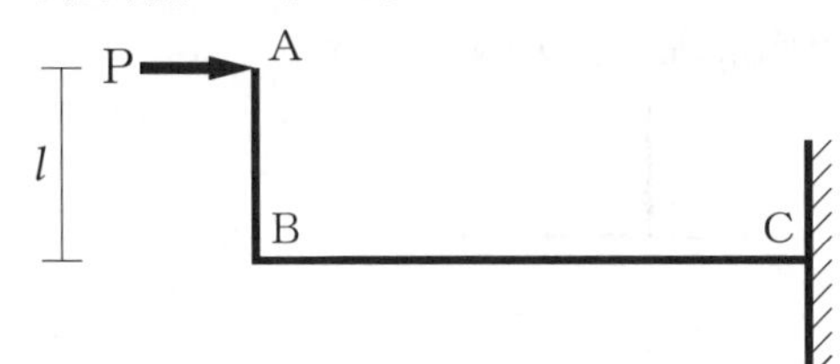

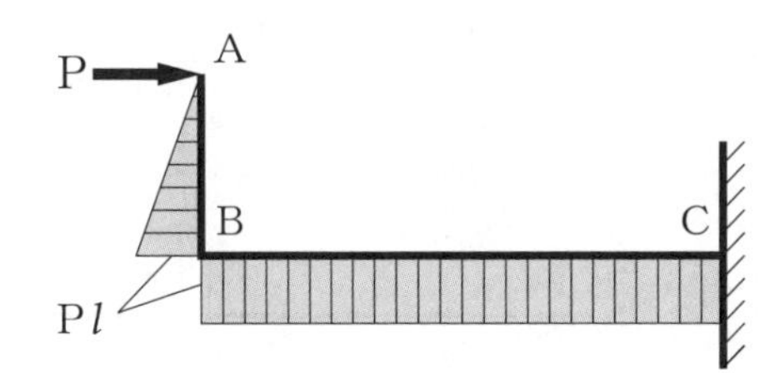

$M_B = Pl$・・・ 左側凸（引張側）

モーメント図は引張側に描く。

$M_C = Pl$・・・ 下側凸（引張側）

H29−10 A　　CHECK □□□□□

【問題　56】 図に示す単純梁に同じ大きさの集中荷重Pが作用したときの曲げモーメント図として、**正しいもの**はどれか。

ただし、曲げモーメントは材の引張側に描くものとする。

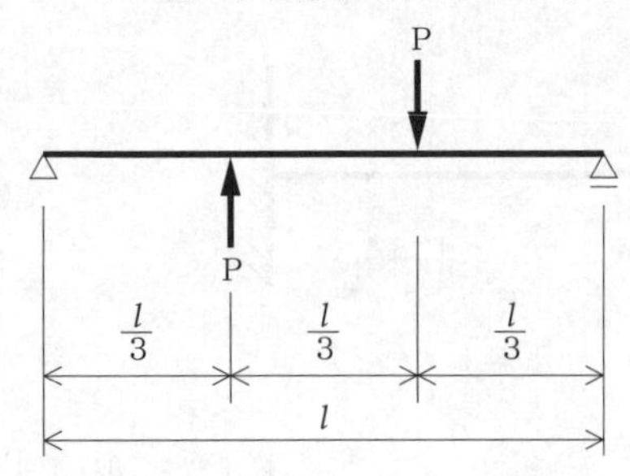

1.

2.

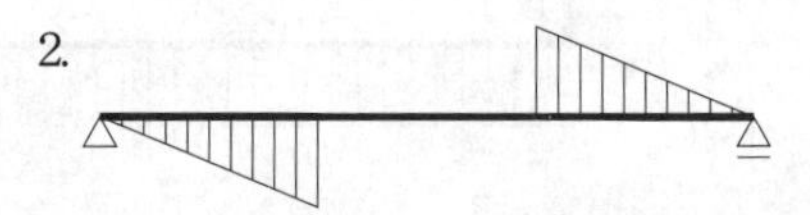

3.

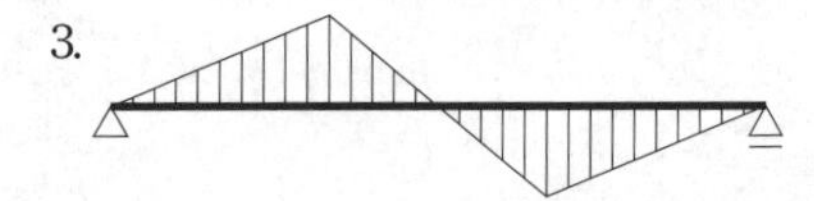

4.

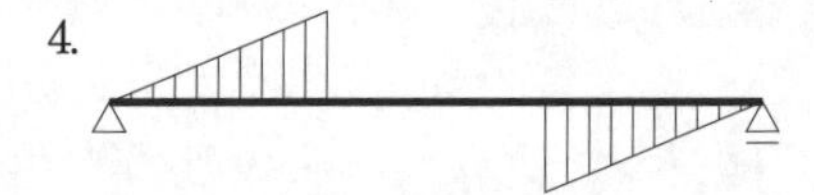

解説

それぞれの荷重ごとに曲げモーメントを求め、重ね合わせる。

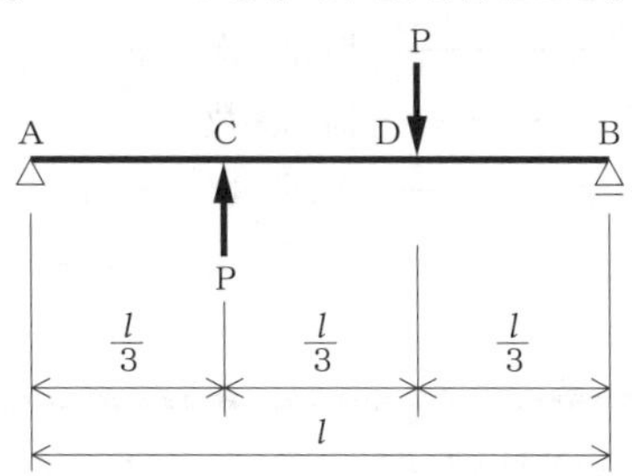

●反　力

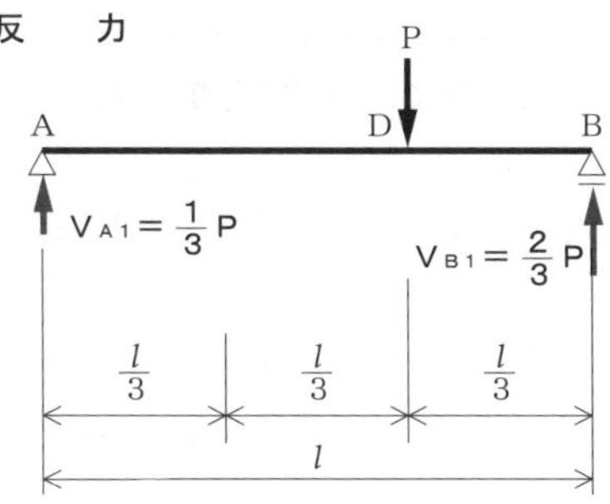

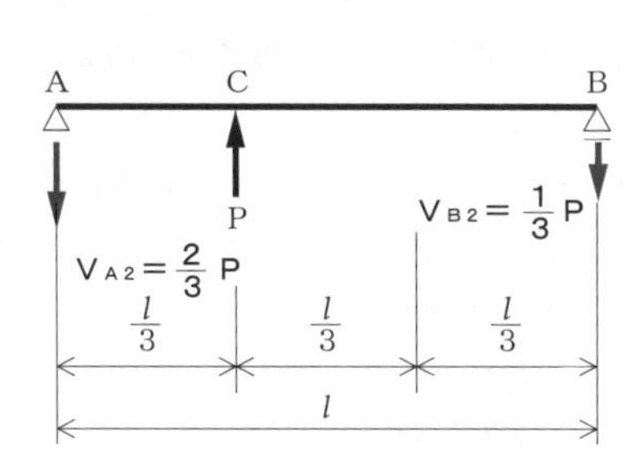

●曲げモーメント

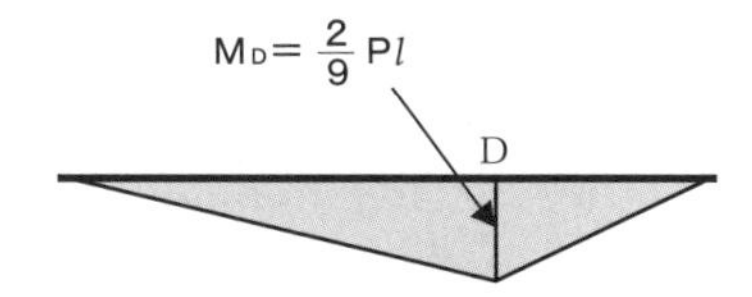

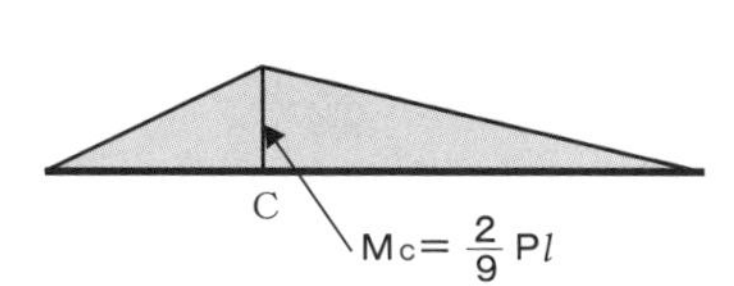

●重ね合わせたモーメント図

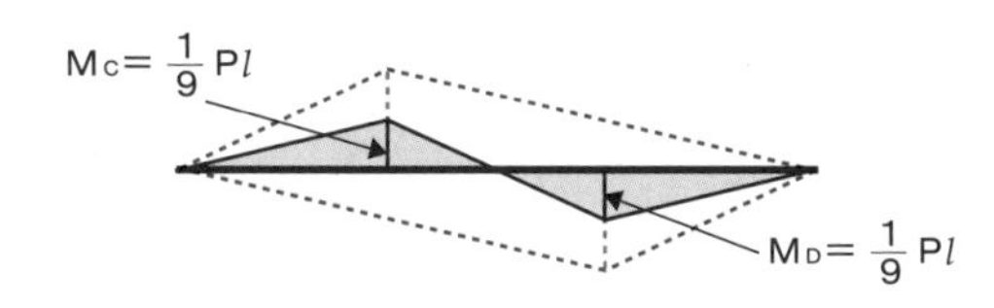

正答　3

H30−08 C　CHECK □□□□□

【問題　57】部材の応力度及び荷重の算定とそれに用いる係数の組合せとして、**最も不適当なもの**はどれか。

1. 引張応力度の算定 ―――――― 断面二次半径
2. 曲げ応力度の算定 ―――――― 断面係数
3. せん断応力度の算定 ――――― 断面一次モーメント
4. 座屈荷重の算定 ――――――― 断面二次モーメント

解説

1. **断面二次半径**は、細長い部材が圧縮力を受けたときの強さを算定するときに必要な係数で、**座屈荷重**等の算定に用いられる。引張応力度の算定に用いるものではない。
2. 断面係数は、曲げ強さを求めるために必要とされる係数で、曲げ応力度の算定に用いられる。
3. 断面一次モーメントは、断面図形の図心を求める場合や、部材の断面に生ずるせん断応力度を求める場合に必要となる係数である。
4. **断面二次モーメント**は、**曲げモーメント**などによる変形や、応力度を求めるために必要な係数であり、この値が**大きい**ほど部材はたわみにくく、曲げ強さは大きくなる。弾性座屈荷重は、柱の断面二次モーメントに比例する。

正答　1

R04−08 A　CHECK □□□□□

【問題　58】 建築物の構造設計における荷重及び外力に関する記述として、**最も不適当なもの**はどれか。

1. 積雪荷重は、雪下ろしを行う慣習のある地方では、低減することができる。
2. 風力係数は、風洞試験によって定める場合のほか、建築物の断面及び平面の形状に応じて定められた数値とする。
3. 風圧力は、地震力と同時に作用するものとして計算する。
4. 地震力は、建築物の固定荷重又は積載荷重を減ずると小さくなる。

解説

1. 雪下ろしを行う慣習のある地方においては、その地方における垂直積雪量が1mを超える場合においても、**積雪荷重**は、雪下ろしの実況に応じて垂直積雪量を1mまで減らして計算することができる。
2. **風力係数**は、風洞試験によって定める場合のほか、建築物又は工作物の断面及び平面の形状に応じて国土交通大臣が定める数値によらなければならない。
3. 地震と暴風が同時に起こる可能性は極めて低いため、地震力によって生ずる力と風圧力によって生ずる力を**同時に作用させなくてもよい**。

G：固定荷重によって生ずる力
P：積載荷重によって生ずる力
S：積雪荷重によって生ずる力
W：風圧力によって生ずる力
K：地震力によって生ずる力

力の種類・状態		一般の場合	多雪区域
長期	常時	$G+P$	$G+P$
	積雪時		$G+P+0.7S$
短期	積雪時	$G+P+S$	$G+P+S$
	暴風時	$G+P+W$	$G+P+W$ $G+P+0.35S+W$
	地震時	$G+P+K$	$G+P+0.35S+K$

表のとおり、$G+P+\underline{K+W}$の組合せはない。

4. 建築物の地上部分に作用する**地震力**（地震層せん断力）Q_iは、次式より求める。

$Q_i=W_i\times C_i$

W_i：その部分が支える部分（その階以上の部分）全体の固定荷重と積載荷重の和（多雪区域ではさらに積雪荷重を加える）。

C_i：当該高さにおける地震層せん断力係数。

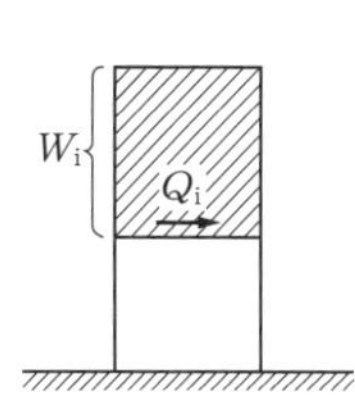

構造躯体、仕上は固定荷重であり、これらを軽量化することによって、固定荷重と地震力を低減することができる。

正答　3

R03−08 B　CHECK □□□□□

【問題　59】 建築物の構造設計における荷重及び外力に関する記述として、**最も不適当なもの**はどれか。

1. 床の構造計算をする場合と大梁の構造計算をする場合では、異なる単位床面積当たりの積載荷重を用いることができる。
2. 屋根面における積雪量が不均等となるおそれのある場合、その影響を考慮して積雪荷重を計算する。
3. 風圧力は、その地方における過去の台風の記録に基づいて定められた風速に、風力係数のみを乗じて計算する。
4. 地上階における地震力は、算定しようとする階の支える荷重に、その階の地震層せん断力係数を乗じて計算する。

解説

1. **床の積載荷重**の値は、**床**の構造計算をする場合と**大梁**の構造計算をする場合では**異なる数値**が用いられる。例えば、事務室の場合、床では2,900N/m^2、大梁では1,800N/m^{2}である。
2. 屋根面における積雪量が不均等となるおそれのある場合においては、その影響を考慮して**積雪荷重**を計算しなければならない。
3. **風圧力**は、**速度圧**に**風力係数**を乗じて計算しなければならない。
4. 地上階における**地震力**は、算定しようとする階の支える荷重に、その階の**地震層せん断力係数**を乗じて計算しなければならない。

正答　3

R02−08 A　CHECK □□□□□

【問題　60】 建築物の構造設計における荷重及び外力に関する記述として、**最も不適当なもの**はどれか。

1. 固定荷重は、建築物各部自体の体積にその部分の材料の単位体積質量及び重力加速度を乗じて計算する。
2. 積雪荷重は、雪下ろしを行う慣習のある地方では、低減することができる。
3. 地震力は、建築物の固定荷重又は積載荷重を減ずると小さくなる。
4. 風圧力は、地震力と同時に作用するものとして計算する。

解説

1. **固定荷重**は、建築物各部自体の**体積**にその部分の材料の**単位体積質量**及び**重力加速度**を乗じて算定する。
2. 雪下ろしを行う慣習のある地方においては、その地方における垂直積雪量が1mを超える場合においても、**積雪荷重**は、雪下ろしの実況に応じて垂直積雪量を**1m**まで減らして計算することができる。
3. 建築物の地上部分に作用する地震力(地震層せん断力)Q_iは、次式より求める。

$Q_i = W_i \times C_i$

W_i：その部分が支える部分(その階以上の部分)全体の固定荷重と積載荷重の和(多雪区域ではさらに積雪荷重を加える)。

C_i：当該高さにおける地震層せん断力係数。

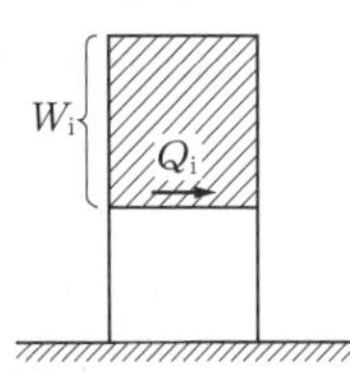

構造躯体、仕上は固定荷重であり、これらを**軽量化**することによって、固定荷重と地震力を低減することができる。

4. 地震と暴風が同時に起こる可能性は極めて低いため、地震力によって生ずる力と風圧力によって生ずる力を**同時に作用させなくてもよい**。

G：固定荷重によって生ずる力
P：積載荷重によって生ずる力
S：積雪荷重によって生ずる力
W：風圧力によって生ずる力
K：地震力によって生ずる力

力の種類・状態		一般の場合	多雪区域
長　期	常　時	$G+P$	$G+P$
	積雪時		$G+P+0.7S$
短　期	積雪時	$G+P+S$	$G+P+S$
	暴風時	$G+P+W$	$G+P+W$ $G+P+0.35S+W$
	地震時	$G+P+K$	$G+P+0.35S+K$

表のとおり、$G+P+\underline{K+W}$の組合せはない。

正答　4

R01−08 B　CHECK

【問題　61】　建築物の構造設計における荷重及び外力に関する記述として、**最も不適当なもの**はどれか。

1. 地震力は、建築物の弾性域における固有周期及び地盤の種類に応じて算定する。
2. バルコニーの積載荷重は、共同住宅の用途に供する建築物より学校の方が大きい。
3. 多雪区域における地震力の算定に用いる荷重は、建築物の固定荷重と積載荷重の和に積雪荷重の１／２を加えたものとする。
4. 建築物を風の方向に対して有効にさえぎる防風林がある場合は、その方向における速度圧を１／２まで減らすことができる。

解説

1. 建築物の地上部分の地震力Q_i(地震層せん断力)は、次式によって与えられる。

$Q_i = C_i \times W_i = (Z \cdot R_t \cdot A_i \cdot C_0) \times W_i$

Q_i：地震によって、i階に作用する地震力(地震層せん断力)

W_i：i階の高さ(一般に階高の中央)を超える部分の重量

C_i：地震層せん断力係数

Z：地震地域係数

R_t：建築物の振動特性係数

A_i：建築物の振動特性に応じて地震層せん断力係数C_iの建築物の高さ方向の分布を表す係数

C_0：標準せん断力係数

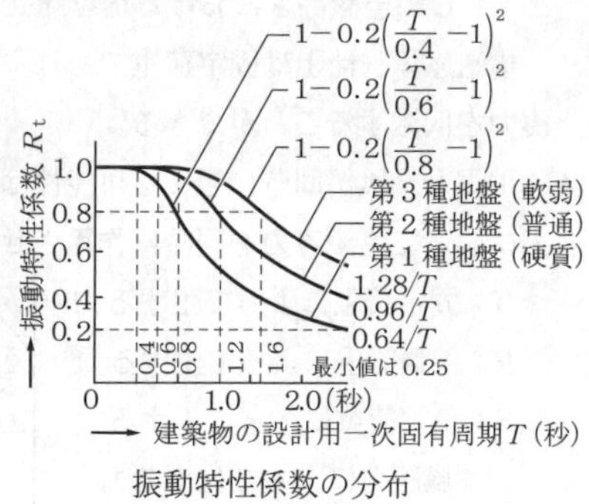

振動特性係数の分布

振動特性係数R_tは、建築物の振動特性を表すものとして、建築物の弾性域における固有周期及び**地盤の種類**に応じて定める方法により算出した数値である。

2. 建築物の各部の**積載荷重**は、当該建築物の実況に応じて計算しなければならない。ただし、次の表に掲げる室の床の積載荷重については、それぞれに定める数値に床面積を乗じて計算することができる。(単位：N/m^2)。

室の種類 ＼ 構造計算の対象		(い) 床の構造計算をする場合	(ろ) 大ばり、柱又は基礎の構造計算をする場合	(は) 地震力を計算する場合
(1)	住宅の居室、住宅以外の建築物における寝室又は病室	1,800	1,300	600
(2)	事　務　室	2,900	1,800	800
(3)	教　　　室	2,300	2,100	1,100
(4)	百貨店又は店舗の売場	2,900	2,400	1,300
(5)～(7)略				
(8)	屋上広場又は**バルコニー**	**(1)の数値**による。ただし、**学校**又は百貨店の用途に供する建物にあっては、**(4)の数値**による。		

したがって、学校又は百貨店の用途に供する建物にあっては、(4)の数値により、それ以外の用途に供する建物は(1)の数値によるため、学校に供する建物のバルコニーの方が大きい値となる。

3. 多雪区域における地震力の算定に用いる荷重は、建築物の固定荷重と積載荷重の和に積雪荷重を加えたものである。

力の種類・状態		一般の場合	**多雪区域**
長　期	常　時	$(G+P)$	$(G+P)$
	積雪時		$(G+P)+0.7S$
短　期	積雪時	$(G+P)+S$	$(G+P)+S$
	暴風時	$(G+P)+W$	$(G+P)+W$ $(G+P)+0.35S+W$
	地震時	$(G+P)+K$	$(G+P)+0.35S+K$

G：**固定荷重**によって生ずる力　P：**積載荷重**によって生ずる力
S：**積雪荷重**によって生ずる力　W：風圧力によって生ずる力
K：地震力によって生ずる力

4. 建築物に接近して風を有効にさえぎる他の建築物や防風林等がある場合は、**速度圧**を１／２まで減らすことができる。

正答　3

H29−08 A　CHECK

【問題　62】 建築物の構造設計における荷重及び外力に関する記述として、**最も不適当なもの**はどれか。

1. 地震力は、建築物の固定荷重又は積載荷重を減ずると小さくなる。
2. 風圧力は、地震力と同時に作用するものとして計算する。
3. 積雪荷重は、積雪の単位荷重に屋根の水平投影面積及びその地方の垂直積雪量を乗じて計算する。
4. 固定荷重は、建築物各部自体の体積にその部分の材料の単位体積質量及び重力加速度を乗じて計算する。

解説

1. 建築物の地上部分に作用する地震力(**地震層せん断力**) Q_iは、次式より求める。

$Q_i = W_i \times C_i$

W_i：その部分が支える部分(その階以上の部分)全体の固定荷重と積載荷重の和(多雪区域ではさらに積雪荷重を加える)。

C_i：当該高さにおける地震層せん断力係数。

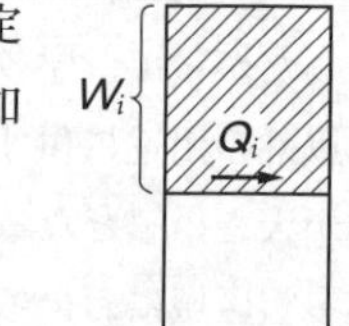

構造躯体、仕上は固定荷重であり、これらを**軽量化**することによって、固定荷重と地震力を低減することができる。

2. 地震と暴風が同時に起こる可能性は極めて低いため、地震力によって生ずる力と風圧力によって生ずる力を**同時に作用させなくてもよい**。

G：固定荷重によって生ずる力
P：積載荷重によって生ずる力
S：積雪荷重によって生ずる力
W：風圧力によって生ずる力
K：地震力によって生ずる力

力の種類・状態		一般の場合	多雪区域
長　期	常　時	$G + P$	$G + P$
	積雪時		$G + P + 0.7\,S$
短　期	積雪時	$G + P + S$	$G + P + S$
	暴風時	$G + P + W$	$G + P + W$ $G + P + 0.35\,S + W$
	地震時	$G + P + K$	$G + P + 0.35\,S + K$

表のとおり、$G+P+\underline{K+W}$の組合せはない。

3. 設問のとおり。**積雪荷重**は、積雪の**単位荷重**に屋根の**水平投影面積**及びその地方における**垂直積雪量**を乗じて計算する。
4. **固定荷重**は、建築物各部自体の**体積**にその部分の材料の**単位体積質量**及び**重力加速度**を乗じて算定する。

正答　2

R04−12 B

【問題　63】 木材に関する一般的な記述として、**最も不適当なもの**はどれか。

1. 木材の強度は、含水率が同じ場合、密度の大きいものほど大きい。
2. 針葉樹は、広葉樹に比べて軽量で加工がしやすい。
3. 節は、断面の減少や応力集中をもたらし、強度を低下させる。
4. 心材は、辺材に比べて腐朽菌や虫害に対して抵抗が低い。

解説

1. 木材の**強度**は、一般に**含水率**が増加すると**低下**するが、含水率が同じ場合、空げきが少なく、実質部分の多い木材、すなわち比重(密度)の大きい木材は強度が大きい。
2. **針葉樹**は、広葉樹に比べ、一般的に比重(密度)が小さいため、軽くて軟らかく**加工**がしやすい。
3. **節**は、強度的性質に影響が大きい項目の１つで、節があることによって、その周辺の繊維走向が乱れるために、応力分布が不均一になり、「死節」と呼ばれる抜け落ちてしまう節は断面の減少及び応力集中を起こして強度の減少をもたらす。
4. **心材**と辺材とでは耐久性が異なり、心材の方がはるかに高いため、土台等の腐朽しやすい箇所や虫害のおそれのある個所には、心材の多いものを使用する。

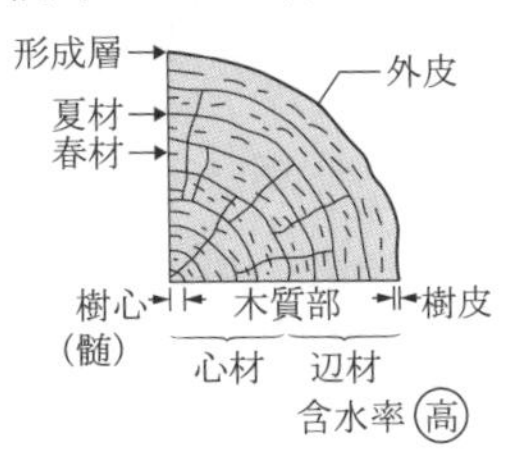

正答　4

R03−12 B　　CHECK □□□□

【問題 64】 木材の樹種に関する一般的な圧縮強度の比較として、**適当なもの**はどれか。

1. ス ギ＜ヒノキ＜ケヤキ
2. ヒノキ＜ス ギ＜ケヤキ
3. ケヤキ＜ス ギ＜ヒノキ
4. ヒノキ＜ケヤキ＜ス ギ

解説

木材の樹種の一般的な圧縮強度の比較として、スギ＜ヒノキ＜ケヤキの順に圧縮強度が大きくなる。

正答 1

R02−12 B　CHECK □□□□□

【問題　65】 木材の一般的な性質に関する記述として、**最も不適当なもの**はどれか。

1. 木材の乾燥収縮の割合は、年輪の接線方向が最も大きく、繊維方向が最も小さい。
2. 木材の強度は、繊維飽和点以下では、含水率の減少とともに低下する。
3. 木材の強度は、繊維方向と平行に加力した場合が最も高い。
4. 針葉樹は、広葉樹に比べ、一般的に軽量で加工がしやすい。

解説

1. 木材が乾燥収縮するときには、内部の水分量が減少して、体積が減少し収縮する。木材の乾燥収縮の割合は、年輪の**接線方向**(板目幅方向)が最も**大きく**なり、**繊維方向**(柾目幅方向)が最も**小さく**なる。

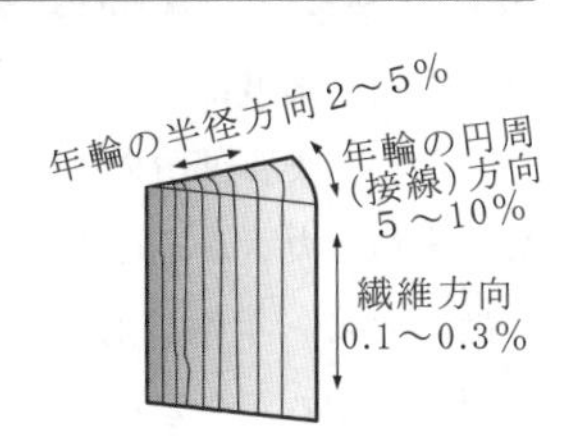

2. 木材は、含水率が**繊維飽和点**(約30%)以下では、含水率の低下に伴って、**強度**が増加する。

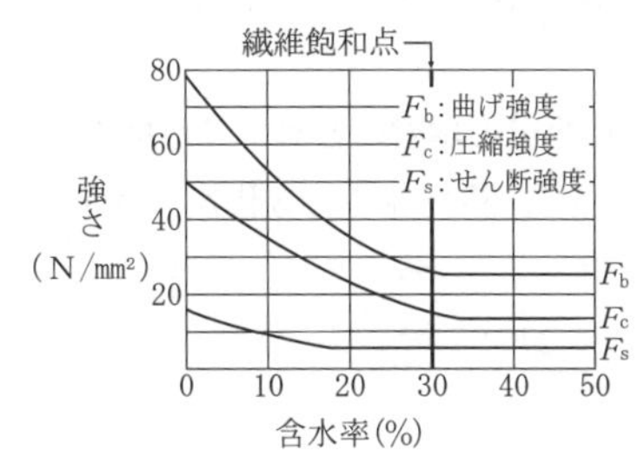

3. 木材は繊維方向に強く、力が材軸に傾斜した方向から作用すると平行繊維間にめり込みが生じ、針葉樹では繊維に直角な方向で圧縮強度が約1/3に減少する。
4. **針葉樹**は、広葉樹に比べ、一般的に軽くて軟らかく**加工**がしやすい。

正答　2

H29−12 B　CHECK

【問題　66】 木材の一般的な性質に関する記述として、**最も不適当なもの**はどれか。

1. 木材の強度は、含水率が同じ場合、密度の大きいものほど大きい。
2. 年輪があるため、縦断面の位置によって柾目面と板目面の木目が生ずる。
3. 密度の大きい木材ほど、含水率の変化による膨張や収縮が大きい。
4. 気乾状態とは、木材の水分が完全に無くなった状態をいう。

解説

1. 木材の**強度**は、一般に**含水率**が**増加**すると**低下**するが、含水率が同じ場合、空げきが少なく、実質部分の多い木材、すなわち**密度**の**大きい**木材は**強度**が**大きい**。
2. 木材は丸太からの取り方によって**柾目**と**板目**に分けられる。年輪に対して直角に切ったのが柾目で、反(そ)りや割れが少ない高級材。板目は年輪に接するように切った材で、木目は山形や波型をしており、一般的な板材。

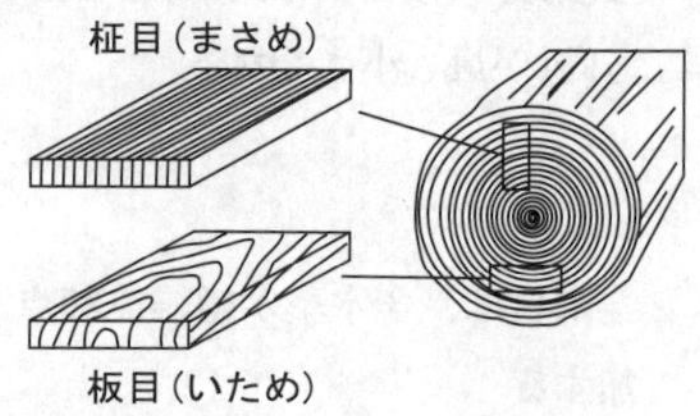

3. **密度**の**高い**木材ほど、**含水率**の変化による**膨張**・**収縮**が大きい。
4. **気乾状態**とは、**大気中の水分**と**木材の含有水分**が**平衡**になった状態の含水率で、気温20℃、相対湿度65％において、約15％である状態をいう。

正答　4

R04−11 A　　CHECK □□□□□

【問題　67】 コンクリートに関する記述として、**最も不適当なもの**はどれか。

1. コンクリートの引張強度は、圧縮強度に比べて著しく小さい。
2. コンクリートの線膨張係数は、常温では、鉄筋の線膨張係数とほぼ等しい。
3. コンクリートは、大気中の炭酸ガスやその他の酸性物質の浸透によって徐々に中性化する。
4. コンクリートは、不燃性であり、長時間火熱を受けても変質しない。

解説

1. コンクリートの引張強度は、**圧縮強度**のおよそ1/10内外で非常に小さく、引張側ではコンクリートの引張強度を無視することとし、許容引張応力度については規定していない。
2. **線膨張係数**(熱膨張係数)とは、温度の上昇によってある長さが、どれだけ膨張するかを示す係数であり、鉄筋とコンクリートの線膨張率は、約1×10^{-5}/℃で、ほぼ**等しい**。
3. **コンクリート**は、大気中の炭酸ガスやその他の酸性物質の浸透によって徐々に**中性化**するので、できるだけ水セメント比を小さくし、密実なコンクリートとする。

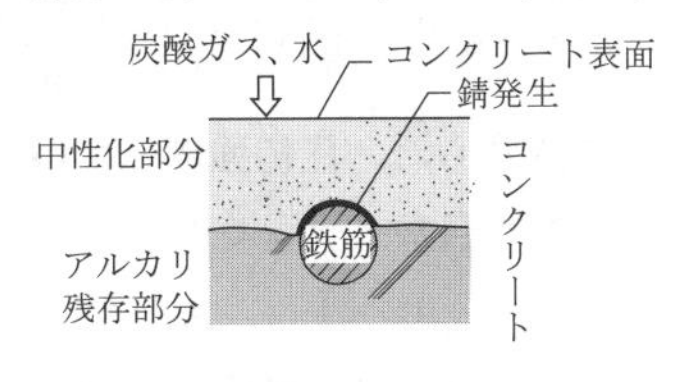

4. コンクリートは一般的には熱に強い材料とされており、鉄筋コンクリート造の構造物が火災に遭っても、通常は簡単な補修で継続使用が可能である。しかし、不燃性ではあるが、**長時間火熱**を受けると変質し**強度**は低下する。

正答　4

H30−11 A　CHECK

【問題　68】 コンクリートに関する記述として、**最も不適当なもの**はどれか。

1. コンクリートは、不燃材料であり、長時間火熱を受けても変質しない。
2. コンクリートの圧縮強度が高くなるほど、ヤング係数は大きくなる。
3. コンクリートは、大気中の炭酸ガスやその他の酸性物質の浸透によって徐々に中性化する。
4. コンクリートの線膨張係数は、鉄筋とほぼ同じである。

解説

1. **コンクリート**は一般的には熱に強い材料とされており、鉄筋コンクリート造の構造物が火災に遭っても、通常は簡単な補修で継続使用が可能である。しかし、不燃性ではあるが、長時間火熱を受けると変質し**強度**は**低下**する。
2. コンクリートの**ヤング係数**は、

$$E = 3.35 \times 10^4 \times \left(\frac{\gamma}{24}\right)^2 \times \left(\frac{F_C}{60}\right)^{\frac{1}{3}} (\mathrm{N/mm^2})$$

で求められ、**圧縮強度**(設計基準強度：F_C)と、気乾単位容積重量(γ)が**大きく**なれば、**ヤング係数**も**大きく**なる。

3. コンクリートは、大気中の炭酸ガスやその他の酸性物質の浸透によって徐々に**中性化**するので、できるだけ**水セメント比**を小さくし、密実なコンクリートとする。

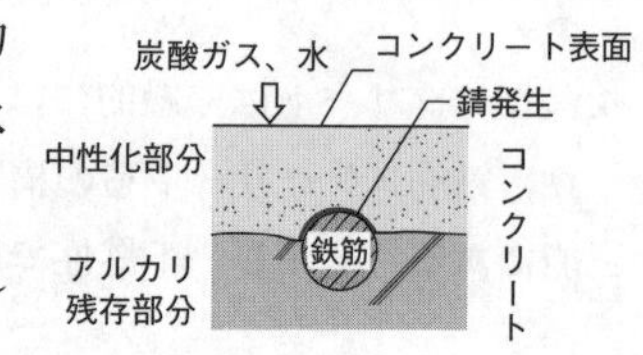

4. **熱膨張率**とは、温度の上昇によってある長さが、どれだけ膨張するかを示す係数であり、**鉄筋**と**コンクリート**の**熱膨張率**は、約1×10^{-5}/℃で、ほぼ等しい。

正答　1

R03−11 C　CHECK □□□□□

【問題　69】 構造用鋼材に関する記述として、**最も不適当なもの**はどれか。

1. 建築構造用圧延鋼材SN400の引張強さの下限値は、400N/mm^{2}である。
2. 引張強さは250〜300℃で最大となり、それ以上の高温になると急激に低下する。
3. 線膨張係数は、約1.2×10^{-5}(1/℃)である。
4. ヤング係数は、約3.14×10^{5}N/mm^{2}である。

解説

1. **建築構造用圧延鋼材SN400の引張強さの下限値**は、**400N/mm^2**となる。
2. 鋼材の**引張強さ**は、温度が100℃までは変化がなく、それ以上になると徐々に強くなり、**250〜300℃**で**最大**となる。温度がそれ以上になると急激に強度は低下する。
3. **線膨張係数**は、約1.2×10^{-5}(1/℃)で、**コンクリート**と同じである。
4. **ヤング係数**は、**約2.05×10^{5}N/mm^2**で、鋼の引張強さが変化しても、その値は**一定**である。

正答　4

R02−11 B　CHECK

【問題　70】 鋼の一般的な性質に関する記述として、**最も不適当なもの**はどれか。

1. 鋼は炭素含有量が多くなると、ねばり強さや伸びが大きくなる。
2. 鋼は弾性限度内であれば、引張荷重を取り除くと元の状態に戻る。
3. 鋼は炭素含有量が多くなると、溶接性が低下する。
4. 鋼は熱処理によって、強度などの機械的性質を変化させることができる。

解説

1.3. 鋼材に含まれる**炭素**は、**降伏点・引張強さ・硬さ**などを**上昇**させるなど、鋼の強度を高めるのに最も経済的かつ有効な元素である。しかし、炭素含有量が増加すると、伸び・絞り・衝撃特性が低下し、さらに**溶接性**も**低下**する。

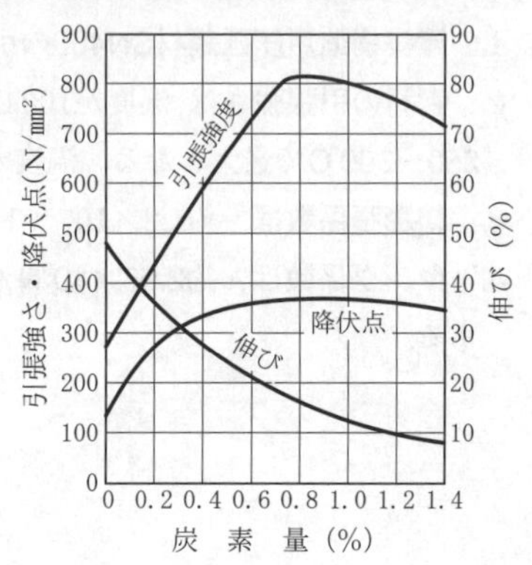

2. 弾性および弾性体とは、応力度とひずみ度が比例し、応力を取り除くと元に戻る性質を**弾性**といい、その性質を持っている物体を弾性体という。

4. 材料の機械的性質とは、材料が持つ連続体としての力学的特性の総称である。

鉄鋼やその他の金属を加熱・冷却操作を行って、所定の性質や状態を付与することを**熱処理**という。高温の状態から、冷却する速度を調節して冷却すると、強度・硬さなどの機械的性質を変化させることができる。

鋼材の応力度−ひずみ度曲線

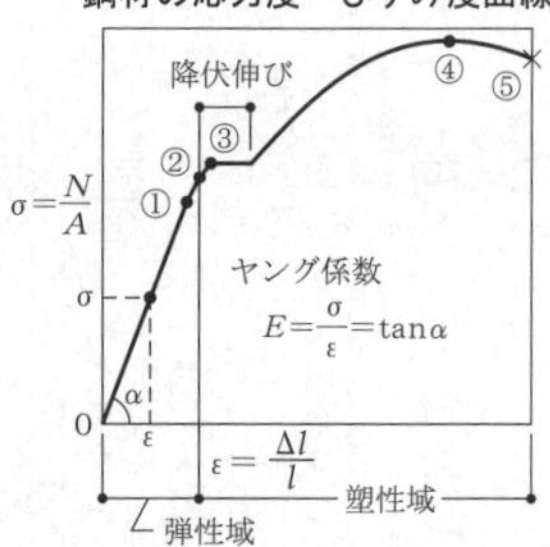

①：比例限度
②：弾性限度（①と近接している）
③：降伏点
④：引張強さ（最大強さ）
⑤：破壊点

正答　1

R01−11 C　　CHECK □□□□□

【問題　71】 JISに規定する構造用鋼材に関する記述として、**最も不適当なもの**はどれか。

1. 建築構造用圧延鋼材は、SN材と呼ばれ、性能によりA種、B種、C種に分類される。
2. 溶接構造用圧延鋼材は、SM材と呼ばれ、溶接性に優れた鋼材である。
3. 建築構造用炭素鋼鋼管は、STKN材と呼ばれ、材質をSN材と同等とした円形鋼管である。
4. 一般構造用圧延鋼材は、SSC材と呼ばれ、一般的に使用される鋼材である。

解説

1. SNとは、**建築構造用圧延鋼材**であり、建築物用の鋼材で、ABCの３つの性能の区分があり、A種は溶接しない部材に、B種は溶接に適し、C種は板厚方向に大きな応力が生じる部分に用いる。
2. SMとは、**溶接構造用圧延鋼材**であり、とくに溶接性を向上させたものである。
3. STKNとは、**建築構造用炭素鋼管**のことであり、建築物の柱材等に使用される鋼管である。SN材と同様に、鋼材が保有すべき建築特有の性能を規定している。
4. SSCとは、**一般構造用軽量形鋼**であり、常温で所定の断面形状にする冷間成形による軽量形鋼である。一般構造用圧延鋼材はSSと呼ばれ、建築構造用圧延鋼材(SN材)が制定されるまでは大部分の建築構造物に使用されていたものである。

正答　4

H29−11 A　CHECK □□□□□

【問題　72】 日本産業規格（JIS）に規定する構造用鋼材に関する記述として、**不適当なもの**はどれか。

1. SSC材は、一般構造用軽量形鋼と呼ばれ、冷間成形された軽量形鋼である。
2. SN材は、建築構造用圧延鋼材と呼ばれ、性能によりA種、B種、C種に分類される。
3. SS材は、一般構造用圧延鋼材と呼ばれ、一般的に使用される鋼材である。
4. STKR材は、一般構造用炭素鋼鋼管と呼ばれ、土木・建築等の構造物に使用される鋼管である。

解説

1. **SSC**とは、一般構造用軽量形鋼であり、常温で所定の断面形状にする冷間成形による軽量形鋼である。
2. **SN**とは、**建築構造用圧延鋼材**であり、建築物用の鋼材で、ABCの３つの性能の区分があり、A種は溶接しない部材に、**B種**は**溶接**に適し、**C種**は板厚方向に**大きな応力**が生じる部分に用いる。
3. **SS**とは、**一般構造用圧延鋼材**であり、建築構造用圧延鋼材（SN材）が制定されるまでは大部分の建築構造物に使用されていたものである。
4. **STKR**とは、**一般構造用角形鋼管**のことであり、断面形状が角型をした鋼管で、主として住宅その他建築物の構造用、土木工事用、仮設材の足場、梁などのほか、鉄塔部材、ガードレール、フェンス、支柱など幅広い用途に使用されている。なお、一般構造用炭素鋼鋼管はSTK鋼管といい、構造用として規定されている炭素鋼鋼管である。

正答　4

R04−14 A　CHECK □□□□□

【問題　73】 防水材料に関する記述として、**最も不適当なもの**はどれか。

1. シート防水には、合成ゴム系やプラスチック系のシートが用いられる。
2. 網状アスファルトルーフィングは、天然又は有機合成繊維で作られた粗布にアスファルトを浸透、付着させたものである。
3. 塗膜防水は、液状の樹脂が塗布後に硬化することで防水層を形成する。
4. 砂付あなあきアスファルトルーフィングは、防水層と下地を密着させるために用いるものである。

解説

1. **シート防水**のシート材料による分類は、**加硫ゴム系、非加硫ゴム系、塩化ビニル樹脂系、エチレン酢酸ビニル樹脂系**等がある。
2. **網状アスファルトルーフィング**は、天然又は有機合成繊維で作られた粗布にアスファルトを浸透、付着させたもので、引張り、引裂きなどの**強度**が非常に**大きい**。
3. **塗膜防水**は、ウレタン等の合成高分子系の皮膜を、液状の樹脂が塗布後に硬化することで現場生成し防水層を形成する防水工法である。
4. **砂付あなあきアスファルトルーフィング**は、防水層と下地を絶縁するために用いるルーフィングで、ルーフィングの全面に貫通孔を一定間隔に設けたもので、防水層が下地に部分接着(絶縁工法)の防水層を形成する場合に使用される。

正答　4

R03−14 B

CHECK □□□□

【問題 74】 防水材料に関する記述として、**最も不適当なもの**はどれか。

1. 金属系シート防水のステンレスシート又はチタンシートは、連続溶接することで防水層を形成する。
2. ウレタンゴム系の塗膜防水材は、塗り重ねることで連続的な膜を形成する。
3. アスファルトプライマーは、下地と防水層の接着性を向上させるために用いる。
4. 防水モルタルに混入した防水剤は、塗り付ける下地に浸透して防水効果を高めるために用いる。

解説

1. **ステンレスシート防水**は、一定幅の耐久性のあるステンレス又はチタンの薄い板を現場で**連続溶接**することで、防水層を形成するもので、耐久性や耐凍害性が高く、勾配屋根等の防水工事に適している。
2. **塗膜防水**は、ウレタン等の合成高分子系の皮膜を現場生成し防水層を形成する防水工法であり、塗膜防水材を塗り重ねることで連続的な膜を形成することができる。
3. **アスファルトプライマー**は、アスファルトを**溶剤**で**希釈**して作られた液剤で、防水層の下地に塗布して、下地とアスファルトとの接着効果を上げるために用いられる。
4. **防水モルタル**とは、添加物の防水剤によって防水成分が加えられたモルタルのことで、防水剤が下地に浸透して防水効果を高めるものではない。したがって、見た目は一般的なモルタルと同じであるが、防水成分によって、水を通しにくいモルタルとなっている。

正答 4

R02−14 C　CHECK □□□□□

【問題　75】 防水材料に関する記述として、**最も不適当なもの**はどれか。

1. アスファルトルーフィングは、有機天然繊維を主原料とした原紙にアスファルトを浸透、被覆し、表面側のみに鉱物質粒子を付着させたものである。
2. 網状アスファルトルーフィングは、天然又は有機合成繊維で作られた粗布にアスファルトを浸透、付着させたものである。
3. ストレッチルーフィングは、有機合成繊維を主原料とした不織布原反にアスファルトを浸透、被覆し、表裏両面に鉱物質粒子を付着させたものである。
4. アスファルトフェルトは、有機天然繊維を主原料とした原紙にアスファルトを浸透させたものである。

解説

1. **アスファルトルーフィング**は、有機天然繊維を主原料とした原紙にアスファルトを浸透、被覆し、表裏面の**両面**に鉱物質粉末を付着させたものである。
2. **網状アスファルトルーフィング**は、天然又は有機合成繊維で作られた粗布にアスファルトを浸透、付着させたもので、引張り、引裂きなどの**強度**が非常に**大きい**。
3. **ストレッチルーフィング**は、合成繊維を主とした多孔質なフェルト状の不織布原反に防水用アスファルトを含浸・被覆させ、表裏両面に鉱物質粉末を付着したものである。
4. **アスファルトフェルト**は、有機天然繊維を主原料とした原紙にアスファルトを浸透させたものである。

正答　1

H29−13 B CHECK

【問題 76】 防水材料に関する記述として、**最も不適当なもの**はどれか。

1. アスファルトプライマーは、下地と防水層の接着性を向上させるために用いられる。
2. 砂付あなあきアスファルトルーフィングは、下地と防水層を絶縁するために用いられる。
3. 防水剤を混入したモルタルは、下地に塗布して塗膜防水層を形成するために用いられる。
4. 合成高分子系ルーフィングシートは、下地に張り付けてシート防水層を形成するために用いられる。

解説

1. **アスファルトプライマー**は、アスファルトを溶剤で希釈して作られた液剤で、防水層の下地に塗布して、**下地**と**アスファルト**との**接着効果**を上げるために用いられる。

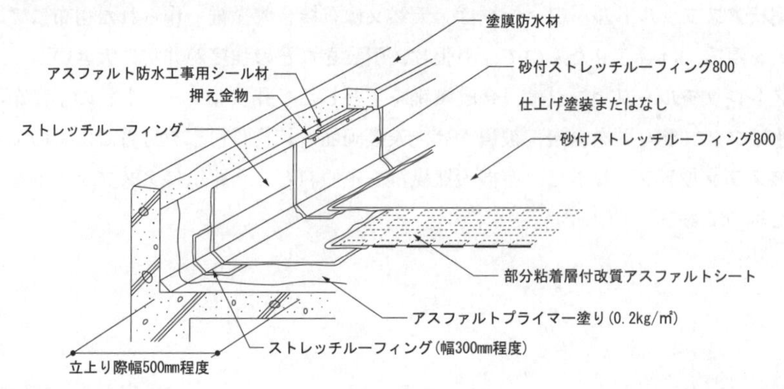

2. **砂付あなあきアスファルトルーフィング**は、防水層と下地を絶縁するために用いるルーフィングで、ルーフィングの全面に貫通孔を一定間隔に設けたもので、防水層が下地に部分接着(絶縁工法)の防水層を形成する場合に使用される。

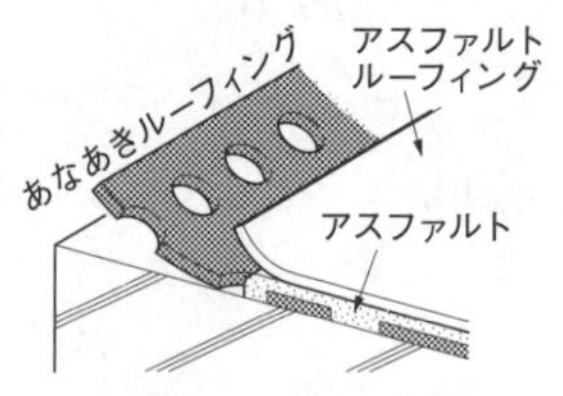

あなあきルーフィングの施工

3. **塗膜防水**は、ウレタン等の**合成高分子系の皮膜**を現場生成し防水層を形成する防水工法であり、設問の内容は、モルタル防水である。
4. **合成高分子系ルーフィングシート**は、シート防水に用いられ、**加硫ゴム系**、**塩化ビニル樹脂系**、**エチレン酢酸ビニル樹脂系**等のものがあり、接着剤で下地に張り付けたり、金属製の固定金具を介して下地に機械的に固定する工法がある。

正答 3

R01−13 A　CHECK □□□□□

【問題　77】 シーリング材の特徴に関する記述として、**最も不適当なもの**はどれか。

1. ポリサルファイド系シーリング材は、表面の仕上塗材や塗料を変色、軟化させることがある。
2. ポリウレタン系シーリング材は、ガラスまわり目地に適している。
3. シリコーン系シーリング材は、紫外線による変色が少ない。
4. アクリルウレタン系シーリング材は、表面にタックが残ることがある。

解説

1. ポリサルファイド系1・2成分形シーリング材は、表面の仕上塗材や塗料を軟化・変色させることがある。
2. **ガラス回りの目地**には、**シリコーン系**のシーリング材や**ポリサルファイド系シーリング材2成分形**が良く用いられる。
3. **シリコーン系**シーリング材は、**耐候性**、**耐熱性**に優れ、**シリコーン系**、**変成シリコーン系**、**ポリサルファイド系シーリング**は紫外線による**変退色**の影響はない。
4. アクリルウレタン系シーリング材は、表面にタックが残ることがある。

正答　2

H30−13 A　CHECK □□□□

【問題 78】 シーリング材に関する記述として、**最も不適当なもの**はどれか。

1. ポリウレタン系シーリング材は、施工時の気温や湿度が高いと発泡のおそれがある。
2. シリコーン系シーリング材は、耐候性、耐久性に優れている。
3. アクリルウレタン系シーリング材は、ガラス回り目地に適している。
4. ２成分形シーリング材は、施工直前に基剤、硬化剤などを練り混ぜて使用する。

解説

1. **ポリウレタン系**１・２成分形シーリング材は、施工時の気温、湿度が高い場合、**発泡**のおそれがある。
2. **シリコーン系シーリング材**は、**耐候性**、**耐熱性**、**耐寒性**に**優れて**おり、１成分形と２成分形がある。ポリウレタン系よりも耐候性に優れている。
3. **ガラス回りの目地**には、**シリコーン系**のシーリング材や**ポリサルファイド系シーリング材２成分形**が良く用いられる。**アクリルウレタン系シーリング材**は、**ALCパネル**や**押出成形セメント板**等の**パネル間目地**に用いられる。
4. **２成分形シーリング材**とは、施工直前に**基剤**と**硬化剤**を調合し、練り混ぜて使用するシーリング材をいう。

正答 3

R04−13 A　CHECK □□□□□

【問題　79】 日本産業規格(JIS)に規定するセラミックタイルに関する記述として、**最も不適当なもの**はどれか。

1. 表張りユニットタイルとは、多数個並べたタイルの表面に、表張り台紙を張り付けて連結したものをいう。
2. 裏あしは、セメントモルタル等との接着をよくするため、タイルの裏面に付けたリブ又は凹凸のことをいう。
3. 素地は、タイルの主体をなす部分をいい、施ゆうタイルの場合、表面に施したうわぐすりも含まれる。
4. タイルには平物と役物があり、それぞれ形状は定形タイルと不定形タイルに区分される。

解説

1. **ユニットタイル**とは、施工しやすいように、多数個のタイルを並べて連結したもので、表張りユニットタイルと裏連結ユニットタイルとがある。**表張りユニットタイル**は、タイルの表面に表張り台紙を張り付けて連結したもので、表張り台紙は施工時に**剝がす**。**裏連結ユニットタイル**は、タイルの裏面及び側面を裏連結材で連結したもので、裏連結材には、ネット、台紙、樹脂などがあり、施工時にそのまま**埋め込む**。
2. **裏あし**は、セメントモルタル等との接着をよくするため、タイルの**裏面**に付けた**リブ**又は**凹凸**のこと。
3. **素地**は、タイルの主体をなす部分で、施ゆうタイルの場合は、**うわぐすり**を**除いた**部分である。
4. **平物**は、建物の壁又は床の**平面**を構成するもの。役物は、一つの面又は複数の面で構成された、開口部又は隅角部に用いるタイル。それぞれの形状は定形タイルと不定形タイルがある。

正答　3

H30−12 A　CHECK □□□□

【問題　80】 日本産業規格(JIS)に規定するセラミックタイルに関する記述として、**最も不適当なもの**はどれか。

1. セラミックタイルの成形方法による種類には、押出し成形とプレス成形がある。
2. セメントモルタルによる外壁タイル後張り工法で施工するタイルの裏あしの形状は、あり状としなくてもよい。
3. 裏連結ユニットタイルの裏連結材は、施工時にそのまま埋め込む。
4. うわぐすりの有無による種類には、施ゆうと無ゆうがある。

解説

1. **セラミックタイル**の成形方法は、押出し成形とプレス成形があり、押出し成形は素地原料を押出成形機で所定の形状・寸法に成形する方法で、プレス成形は素地原料を高圧プレス成形機で所定の形状・寸法に成形する方法である。
2. 屋外壁と、屋内壁のうち吹き抜けなどの高さが2階以上に相当する部分にセメントモルタルによるタイル後張り工法又はタイル先付けプレキャストコンクリート工法で施工するタイルには、裏あしがなくてはならない。**裏あし**の形状は、**あり状**とし、製造業者が定める。

裏あしの形状の例（あり状）

裏あし高さ

3. **ユニットタイル**とは、施工しやすいように、多数個のタイルを並べて連結したもので、表張りユニットタイルと裏連結ユニットタイルとがある。表張りユニットタイルは、タイルの表面に表張り台紙を張り付けて連結したもので、表張り台紙は施工時に剝がす。裏連結ユニットタイルは、タイルの裏面及び側面を裏連結材で連結したもので、裏連結材には、ネット、台紙、樹脂などがあり、施工時にそのまま埋め込む。
4. うわぐすりの有無による種類は、施ゆうと無ゆうがある。**施ゆうタイル**とは、表面にうわぐすりを施したタイルのことで、**無ゆうタイル**とは、うわぐすりを施さず、素地がそのまま表面状態となるタイルのことである。

正答　2

2

施　工

躯体工事（問題 81 ～問題 125）

●地盤調査／●仮設工事／●土工事・山留め工事／●基礎・地業工事／●鉄筋工事／●型枠工事／●コンクリート工事／●鉄骨工事／●木工事

仕上工事（問題 126 ～問題 182）

●防水工事／●屋根工事／●左官工事／●張り石工事／●タイル工事／●金属工事／●ガラス工事／●建具工事／●塗装工事／●内装工事／●特殊コンクリート工事／●改修工事

※例年、11 問出題され、そのうちから 8 問を選択して解答します（解答数が指定数を超えた場合、減点となります）。

H29−37 C　CHECK

【問題　81】 次の項目のうち、標準貫入試験のN値から**推定できないもの**はどれか。

1. 粘性土における一軸圧縮強さ
2. 粘性土におけるせん断抵抗角(内部摩擦角)
3. 砂質土における相対密度
4. 砂質土における液状化強度

解説

標準貫入試験による**N値**から推定される土の性質は、粘性土の場合は硬軟の程度であり、**砂質土**の場合が**相対密度**(締まり方の程度)、**変形係数**、**動的性質**である。

N値から推定される土の性質の主要項目

土の種類	土の性質	設計への利用
砂質土	**相対密度** 変形係数 動的性質	地耐力(支持力・沈下量)、**液状化の判定** 杭の支持力(先端・周面摩擦) S波速度
粘性土	硬軟の程度 **一軸圧縮強さ**	各層の分布 地耐力、支持力

正答　2

H29−38 B　CHECK

【問題　82】 平板載荷試験に関する記述として、**最も不適当なもの**はどれか。

1. 試験で求められる支持力特性は、載荷板直径の５倍程度の深さの地盤が対象となる。
2. 載荷板の沈下量を測定するための変位計は、４箇所以上設置する。
3. 試験地盤面は、載荷板の中心から１m以上の範囲を水平に整地する。
4. 試験地盤に載荷板の直径の１／５を超える礫が混入する場合、より大型の載荷板に変更する。

解説

1. **平板載荷試験**は、載荷面より載荷幅の**1.5〜２倍の深さ**までの地盤を調べることができる。

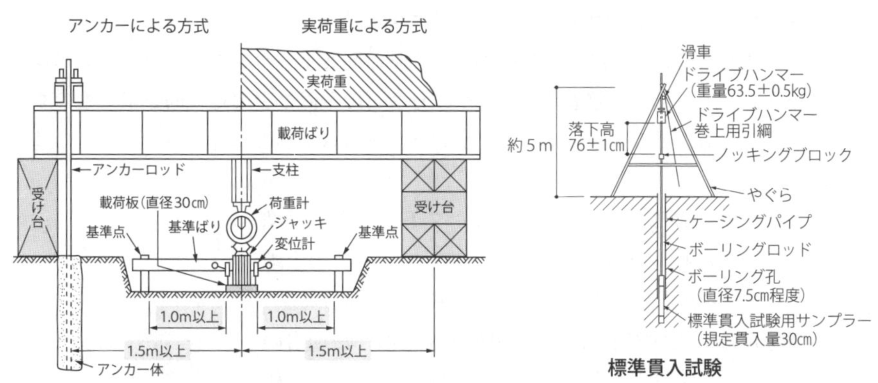

標準貫入試験

2. 変位計は、原則的に４点設置し、次の点に留意する。
   ① 変位計は、載荷板の対称な位置に配置し、載荷板の沈下量を正確に測定できるように設置する。
   ② 試験に伴う載荷板の傾斜や水平変位を考慮して、変位計の先端の接する面は適当な広さで平滑な水平面とする。
3. 試験地盤面は、**載荷板の中心**からそれぞれ**１m以上**、計２m以上の範囲を水平に整地する必要がある。

＊4. 載荷板は30cm以上の円形の鋼板を用いることになっているが、建築物を対象とする試験では30cmの載荷板が多く用いられている。試験地盤に礫が混入する場合には、礫の最大径が載荷板直径の１／５程度までを目安とし、この条件を満たさない場合は大型の載荷板を用いることが望ましい。

正答　1

R03−18 B　CHECK

【問題　83】 遣方及び墨出しに関する記述として、**最も不適当なもの**はどれか。

1. ベンチマークは、移動するおそれのない既存の工作物に２箇所設けた。
2. ２階より上階における高さの基準墨は、墨の引通しにより、順次下階の墨を上げた。
3. 水貫は、水杭に示した一定の高さに上端を合わせて、水杭に水平に取り付けた。
4. 鋼製巻尺は、同じ精度を有する巻尺を２本以上用意して、１本は基準巻尺として保管した。

解説

1. **ベンチマーク**は、建物の高さ及び位置の基準となるもので、敷地付近の移動のおそれのない箇所に**２箇所以上設置**し、互いにチェックを行うとともに、工事中も設置に利用した基準点からのチェックを行い十分に養生する。
2. ２階より上階における高さの**基準墨**は、１階の高さよりベンチマークからレベル等の測量器具を使用して、外部より柱主筋や鉄骨などの垂直部材で比較的剛強なものを利用して移して決め、墨の**引通し**による墨出しは、**床の基準墨**の場合であり、高さの基準墨ではない。
3. **水貫**は、やり方貫ともいい、水杭にしるした高さの基準墨に合わせ順次打ち付けていく貫板のことで、水貫の上端はかんな掛けを施し、基準に合わせて**水平**に取り付ける。
4. **鋼製巻尺**は、工事着手前に基準鋼巻尺を定め、監理者の承認を受ける。使用するものは、JISに規定されている**１級品**とする。テープ合わせにより、同じ精度を有する巻尺を**２本以上**用意して、１本は基準巻尺として保管する。

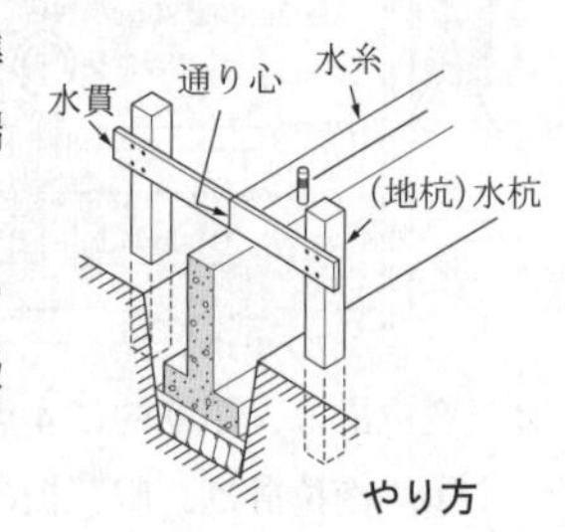

やり方

正答　2

R02−18 B　CHECK □□□□□

【問題　84】 墨出しに関する記述として、**最も不適当なもの**はどれか。

1. 平面上の位置を示すために床面に付ける墨を、地墨という。
2. 垂直を示すために壁面に付ける墨を、たて墨という。
3. 基準墨から一定の距離をおいて平行に付ける墨を、逃げ墨という。
4. 逃げ墨をもとにして型枠などの位置に付ける墨を、親墨という。

解説

1. **地墨**とは、**平面の位置**を示すために床面に付けた墨である。
2. **たて墨**とは、**垂直**を示すために壁面に付ける墨である。
3. **逃げ墨**とは、**通り心**から一定の距離をおいて**平行**に付けた墨である。

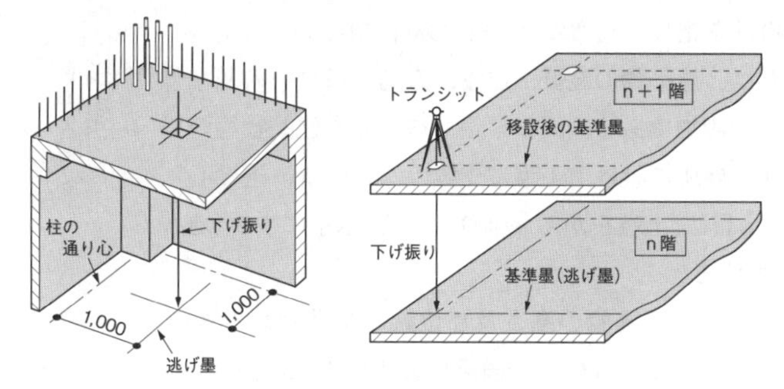

4. **親墨**とは、基準となる墨であり、通り芯墨、柱心墨などがある。

正答　4

R01−18 A　CHECK

【問題 85】 やり方及び墨出しに関する記述として、**最も不適当なもの**はどれか。

1. 水貫は、水杭に示した一定の高さに上端を合わせて、水杭に水平に取り付ける。
2. やり方は、建物の高低、位置、方向、心の基準を明確にするために設ける。
3. 高さの基準点は、複数設置すると相互に誤差を生じるので、設置は1箇所とする。
4. 鋼製巻尺は、同じ精度を有する巻尺を2本以上用意して、1本は基準巻尺として保管する。

解説

1. **水貫**は、やり方貫ともいい、水杭にしるした**高さの基準**墨に合わせ順次打ち付けていく貫板のことで、水貫の上端はかんな掛けを施し、基準に合わせて**水平**に取り付ける。

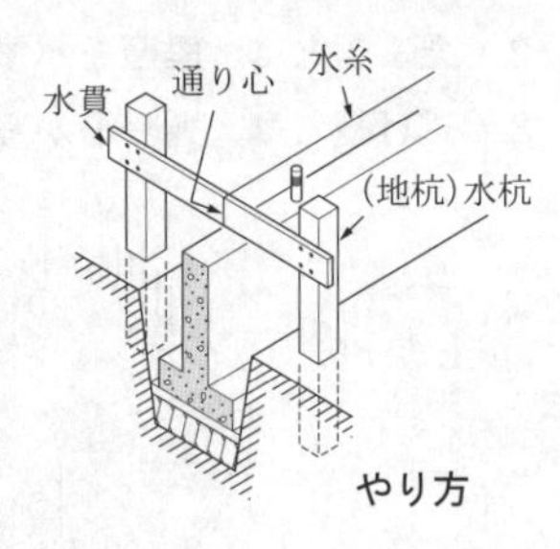

やり方

2. **やり方**とは、**建築物の高低**、**位置**、**方向**、**通り心**の基準を明示する仮設物である。縄張り後、やり方を建築物等の隅々その他の要所に設け、工事に支障のない箇所に逃げ心を設ける。水貫は、上端をかんな削りのうえ、水平に水杭(地杭)に釘打ちする。
3. **ベンチマーク**は、**建物の高さ**及び**位置**の基準となるもので、敷地付近の移動のおそれのない箇所に**2箇所以上**設置し、互いにチェックを行うとともに、工事中も設置に利用した基準点からのチェックを行い十分に養生する。

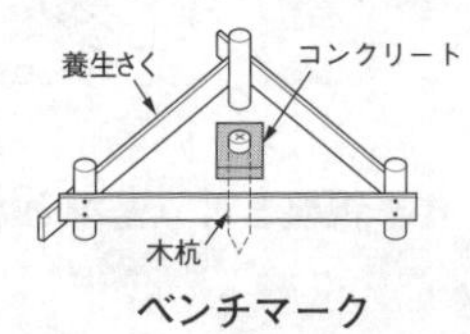

ベンチマーク

4. **鋼製巻尺**は、工事着手前に基準鋼巻尺を定め、監理者の承認を受ける。使用するものは、JISに規定されている1級品とする。テープ合わせにより、同じ精度を有する巻尺を**2本以上**用意して、1本は**基準巻尺**として保管する。

正答 3

H29−36 A　　CHECK □□□□□

【問題　86】　やり方及び墨出しに関する記述として、**最も不適当なもの**はどれか。

1. 地墨は、平面の位置を示すために床面に付ける墨である。
2. やり方は、建物の高低、位置、方向、心の基準を明確にするために設ける。
3. 検査用鋼製巻尺は、その工事現場専用の基準の巻尺を使用する。
4. 陸墨は、垂直を示すために壁面に付ける墨である。

解説

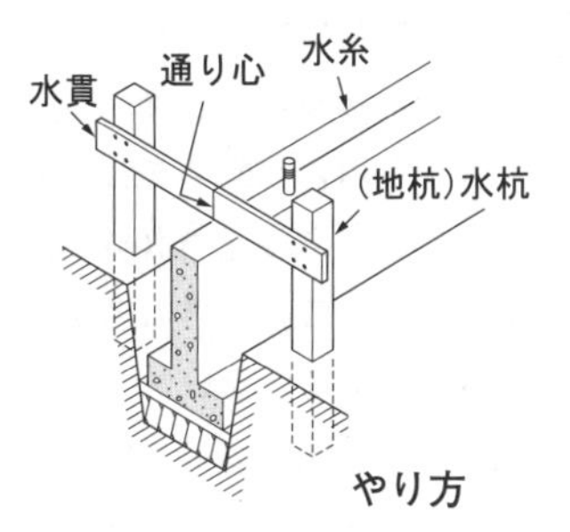

やり方

1. 地墨とは、平面の位置を示すために床面に付けた墨である。
2. **やり方**とは、建築物の高低、位置、方向、通り心の基準を明示する仮設物である。縄張り後、やり方を建築物等の隅々その他の要所に設け、工事に支障のない箇所に逃げ心を設ける。水貫は、上端をかんな削りのうえ、水平に水杭(地杭)に釘打ちする。

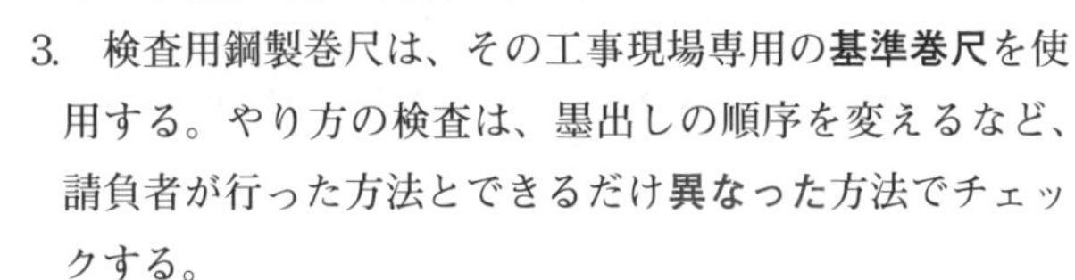

3. 検査用鋼製巻尺は、その工事現場専用の**基準巻尺**を使用する。やり方の検査は、墨出しの順序を変えるなど、請負者が行った方法とできるだけ**異なった**方法でチェックする。

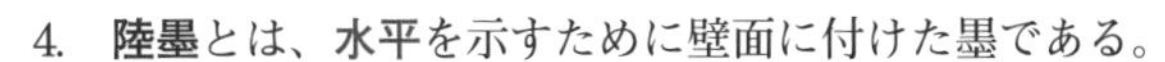

4. **陸墨**とは、**水平**を示すために壁面に付けた墨である。

正答　4

R04−18 B　CHECK

【問題　87】 土工事の埋戻し及び締固めに関する記述として、**最も不適当なもの**はどれか。

1. 埋戻し土に粘性土を用いるため、余盛りの量を砂質土を用いる場合より多くした。
2. 埋戻し土は、最適含水比に近い状態で締め固めた。
3. 入隅等狭い箇所での締固めを行うため、振動コンパクターを使用した。
4. 動的荷重による締固めを行うため、重量のあるロードローラーを使用した。

解説

1. 埋戻しに砂質土を用いて水締めを行う場合は、単に上から水を流すだけでは不十分な場合があるので、**埋戻し**を**厚**さ30cm程度ずつ行い、余盛りを５～10cm程度見込む。粘性土を用い締固めを行う場合は、10～15cm程度を目安として**余盛り**を行う。
2. 土は、ある適当な含水比のとき最もよく締め固まり、締固め密度を最大にすることができる。このときの含水比を**最適含水比**といい、埋戻し土は、最適含水比に近い状態で締め固めるとよい。
3. 入隅等**狭い**箇所で締固めを行う場合は、**振動コンパクター**、**タンパー**等を使用する。
4. ロードローラーやタイヤローラー等の**重量**のある機械を用いて、人為的に過圧密な状態を造り締め固める方法は、静的な締固めで、**大規模**な埋戻しや盛土工事に用いられる。

正答　4

H30−18 B　CHECK

【問題　88】　土工事の埋戻し及び締固めに関する記述として、**最も不適当なもの**はどれか。

1. 透水性のよい山砂を用いた埋戻しでは、水締めで締め固めた。
2. 埋戻し土は、砂に適度の礫やシルトが混入された山砂を使用した。
3. 建設発生土に水を加えて泥状化したものに固化材を加えて混練した流動化処理土を、埋戻しに使用した。
4. 動的な締固めを行うため、重量のあるロードローラーを使用した。

解説

1. **水締め**は、礫、砂などの透水性の埋戻し材料に通常用いられる工法である。上から単に水を流すだけでは締固めが不十分なときは、厚さ30cm程度ごとに水締めを行い、さらに振動や衝撃を加えることによって、締固め効果をより高めることもできる。周囲の原地盤が粘性土で、水はけが悪い場所には、埋戻し部の底部から排水しながら水締めを行う必要がある。
2. **埋戻し土**には、粒度組成から**山砂**が最も適している。砂質土の粒度分布の状態を示す均等係数の大小関係は、山砂＞川砂＞海砂である。
3. 最近では、建設発生土に水や泥水を加えて泥状化したものに固化材を加えて混練した流動化処理土が用いられる場合がある。
4. ロードローラーやタイヤローラー等の**重量**のある機械を用いて、人為的に過圧密な状態を造り締め固める方法は、**静的**な締固めで、**大規模**な埋戻しや盛土工事に用いられる。

正答　4

H29−39 B　CHECK □□□□□

【問題　89】 根切り及び山留め工法に関する一般的な記述として、**最も不適当なものはどれか。**

1. 法付けオープンカット工法は、山留め支保工が不要であり、地下躯体の施工性がよい。
2. 水平切梁工法は、敷地に大きな高低差がある場合には適していない。
3. トレンチカット工法は、根切りする部分が狭い場合に適している。
4. アイランド工法は、根切りする部分が広く浅い場合に適している。

解説

1. **法付けオープンカット工法**は、素掘り、空掘りともいい、敷地に余裕のある場合、あるいは掘削が簡易な場合に、掘削部周辺に安定した斜面を残し、山留め壁を設けない工法である。
2. **切梁工法**は、切梁を井形に組み、平面内の座屈を防止し、支柱を切梁の交点近くに設置して上下方向の座屈を防ぐ方式である。不整形平面には不向きで、掘削機械の活動が制約される。
3. **トレンチカット工法**は、山留め壁を根切り場内周囲に二重に設け、その間を溝掘りし、外周部の地下躯体を構築した後、この躯体で支えながら内部の根切り、地下躯体の築造を行うもので、**根切り部分**が広い場合に有効である。
4. **アイランド工法**は、山留め壁に接して、法面を残して土圧を支え、**中央部**を掘削して構造物を造り、この構造物から斜め切梁で山留め壁を支え、周囲部を掘削する工法である。**根切りする部分**が広く浅い場合に適している。

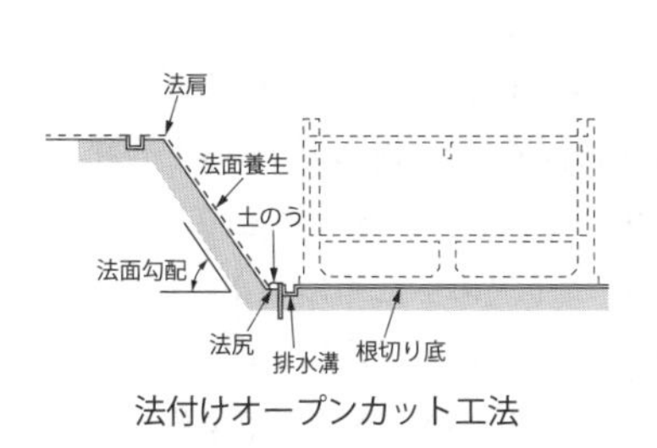

法付けオープンカット工法

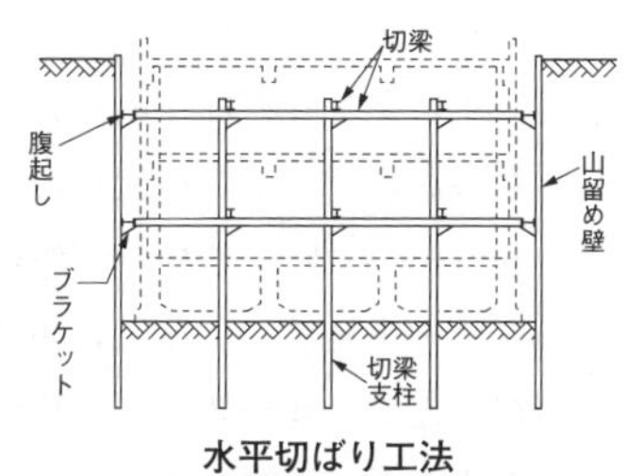

水平切ばり工法

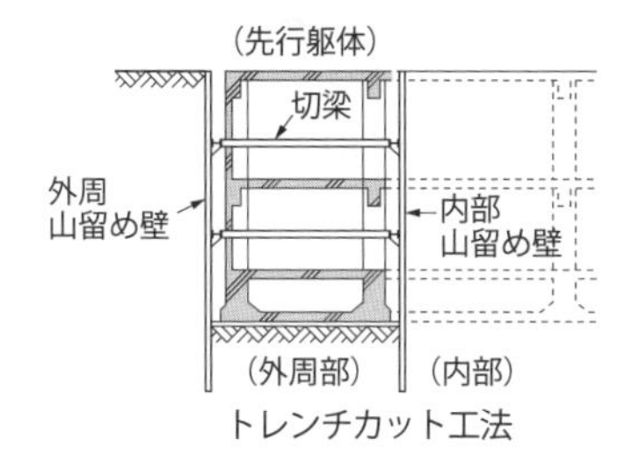

トレンチカット工法

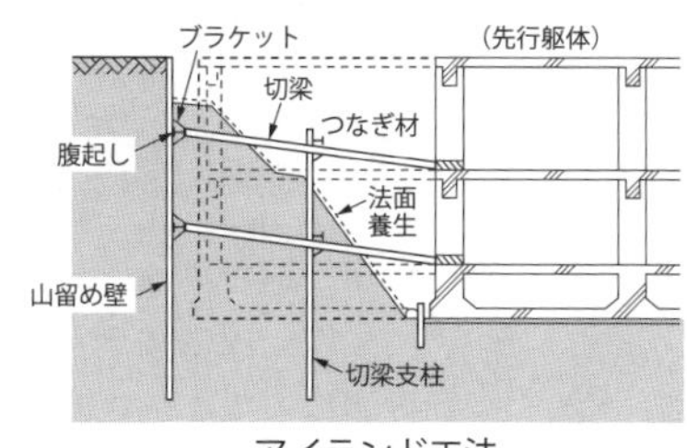

アイランド工法

正答 3

R03−19 B　CHECK □□□□□

【問題　90】 地業工事に関する記述として、**最も不適当なもの**はどれか。

1. 土間コンクリートに設ける防湿層のポリエチレンフィルムは、砂利地業の直下に敷き込んだ。
2. 砂利地業の締固めによるくぼみが生じた場合は、砂利を補充して表面を平らにした。
3. 砂利地業に、砕砂と砕石の混合した切込砕石を使用した。
4. 捨てコンクリート地業は、基礎スラブ及び基礎梁のセメントペーストの流出等を防ぐために行った。

解説

1. **土間コンクリート**に設ける**防湿層**の位置は、**土間スラブ**(土間コンクリートを含む)の直下とする。ただし、断熱材がある場合は、**断熱材**の**直下**とする。
2. 締固めによるくぼみが生じている場合は、砂や砂利などを補充し再度転圧し、**平たん**になるように締固める。
3. 砂利地業に使用する砂利は、比較的薄い層厚にまき出して締固めを行うため、あまり大きくないものがよく、その最大粒径は45mm程度で、粒径のそろった砂利よりも砂混じりの切込み砂利がよい。砂利の代わりに用いる砕石は、硬質なものとする。
4. **捨てコンクリート地業**は、建物の位置を正しく決めるための場を提供するとともに、掘削底面の安定化や、基礎スラブ、基礎梁、パイルキャップ等のコンクリートの流出あるいは脱水を防ぐ等が目的であるから、粗雑にならないように施工する。

正答　1

R02−19 A　　CHECK □□□□□

【問題　91】 地業工事に関する記述として、**最も不適当なもの**はどれか。

1. 砂利地業で用いる砕石は、硬質なものとする。
2. 砂利地業で用いる砂利は、砂が混じったものよりも粒径の揃ったものとする。
3. 捨てコンクリートは、墨出しをしやすくするため、表面を平坦にする。
4. 捨てコンクリートは、床付け地盤が堅固で良質な場合、地盤上に直接打ち込むことができる。

解説

1.2.　**砂利地業**に使用する砂利は、比較的薄い層厚にまき出して締固めを行うため、あまり大きくないものがよく、その最大粒径は45mm程度で、粒径のそろった砂利よりも**砂混じりの切込み砂利**がよい。砂利の代わりに用いる砕石は、硬質なものとする。

3.　墨出しをしやすくするためには、**捨てコンクリート**の表面を**平坦**に仕上げる。

4.　床付け地盤が堅固で良質な場合は、地盤上に**捨てコンクリート**を直接打設することができる。捨てコンクリート打設前に、床付け面に緩みのないことを確認するとともに、緩みが発生した場合は、砂や砂利で補修して締め固める。

正答　2

R01−19 C　CHECK

【問題　92】 地業工事に関する記述として、**最も不適当なもの**はどれか。

1. 砂利地業に用いる再生クラッシャランは、岩石を破砕したものであり、品質にばらつきがある。
2. 土間コンクリートの下の防湿層は、断熱材がある場合、断熱材の直下に設ける。
3. 砂利地業の締固めは、床付地盤を破壊したり、さらに深い地盤を乱さないよう、注意して行う。
4. 砂利地業の締固めによるくぼみが生じた場合は、砂又は砂利を補充して再度転圧する。

解説

1. 再生砕石(再生クラッシャラン)を使用する場合は、再生砕石自体の強度不足や品質のばらつきなどによって生ずる沈下に留意し、採用に際して慎重に検討する。**再生砕石**は**コンクリートを破砕したもの**であり、**品質にばらつきがある**ため、工事監理者と十分に協議したうえ、原則として軽微な建物の地業や土間コンクリートの地業などに使用するものとする。
2. **土間コンクリート**に設ける**防湿層**の位置は、土間スラブ(土間コンクリートを含む)の直下とする。ただし、断熱材がある場合は、**断熱材**の直下とする。
3. **締固め**を過度に行うと床付地盤を破壊し、さらに深い地盤も乱すことがあるので、注意する必要がある。
4. 締固めによるくぼみが生じている場合は、砂や砂利などを補充し再度転圧し、**平たん**になるように締固める。

正答　1

H29−40 A　　CHECK

【問題 93】 地業工事に関する記述として、**最も不適当なもの**はどれか。

1. 砂地業に用いる砂は、締固めが困難にならないように、シルトなどの泥分が多量に混入したものを避ける。
2. 砂利地業に用いる再生クラッシャランは、コンクリート塊を破砕したものであり、品質のばらつきが少ない。
3. 砂利地業において層厚が厚い場合の締固めは、２層以上に分けて行う。
4. 捨てコンクリート地業は、掘削底面の安定化や、基礎スラブ及び基礎梁のコンクリートの流出等を防ぐために行う。

解説

1. 砂地業に用いる砂は、草木根、木片等の有機物を含まないものを用い、シルト等の泥分が多量に混入しているものは、締固めが困難となるので、使用してはならない。
2. **再生砕石**(再生クラッシャラン)を使用する場合は、再生砕石自体の強度不足や品質のばらつきなどによって生ずる沈下に留意し、採用に際して慎重に検討する。再生砕石はコンクリートを破砕したものであり、品質に**ばらつき**があるため、工事監理者と十分に協議したうえ、原則として軽微な建物の地業や土間コンクリートの地業などに使用するものとする。
3. 層厚が、30cmを超えるときは、30cmごとに締固めを行うため、**２層以上**に分けて行うことになる。
4. **捨てコンクリート地業**は、建物の位置を正しく決めるための場を提供するとともに、掘削底面の安定化や、基礎スラブ、基礎梁、パイルキャップ等のコンクリートの流出あるいは脱水を防ぐ等が目的であるから、粗雑にならないように施工する。

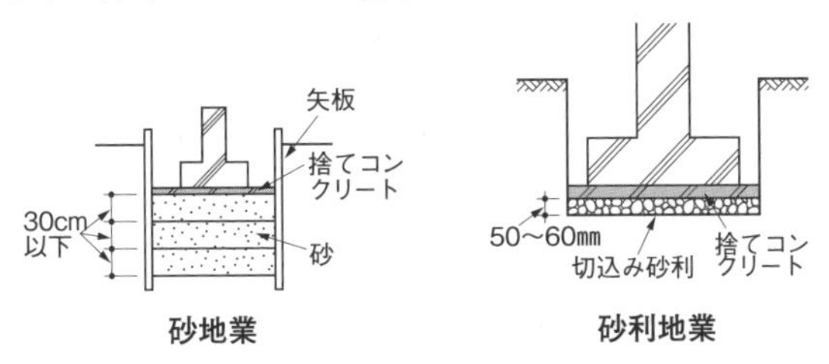

砂地業　　砂利地業

正答 2

R01−20 C　　CHECK

【問題　94】　異形鉄筋の加工に関する記述として、**最も不適当なもの**はどれか。

1. 鉄筋の加工寸法の表示及び計測は、突当て長さ(外側寸法)を用いて行う。
2. 鉄筋の種類と径が同じ帯筋とあばら筋は、折曲げ内法直径の最小値は同じである。
3. 壁の開口部補強筋の末端部には、フックを付けなければならない。
4. 鉄筋の折曲げ加工は、常温で行う。

解説

1. 鉄筋の加工は、鉄筋加工図に示された加工形状・加工寸法で**外側寸法**に従って加工する。加工寸法の測定は、突当て長さ(外側寸法)が許容差内に納まっていることをチェックできるゲージで行うのが良い。

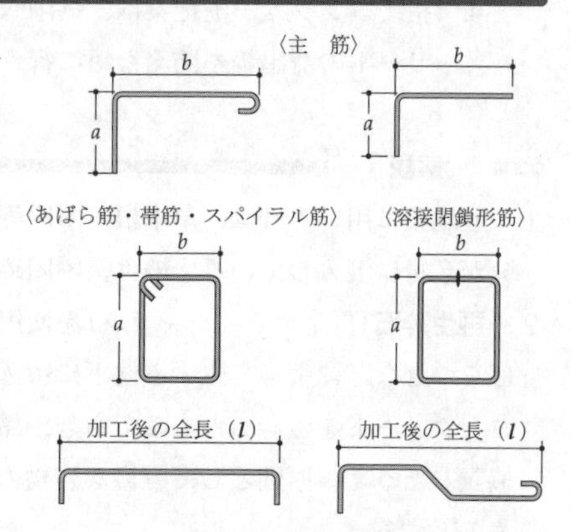

2. 鉄筋の種類と径が同じであれば、鉄筋末端部の**折曲げ内法直径**の**最小値**は同じである。

<table>
<tr><th>折曲げ角度</th><th>鉄筋の種類</th><th>鉄筋の径による区分</th><th>鉄筋の折曲げ内法直径(D)</th></tr>
<tr><td rowspan="3">180°
135°
90°</td><td rowspan="2">SR235
SR295
SD295
SD345</td><td>16φ以下
D16以下</td><td>3 d以上</td></tr>
<tr><td>19φ
D19～D41</td><td>4 d以上</td></tr>
<tr><td>SD390</td><td>D41以下</td><td rowspan="2">5 d以上</td></tr>
<tr><td rowspan="2">90°</td><td rowspan="2">SD490</td><td>D25以下</td></tr>
<tr><td>D29～D41</td><td>6 d以上</td></tr>
</table>

3. 異形鉄筋では付着力が大きいので、一般に**フック**を必要としないが、丸鋼、あばら筋・帯筋、柱および梁(基礎梁を除く)の出隅部の鉄筋、煙突の鉄筋にはフックを付ける。
4. 鉄筋は熱処理を行うと、鋼材としての性能が変わるので、加工場での曲げ加工は**冷間(常温)加工**としなければならない。

正答　3

H29−41 A　CHECK

【問題　95】 鉄筋の加工及び組立てに関する記述として、**最も不適当なもの**はどれか。

1. 鉄筋の種類と径が同じ帯筋とあばら筋は、折曲げ内法直径の最小値は同じである。
2. 大梁の幅止め筋は、組立て用鉄筋であるが、かぶり厚さを確保できるよう加工する。
3. 鉄筋の折曲げ加工は、常温で行う。
4. 鉄筋相互のあきの最小寸法は、鉄筋の強度によって決まる。

解説

1. 鉄筋の**種類**と**径**が**同じ**であれば、鉄筋末端部の**折曲げ内法直径**の**最小値**は同じである。

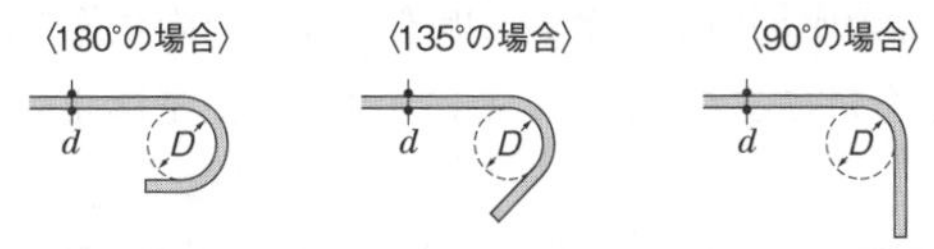

折曲げ角度	鉄筋の種類	鉄筋の径による区分	鉄筋の折曲げ内法直径(D)
180° 135° 90°	SR235 SR295 SD295 SD345	16ϕ以下 D16以下	3d以上
		19ϕ D19～D41	4d以上
	SD390	D41以下	5d以上
90°	SD490	D25以下	
		D29～D41	6d以上

＊2. 幅止め筋は、両側の腹筋の上にかぶせ幅を保つための鉄筋で、片側に90度の、反対側に135度のフックを付けるように加工し、かぶり厚さを確保できるようにする。

3. 鉄筋は熱処理を行うと、鋼材としての性能が変わるので、加工場での**曲げ加工**は冷間(常温)**加工**としなければならない。

4. 鉄筋相互の**あき**の**最小寸法**は、粗骨材の最大寸法の**1.25倍以上**、**25mm**及び隣り合う**鉄筋の平均径**(呼び名の数値)の**1.5倍**のうち**最大**のもの以上とする。鉄筋の強度によって決めるものではない。

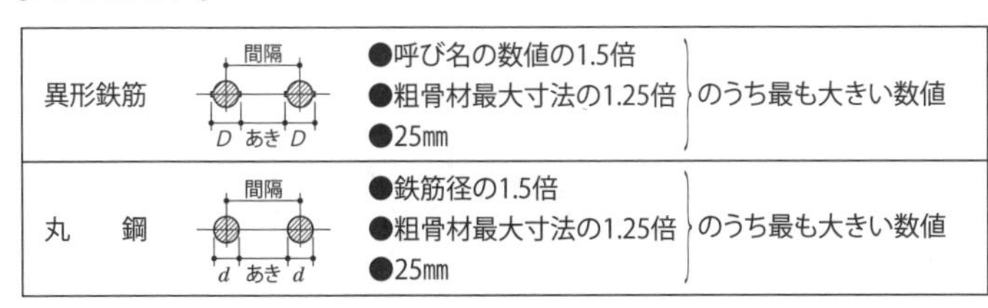

異形鉄筋	●呼び名の数値の1.5倍 ●粗骨材最大寸法の1.25倍 ●25㎜	のうち最も大きい数値
丸　鋼	●鉄筋径の1.5倍 ●粗骨材最大寸法の1.25倍 ●25㎜	のうち最も大きい数値

R04−19 B　CHECK □□□□□

【問題　96】 鉄筋のかぶり厚さに関する記述として、**最も不適当なもの**はどれか。

1. 杭基礎におけるベース筋の最小かぶり厚さは、杭頭から確保する。
2. 腹筋を外付けするときの大梁の最小かぶり厚さは、幅止め筋の外側表面から確保する。
3. 直接土に接する梁と布基礎の立上り部の最小かぶり厚さは、ともに30mmとする。
4. 屋内では、柱と耐力壁の最小かぶり厚さは、ともに30mmとする。

解説

1. 杭基礎の基礎筋(ベース筋)の**最小かぶり厚さ**は、杭頭天端から確保する。
2. **幅止め筋**は、両側の腹筋の上にかぶせ幅を保つための鉄筋で、片側に90度の、反対側に135度のフックを付けるように加工し、かぶり厚さを幅止め筋の外側表面から確保できるようにする。

3.4. スラブ・梁・基礎及び擁壁で、土に接する部分の**かぶり厚さ**には、**捨コンクリートの厚さを含まない**。**直接土に接する梁**と**布基礎の立上り部**の**最小かぶり厚さ**は、ともに**40mm**とする。**柱**、**耐力壁**の**最小かぶり厚さ**は、ともに**30mm**とする。

かぶり厚さ(建築基準法)　　(単位：mm)

部　位	かぶり厚さ
耐力壁以外の壁・床(非耐力壁・床スラブ)	20
耐力壁・柱・はり	30
直接土に接する壁・柱・床・はり・布基礎の立上り部分	40
基礎(布基礎の立上り部分を除く)の捨コンクリートの部分を除いた部分	60

正答 3

H30−19 B　CHECK □□□□□

【問題　97】 鉄筋のかぶり厚さに関する記述として、**最も不適当なもの**はどれか。

1. かぶり厚さの確保には、火災時に鉄筋の強度低下を防止するなどの目的がある。
2. 外壁の目地部分のかぶり厚さは、目地底から確保する。
3. 設計かぶり厚さは、最小かぶり厚さに施工精度に応じた割増しを加えたものである。
4. 柱の最小かぶり厚さは、柱主筋の外側表面から確保する。

解説

1. **かぶり厚さ**は、鉄筋コンクリートの所要の**耐火性**、**耐久性**及び**構造耐力**が得られるように、設計図書で定められた設計かぶり厚さ及び最小かぶり厚さが確保されるよう工事計画及び管理を行う。
2. 外壁の目地部分のかぶり厚さは、目地底から鉄筋の表面までの距離とする。打継ぎ目地部分は、シーリングが長時間たつと劣化することや温度変化や乾燥収縮が起こりやすいことから仕上げなしと見なして、目地底よりかぶりを確保する。

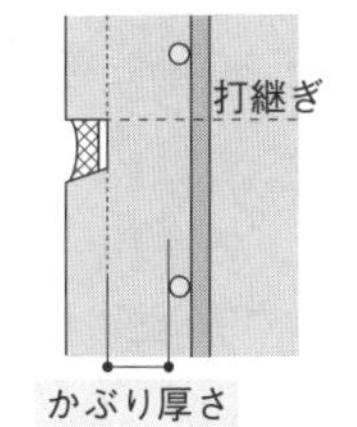

3. **設計かぶり厚さ**は、加工・組立精度、コンクリート打設時の変形や移動等を考慮して最小かぶり厚さが確保されるように、**最小かぶり厚さに10mm程度**を加えたものとする。
4. **柱**の鉄筋の**最小かぶり厚さ**は、**コンクリート表面**から**帯筋外側**までの距離とする。**梁**の場合は、**コンクリート表面**から**あばら筋外側**までの距離とする。

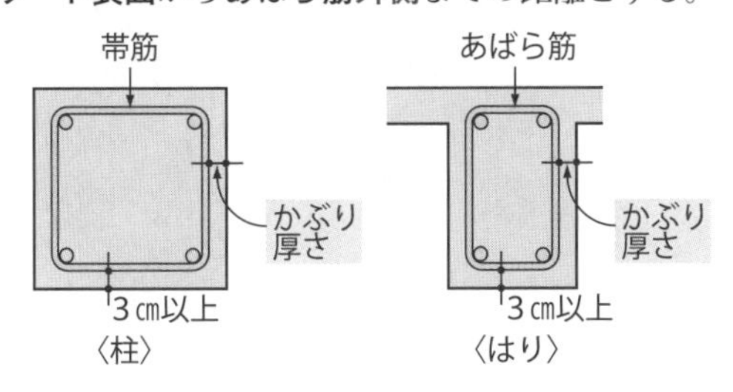

正答　4

R02−20 B　CHECK □□□□□

【問題　98】 鉄筋の継手及び定着に関する記述として、**最も不適当なもの**はどれか。

1. 耐圧スラブが付く基礎梁主筋の継手の位置は、上端筋、下端筋ともスパンの中央部とする。
2. 一般階の大梁の下端筋を柱内に折り曲げて定着する場合は、原則として曲げ上げる。
3. 鉄筋の重ね継手の長さは、コンクリートの設計基準強度の相違により異なる場合がある。
4. フック付き定着とする場合の定着の長さは、定着起点からフックの折曲げ開始点までの距離とする。

解説

1. 耐圧スラブが付く基礎梁主筋の**継手の位置**は、**上端筋**では**両端部**、**下端筋**は、スパンの**中央部**とする。耐圧スラブがない基礎梁主筋の継手の位置は、上端筋、下端筋ともスパンの中央部とする。
2. 梁下端筋の柱梁接合部への**定着**は、柱と梁・スラブの分割打設が可能である梁下端筋を**曲げ上げ定着**とするのがよい。

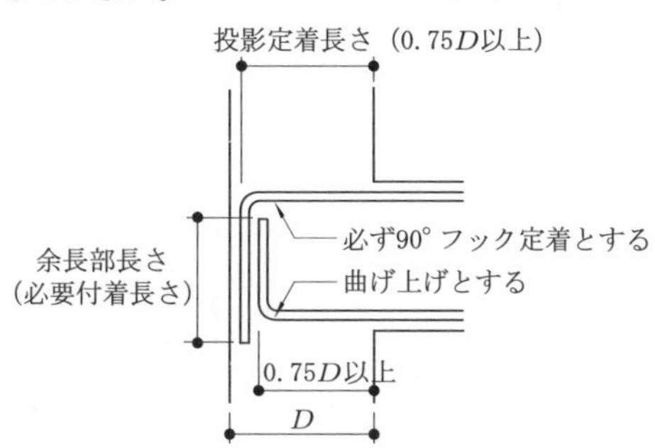

3. 鉄筋の**定着長さ**及び**重ね継手の長さ**は、コンクリートの設計基準強度の大きさと鉄筋の種類によって異なる。
4. フック付き重ね継手の長さは、鉄筋の折曲げ開始点間の距離とし、折曲げ開始点以降の**フック部**は継手長さに含まない。

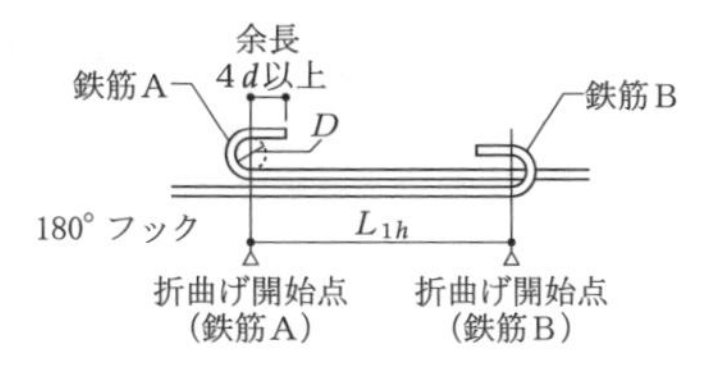

フック付き重ね継手の長さL_{1h}

施工

正答 1

H29−42 B　CHECK □□□□□

【問題　99】 異形鉄筋の継手及び定着に関する記述として、**最も不適当なもの**はどれか。

1. 直線重ね継手の長さは、同じ径であっても、鉄筋の種類によって異なる場合がある。
2. フック付き重ね継手の長さは、フックの折曲げ角度によって異なる。
3. 小梁の主筋の定着長さは、上端筋の方を下端筋より長くする。
4. 帯筋に用いるD13の鉄筋を現場で溶接継手とする場合は、フレア溶接とする。

解説

1. 重ね継手の長さは、鉄筋の種類別にコンクリートの設計基準強度によって規定されている。同じ種類の鉄筋では、**コンクリートの強度**が**高い**ほど**継手長さ**は短くできる。

直線重ね継手の長さ

<table>
<tr><th>コンクリートの設計
基準強度(N/mm²)</th><th>SD295</th><th>SD345</th><th>SD390</th><th>SD490</th></tr>
<tr><td>18</td><td>45d</td><td>50d</td><td>—</td><td>—</td></tr>
<tr><td>21</td><td>40d</td><td>45d</td><td>50d</td><td>—</td></tr>
<tr><td>24～27</td><td rowspan="2">35d</td><td>40d</td><td>45d</td><td>55d</td></tr>
<tr><td>30～36</td><td rowspan="2">35d</td><td rowspan="2">40d</td><td>50d</td></tr>
<tr><td>39～45</td><td rowspan="2">30d</td><td>45d</td></tr>
<tr><td>48～60</td><td>30d</td><td>35d</td><td>40d</td></tr>
</table>

2. フック付きの重ね継手は、90°、135°、180°の3種類あるが、その継手長さは鉄筋の折曲げ起点間の直線の長さであり、フックの**角度**によって**異なることはない**。

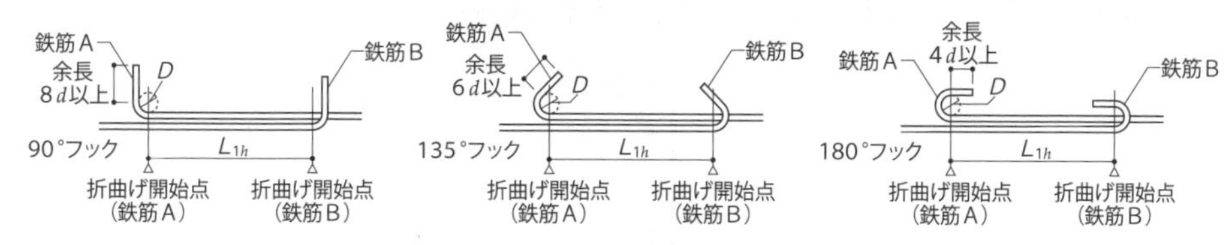

フック付き重ね継手の長さ L_{1h}

3. 小梁の主筋の定着長さは、上端筋の方を下端筋より長くする。

＊4. 帯筋は、柱筋を囲む閉鎖形とし、その末端は135°フック余長6d以上とする。ただし、フックの余長がうまく納められない場合などは、工場でアプセット溶接またはフラッシュ溶接で閉鎖形に加工したせん断補強筋が使用される。また、溶接を用いなければ閉鎖形帯筋が形成できない場合は、フレア溶接による現場溶接が用いられる。フレア溶接長さは、両面フレア溶接の場合は5d以上、片面フレア溶接の場合は10d以上とする。

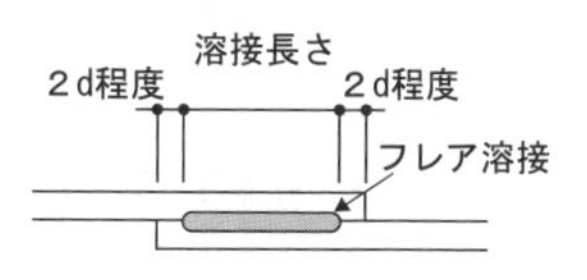

R04−20 A　CHECK

【問題 100】 型枠工事に関する記述として、**最も不適当なもの**はどれか。

1. 梁の側型枠の寸法をスラブ下の梁せいとし、取り付く底型枠の寸法を梁幅で加工した。
2. 柱型枠は、梁型枠や壁型枠を取り付ける前にチェーン等で控えを取り、変形しないようにした。
3. 外周梁の側型枠の上部は、コンクリートの側圧による変形防止のため、スラブ引き金物で固定した。
4. 階段が取り付く壁型枠は、敷き並べた型枠パネル上に現寸で墨出しをしてから加工した。

解説

1. 梁型枠は、**底型枠**を**梁幅**の寸法にし、側板を底枠より伸ばす方法と、底型枠を梁幅より**大きく**し、**側型枠**の寸法を梁**下端**までとする方法がある。設問の施工法では、梁底の角を抑えられず、セメントペーストやモルタルの漏出につながる。

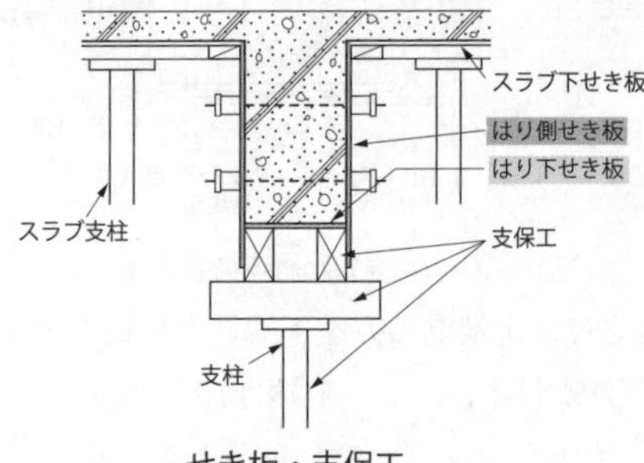

せき板・支保工

2. 柱型枠の**垂直精度**は、壁型枠とともに型枠全体の精度に影響を及ぼすので、梁型枠や壁型枠を取り付ける前にチェーンなどで**控え**を取り、変形しないようにする。
3. 外周梁の側型枠の上部は、コンクリート打込み時の側圧による変形防止のため、スラブ引き**金物**で固定する。
4. 階段が取り付く壁型枠の加工は、複雑になるため、敷き並べた型枠パネル上に現寸で墨出しをしてから加工する。

正答 1

R03−20 C　CHECK □□□□□

【問題 101】 型枠工事に関する記述として、**最も不適当なもの**はどれか。

1. 内柱の型枠の加工長さは、階高からスラブ厚さとスラブ用合板せき板の厚さを減じた寸法とした。
2. 柱型枠の足元は、型枠の変形防止やセメントペーストの漏出防止等のため、桟木で根巻きを行った。
3. 壁の窓開口部下部の型枠に、コンクリートの盛り上がりを防ぐため、端部にふたを設けた。
4. 床型枠用鋼製デッキプレート(フラットデッキ)を受ける梁の側型枠は、縦桟木で補強した。

解説

1. 型枠を組み立てる床コンクリート面の不陸調整のため、**柱**の型枠の**加工長さ**は、階高からスラブ厚さとスラブ用せき板の厚さ等を**減じた寸法より20〜30mm短く**する。
2. **根巻き**は、壁や柱の型枠を組立てる場合、型枠の垂直精度の保持、コンクリートの圧力による移動防止、セメントペースト・モルタルの漏出防止、足元を正しい位置に固定するなどのために設ける。金物やモルタルを設ける場合と、桟木を用いる場合がある。
3. **壁の窓開口部下部**の型枠に、コンクリートの盛り上がりを防ぐため、**端部**に**ふた**をし、**外側**へ**勾配**を付ける。
4. 床型枠用鋼製デッキプレート(フラットデッキ)を、梁の側型枠と横桟木で受けるため、側型枠と横桟木を縦桟木で**補強**する。

正答 1

R02−21 A　CHECK □□□□□

【問題 102】 型枠支保工に関する記述として、**最も不適当なもの**はどれか。

1. パイプサポートに設ける水平つなぎは、番線を用いて緊結する。
2. 上下階の支柱は、できるだけ平面上の同一位置になるように設置する。
3. 梁下の支柱は、コンクリートの圧縮強度が設計基準強度以上で、かつ、所要の安全性が確認されれば取り外すことができる。
4. スラブ下の支柱は、コンクリートの圧縮強度によらない場合、存置期間中の平均気温から存置日数を決定する。

解説

1. 支柱に**パイプサポート**を用いる場合、高さが3.5mを超える時は、高さ**2m**以内ごとに**水平つなぎ**を**2**方向に**専用の金具**を用いて緊結し、かつ、水平つなぎの変位を防止する。番線を用いてはならない。

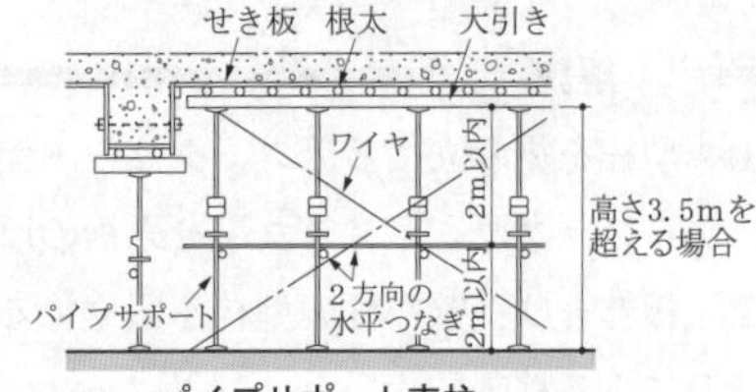

パイプサポート支柱

2. **支柱**は**垂直**に立て、また上下階の支柱はできるだけ平面上の**同一位置**に立てる。
3. 梁型枠の**支柱**は、コンクリートの**設計基準強度**の100%以上又は12N/mm^{2}で、かつ、施工中の荷重・外力について、構造計算で安全が確認されるまで存置する。

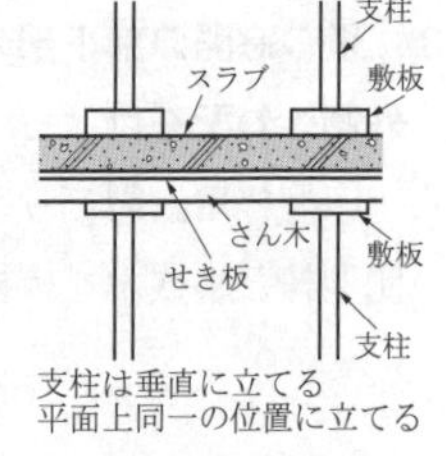

型枠と支柱の関係

4. 型枠の存置期間は、「現場打ちコンクリートの型わく及び支柱の取りはずしに関する基準」に定められている。存置期間中の**平均気温**が関係する。

	部　分	存置日数			コンクリートの圧縮強度
		存置期間の平均温度			
		15℃以上	15℃未満 5℃以上	5℃未満	
支　柱（支保工）	版　下（スラブ下）	17	25	28	設計基準強度の85%
	はり下	28			設計基準強度の100%

正答 1

R01−21 B　CHECK

【問題 103】 型枠支保工に関する記述として、**最も不適当なもの**はどれか。

1. 支柱にパイプサポートを使用する場合、継手は差込み継手としてはならない。
2. 支柱にパイプサポートを使用する場合、パイプサポートを３以上継いで用いてはならない。
3. 柱、壁及び梁側型枠のせき板を保持する場合、支保工は一般に内端太及び外端太により構成する。
4. 軽量型支保梁を受ける梁型枠の支柱にパイプサポートを使用する場合、パイプサポートは２列に設ける。

解説

1. **型枠支保工**のパイプサポートと補助サポートの**継手**は、**突合せ継手**又は**差込み継手**とする。

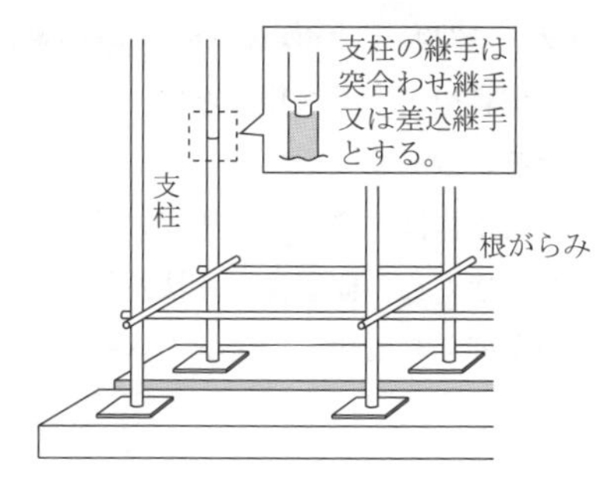

2. **パイプサポート**を支柱として用いる場合、２本までとし、**３本以上**継いで用いない。パイプサポートを継いで用いるときは、**４以上のボルト**又は**専用の金具**を用いて継ぐ。

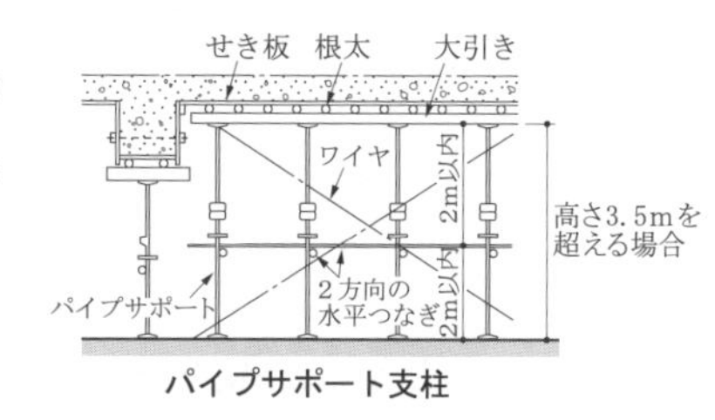

パイプサポート支柱

3. 壁型枠、柱型枠および梁型枠における端太材は、床板工法における根太・大引にあたる支保材であり、一般に内端太と外端太により構成される。端太材の方向により縦端太または横端太と呼ばれるが、壁型枠および柱型枠では、内端太が縦方向(縦端太)になり、外端太が横方向(横端太)になることが多い。
4. 軽量型支保梁による支保工では、コンクリートの打込み方法によっては偏心荷重が働くことがあるので、支柱を支保工としている場合、支柱は計算値よりも安全側を見込んで多く入れ、大梁など梁のサポートは鳥居型(２列)に組み立てるようにする。

正答　1

H30−20 B　CHECK □□□□□

【問題 104】 型枠工事に関する記述として、**最も不適当なもの**はどれか。

1. 埋込み金物やボックス類は、コンクリートの打込み時に移動しないように、せき板に堅固に取り付けた。
2. 梁の側型枠の寸法はスラブ下の梁せいとし、取り付く底型枠の寸法は梁幅で加工した。
3. 柱型枠は、梁型枠や壁型枠を取り付ける前にチェーンなどで控えを取り、変形しないようにした。
4. コンクリート面に直接塗装仕上げを行うので、コーン付きセパレーターを使用した。

解説

1. 配管やボックス類などは、コンクリートの打込み時に移動しないように**堅固**に取り付ける。
2. 梁型枠は、**底型枠**を**梁幅**の寸法にし、側板を底枠より伸ばす方法と、底型枠を梁幅より大きくし、**側型枠**の寸法を梁下端までとする方法がある。設問の施工法では、梁底の角を抑えられず、セメントペーストやモルタルの漏出につながる。

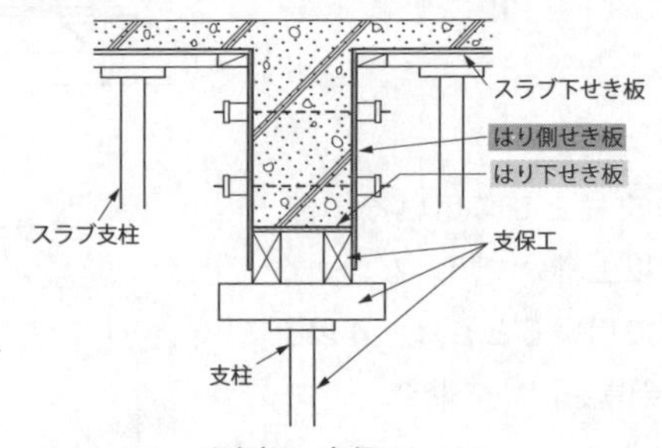

せき板・支保工

3. 柱型枠の垂直精度は、壁型枠とともに型枠全体の精度に影響を及ぼすので、梁型枠や壁型枠を取り付ける前にチェーンなどで控えを取り、変形しないようにする。
4. コンクリート面に直接塗装仕上げを行う場合、型枠相互の間隔を保持するセパレーターのネジ部分がコンクリート表面より出ないように、コーン付きセパレーターを使用する。

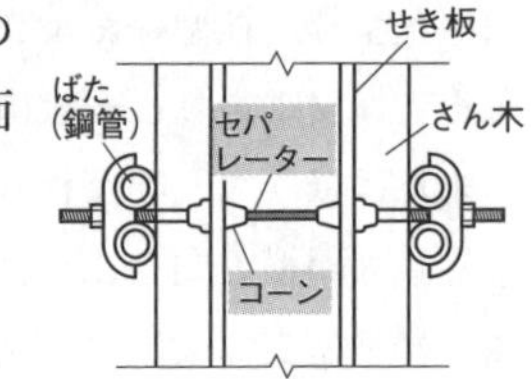

正答 2

H29−43 B　CHECK □□□□□

【問題 105】 支柱にパイプサポートを使用した型枠支保工に関する記述として、**最も不適当なもの**はどれか。

1. 支柱を継ぐときの本数は、２本までとした。
2. 支柱の継手は、差込み継手とした。
3. 上下階の支柱は、できるだけ平面上の同一位置になるように設置した。
4. 軽量型支保梁を受ける梁型枠の支柱は、梁型枠下の中央に１列で設置した。

解説

1. **パイプサポート**を支柱として用いる場合、２本までとし、**３本以上**継いで用いない。また、パイプサポートを継いで用いるときは、**４以上のボルト**又は専用の金具を用いて継ぐ。

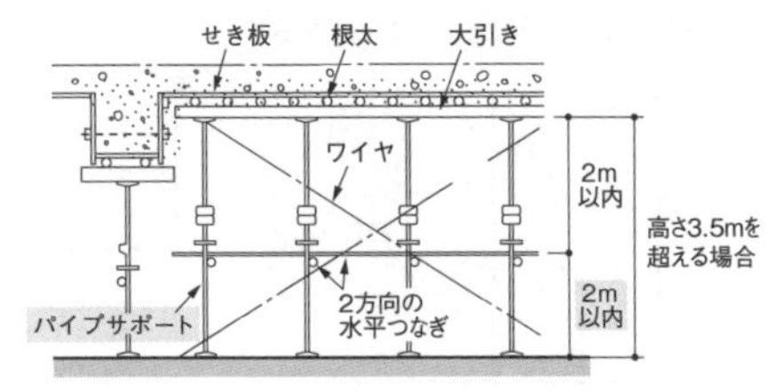

パイプサポート支柱

2. 型枠支保工のパイプサポートと補助サポートの継手は、突合せ継手又は差込み継手とする。

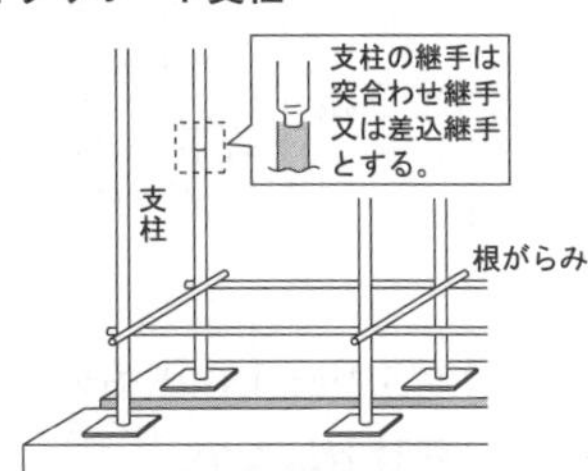

3. 支柱は垂直に立て、また上下階の支柱はできるだけ平面上の同一位置に立てる。
4. スラブ型枠の支保工に用いられる軽量型支保梁は、ラチス構造であり、トラス弦材には支点がないので、**両端の支点**以外のところに支柱を立ててはならない。

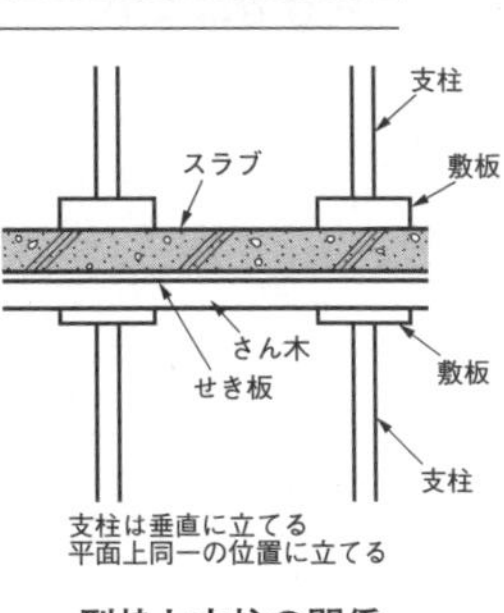

型枠と支柱の関係

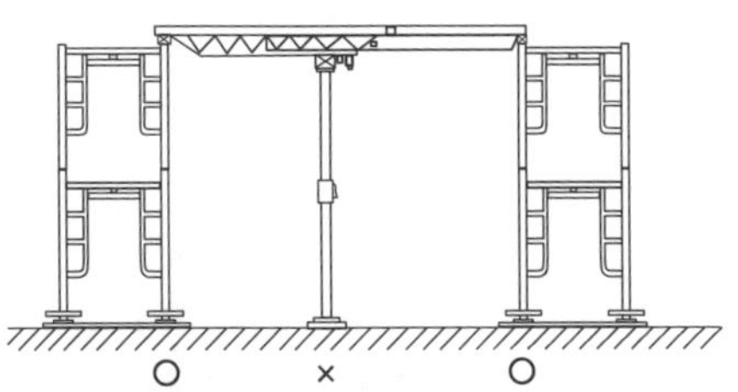

（仮設梁は所定以外のところを支点として用いない）

軽量型支保梁の支持方法の例

R03−21 A

CHECK

【問題 106】 型枠の最小存置期間に関する記述として、**最も不適当なもの**はどれか。

1. コンクリートの圧縮強度による場合、柱とスラブ下のせき板は同じである。
2. コンクリートの圧縮強度による場合、壁とはり側のせき板は同じである。
3. コンクリートの材齢による場合、柱と壁のせき板は同じである。
4. コンクリートの材齢による場合、基礎と壁のせき板は同じである。

解説

型枠の存置期間は、「現場打ちコンクリートの型わく及び支柱の取りはずしに関する基準」(告示)に定められている。

	部分	存置日数			コンクリートの圧縮強度
		存置期間の平均温度			
		15℃以上	15℃未満 5℃以上	5℃未満	
せき板	基礎、はり側 柱及び壁	3	5	8	5 N/mm^2
	版下(スラブ下) 及びはり下	6	10	16	設計基準強度の50%

1. コンクリートの圧縮強度による存置期間の場合、**柱**と**スラブ下**の**せき板**の**最小存置期間**は同じではない。

正答 1

H30−21 B　CHECK

【問題 107】 型枠の存置に関する記述として、**最も不適当なもの**はどれか。

1. せき板を取り外すことができるコンクリートの圧縮強度は、梁下と梁側とでは同じである。
2. 柱と壁のせき板の最小存置期間は、コンクリートの材齢により定める場合、同じである。
3. 梁下の支柱の最小存置期間は、コンクリートの材齢により定める場合、28日である。
4. 柱のせき板を取り外すことができるコンクリートの圧縮強度は、5 N/mm^{2}以上である。

解説

1.2.4. 型枠の存置期間は、表のとおり。梁下のせき板は、**支保工取り外し後**以降でないと取り外せない。

	建築物の部分	存置日数(日) 平均気温		コンクリートの圧縮強度
		20℃以上	10℃以上 20℃未満	
せき板	**基礎・はり側・柱・壁**	**4**	**6**	**5 N/mm^2(長期・超長期は10 N/mm^2)**
	版下・はり下	**支保工取り外し後**		
支　柱(支保工)	**版下・はり下**	圧縮強度が**12 N/mm^2**以上かつ計算により安全確認した場合		設計基準強度の**100%**

3. 梁下の支柱の最小存置期間をコンクリートの材齢で定める場合は、**28日**である。

告示による型枠の存置期間(普通ポルトランドセメント)

せき板または支柱(支保工)の区分	建築物の部分	存置日数(日) 存置期間中の平均気温			コンクリートの圧縮強度
		15℃以上	15℃未満 5℃以上	5℃未満	
せき板	基礎・はり側・柱・壁	3	5	8	5 N/mm^2
	版下・はり下(スラブ下)	6	10	16	設計基準強度の50%
支　柱(支保工)	版下(スラブ下)	17	25	28	設計基準度の85%
	はり下	**28**			設計基準度の100%

正答 1

R04－21 B　CHECK

【問題 108】 コンクリートの調合に関する記述として、**最も不適当なもの**はどれか。

1. 細骨材率は、乾燥収縮によるひび割れを少なくするためには、高くする。
2. 単位セメント量は、水和熱及び乾燥収縮によるひび割れを防止する観点からは、できるだけ少なくする。
3. AE減水剤を用いると、所定のスランプを得るのに必要な単位水量を減らすことができる。
4. 川砂利と砕石は、それぞれが所定の品質を満足していれば、混合して使用してもよい。

解説

1. **細骨材率**を**大きく**すると、**単位セメント量**及び**単位水量**を**大きく**する**必要**があり、**流動性**の悪いコンクリートとなり、乾燥収縮による**ひび割れ**を**増大**させる。
2. **単位セメント量**は、水和熱及び乾燥収縮によるひび割れを防止するために、できるだけ**少ない**ほうがよいが、単位セメント量が過小であるとコンクリートのワーカビリティーが悪くなるので、コンクリートの強度を確保するための条件とは別に、普通コンクリートの単位セメント量の**最小値**を**270kg/m³**とする。
3. **AE剤**、**AE減水剤**又は**高性能AE減水剤**を用いると、**単位水量**の低減及び**ワーカビリティー**が改善され、また、**凍結融解作用**に対する**抵抗性**が改善される。
4. 骨材(砂利および砂)を混合使用する場合は、混合する前の品質が所定の品質の規定を満足するものでなければならない。

正答　1

R02−22 B　　CHECK □□□□□

【問題 109】 コンクリートの調合に関する記述として、**最も不適当なもの**はどれか。

1. 耐久性を確保するためには、水セメント比は小さいほうがよい。
2. スランプの大きいコンクリートでは、細骨材率が小さすぎると分離しやすくなる。
3. スランプは、工場出荷時における値を指定する。
4. AE減水剤を用いると、所定のスランプを得るのに必要な単位水量を減らすことができる。

解説

1. **水セメント比**は、所要の強度や耐久性あるいはワーカビリティーが得られるようにしなければならないが、鉄筋コンクリートの劣化からコンクリートを守るには、一般に水セメント比を小さくするとよい。
2. **細骨材率**が**大き**すぎる場合は、単位セメント量及び単位水量を大きくする必要があり、**流動性**の悪いコンクリートとなる。また、小さすぎる場合は、がさがさのコンクリートとなり、スランプの大きいコンクリートでは粗骨材とモルタルが分離しやすくなる。
3. レディーミクストコンクリートを発注する際の**スランプ**は、ポンプ圧送による変化などを見込んで、荷卸し地点における値を指定する。
4. **AE剤**、**AE減水剤**又は**高性能AE減水剤**を用いると、単位水量の低減及びワーカビリティーが改善され、また、**凍結融解作用**に対する**抵抗性**が改善される。

正答 3

H29−44 A　CHECK

【問題 110】 コンクリートの調合に関する記述として、**最も不適当なもの**はどれか。

1. 普通ポルトランドセメントと高炉セメントB種の水セメント比の最大値は同じである。
2. 細骨材率が大きすぎると、流動性の悪いコンクリートとなる。
3. スランプは、荷卸し地点における値を指定する。
4. 空気量が多くなると、圧縮強度の低下や乾燥収縮率の増加をもたらす。

解説

1. 水セメント比の最大値は、次表によるものとする。**普通ポルトランドセメント**の水セメント比の最大値は**65%**、**高炉セメントB種**の水セメント比の最大値は**60%**であり、同じではない。

水セメント比の最大値(%)

セメントの種類		計画供用期間の級	
		短期・標準・長期	超　長　期
ポルトランドセメント	**早強・普通・中庸熱**	**65**	55
	低熱	60	
混合セメント（高炉・フライアッシュ）	A種	65	——
	B種	**60**	

2. **細骨材率**が**大きすぎる場合**は、単位セメント量及び単位水量を大きくする必要があり、**流動性**の**悪い**コンクリートとなる。また、**小さすぎる場合**は、がさがさのコンクリートとなり、スランプの大きいコンクリートでは粗骨材とモルタル分が**分離**しやすくなる。
3. レディーミクストコンクリートを発注する際の**スランプ**は、ポンプ圧送による変化などを見込んで、**荷卸し地点**における値を**指定**する。
4. 圧縮強度は、空気量が６％程度以上になると、それ以上空気量を増やしてもフレッシュコンクリートの品質はそれほど改善されなくなり、逆に硬化後の圧縮強度の低下および乾燥収縮率の増加をもたらす。

正答　1

H29−45 B　　CHECK □□□□□

【問題 111】 コンクリートの打込み等に関する記述として、**最も不適当なもの**はどれか。

1. スラブの付いたせいの高い梁の打込みは、梁とスラブを連続して行った。
2. 柱へのコンクリートの打込みは、縦形シュートを挿入して行った。
3. コンクリートの鉛直打継ぎ部は、梁やスラブの場合、スパンの中央付近に設けた。
4. 棒形振動機の先端を、先に打ち込んだコンクリートの層に届くように挿入した。

解説

1. 梁及びスラブのコンクリートの打込みは、壁及び柱のコンクリート沈みが落ち着いたのちに、梁・スラブを打ち込む。スラブの付いたせいの高い梁の場合は、スラブと梁との境目にひび割れが発生するおそれがあるので、**梁のコンクリート**が**沈降してから、スラブ**を打ち込む。
2. 柱へのコンクリートの打込みは、**縦型シュート**を利用して、常に打上げ面近くでコンクリートを放出し、**分離**しないように注意する。

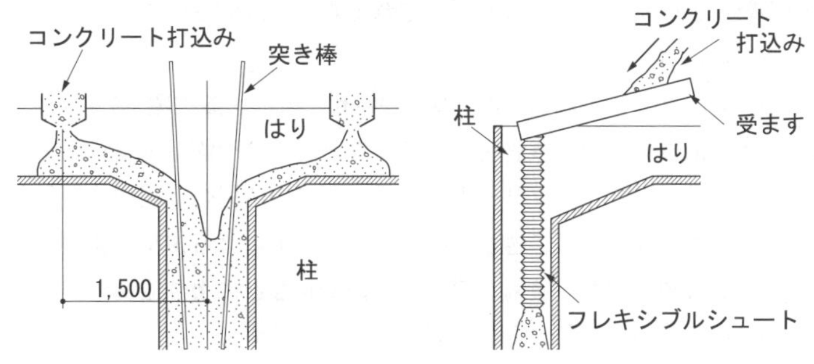

柱の打込み

3. コンクリートの**打継ぎ**は、できるだけ少なくし、**せん断応力**の小さいところで打ち継ぐ。**梁・床スラブ・屋根スラブ**の場合、**中央**又は端から1／4付近に設ける。

4. **コンクリート棒形振動機**は、打込み各層ごとに用い、その下層に振動機の先端が入るようにほぼ垂直に挿入する。**挿入間隔**は60cm**以下**とし、加振はコンクリートの表面にセメントペーストが浮くまでとし、加振時間は1箇所5～15秒の範囲とする。

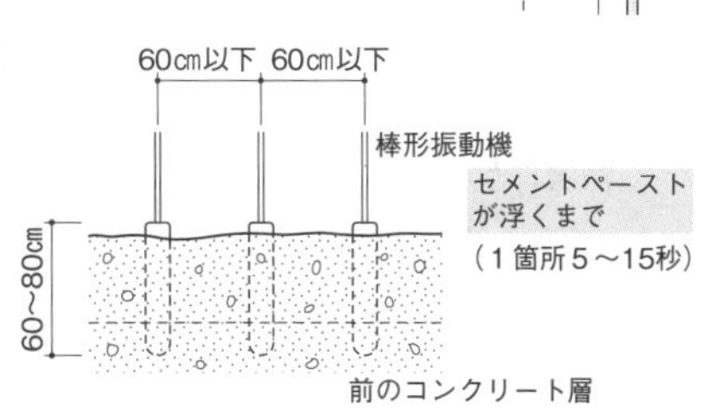

正答 1

R01－22 A　CHECK □□□□□

【問題 112】コンクリートの養生に関する記述として、**最も不適当なもの**はどれか。

1. 湿潤養生期間の終了前であっても、コンクリートの圧縮強度が所定の値を満足すれば、せき板を取り外すことができる。
2. 打込み後のコンクリートが透水性の小さいせき板で保護されている場合は、湿潤養生と考えてよい。
3. 早強ポルトランドセメントを用いたコンクリートの材齢による湿潤養生期間は、普通ポルトランドセメントより短くできる。
4. 寒中コンクリート工事における加熱養生中は、コンクリートの湿潤養生を行わない。

解説

1. 湿潤養生期間の終了前であっても、計画供用期間により定められている一定の圧縮強度を満足すれば、せき板を取り外すことができる。ただし、湿潤養生は取り外し後、湿潤養生の必要な強度が出るまでは必要とされており、湿潤養生をしない場合はせき板を外してはならない。
2. 打込み後のコンクリートは、透水性の小さいせき板による被覆、養生マット・水密シートによる被覆、散水・噴霧、膜養生剤の塗布などにより湿潤養生を行うが、透水性の小さいせき板で打込み後のコンクリートが保護されている場合は湿潤養生と考えてよい。
3. 打込み後のコンクリートは、透水性の小さいせき板による被覆、養生マットまたは水密シートによる被覆、散水、噴霧、膜養生剤の塗布などにより**湿潤養生**を行う。その期間は、計画供用期間の級に応じて、次表によるものとする。

湿潤養生の期間

セメントの種類＼計画供用期間の級	短期・標準	長期・超長期
早強ポルトランドセメント	**3日以上**	**5日以上**
普通ポルトランドセメント	**5日以上**	**7日以上**

4. **寒冷**な環境の下では、加熱された空間内の湿度は極めて低い値となりやすく、水分の蒸発が促進されるので、加熱養生中は、コンクリートが**乾燥**しないように**散水**などによって**保湿**に努める。

正答 4

H29−46 B　CHECK □□□□□

【問題 113】 コンクリートの養生に関する記述として、**最も不適当なもの**はどれか。

1. 初期の湿潤養生の期間が短いほど、中性化が早く進行する。
2. コンクリートの打込み後、少なくとも1日間はその上で歩行又は作業をしないようにする。
3. 高炉セメントB種を用いたコンクリートの材齢による湿潤養生期間は、普通ポルトランドセメントの場合より長くする。
4. コンクリート打込み後の養生温度が高いほど、長期材齢における強度増進が大きくなる。

解説

1. 初期の**湿潤養生**の期間が**短い**ほど、コンクリートの**中性化**が早く進行する。
2. コンクリートの打込み後、振動や外力が作用するとひび割れが発生する危険が極めて大きい。コンクリートの打込み後、少なくとも**1日間**はその上を歩行したり、作業をしてはならない。
3. 高炉セメントは、普通ポルトランドセメントに比べ、初期強度の発現が遅く、初期養生期間は、標準の普通ポルトランドセメントで5日、標準の高炉セメントで7日となり、**高炉セメント**のほうが長い。

湿潤養生の期間

計画供用期間の級／セメントの種類	短期および標準	長期および超長期
早強ポルトランドセメント	3日以上	5日以上
普通ポルトランドセメント	**5日以上**	**7日以上**

4. コンクリート打込み後の**養生温度**が**過度**に**高い**と、温度ひび割れの発生を誘発したり、長期材齢における**強度増進**が小さくなる。

R02−23 A　　CHECK

【問題 114】 鉄骨の加工に関する記述として、**最も不適当なもの**はどれか。

1. ひずみの矯正を常温加圧で行う場合は、ローラー又はプレスを使用する。
2. 溶融亜鉛めっき高力ボルトの孔径は、同じ呼び径の高力ボルトの孔径よりも大きくする。
3. 柱の十字形鉄骨に設ける梁主筋の貫通孔は、耐力低下の大きいフランジを避けて、ウェブに設ける。
4. 開先の加工は、自動ガス切断、機械加工等により行う。

解説

1. ひずみの大きい部材は、所定の精度を得るために、組立て前にひずみのきょう正を行う。**ひずみ直し**は、ローラー、プレスやベンダーなどを用いて**常温**で行う。
2. 高力ボルト、ボルト、アンカーボルトの公称軸径に対する孔径(単位：mm)は、表のとおりである。**呼び径M24以下の溶融亜鉛めっき高力ボルト**の**孔径**は、同じ呼び径の高力ボルトの孔径と**同じ**大きさである。

種　類	孔径D	公称軸径 d
高力ボルト	$d+2.0$ $d+3.0$	$d<27$ $27 \leqq d$
ボルト	$d+0.5$	—
アンカーボルト	$d+5.0$	—

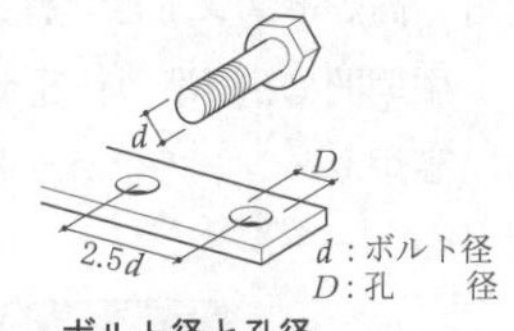

ボルト径と孔径

3. 鉄骨に設ける**鉄筋貫通孔**は必要最小限にとどめる。そのために、梁主筋の位置は、柱梁接合部で柱・梁の鉄骨フランジは耐力低下が大きいので貫通孔は設けず、ウェブに設ける。また、直交方向の梁主筋を方向ごとに上下関係を定め、梁端部での柱部材との取り合いをよく検討して決める。なお、鉄筋貫通孔の穿孔は原則として工場で加工し、現場での加工は行わない。

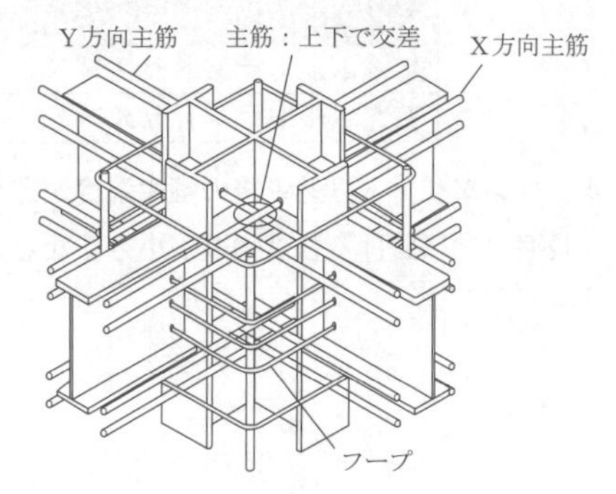

十字柱鉄骨の標準的な柱梁接合部見取り図

4. **開先の加工**は、**自動ガス切断機**により、凹凸等、切断面の精度が確保できないものについては、グラインダー等により修正する。

正答 2

H29−47 B　CHECK

【問題 115】 鉄骨の加工等に関する記述として、**最も不適当なもの**はどれか。

1. 部材を加工、組立てする際に、固定したり、拘束したりするためにジグが用いられる。
2. 曲げ加工を加熱加工とする場合は、赤熱状態で行ってはならない。
3. 高力ボルト接合における摩擦面には、ディスクグラインダー掛けによるへこみなどがないようにする。
4. ひずみの矯正を常温加圧で行う場合は、プレスあるいはローラー等を使用する。

解説

1. 組立ては、作業に適した**ジグ**等を用い、部材相互の位置及び角度を正確に保つようにして行う。ジグは部材を固定したり、拘束したりするための道具である。

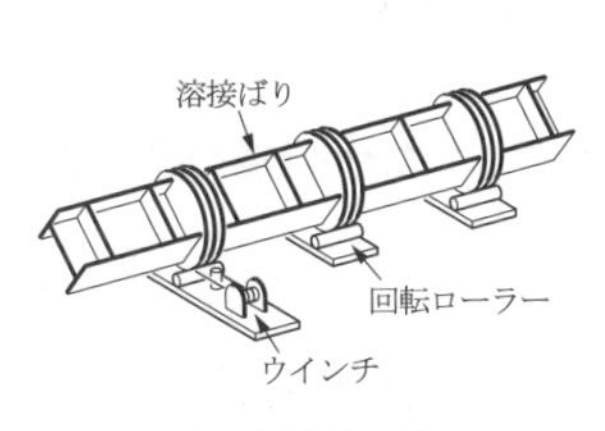

回転ジグ

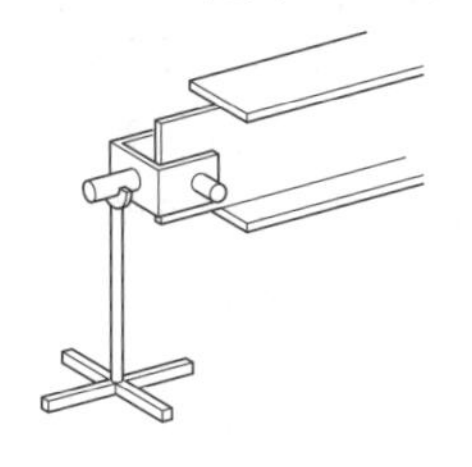

ポジショナー

2. **曲げ加工**は、常温加工又は加熱加工とする。加熱加工の場合は、**赤熱状態(850～900℃)**で行い、青熱ぜい性域(200～400℃)で行ってはならない。
3. **高力ボルト接合**における**摩擦面**は、**すべり係数**が**0.45以上**確保できるようにする。その方法は、**ブラスト処理**と**自然発錆**によるが、自然発錆の場合に、ディスクグラインダー掛け等による黒皮(ミルスケール)をスプライスプレート全面にわたって除去する。その際にへこみ等を作らないように注意する。

＊4. 溶融亜鉛めっきにより部材に生じたひずみは、プレス、ローラー、ジャッキ等を用い、常温加圧で矯正する。その際、めっき面保護のため、木片等の当て物を使用する。加熱矯正はめっき面を溶融する可能性があるため、実施してはならない。

正答 2

H30−22 C　　CHECK □□□□□

【問題 116】 鉄骨工事における錆止め塗装に関する記述として、**最も不適当なもの**はどれか。

1. 素地調整を行った鉄鋼面は、素地が落ち着くまで数日あけて錆止め塗装を行った。
2. 角形鋼管柱の密閉される閉鎖形断面の内面は、錆止め塗装を行わなかった。
3. コンクリートに埋め込まれる鉄骨梁に溶接された鋼製の貫通スリーブの内面は、錆止め塗装を行った。
4. 組立てによって肌合せとなる部分は、錆止め塗装を行わなかった。

解説

1. 素地調整を行った鉄面は活性となり、錆やすいため、**直ちに錆止め塗装**を行う。

2. 3. 4. 錆止め塗装において、以下の部分は塗装しない。
- **コンクリート**に密着する部分及び埋め込まれる部分
- 高力ボルト摩擦接合部の摩擦面
- **工事現場溶接**を行う部分の両側それぞれ**100mm程度**の範囲及び**超音波探傷試験**に支障を及ぼす範囲
- **密閉**される閉鎖形断面の内面
- ピン、ローラー等密着する部分及び回転又は摺動面で削り仕上げした部分
- 組立によって肌合せとなる部分
- 耐火被覆材の接着する面

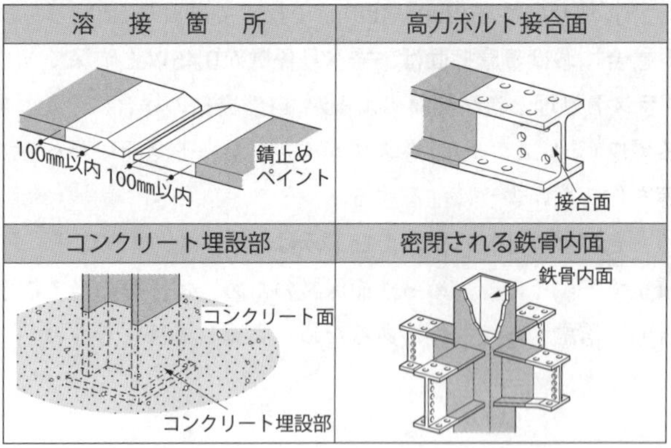

溶　接　箇　所	高力ボルト接合面
100mm以内　100mm以内　錆止めペイント	接合面
コンクリート埋設部	**密閉される鉄骨内面**
コンクリート面　コンクリート埋設部	鉄骨内面

正答 1

R01−23 C　CHECK □□□□□

【問題 117】 鉄骨の建方に関する記述として、**最も不適当なもの**はどれか。

1. 溶接継手のエレクションピースに使用する仮ボルトは、高力ボルトを用いて全数締め付けた。
2. ターンバックル付き筋かいを有する鉄骨構造物は、その筋かいを用いて建入れ直しを行った。
3. 柱現場溶接接合部に建入れ及び食違い調整機能の付いた治具を使用したため、ワイヤロープを用いず、建入れ直しを行った。
4. 建方精度の測定は、温度の影響を避けるため、早朝の一定時間に実施した。

解説

1. 柱の**溶接継手のエレクションピース**に使用する仮ボルトは、全数締め付けなければならないが、普通ボルトではなく、**高力ボルト**を用いる。

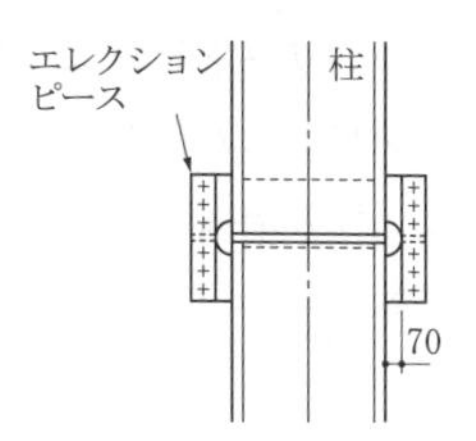

2. **ターンバックル付き筋かい**を有する鉄骨構造物では、その筋かいを用いて**建入れ直し**を行うと、筋かいに設計以上の張力を与え、損傷するおそれがあるので**行ってはならない**。
3. 鉄骨柱が現場溶接接合の場合、建入れ直しにワイヤロープを用いずに、柱接合部のエレクションピースに建入れ及び食違い調整機能の付いたジグを使用する方法もある。
4. **建方精度の測定**は、温度の影響を避けるために、**温度**による変動の少ない一定時間に行う等の考慮が必要である。

正答 2

H29−48 A　CHECK

【問題 118】 鉄骨の建方に関する記述として、**最も不適当なもの**はどれか。

1. 接合部のボルト孔が合わない場合、ドリフトピン等を用いてボルト孔を一致させる。
2. 溶接継手におけるエレクションピースに使用する仮ボルトには、普通ボルトを使用して全数締め付ける。
3. 建入れ直しを行ったものは、高力ボルト接合の場合、速やかに本締めを行う。
4. 鉄骨建方が長期間にわたる場合、気候が変わるため、建入れ直しに用いる測定器の温度補正を行う。

解説

1. ドリフトピンは、鉄骨組立てなどで、ボルトまたは高力ボルトを使う場合、その孔を調整したり仮留めするときに用いる錐状の鋼製の工具である。
2. 柱の**溶接継手**の**エレクションピース**に使用する仮ボルトは、全数締め付けなければならないが、普通ボルトではなく、**高力ボルト**を用いる。

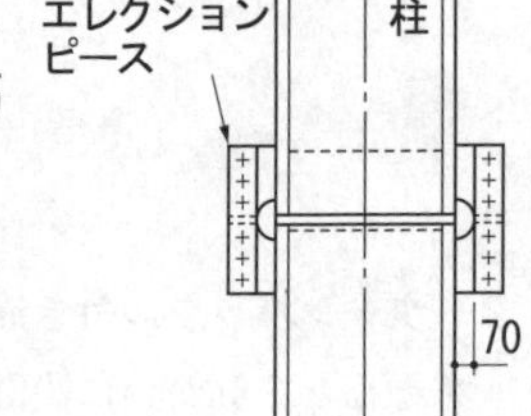

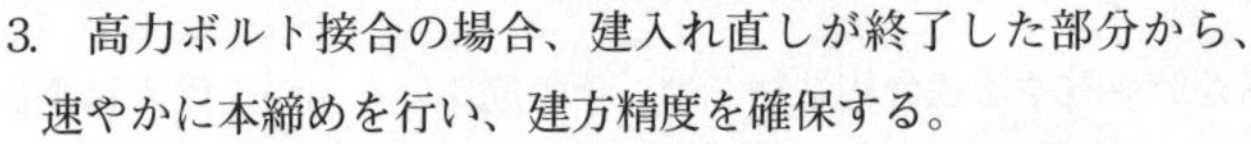

3. 高力ボルト接合の場合、建入れ直しが終了した部分から、速やかに本締めを行い、建方精度を確保する。

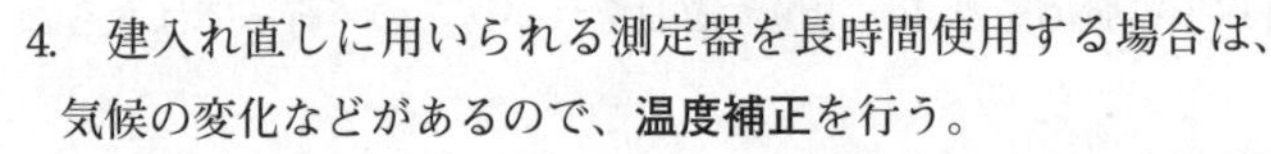

4. 建入れ直しに用いられる測定器を長時間使用する場合は、気候の変化などがあるので、**温度補正**を行う。

正答 2

R03−22 A　CHECK

【問題 119】 高力ボルト接合に関する記述として、**最も不適当なもの**はどれか。

1. ナット側の座金は、座金の内側面取り部がナットに接する側に取り付ける。
2. 高力ボルト接合部のフィラープレートは、両面とも摩擦面処理を行う。
3. 摩擦面の錆の発生状態は、自然発錆による場合、鋼材の表面が一様に赤く見える程度とする。
4. ボルトの締付けは、ボルト群ごとに継手の周辺部より中央に向かう順序で行う。

解説

1. セットを構成する座金、ナットには表裏があるので、ボルトを接合部に組み込むときには、**逆使い**しないように注意する。ナットは表示記号のある側が表、座金は内側に面取りのある側が表として取り付ける。

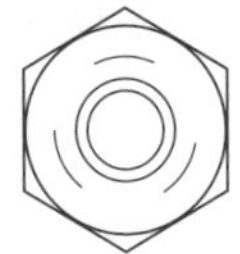

ナットは表示記号のある側が表

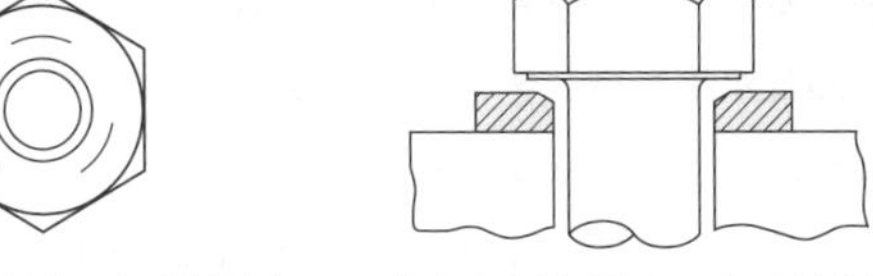

座金は内側面取りのある側が表

ナット・座金の表裏

2. **フィラー**は、鉄骨接合部の肌すき部に入れる薄い鋼板(フィラープレート)で、両面とも十分な表面粗度が得られるように摩擦面処理は、**ショットブラスト**(○型細鋼粉粒使用)または**グリットブラスト**(尖った細鋼粉使用)で行う。
3. 高力ボルト接合の摩擦面は、**すべり係数**が**0.45以上**確保できるよう表面に赤さびが発生している状態もしくは、**ブラスト処理**をしたものを標準とする。
4. 高力ボルトの一群の締付け作業は、一群の**中央**より**周辺**に向かうように決められており、一次締め、マーキング及び本締めの**3段階**で行う。

正答 4

R04−22 B　CHECK □□□□□

【問題 120】 在来軸組構法における木工事に関する記述として、**最も不適当なもの**はどれか。

1. 真壁の柱に使用する心持ち材には、干割れ防止のため、見え隠れ部分に背割りを入れた。
2. 洋式小屋組における真束と棟木の取合いは、棟木が真束より小さかったため、長ほぞ差しとした。
3. 建入れ直し完了後、接合金物や火打材を固定し、筋かいを取り付けた。
4. 軒桁の継手は、柱心から持ち出して、追掛大栓継ぎとした。

解説

1. **背割り**とは、芯を持っている木材(芯持ち材)の化粧面以外の一面に、直径の約１/２程度の深さの割りを入れることをいう。背割りを入れずに乾燥処理すると、表面に木の縮小によって干割れが生じることが多くなるので、背割りを入れることで、同時に芯まで効率的に乾燥を促進する効果がある。
2. 棟木が真束より**小さい場合**は、**わなぎほぞ差し**、釘打ちとする。棟木が真束と**同寸法以上の場合**は、棟木へ**長ほぞ差し**、割くさび締めとする。

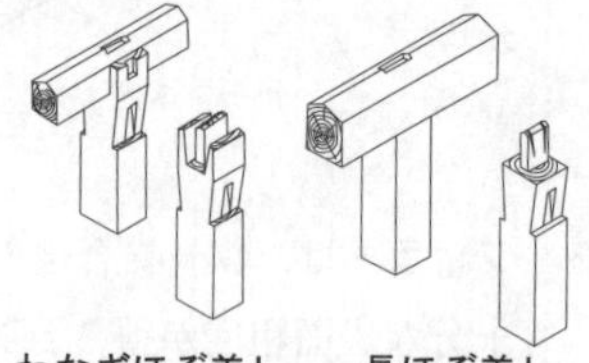
わなぎほぞ差し　　長ほぞ差し

3. **建入れ直し**(ゆがみ直し)完了後、接合金物や火打材を固定し、**本筋かい**を取り付け全体を固める。
4. **軒桁の継手**は、梁を受ける柱間を避け、柱より持ち出し、**追掛け大栓継ぎ**、**腰掛けかま継ぎ**又は**腰掛けあり継ぎ**とする。

正答 2

R02-24 B　CHECK □□□□□

【問題 121】 在来軸組構法における木工事に関する記述として、**最も不適当なもの**はどれか。

1. 土台の継手は腰掛けあり継ぎとし、継手付近の下木をアンカーボルトで締め付けた。
2. 隅通し柱の仕口は土台へ扇ほぞ差しとし、ホールダウン金物を用いてボルトで締め付けた。
3. 建入れ直し完了後、接合金物や火打材を固定し、本筋かいを取り付けた。
4. 垂木の継手は母屋の上でそぎ継ぎとし、釘で取り付けた。

解説

1. **土台の継手**は、**腰掛けかま継ぎ**、又は**腰掛けあり継ぎ**とし、**上木**となる男木(継ぎ手が凸状をしたほうの木材)の方を**アンカーボルト**で締め付ける。
2. 隅通し柱の土台への仕口は、ほぞを扇形にした扇ほぞ差しとし、柱を土台に固定するために**ホールダウン金物**を当てて**ボルト**で締付ける。
3. **建入れ直し**(ゆがみ直し)完了後、**接合金物**や**火打材**を固定し、**本筋かい**を取り付け全体を固める。
4. **垂木の継手**は、継手位置を乱とし、母屋の上で**そぎ継ぎ**、又は**突付け継ぎ**とし、釘打ちとする。

そぎ(殺ぎ)継ぎ

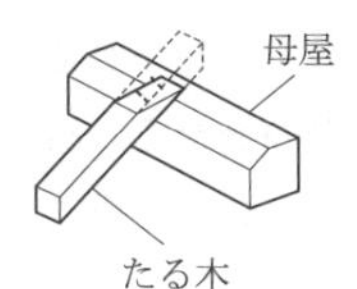

正答 1

R01−24 B　　CHECK □□□□□

【問題 122】 在来軸組構法の木工事に関する記述として、**最も不適当なもの**はどれか。

1. 土台を固定するアンカーボルトは、土台の両端部や継手の位置、耐力壁の両端の柱に近接した位置に設置した。
2. 柱に使用する心持ち材には、干(ひ)割れ防止のため、見え隠れ部分に背割りを入れた。
3. 根太の継手は、大引の心を避けて突付け継ぎとし、釘打ちとした。
4. 軒桁の継手は、柱心から持ち出して、追掛け大栓(せん)継ぎとした。

解説

1. 土台を基礎に**アンカーボルト**で緊結する際、アンカーボルトの埋設位置は、筋かいが取り付く柱の下部付近、構造用合板を張った耐力壁の両端柱の下部付近、土台の継手及び仕口箇所の上木端部とする。土台の継手及び仕口箇所の場合、押さえ勝手に上木を締め付ける必要があるため、上木側に設置する。

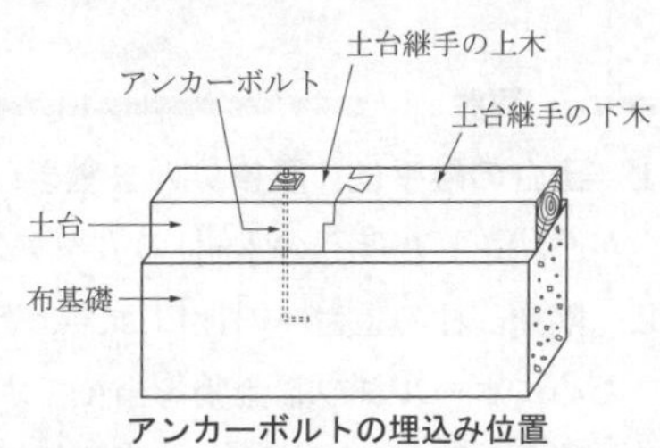

アンカーボルトの埋込み位置

2. **背割り**とは、芯を持っている木材(芯持ち材)の化粧面以外の一面に、直径の約1／2程度の深さの割りを入れることをいう。背割りを入れずに乾燥処理すると、表面に木の縮小によって干割れが生じることが多くなるので、背割りを入れることで、同時に芯まで効率的に乾燥を促進する効果がある。

3. **根太の継手**は、**大引**の**受材心**で**突付け継ぎ**とし、N90くぎを平打ちする。床板の継目と重なるとすき間ができるおそれがあるので添え木当て釘打ちとすることが望ましい。

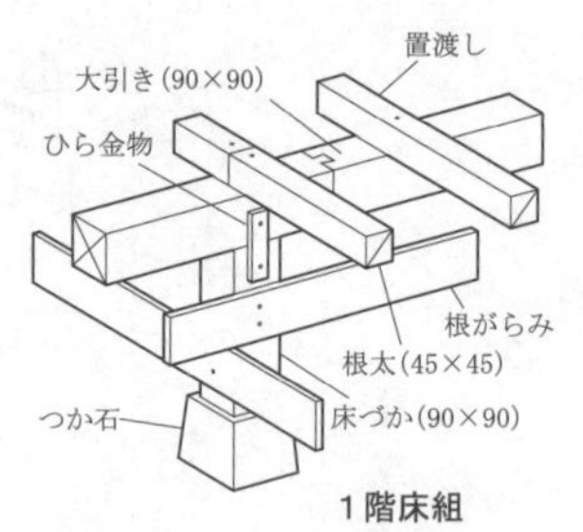

1階床組

4. **軒桁の継手**は、梁を受ける柱間を避け、柱より持ち出し、**追掛け大栓継ぎ**、**腰掛けかま継ぎ**又は**腰掛けあり継ぎ**とする。

正答　3

H30−23 B　CHECK

【問題 123】 在来軸組構法の木工事に関する記述として、**最も不適当なもの**はどれか。

1. 建入れ直し完了後、接合金物を締め付けるとともに、本筋かい、火打材を固定した。
2. 内装下地や造作部材の取付けは、屋根葺き工事が終わってから行った。
3. 土台の据付けは、遣方（やりかた）の心墨や逃げ墨を基準とした。
4. 火打梁は、柱と梁との鉛直構面の隅角部に斜めに入れた。

解説

1. 木工事の**建入れ直し**は、柱や梁の主要な骨組の建方が終わった段階で、仮筋かいをかい、下げ振りを用いて建入れを確認し、ロープ等で柱を垂直にし、接合金物を締め付けるとともに、その後に方づえや筋かい等を入れて全体を固める。
2. 在来工法においては、**建方 → ゆがみ直し → 屋根葺き → 床組・内部造作 → 仕上げ**、という工程で行う。内装下地や造作部材の取付けは、屋根葺き工事の後に行う。
3. **土台**を据えるには、布基礎に合わせなければならないが、基礎と土台の位置と高さは、**やり方**により決まり、**水貫**を水平に据えて、その水貫に心出しを行い、心出しによって出された心墨を基準として、土台を据える。
4. **火打**は、**小屋組**、**床組**の**水平面**にあって、斜めに入れて**隅角部**を固める部材の総称である。**火打梁**、**火打土台**がある。

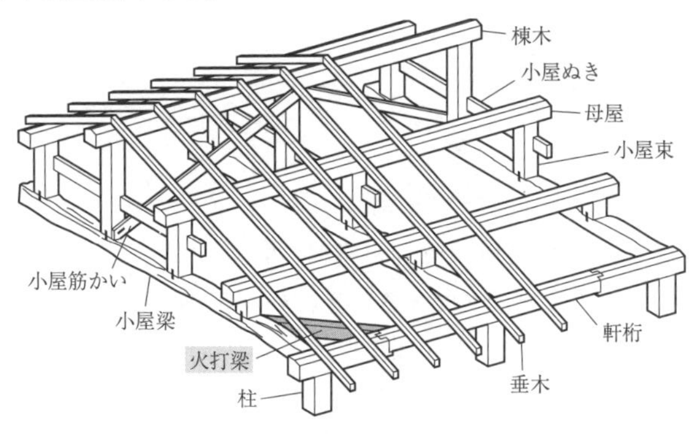

京呂組（切妻屋根）

H29−49 B　　CHECK

【問題 124】 在来軸組構法における木工事に関する記述として、**最も不適当なもの**はどれか。

1. 筋かいにより引張力が生じる柱の脚部近くの土台には、柱心より150mmの位置にアンカーボルトを設置した。
2. 柱に使用する心持ち材には、干(ひ)割れ防止のため、見え隠れ部分へ背割りを入れた。
3. 根太の継手は、大引の心で突付け継ぎとし、釘打ちとした。
4. 洋式小屋組における真束と棟木の取合いは、棟木が真束より小さかったので、長ほぞ差し割くさび締めとした。

解説

1. 柱に筋かいが取り付く場合は、筋かいが取り付く柱心より**200mm内外**に**アンカーボルト**を埋め込む。

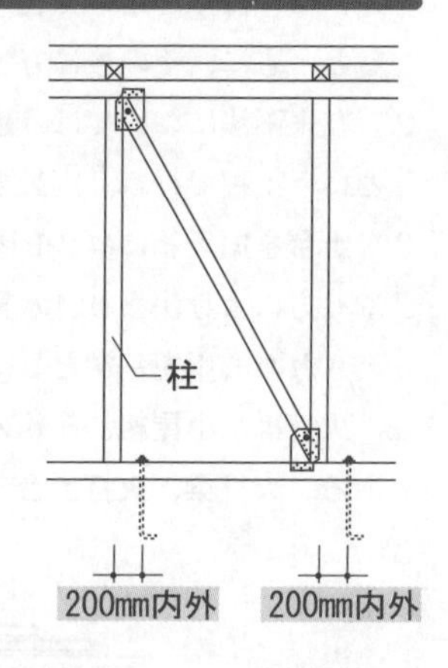

2. **背割り**とは、芯を持っている木材(芯持ち材)の化粧面以外の一面に、直径の約1／2程度の深さの割りを入れることをいう。背割りを入れずに乾燥処理すると、表面に木の縮小によって干割れが生じることが多くなるので、背割りを入れることで、同時に芯まで効率的に乾燥を促進する効果がある。

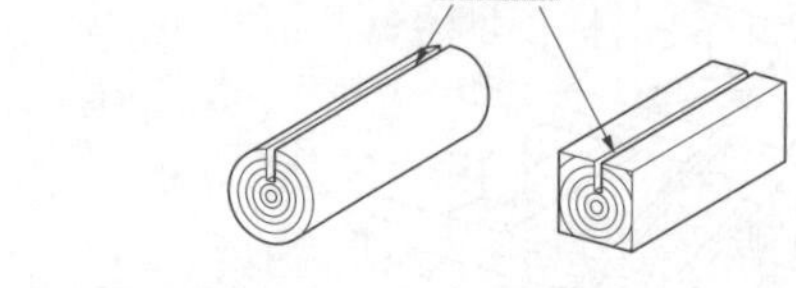
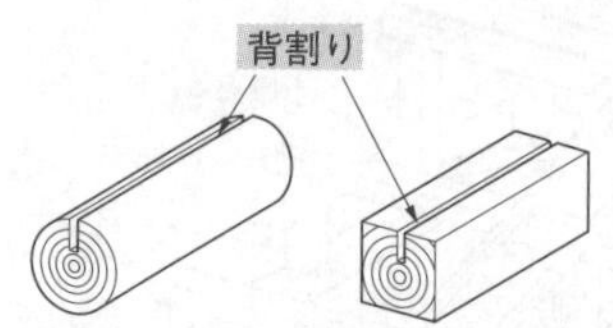

3. **根太の継手**は、大引の受材心で突付け継ぎの場合、床板の継目と重なるとすき間ができるおそれがあるので添え木当て**釘打ち**とすることが望ましい。
4. 棟木が真束より**小さい場合**は、**わなぎほぞ差し**、釘打ちとする。棟木が真束と**同寸法以上の場合**は、棟木へ**長ほぞ差し**、割くさび締めとする。

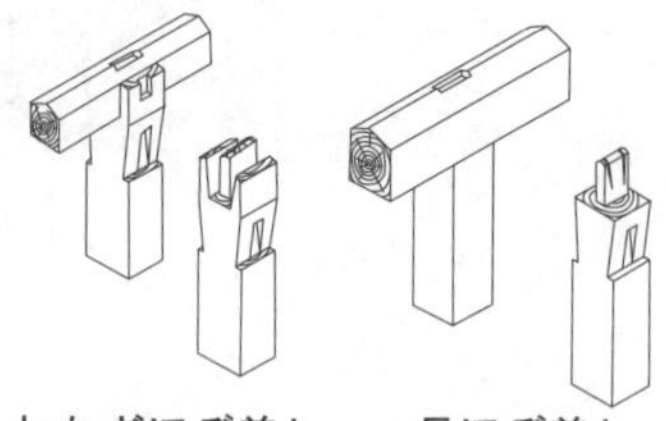

正答 4

H30−24 B　CHECK □□□□□

【問題 125】 木造建築物の分別解体に係る施工方法に関する記述として、**最も不適当なものはどれか。**

1. 解体作業は、建築設備を取り外した後、建具と畳を撤去した。
2. 壁及び天井のクロスは、せっこうボードを撤去する前にはがした。
3. 外壁の断熱材として使用されているグラスウールは、細断しながら取り外した。
4. 屋根葺き材は、内装材を撤去した後、手作業で取り外した。

解説

解体作業には、選定した解体工法に基づき「手作業による分別解体工法」または「手作業・機械作業併用による分別解体工法」のいずれかを選択し解体作業を行う。

1. 手作業による分別解体作業の作業順序は、**建築設備撤去 → 内装材撤去 → 屋根設置物撤去 → 屋根ふき材撤去 → ベランダ等撤去** → 外装材および上部構造物解体撤去 → 基礎等撤去 →整地・清掃。
2. 内壁および天井は、クロス仕上げされているものが多く、下地の大半はせっこうボードである。クロスをはがす方法としては、ボードの撤去前と撤去後の２通りがあるが、作業効率や作業スペース等を考慮すれば、ボードを撤去する**前**に**クロス**を剥がすのがよい。
3. **断熱材**は、天井、床、外壁等に、グラスウールが多用されており、撤去にあたっては、可能な限り原形を**崩さない**ように取り外す。
4. **屋根葺き材**としては、かわら類、スレート類、金属屋根等があるが、撤去する際には、再資源化が可能なものも含まれているので、種類に応じて適切な撤去・搬出が必要である。なお、建築設備、内装材、屋根葺き材等の撤去は**手作業**で行うことが法的に義務づけられている。

正答 3

H30−25 A　CHECK

【問題 126】 屋上アスファルト防水工事に関する記述として、**最も不適当なもの**はどれか。

1. 保護コンクリートに設ける伸縮調整目地は、中間部の縦横間隔を３m程度とした。
2. ルーフィング類は、継目の位置が上下層で同一箇所にならないようにして、水下側から張り付けた。
3. 平場のルーフィングと立上りのルーフィングとの重ね幅は、100mmとした。
4. 保護コンクリートに入れる溶接金網は、保護コンクリートの厚さのほぼ中央に設置した。

解説

1. 屋根防水保護コンクリートの**伸縮調整目地**の**縦横間隔**は、**3m程度**とし、立上りパラペット周辺の際及び搭屋等の**立上り際**の仕上り面から**600mm以内**とする。伸縮調整目地は、排水溝を含めて、立上り部の仕上り面に達するものとする。

2. アスファルトルーフィングの継目は、水勾配に逆らわないように、かつ、上下層の重ね位置が同一箇所にならないように、また重合せ部では**水下側**のルーフィングが水上側のルーフィングの**下側**になるように張り付けるのが通常である。このためルーフドレンがある水下部分から張り始める。

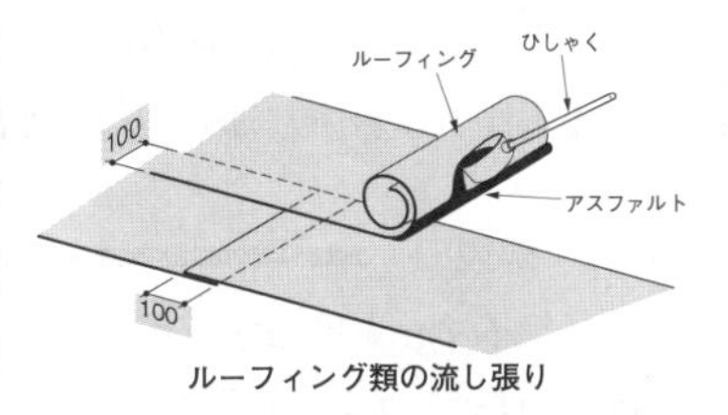

ルーフィング類の流し張り

3. **立上りのルーフィング類**を**平場**と**別**に張り付ける場合は、平場のルーフィング類を張り付けた後、その上に**重ね150mm程度**とって張り付ける。ただし、砂付ストレッチルーフィングの場合は、上りを先に張り付けた後、平場のルーフィングを重ね150mm程度とって張り重ねる。

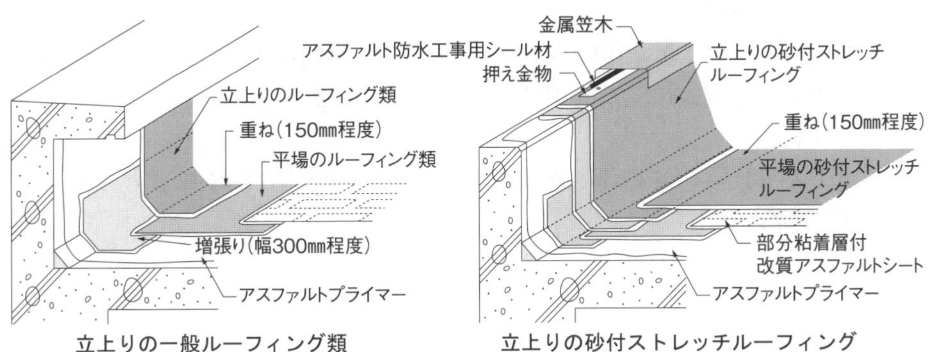

立上りの一般ルーフィング類　　立上りの砂付ストレッチルーフィング

4. 保護コンクリートに入れる溶接金網は、保護コンクリートのひび割れを防止するため、伸縮目地内ごとに敷き込み、コンクリート厚さの中間部に**コンクリート製スペーサー**を用いて設置する。

正答 3

R03−23 A　CHECK

【問題 127】 加硫ゴム系シート防水接着工法に関する記述として、**最も不適当なもの**はどれか。

1. プライマーを塗布する範囲は、その日にシートを張り付ける範囲とした。
2. 下地への接着剤の塗布は、プライマーの乾燥後に行った。
3. シートは、接着剤を塗布後、オープンタイムを置かずに張り付けた。
4. 仕上塗料塗りは、美観と保護を目的に行った。

解説

1. **プライマー**を塗布する範囲は、**その日のシート張付け作業範囲内**とする。ローラーばけ・毛ばけ・ゴムべら等を使い分けて規定量を**均一**に塗布して**乾燥**させる。塗布むらは、乾燥時間、接着剤の接着効果等に影響を与えるため、注意して塗布する。
2. **接着剤**は、**プライマー**が**乾燥した後**に塗布する。プライマーは、ローラーばけ・毛ばけ・ゴムへら等を、使い分けて規定量を均一に塗布して乾燥させる。その後、ローラーばけ・毛ばけ・くしごて・左官ごて等を使い分け、下地あるいは断熱材とシートの裏面に規定量を塗布する。
3. 加硫ゴム系シート接着工法のルーフィングシートの張付けは、シートに接着剤を塗布し、**オープンタイム**(適切な施工可能時間)を確認した後、ハンドローラー等で転圧し張り付ける。
4. **仕上塗料塗り**は、美観と保護を目的に使用するものであり、溶剤タイプとエマルションタイプがある。

正答 3

H29−51 B　CHECK

【問題 128】 加硫ゴム系シート防水接着工法に関する記述として、**最も不適当なもの**はどれか。

1. 下地への接着剤の塗布は、プライマーの乾燥後に行った。
2. 美観と保護を目的に仕上塗料塗りを行った。
3. 下地とシートの接着には、エポキシ樹脂系接着剤を用いた。
4. 平場でのシート相互の接合幅は、幅方向、長手方向とも100mm以上とした。

解説

1. **接着剤**は、**プライマー**が**乾燥**した後に塗布する。プライマーは、ローラーばけ・毛ばけ・ゴムへら等を、使い分けて規定量を均一に塗布して乾燥させる。その後、ローラーばけ・毛ばけ・くしごて・左官ごて等を使い分け、下地あるいは断熱材とシートの裏面に規定量を塗布する。
2. **加硫ゴム系ルーフィング防水層**は、一般に黒色であるので、太陽光の熱線吸収による屋根面の温度上昇防止と、美観及び保護を目的として**塗装仕上げ**を行う。
3. **加硫ゴム系ルーフィングシート**の相互の張付けは、接着剤とテープ状シール材を用いて接合する。**接着剤**は、**合成ゴム系**、**合成樹脂系**または**ポリマーセメントペースト系**のものとする。
4. 平場でのシート相互の**接合幅**は、**長手・幅方向**とも**100mm以上**とする。

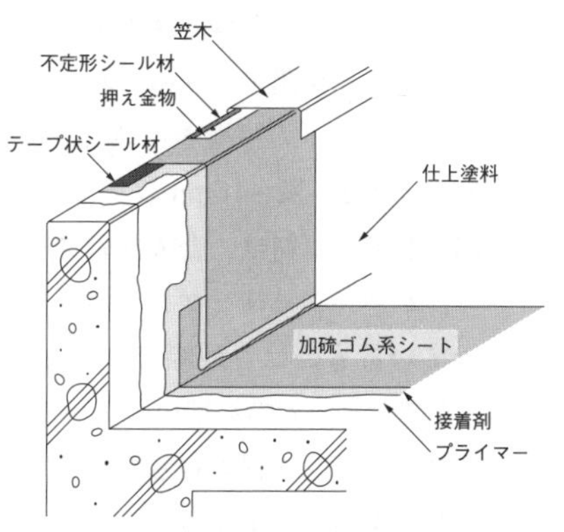

加硫ゴム系シート（接着仕様）

正答 3

R02−25 A　CHECK

【問題 129】 シーリング工事に関する記述として、**最も不適当なもの**はどれか。

1. マスキングテープは、シーリング材のへら仕上げ終了後、直ちに取り除いた。
2. コンクリートの目地等のノンワーキングジョイントは、シーリング材の充填深さの最小値を10mmとした。
3. 裏面に粘着剤が付いているバックアップ材は、目地幅より1～2mm小さい幅のものを使用した。
4. 異種シーリング材を打ち継ぐため、先打ちシーリング材が硬化しないうちに、後打ちシーリング材を施工した。

解説

1. **マスキングテープの除去**は、へら仕上げ後、**直ちに**行う。シーリング材の可使時間を過ぎてから除去すると目地際がきれいに仕上がらず、また、除去しにくくなる。なお、マスキングテープとは、施工中、構成材の汚染防止と目地縁の線を通りよく仕上げるために使用する保護テープのこと。
2. コンクリートの打継ぎ目地及びひび割れ誘発目地等の**ノンワーキングジョイント**は、**幅20mm以上**、**深さ10mm以上**とする。
3. **バックアップ材**は、合成樹脂又は合成ゴム製でシーリング材に変色等の悪影響を及ぼさず、かつ、シーリング材と**接着しない**ものとし、使用箇所に適した形状で、接着剤のついているものは目地幅より1mm程度小さいもの、接着剤のついていないものは2mm程度大きいものを用いる。
4. 異種シーリング材の**打ち継ぎ**は、**先打ちシーリング材**が十分に**硬化したのち**、後打ちシーリング材を施工する。

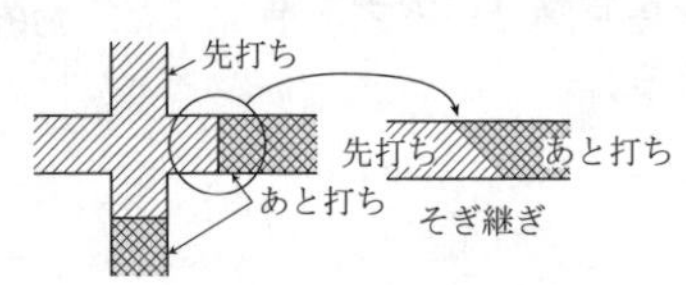

正答 4

R01−25 B　CHECK

【問題 130】 シーリング工事に関する記述として、**最も不適当なもの**はどれか。

1. 充填箇所以外の部分に付着したシリコーン系シーリング材は、硬化後に除去した。
2. 目地深さがシーリング材の寸法より深かったため、ボンドブレーカーを用いて充填深さを調整した。
3. ノンワーキングジョイントでは、3面接着で施工した。
4. コンクリート打継目地のシーリング目地幅は、20mmとした。

解説

1. 充填箇所以外の部分に**付着**したシリコーン系シーリング材は、シーリング材が**硬化後**取り除く。
2. シーリング材の**充填深さ**は、目地深さが所定の寸法より**深い**場合に、**バックアップ材**を用いて深さ**調整**を行う。なお、ボンドブレーカー(シーリング材を接着させない目的で、目地底に張付けるテープ状材料)は、目地が構造上充てん深さと同程度の深さしかなく、バックアップ材の装てんが困難な場合に用いる。

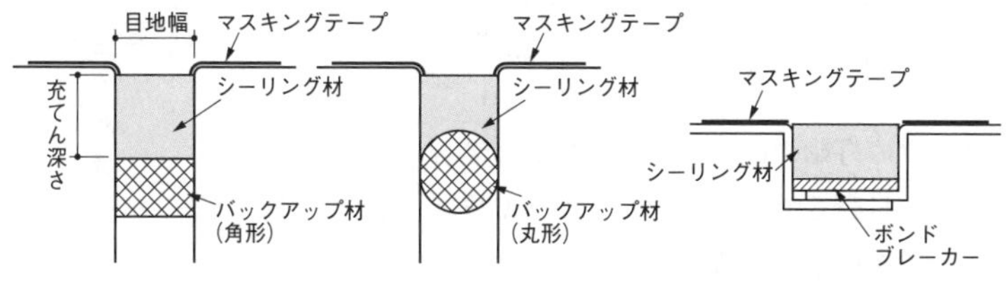

3. **ノンワーキングジョイント**(ムーブメントが小さいか又はほとんど生じない目地のことで、コンクリートの打継ぎ目地等)の場合は、**3面接着**を標準とする。接着が確保されているので、目地底に水が浸入したとき水みちとならない。
4. コンクリートの**打継ぎ目地**及び**ひび割れ誘発目地**は、**幅20mm以上**、**深さ10mm以上**とする。

正答 2

H29−52 B　CHECK

【問題 131】 シーリング工事に関する記述として、**最も不適当なもの**はどれか。

1. 裏面に接着剤が付いているバックアップ材は、目地幅より大きい幅のものとした。
2. 目地への打始めは、目地の交差部あるいはコーナー部より開始した。
3. ノンワーキングジョイントでは、３面接着で施工した。
4. 目地底にシーリング材を接着させないため、ボンドブレーカーを用いた。

解説

1. **バックアップ材**は、**裏面粘着剤**の付いているものは目地幅より**1mm程度小さいもの**を、裏面粘着剤の付いていないものは目地幅より２mm程度大きいものを用いる。なお、バックアップ材とは、シーリング材の充填深さを所定の寸法に保持するために、目地に装填する成型材料のこと。

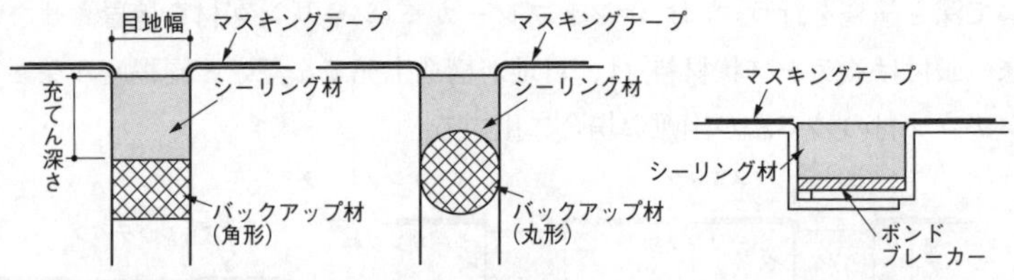

2. **シーリング**の**打始め**は、目地の**交差部**又は**角部**から行い、**打継ぎ位置**は目地の交差部や角部を避けて、そぎ継ぎとする。

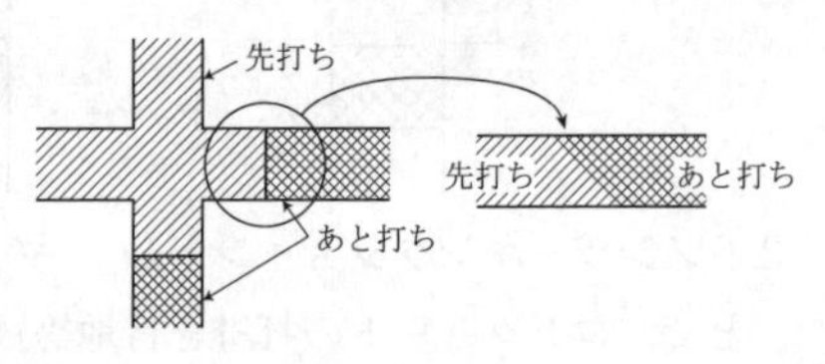

3. **ノンワーキングジョイント**(ムーブメントが小さいか又はほとんど生じない目地のことで、コンクリートの打継ぎ目地等)の場合は、**３面接着**を標準とする。接着が確保されているので、目地底に水が浸入したとき水みちとならない。
4. **ボンドブレーカー**(シーリング材を接着させない目的で、目地底に張付けるテープ状材料)は、目地が構造上充てん深さと同程度の深さしかなく、バックアップ材の装てんが困難な場合に用いる。

正答　1

R03−24 A　CHECK □□□□□

【問題 132】 金属製折板葺の工法に関する記述として、**最も不適当なもの**はどれか。

1. 嵌合形折板は、折板を仮葺せずに本締めを行う。
2. はぜ締め形折板は、本締めの前にタイトフレームの間を１m程度の間隔で部分締めを行う。
3. けらばの変形防止材には、折板の３山ピッチ以上の長さのものを用いる。
4. タイトフレームと下地材との接合は、スポット溶接とする。

解説

1. 嵌合形折板は、はぜをタイトフレームの爪に掛けて固定するため、仮葺がそのまま本締めとなる。
2. はぜ締め形折板は、本締めの前にタイトフレームの間を手動はぜ締め器で、約１m程度の間隔で部分締めを行う。
3. けらば包みのない場合の**けらば納め**は、最端部の折板の上底で留める方法を原則とする。けらば先端部には、**1,200mm以下**の間隔で折板の山間隔の**３倍以上**の長さの変形防止材を取付ける。
4. **タイトフレーム**の取付けは、受梁に**アーク溶接**する。溶接は、タイトフレームの立上がり部分の縁から10mm残し、底部両側を隅肉溶接する。溶接サイズは、タイトフレームの板厚と同寸法とする。

正答 4

R01－27 B　CHECK

【問題 133】 金属製折板葺の工法に関する記述として、**最も不適当なもの**はどれか。

1. 重ね形折板のボルト孔は、折板を１枚ずつ、呼び出しポンチで開孔した。
2. 重ね形折板は、各山ごとにタイトフレーム上の固定ボルトに固定した。
3. 折板葺のけらばの変形防止材には、折板の３山ピッチ以上の長さのものを用いた。
4. 折板葺の棟包みの水下側には、雨水を止めるために止水面戸を用いた。

解説

1. 重ね形折板であらかじめ固定ボルトが付いたタイトフレームを用いる場合は、図のような方法でボルト孔をあける。

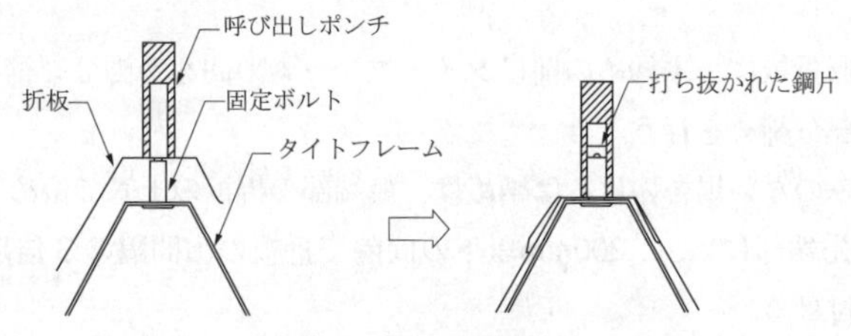

呼び出しポンチによる開孔

2. 重ね形の折板は、各山ごとにタイトフレームに固定し、折板の重ね部に使用する緊結**ボルトの間隔**は、**600mm程度**とする。折板の端部の端空き寸法は50mm以上とする。
3. けらば包みのない場合のけらば納めは、最端部の折板の上底で留める方法を原則とする。けらば先端部には、**1,200mm以下**の間隔で折板の山間隔の**３倍以上**の長さの**変形防止材**を取付ける。
4. **止水面戸**は、折板の**水上**部分に雨水を止めるために設ける部品である。折板の断面で逆台形の空間を折板の上でふさぎ、雨水がそれ以上水上に登らないように用いるものである。

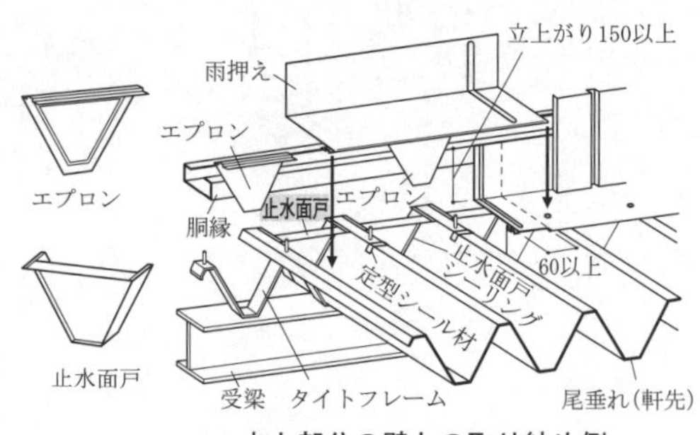

水上部分の壁との取り納め例

正答 4

H29−54 A　CHECK □□□□□

【問題 134】 金属製折板葺屋根工事に関する記述として、**最も不適当なもの**はどれか。

1. けらば包みの継手位置は、端部用タイトフレームの近くに設ける。
2. 雨押さえは、壁部との取合い部分の浸水を防ぐために設ける。
3. タイトフレームと下地材との接合は、スポット溶接とする。
4. 変形防止材は、けらば部分の折板の変形を防ぐために設ける。

解説

1. けらば包みの継手はタイトフレームなどの下地が必要で、継手位置には端部用のタイトフレームをできるだけ近くに設ける。なお、けらば包みを用いた場合は、変形防止材を用いないのが一般的である。

2. 水上部分の壁との取り合い部に取り付ける雨押えは浸水を防ぐため、**雨押え**の立ち上げは、**150mm以上**とする。

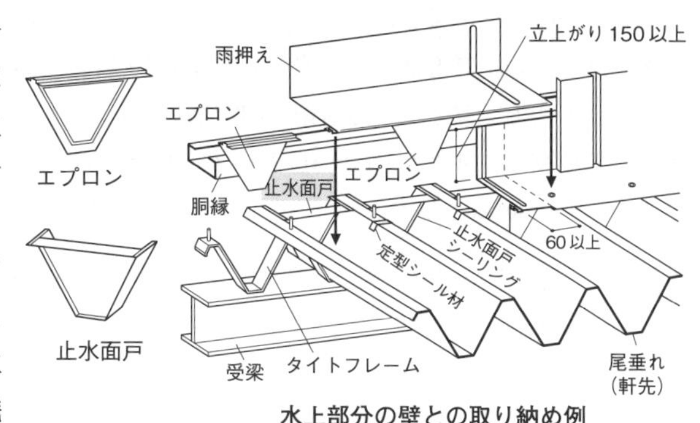

水上部分の壁との取り納め例

3. **タイトフレーム**の**取付け**は、受梁に**アーク溶接**する。溶接は、タイトフレームの立上がり部分の縁から10mm残し、底部両側を隅肉溶接する。溶接サイズは、タイトフレームの板厚と同寸法とする。

4. 変形防止材は、折板葺屋根のけらば部分の荷重に対する耐力を保持するために設ける部材をいう。折板葺のけらばを折板材のみで納める場合、折板は荷重のために変形しやすい性質がある。この変形を防ぐため、けらば先端部分には、**1,200mm以下**の間隔で折板の山間隔の**3倍以上**の長さの山形鋼又は帯鋼の**変形防止材**を取り付ける。

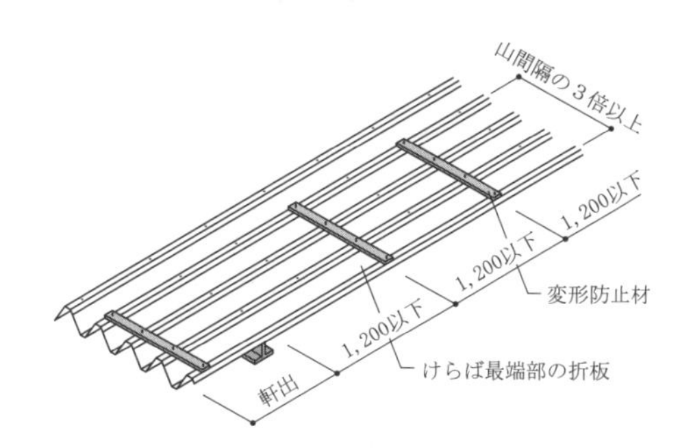

正答 3

R02−27 A　CHECK

【問題 135】 硬質塩化ビニル雨どいの工事に関する記述として、**最も不適当なもの**はどれか。

1. たてどいの継手は、専用の部品により接着剤を用いて取り付けた。
2. たてどいの受け金物は、900mm間隔で通りよく取り付けた。
3. 軒どいの両端は、集水器に接着剤を用いて堅固に取り付けた。
4. 軒どいの受け金物は、所定の流れ勾配をとり、600mm間隔で取り付けた。

解説

1. **たてどいの継手**は、専用の部品を用い、**接着剤**を用いて継ぐ。
2. たてどいの**受け金物**は、**1,200mm以下**の間隔で通りよく取り付ける。
3. **軒どい**の一本の**長さ**は**10m以内**とし、軒どいは気温の変化で伸縮をするため、軒どいと集水器との納め方は、集水器部分で伸縮を吸収するようにするか、製造所の指定する長さ、方法で吸収する。**接着剤で固定はしない。**
4. 硬質塩化ビニル製の雨どいにおいて、軒どいのとい受金物の**取付け間隔**は、**600mm**または**900mm以下**とする。

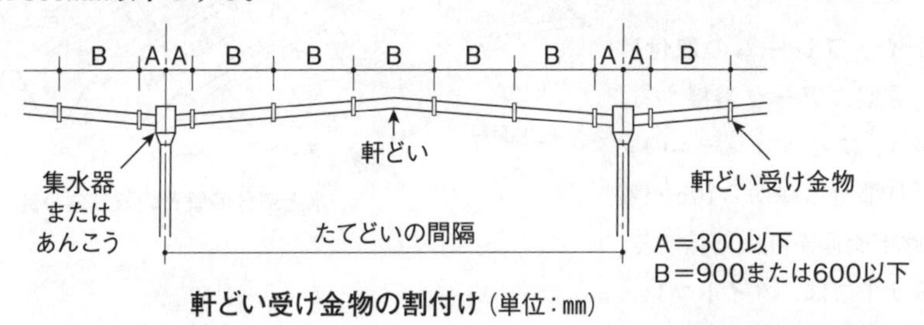

軒どい受け金物の割付け（単位：mm）

正答 3

R04−25 A　CHECK □□□□□

【問題 136】 コンクリート壁下地のセメントモルタル塗りに関する記述として、**最も不適当なもの**はどれか。

1. 下塗りは、14日以上放置し、十分にひび割れを発生させてから次の塗付けにかかった。
2. 乾燥収縮によるひび割れの防止のため、保水剤を混和剤として使用した。
3. モルタルの１回の練混ぜ量は、60分以内に使い切れる量とした。
4. 上塗りモルタルの調合は、下塗りモルタルよりも富調合とした。

解説

1. **下塗り**は、**14日以上**放置し、十分にひび割れを発生させてから次の塗付けにかかる。

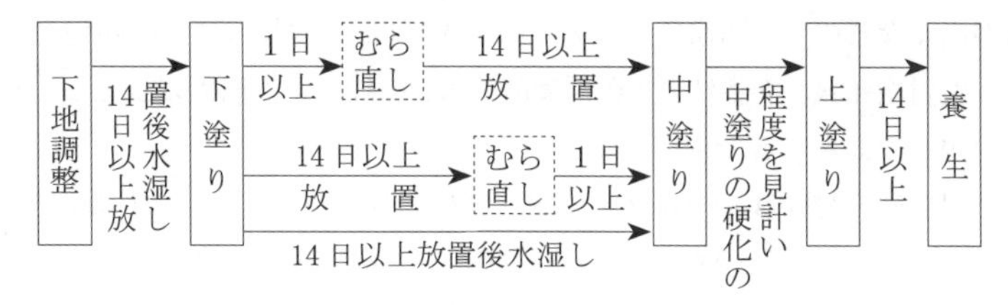

2. **保水剤**の一種であるメチルセルロースは、モルタルの乾燥収縮による**ひび割れ防止**、**接着力の安定化**、**作業性の向上**を目的として使用される。混入量は、一般的にセメント質量に対して0.1〜0.15％程度で、夏期には0.2％程度である。
3. **モルタルの練混ぜ**は、原則として、**機械練り**とし、１回の練混ぜ量は、**60分以内**に使い切れる量とする。
4. **上塗り**モルタルの調合は、下塗りモルタルよりも**貧調合**とする。

正答 4

R03−25 B　　CHECK

【問題 137】 コンクリート壁下地のセメントモルタル塗りに関する記述として、**最も不適当なもの**はどれか。

1. 下塗り、中塗り、上塗りの各層の塗り厚は、6mm程度とした。
2. 下塗りは、吸水調整材塗りの後、3時間経過後に行った。
3. 下塗り用の砂は、ひび割れを防止するため、粒度が粗いA種の砂を用いた。
4. 吸水調整材は、下地とモルタルの接着力を増強するため、厚膜となるように十分塗布した。

解説

1. 塗厚が厚くなると、こて押さえが効かなくなり、壁でははく落、ひび割れ等の発生の危険性が高くなるので、通常床を除き**1回の塗厚**は、原則として**6mm程度**としている。
2. 吸水調整材塗布後、**下塗りまでの間隔時間**は、一般に、**1時間以上**とし、放置期間は、**3日間以内**を原則とする。
3. 下塗り用の砂の粒径は、モルタルの収縮ひび割れを防ぐため、塗り厚に支障のないかぎり粒径の粗い(大きい)**A種**を用いる。A種は、床用及び下塗り・中塗り用、B種は、上塗り用、C種は、上塗り用及び薄塗り用とする。
4. **吸水調整材**は、塗り過ぎることにより下地とモルタルの界面の膜が厚くなり、塗り付けたモルタルがずれやすくなり、モルタルの接着力を低下させるおそれがある。したがって、薄膜となるように塗布する。

正答 4

H30−28 C　　CHECK □□□□□

【問題 138】 コンクリート壁下地のセメントモルタル塗りに関する記述として、**最も不適当なもの**はどれか。

1. 下塗り、中塗り、上塗りの各層の塗り厚は、6mm程度とした。
2. 下塗り後、モルタル表面のドライアウトを防止するため、水湿しを行った。
3. 上塗りの塗り厚を均一にするため、中塗り後、むら直しを行った。
4. モルタルの1回の練混ぜ量は、60分以内に使い切れる量とした。

解説

1. 塗厚が厚くなると、こて押さえが効かなくなり、壁でははく落、ひび割れ等の発生の危険性が高くなるので、通常床を除き**1回の塗厚**は、原則として**6mm程度**としている。
2. 下塗り後、モルタル表面のドライアウトを防止するために、**水湿し**を行う。
3. **むら直し**は、中塗り、上塗りの塗り厚を均一にするため、**下塗り**の後に行う。

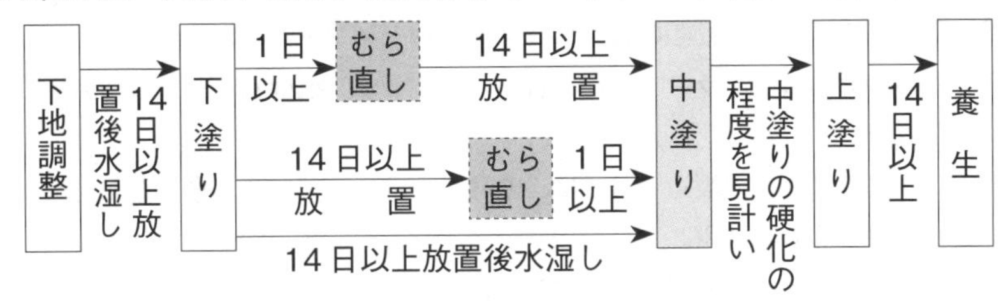

4. **モルタルの練混ぜ**は、原則として、**機械練り**とし、**1回の練混ぜ量**は、**60分以内**に使い切れる量とする。

正答 3

H29−57 A　CHECK

【問題 139】 せっこうプラスター塗りに関する記述として、**最も不適当なもの**はどれか。

1. 塗り作業中だけでなく作業後もせっこうプラスターが硬化するまで通風を避けた。
2. 強度を高めるため、せっこうプラスターにセメントを混入した。
3. せっこうプラスターは、適正な凝結時間と正常な硬化を得るため、製造後３か月以内のものを使用した。
4. 下地がせっこうボードの場合、下塗りは下塗り用の既調合プラスターを使用し、塗厚を６～８mm程度とした。

解説

1. 塗り作業中は、できる限り通風をなくし、施工後もプラスターが硬化するまでは、**甚だしい通風を避ける**。塗り面の凝結が十分進行した後、適度の通風を与える。
2. せっこうプラスターに種類の違うプラスターやセメント等を混入したり、新しい材料に練り残しのせっこうプラスターを混合したりすると、硬化時間や強度に影響するので、絶対に避ける。
3. せっこうプラスターの製造年月日は、略号で表示されている。搬入した材料が４箇月を経過しているものは使用しない。
4. 下地がせっこうボードの場合、下塗り用の既調合プラスターを使用し、塗厚を６～８mm程度とする。

正答 2

R01－32 B　CHECK □□□□□

【問題 140】 モルタル塗り仕上げ外壁の改修におけるアンカーピンニング部分エポキシ樹脂注入工法に関する記述として、**最も不適当なもの**はどれか。

1. モルタルの浮き部分に使用するアンカーピンの本数は、一般部分を16本/m^{2}とした。
2. アンカーピン固定部の穿孔の深さは、構造体コンクリート面から30mmとした。
3. 穿孔後は、孔内をブラシで清掃し、圧搾空気で接着の妨げとなる切粉を除去した。
4. アンカーピン固定用エポキシ樹脂は、手動式注入器を用いて、孔の表面側から徐々に充填した。

解説

1. **アンカーピンニング部分エポキシ樹脂注入工法**は、モルタル塗り仕上げ部の浮き部分のうち、通常レベルの打撃力によってはく落しない部分をアンカーピンとエポキシ樹脂で構造体のコンクリートに固定する工法である。浮き部分に対するアンカーピン本数は、特記がなければ、**一般部分**は**16本/m^2**、**指定部分**（見上げ面、ひさしのはな、まぐさ隅角部分等）は**25本/m^2**とする。
2. アンカーピン固定部の**穿孔**は、コンクリート用ドリルを用い、使用するアンカーピンの直径より約**1～2mm大きい直径**とし、壁面に対し直角に穿孔する。穿孔は、マーキングによって行い、構造体コンクリート中に30mm程度の深さに達するまで行う。
3. 穿孔後は、孔内をブラシ等で清掃後、圧搾空気又は吸引機等で接着の妨げとなる切粉等を除去する。
4. **アンカーピン固定用エポキシ樹脂**は、**手動式注入器**を用い、アンカーピン固定部の最**深部**から徐々に**注入**する。短いノズルを穿孔表面に当ててエポキシ樹脂の充填を行っても穿孔内に空気が残存しているので、孔内にエポキシ樹脂の未充填部が生じる。

正答 4

R02−28 A　CHECK □□□□□

【問題 141】 セルフレベリング材塗りに関する記述として、**最も不適当なもの**はどれか。

1. セルフレベリング材塗りは、下地となるコンクリートの打込み後、1か月経過したのちに行った。
2. セルフレベリング材の流し込みは、吸水調整材塗布後、直ちに行った。
3. セルフレベリング材の流し込み作業中は、できる限り通風を避けるよう窓や開口部をふさいだ。
4. セルフレベリング材の流し込み後の乾燥養生期間は、外気温が低い冬季であったため、14日間とした。

解説

1. **セルフレベリング材**を施工する場合には、下地コンクリートの乾燥収縮に起因するひび割れや浮きを防止するため、下地コンクリートの乾燥状態を確認する。下地コンクリートの**乾燥期間**は、打込み後、**1箇月以上**とする。
2. 最終の吸水調整材塗りを行ったのち、セルフレベリング材塗り前までに**吸水調整材**を十分乾燥させておく。
3. セルフレベリング材が硬化する前に風が当たると、表層部分だけが動いて硬化後にしわが発生する場合がある。したがって、流し込み作業中はできる限り通風をなくし、施工後もセルフレベリング材が硬化するまでは、**甚だしい通風を避ける**ようにする。
4. セルフレベリング材の流し込み後の**乾燥養生期間**は、外気温が低い**冬季**は、**14日以上**とし一般は7日以上とする。

正答 2

R01−28 C　CHECK □□□□□

*【問題 142】 床コンクリートの直均し仕上げに関する記述として、**最も不適当なもの**はどれか。

1. 床仕上げレベルを確認できるガイドレールを、床コンクリートを打ち込んだ後に4m間隔で設置した。
2. コンクリート面を指で押しても少ししか入らない程度になった時に、木ごてで中むら取りを行った。
3. 機械式ごてを用いた後、最終仕上げは金ごて押えとした。
4. 張物下地は、最終こて押えの後、12時間程度を経てから、3日間散水養生を行った。

解説

1. コンクリートを打ち込む前に、床仕上げに必要な造り方定規やレーザーレベルの設置を行う。仕上げ精度が要求される場合には、ガイドレール等を3.5〜4.0m間隔に設置する。
2. コンクリート打込み後、タンピングし、定規ずりして平たんに敷き均す。定規均しをむらなく行った後、コンクリート面を指で押しても少ししか入らない程度になった時期に、中むら取りを木ごてを用いて行う。
3. 最終金ごて押えに機械式ごてを用いても、必ず最終仕上げは金ごてで行う。
4. 表面仕上げ後は、コンクリートが急激に乾燥しないように適切な養生を行う。一般的には、金ごて仕上げのまま、張物下地等では最終こて押え後、12時間程度を経てから2〜3日間散水養生を行い、また、ポリエチレンシート等を敷き詰めるか、砂・おがくず等を敷き詰める。

正答 1

H29−56 C

CHECK □□□□□

【問題 143】 仕上塗材仕上げに関する記述として、**最も不適当なもの**はどれか。

1. 仕上塗材は、現場で顔料及び添加剤を加えて色つやを調整した。
2. コンクリート下地面の厚付け仕上塗材の下地調整は、目違いをサンダー掛けで取り除くことができたので、下地調整塗材塗りを省いた。
3. 合成樹脂エマルション系複層仕上塗材(複層塗材E)仕上げなので、合成樹脂エマルション系下地調整塗材を使用した。
4. けい酸質系複層仕上塗材(複層塗材Si)の上塗りは、2回塗りとし、均一に塗り付けた。

解説

1. **仕上塗材**は、指定された銘柄、色及びつや等に基づいて**製造所**により**調合**・出荷されるので、現場で顔料又は添加剤等を加えてこれらを調整してはならない。また、仕上塗材は、下塗材、主材又は上塗材の組み合わせにより総合塗膜として品質が規定されているので、それぞれの材料は**同一製造所**のものを使用しなければならない。
2. コンクリートの下地調整のうち、厚付け仕上塗材仕上げの塗厚は、一般的に4〜10mmであり、コンクリート壁の目違いはサンダー掛けで取り除く程度で下地調整は十分なので、下地調整塗材を省くことができる。
3. **合成樹脂エマルション系複層仕上塗材(複層塗材E)仕上げ**に使用する**下地調整塗材**は、**合成樹脂エマルション系下地調整塗材**を用いる。
4. **けい酸質系複層仕上塗材(複層塗材Si)**の上塗りが、ゆず肌状(ローラー)、凸部処理・凹凸模様(吹付け)であっても、**塗り回数**は、**2回塗り**とし、**均一**に塗り付ける。

正答 1

H30−26 C　CHECK

【問題 144】 内壁空積工法による張り石工事に関する記述として、**最も不適当なもの**はどれか。

1. だぼの取付け穴は、工場で加工した。
2. 一般部の石材は、縦目地あいばにだぼ及び引き金物を用いて据え付けた。
3. 引き金物と下地の緊結部分は、取付け用モルタルを充填し被覆した。
4. 引き金物用の道切りは、工事現場で加工した。

解説

1.4. だぼ・取付け用金物のための穴あけと道切り・座彫り加工は、施工精度に大きく影響を及ぼすため、**工場加工**を原則とする。ただし、引き金物の道切りは、下地鉄筋との位置を調整する必要があるため工事現場において小型カッターを用いて据付け工事の一作業として行う場合もある。

2. 一般部の石材は、下段の石材の**横目地合端**に取り付けただぼに合わせて目違いのないように取り付ける。

3. 引金物と下地の緊結部分は、石材の裏面と下地面との間に50×100mm程度にわたって**取付け用モルタル**を充填する。

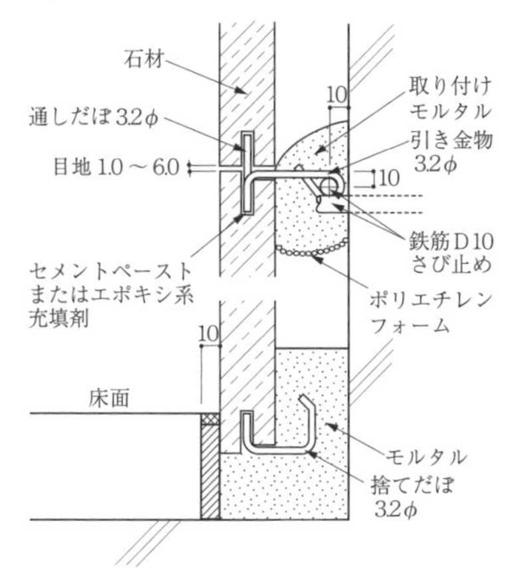

〈内壁空積工法（断面）〉

正答 2

R04−23 C　CHECK

【問題 145】 壁タイル密着張り工法に関する記述として、**最も不適当なもの**はどれか。

1. 振動工具は、タイル面に垂直に当てて使用した。
2. 振動工具による加振は、張付けモルタルがタイル周辺からはみ出すまで行った。
3. 張付けモルタルの1回に塗り付ける面積は、60分でタイルを張り終える面積とした。
4. 目地詰めは、タイル張付け後24時間以上経過してから行った。

解説

1. **振動工具**は、タイル面に**垂直**に当てて使用する。
2. 張付けモルタルを下地面に塗り、張付けモルタルが軟らかいうちにタイル張り用振動工具を用いてタイルに振動を与え、埋め込むようにモルタルがタイル周辺からはみ出すまで行う。
3. **密着張り**の**張付けモルタル**は、**2度塗り**とし、1度に**塗付ける面積**は、一人が施工可能な面積として**2m²/人以内**とする。
4. **目地詰め**は、タイル張付け後、**24時間以上**経過した後、張付けモルタルの硬化を見計らって行う。

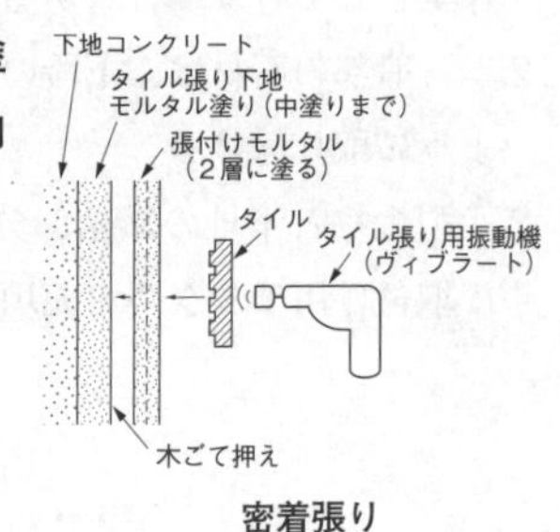

密着張り

正答 3

R02−26 B　CHECK □□□□□

【問題 146】 セメントモルタルによる床タイル圧着張りに関する記述として、**最も不適当なもの**はどれか。

1. タイルの張付けモルタルは、塗り付ける厚さを5～7mmとし、1度に塗り付けた。
2. タイルの張付けモルタルは、1回に塗り付ける面積をタイル工1人当たり2m^2以下とした。
3. タイルの張付け面積が小さかったため、下地となる敷きモルタルは貧調合とした。
4. タイルの張付けは、目地部分に張付けモルタルが盛り上がるまで、木づちでたたき押さえた。

解説

1.2. **床タイル**の**張付けモルタル**は**2層**に分けて塗り付けるものとし、1層目はこて圧をかけて塗り付ける。なお、合計の**塗厚**は**5～7mm**とし、1回の塗り付け面積の限度は2m^2以下とする。

3. 床面の**敷きモルタルの調合**は、セメントの割合の少ない**貧調合**とする。

4. **床タイル**は、敷きモルタルを施した後、張付けモルタルを塗付けて**直ち**にタイルを張付け、木づちやゴムハンマーなどで張付けモルタルが目地部分から盛り上がるまでたたき押さえる。

正答 1

R01−26 B CHECK □□□□□

【問題 147】 セメントモルタルによるタイル後張り工法に関する記述として、**最も不適当なもの**はどれか。

1. 改良積上げ張りは、張付けモルタルを塗り付けたタイルを、下部から上部に張り上げる工法である。
2. 密着張りは、下地面に張付けモルタルを塗り付け、振動機を用いてタイルを張り付ける工法である。
3. マスク張りは、下地面に張付けモルタルを塗り付け、表張りユニットをたたき込んで張り付ける工法である。
4. 改良圧着張りは、下地面とタイル裏面とに張付けモルタルを塗り付け、タイルを張り付ける工法である。

解説

1. **改良積上げ張り**は、張付けモルタルを所定の厚さに塗り、あらかじめ施工し、硬化した**モルタル下地面**に壁タイルを張り付ける工法である。
2. **密着張り**は、ヴィブラート工法ともいい、張付けモルタルを**下地面**に塗り、モルタルが軟らかいうちにタイル張り用振動工具を用いてタイルに振動を与え、埋め込むように壁タイルを張り付ける工法である。
3. **マスク張り**は、ユニット化された50mm角以上の**タイル裏面**にモルタル塗布用のマスクを乗せて張付けモルタルを塗り付け、マスクを外してから下地面にタイルをたたき押えをして張り付ける工法である。
4. **改良圧着張り**は、あらかじめ施工した**モルタル下地面**に張付けモルタルを塗り、モルタルが軟らかいうちにタイル裏面にも同じモルタルを塗って壁タイルをたたき押さえて張り付ける工法である。

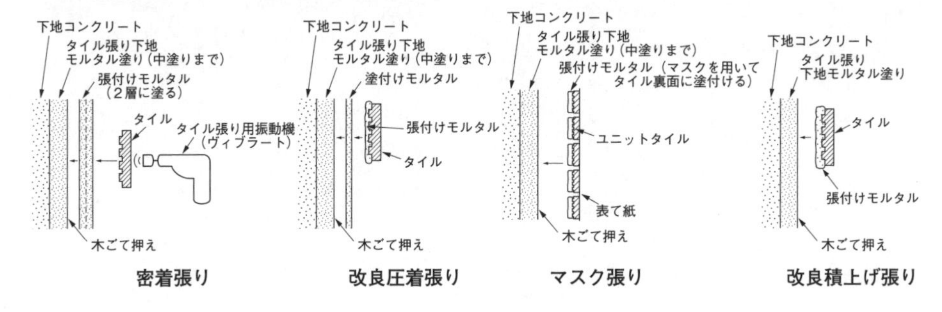

正答 3

H29−53 B　CHECK □□□□□

【問題 148】 セメントモルタルによる床タイル圧着張りに関する記述として、**最も不適当なもの**はどれか。

1. タイルの張付けモルタルは、塗り付ける厚さを5～7mmとし、一度に塗り付けた。
2. タイルの張付けモルタルを1回に塗り付ける面積は、タイル工1人当たり2m^2以下とした。
3. タイルの張付けは、目地部分に張付けモルタルが盛り上がるまで、木づちでたたき押さえた。
4. 化粧目地詰めは、タイル上を歩行可能となった時点で行った。

解説

1.2. **床タイル**の**張付けモルタル**は**2層**に分けて塗り付けるものとし、1層目はこて圧をかけて塗り付ける。なお、合計の**塗厚**は**5～7mm**とし、1回の塗付け面積の限度は2m^2以下とする。

3. 床タイルは、敷きモルタルを施した後、張付けモルタルを塗り付けて直ちにタイルを張付け、木づちやゴムハンマーなどで張付けモルタルが目地部分から盛り上がるまでたたき押さえる。

4. 床タイルの目地は、歩行可能となった時点で行い、平目地または1～2mm程度の沈み目地とする。

正答 1

R04−24 B　CHECK

【問題 149】 ステンレス鋼板の表面仕上げに関する記述として、**最も不適当なもの**はどれか。

1. 機械的に凹凸の浮出し模様を施した仕上げを、ヘアラインという。
2. 冷間圧延後、熱処理、酸洗いを行うことで、にぶい灰色のつや消し仕上げにしたものを、No.2Dという。
3. 化学処理により研磨板に図柄や模様を施した仕上げを、エッチングという。
4. 研磨線がなくなるまでバフ仕上げをした最も反射率の高い仕上げを、鏡面という。

解説

1. 機械的に凹凸の浮出し模様を施した仕上げを、**エンボス**という。
2. 冷間圧延後、熱処理、酸洗い工程を行い、にぶい灰色のつや消し仕上げにしたものを、**No.2D**という。
3. 化学処理により研磨板に意匠図案を耐酸性の被覆材で覆い、その他の部分を腐食液（塩化第２鉄溶液）で腐食溶解した仕上げを、**エッチング**という。
4. 研磨線がなくなるまでバフ仕上げをし、最終研磨は鏡面用バフによる最も反射率の高い仕上げを、**鏡面**という。

正答 1

H30−27 B　　CHECK □□□□□

【問題 150】 金属材料の表面処理及び表面仕上げに関する記述として、**最も不適当なもの**はどれか。

1. ステンレスの表面に腐食溶解処理して模様を付けたものを、エンボス仕上げという。
2. 銅合金の表面に硫黄を含む薬品を用いてかっ色に着色したものを、硫化いぶし仕上げという。
3. アルミニウム合金を硫酸その他の電解液中で電気分解して、表面に生成させた皮膜を陽極酸化皮膜という。
4. 鋼材などを電解液中で通電して、表面に皮膜金属を生成させることを電気めっきという。

解説

1. 凹凸の浮出し模様の付いた仕上げをエンボスといい、エッチング又は機械的に模様を彫り込んだエンボス用ロールで圧延したものである。設問は**エッチング仕上げ**である。
2. **銅**及び**銅合金**の表面に、硫黄を含む薬品を用いて褐色に着色したものを、**硫化いぶし仕上げ**という。
3. アルミニウムを陽極として、硫酸、その他の電解液で電気分解して、表面にち密な酸化被膜を生成させたものを**陽極酸化被膜**といい、**耐食性**、**耐摩耗性**を向上させることができる。
4. 電気めっきとは、めっきしたい金属イオンを含む水溶液中で、めっき処理品を陰極(−極)、めっきしたい金属を陽極(＋極)として電解するもので、めっきしたい金属の表面に皮膜金属を生成することをいう。主に装飾性、耐食性、耐摩耗性などを付加する目的で利用される。また、小さすぎる物体の厚さを増加させる目的で行うこともある。

正答 1

H29−55 A　CHECK

【問題 151】 軽量鉄骨壁下地に関する記述として、**最も不適当なもの**はどれか。

1. 床ランナーは、端部を押さえ、900mm間隔に打込みピンでコンクリート床に固定した。
2. スタッドは、上部ランナーの上端とスタッド天端のすき間が10mm以下となるように取り付けた。
3. ボード１枚張りであったので、スタッドの間隔を450mmとした。
4. 出入口開口部の垂直方向の補強材の上部は、梁下、床スラブ下に固定した。

解説

1. **ランナー**は端部を押さえ、**間隔900mm程度**に打込みピンなどで、床・梁下・スラブ下に固定する。
2. **スタッド**は、スタッドの天端と上部ランナーの溝底との**隙間**が**10mm以下**となるように、スタッドの**上端**を切断する。
3. **スタッドの間隔**は、**ボード１枚張り**の場合**300mm程度**とし、**ボード２枚張り**の場合**450mm程度**とする。
4. 出入口の垂直方向の**補強材**は、**床**から**梁下**または**スラブ下**に達する長さのものとする。補強材の上下端部は、打込みピンなどで固定した取付用金具に添え付け、溶接またはボルトの類で取り付ける。

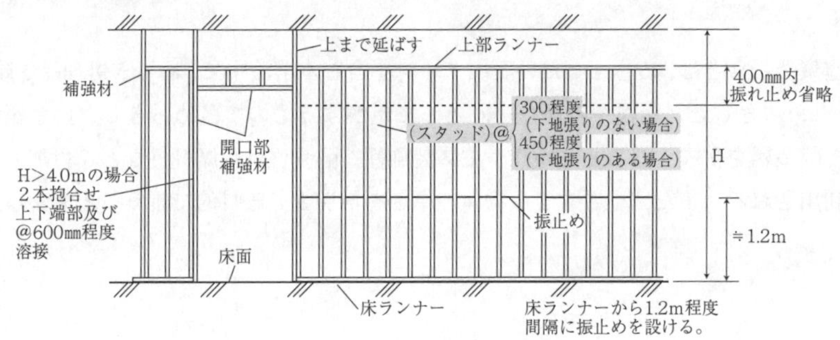

軽量鉄骨壁下地

正答 3

R02−29 B　CHECK □□□□□

【問題 152】 外部に面するサッシのガラス工事に関する記述として、**最も不適当なもの**はどれか。

1. 熱線反射ガラスは、反射膜コーティング面を室内側とした。
2. 建具下辺のガラス溝内に置くセッティングブロックは、ガラス1枚につき2箇所設置した。
3. グレイジングチャンネルの継目の位置は、ガラスの下辺中央部とした。
4. 厚さ8mmの単板ガラスの留付けは、不定形シーリング材構法とした。

解説

1. **熱線反射ガラス**は、ガラスの片側の表面に熱線反射性の薄膜を形成したガラスで、反射膜の耐久性上、**室内側**とするのが望ましい。
2. **セッティングブロック**は、建具下辺のガラス溝内に置き、ガラスの自重を支え、建具とガラスの接触を妨げるものであり、ガラスの幅の**1/4程度**の所に**2箇所**設置する。

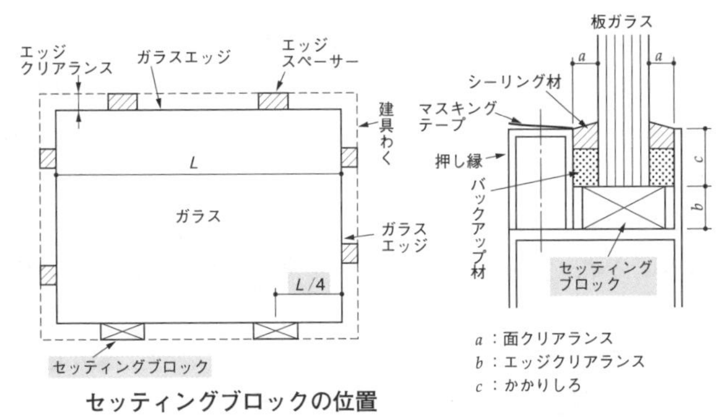

セッティングブロックの位置

3. **グレイジングチャンネル**をガラスに巻き付ける際の**継ぎ合わせ位置**は、ガラスの上辺**中央部**で、隙間が生じないようにする。
4. **単板ガラス**の厚さ8mmの留付けは、**不定形シーリング材構法**とする。単板ガラスの厚さ6.8mm以下の留付けは、グレイジングガスケット構法とすることができる。

正答 3

H29－58 A　CHECK

＊【問題 153】 アルミニウム製建具に関する記述として、**最も不適当なもの**はどれか。

1. アルミニウム製建具の酸化被膜を厚くすればするほど、耐食性が向上する。
2. 加工、組立てにおいて、隅部の突付け小ねじ締め部分にはシーリング材を充填する。
3. 防虫網を合成樹脂製とする場合、網目は16～18メッシュのものとする。
4. 取付けの際、建具の養生材は、除去を最小限にとどめ、取付けが終わった後に復旧する。

解説

1. 一般に、酸化皮膜は厚いほどよいとされているが、一定以上の膜厚になると厚さの割に耐候性が増えず、温度の急変や衝撃によりヘヤークラックが入りやすくなり、厚くした効果が得られない。
2. 隅部の突付け小ねじ締め部分などの、雨水浸入のおそれのある接合部には、その箇所に相応したシーリング材又は止水材を用いて漏水を防ぐ。
3. 防虫網は、一般的にプラスチック製だが、ステンレス、アルミニウムなど金属製もある。防虫網の一般的な織り方は、平織で、縦線と横線が一定の間隔を保ち互いに１本ずつ交差して織り上げる。網の目のサイズは、メッシュという単位を用い、メッシュは、１インチ(25.4mm)当たりの網の目の数をいう。メッシュ単位が大きくなれば網目は細かくなり、より小さな虫の侵入を防止する。市販の防虫網及び網戸に使用されている防虫網は、16メッシュもしくは18メッシュである。
4. 現場取付けの際には、建具の養生材の除去は、取付けに必要な最小限の範囲にとどめ、やむを得ず取り除いた養生材は、取付け後できるだけ早く復旧する。

正答　1

R04−26 B　CHECK □□□□□

【問題 154】 鋼製建具に関する記述として、**最も不適当なもの**はどれか。

1. くつずりの材料は、厚さ1.5mmのステンレス鋼板とした。
2. 四方枠の気密材は、建具の気密性を確保するため、クロロプレンゴム製とした。
3. フラッシュ戸の組立てにおいて、中骨は600mm間隔で設けた。
4. 大型で重量のある建具の仮止めは、位置調節用の金物を用いた。

解説

1. **ステンレス鋼板製**の**くつずり**は、厚さ**1.5mm**のものを用いる。表面仕上げは、一般に傷が目立ちにくいヘアライン仕上げが用いられる。
2. 四方枠の**気密材**は、建具の気密性を確保するため、**クロロプレンゴム製**を使用する。
3. **フラッシュ戸**では、**中骨**は**間隔300mm以下**に配置する。表面板と中骨の固定は、溶接、接着又は構造用接合テープにより確実に接合する。なお、鋼製建具に使用する**中骨**は、1.6mmのものを使用する。
4. 大型で重量のある建具の仮止めは、位置調節用金物又は治具などを使用する。

正答 3

H30−29 B　　CHECK □□□□□

【問題 155】 鋼製建具に関する記述として、**最も不適当なもの**はどれか。

1. 溶融亜鉛めっき鋼板の溶接痕は、表面を平滑に研磨し、一液形変性エポキシ樹脂さび止めペイントで補修した。
2. フラッシュ戸の組立てにおいて、中骨は鋼板厚さ1.6mmとし、600mm間隔で設けた。
3. くつずりは、あらかじめ裏面に鉄線を付けておき、モルタル詰めを行った後、取り付けた。
4. 建具枠の取付けにおいて、枠の取付け精度は対角寸法差3mm以内とした。

解説

1. **溶融亜鉛めっき鋼板**の溶接痕は、表面を平滑に研磨仕上げし、塗装に先立ち、**一液形変性エポキシ樹脂さび止めペイント**、**変性エポキシ樹脂プライマー**、**水系さび止めペイント**により補修する。
2. **フラッシュ戸**では、**中骨**は**間隔300mm以下**に配置する。表面板と中骨の固定は、溶接又は構造用接合テープにより確実に接合する。なお、鋼製建具に使用する**中骨**は、1.6mmのものを使用する。
3. くつずり、皿板等の裏面は、破損及び発音防止の目的で、取付け前に脱落のおそれがある場合は、鉄線を付け、あらかじめモルタルを充填してから取り付ける。
4. 枠の取付け精度は、心墨、陸墨などを基準とし、**対角寸法差の許容差は3mm以内**とする。

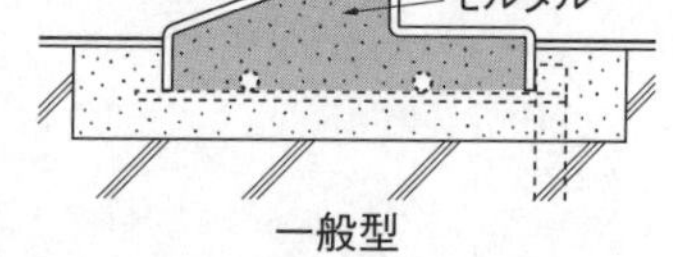

くつずりのモルタル充填

枠の対角寸法差：3mm以内	枠・戸のねじれ・反り・はらみ：2mm以内	枠の倒れ（面外・面内とも）：2mm以内
	ねじれ　反り　はらみ	倒れ（面外）　倒れ（面内）

正答 2

R01−29 C　CHECK □□□□□

＊【問題 156】 建具工事に関する記述として、**最も不適当なもの**はどれか。

1. 鋼製両面フラッシュ戸の表面板裏側の見え隠れ部分は、防錆塗装を行わなかった。
2. 木製フラッシュ戸の中骨は、杉のむく材を使用した。
3. アルミニウム製建具のアルミニウムに接する小ねじは、亜鉛めっき処理したものを使用した。
4. 樹脂製建具は、建具の加工及び組立てからガラスの組込みまでを建具製作所で行った。

解説

1. 亜鉛めっきおよびそれと同等の防せい処理がされた鋼製建具で両面フラッシュ戸(両面に平らな板またはプレスした板を張った戸)の表面板の裏側の見え隠れの部分で、かつ発せいのおそれが少ない場所で用いられる場合は、防せい塗装を省略することができる。
2. 木製フラッシュ戸の中骨は、杉、ひば等のむく材を使用する。
3. アルミニウムに接する小ねじ等の材質は、ステンレス製とする。
4. 樹脂製建具の製作並びに樹脂製建具へのガラス及び押縁のはめ込みは、原則として、建具の製作所で行う。

正答 3

R03−26 A　　CHECK

【問題 157】 建具金物に関する記述として、**最も不適当なもの**はどれか。

1. モノロックは、押しボタンやシリンダーが設けられており、内外の握り玉の同一線上で施解錠することができる。
2. ピボットヒンジは、床に埋め込まれる扉の自閉金物で、自閉速度を調整することができる。
3. 空錠は、鍵を用いずに、ハンドルでラッチボルトを操作することができる。
4. 本締り錠は、鍵又はサムターンでデッドボルトを操作することができる。

解説

1. **モノロック**とは、握り玉の中心にシリンダー、内側の握り玉の中心には押しボタンがあり、内側から押しボタンを押すと、外側の握り玉の回転が固定され施錠される。シリンダーとは、鍵で施錠・解錠するときに、正しい鍵だけで操作できる部品をいう。

握り玉

モノロック

2. **ピボットヒンジ**とは、戸を**上下**から軸で支える機構で、持出し吊り（ヒンジの軸心が戸面から外にある）と中心吊り（ヒンジの軸心が戸厚の中心にある）がある。設問は、フロアヒンジのことである。

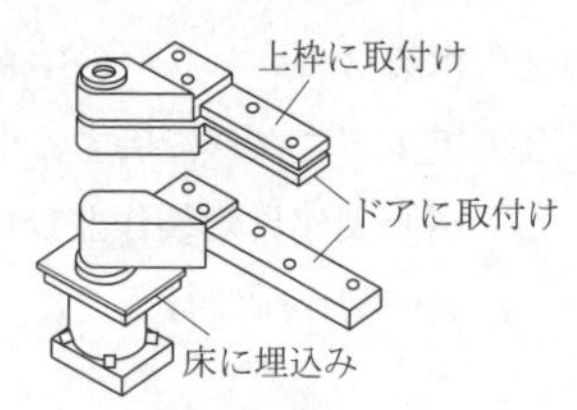

ピボットヒンジ

3. **空錠**とは、**ラッチボルト**のみを有し、仮締まりの状態を保ち、ハンドルで解錠できる錠をいい、間仕切戸に使用される。ラッチボルトとは、戸が風等であおられないための仮締まりで、ハンドルで操作する。

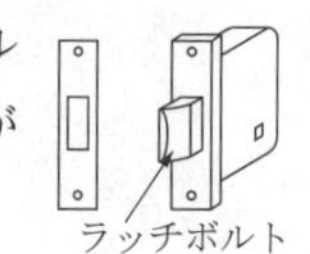

空　錠

4. **本締り錠**は、**デッドボルト**のみ有し、鍵またはサムターンで施解錠できる錠である。

正答 2

H29−59 B　CHECK □□□□□

＊【問題 158】 建具工事におけるキーシステムに関する記述として、**最も不適当なもの**はどれか。

1. 複数個の異なった錠のいずれの錠でも、特定の鍵で施解錠できるシステムを、マスターキーシステムという。
2. 複数個の異なった鍵のいずれの鍵でも、特定の錠だけを施解錠できるシステムを、逆マスターキーシステムという。
3. 施工後にシリンダーを変更することなく、工事中に使用した鍵では施解錠できなくするシステムを、コンストラクションキーシステムという。
4. 各々の錠をそれに対応する個別の鍵のみで施解錠できるシステムを、同一キーシステムという。

解説

1. マスターキーとは、錠が複数個ある場合に、１本の鍵で施解錠できるシステムのことをいう。この鍵をマスターキー(親鍵)といい、各々の錠のみを施解錠できるキーを子鍵という。複数の**マスターキーシステム**を操作できる親鍵をグランドマスターキーという。
2. **逆マスターキーシステム**とは、複数個の異なった鍵のいずれの鍵でも特定の錠だけは施錠・解錠できるシステムをいう。この鍵を逆マスターキーといい、集合住宅の共通の出入り口等に使用される。
3. コンストラクションキーは、建物の施工中のみマスターキーシステムとなり、竣工後はシリンダーを取り替えずに、簡単な操作で一般の状態にするキーシステムをいい、監理者は工事用シリンダーから本設シリンダーに切り替えたのち、不用になった工事用の鍵を提出させ、その確認を行う。
4. 同一キーシステムとは、限定された錠を同一鍵番号にして、１本の鍵で施解錠できるシステムのことをいい、この鍵を同一キーと呼ぶ。

正答 4

R03−13 B　　CHECK

【問題 159】 日本産業規格(JIS)に規定する建具の性能試験方法に関する記述として、**不適当なもの**はどれか。

1. 耐風圧性の性能試験では、変位及びたわみを測定する。
2. 遮音性の性能試験では、音響透過損失を測定する。
3. 結露防止性の性能試験では、熱貫流率を測定する。
4. 遮熱性の性能試験では、日射熱取得率を測定する。

解説

1. **建具の耐風圧性試験**は、面外変位、面外たわみ、変位率、たわみ率など、それぞれ個別の製品規格に規定された項目の各圧力段階の値を記録する。
2. **建具の遮音性試験**は、建具に対して外部から試験音を入射させ、建具の外部及び内部における音圧レベルを測定することによって、測定対象建具の音響透過損失相当値を測定する。
3. **建具の結露防止性能試験**は、温度低下率の算出をして恒温恒湿室側試験体表面温度と低温室空気温度との相関グラフを作成する。熱貫流率を算出するのは、建具の断熱性試験である。
4. **建具の遮熱性試験**は、日射熱を遮る程度で、測定項目を**日射熱取得率**とする。

正答 3

R02−13 C　CHECK □□□□□

【問題 160】 JIS(日本産業規格)に規定する建具の性能試験における性能項目に関する記述として、**不適当なもの**はどれか。

1. 開閉力とは、開閉操作に必要な力の程度をいう。
2. 水密性とは、風雨による建具室内側への水の浸入を防ぐ程度をいう。
3. 遮熱性とは、熱の移動を抑える程度をいう。
4. 結露防止性とは、建具表面の結露の発生を防ぐ程度をいう。

解説

1. **開閉力**とは、開閉操作に必要な力の程度のことである。
2. **水密性**とは、風雨による建具室内側への水の浸入を防ぐ程度のことである。
3. **遮熱性**とは、**日射熱を遮る**程度のことである。熱の移動を抑える程度は、断熱性のことである。
4. **結露防止性**とは、建具表面の結露の発生を防ぐ程度のことである。

正答 3

R01−12 C　CHECK □□□□□

【問題 161】 JISに規定する建具の試験項目と測定項目の組合せとして、**最も不適当なもの**はどれか。

1. 結露防止性試験 ——— 熱貫流率
2. 耐風圧性試験 ——— 変位・たわみ
3. 気密性試験 ——— 通気量
4. 水密性試験 ——— 漏水

解説

1. 建具の結露防止性能試験では、温度低下率の算出をして恒温恒湿室側試験体表面温度と低温室空気温度との相関グラフを作成する。熱貫流率を算出するのは、建具の断熱性試験である。
2. 建具の耐風圧性試験では、面外変位，面外たわみ，変位率，たわみ率など，それぞれ個別の製品規格に規定された項目の各圧力段階の値を記録する。
3. 建具の**気密性試験**では、**通気量**を算出する。
4. 建具の**水密性試験**では、**漏水状況**を記録する。

正答　1

R04−27 C　CHECK

【問題 162】 塗装工事に関する記述として、**最も不適当なもの**はどれか。

1. アクリル樹脂系非水分散形塗料塗りにおいて、下塗りには上塗りと同一材料を用いた。
2. 木部のクリヤラッカー塗りにおける着色は、下塗りのウッドシーラー塗布後に行った。
3. 高粘度、高濃度の塗料による厚膜塗装とするため、エアレススプレーを用いて吹き付けた。
4. 合成樹脂エマルションペイント塗りにおいて、天井面等の見上げ部分では研磨紙ずりを省略した。

解説

1. アクリル樹脂系非水分散形塗料塗りを行う場合は、下塗りには上塗りと同一材料を用いる。
2. 木部の**クリヤラッカー塗り**における着色は、下塗りの**ウッドシーラー塗布前**に行う。
3. **エアレススプレー**は、塗装材料自体に圧力を加え、この圧力でエアレススプレーガン先端の小さなノズルから噴射して霧化する方法で、**高粘度**、**高濃度**の塗料による厚膜塗装に適しており、エアスプレーの２～３倍の塗り厚が得られる。
4. **合成樹脂エマルションペイント塗り**の工程は、素地ごしらえ後、①下塗り → ②中塗り（１回目）→ ③研磨紙ずり → ④中塗り（２回目）→ ⑤上塗り、の順であるが、天井面等の見上げ部分では、③研磨紙ずりを省略する。

正答 2

R02−30 B　CHECK □□□□□

【問題 163】 塗装工事に関する記述として、**最も不適当なもの**はどれか。

1. 上塗りに用いる塗料が少量だったため、同一製造所の同種塗料を用いて現場調色とした。
2. 合成樹脂エマルションペイント塗りにおいて、天井面等の見上げ部分では研磨紙ずりを省略した。
3. 木部のクリヤラッカー塗りの下塗りに、ウッドシーラーを用いた。
4. 高粘度、高濃度の塗料による厚膜塗装は、エアレススプレーではなくエアスプレーにより吹き付けた。

解説

1. **上塗り用の塗料**は、上塗塗料の製造所において、指定された色及びつやに**調色**する。ただし、少量の場合は、同一の上塗塗料の製造所の塗料を用いて**現場調色**とすることができる。
2. **合成樹脂エマルションペイント塗り**の工程は、素地ごしらえ後、①下塗り → ②中塗り（1回目）→ ③研磨紙ずり → ④中塗り → ⑤上塗り、の順であるが、天井面等の見上げ部分では、③研磨紙ずりを省略する。
3. **クリヤラッカー塗り**は、建築物内部の造作材、建具、造り付け家具等の木部の透明塗装仕上げを対象とし、**下塗り**には**ウッドシーラー**を用いる。
4. **エアレススプレー**は、塗装材料自体に圧力を加え、この圧力でエアレススプレーガン先端の小さなノズルから噴射して霧化する方法で、**高粘度、高濃度の塗料による厚膜塗装**に適しており、エアスプレーの2～3倍の塗り厚が得られる。

正答 4

R01－30 B CHECK □□□□□

【問題 164】 木部の塗装工事に関する記述として、**最も不適当なもの**はどれか。

1. オイルステイン塗りは、耐候性が劣るため、建築物の屋外には使用しなかった。
2. つや有合成樹脂エマルションペイント塗りの下塗り後のパテかいは、耐水形の合成樹脂エマルションパテを使用した。
3. クリヤラッカー塗りの下塗り材は、サンジングシーラーを使用した。
4. 木材保護塗料塗りにおいて、塗料は希釈せず原液で使用した。

解説

1. 建築物の屋内における木部の塗り仕上げに用いられるが、木部を保護する力はないので、必ず適したニスで上塗りを行う。オイルステイン塗りは染料を有機溶剤に溶かした着色剤で、耐候性が劣るため、近年使用が減少している。
2. 木質系の塗装素地で、主として、建築内・外部の不透明塗装仕上げを目的としてつや有合成樹脂エマルションペイント塗りを用いる。下塗りの後に、耐水形の薄付け用の合成樹脂エマルションパテを用いてパテかいを行う。
3. **クリヤラッカー塗り**は、建築物内部の造作材、建具、造り付け家具等の木部の透明塗装仕上げを対象とし、**下塗り**にはウッドシーラーを用いる。
4. **木材保護塗料**は**原液**で使用することを基本とし、希釈はしない。また、木材保護塗料は、木材内部に十分浸み込ませることが重要である。なお、木材保護塗料塗りは、外壁、門、ベランダやウッドデッキなどの屋外で使用される木質系素地に対する半透明塗装仕上げに用いられ、仕上がり面は木目が見えるため、木材の質感を生かした着色仕上げとなる。

正答 3

H29−60 A　CHECK □□□□□

【問題 165】 塗装工事に関する記述として、**最も不適当なもの**はどれか。

1. 壁面をローラーブラシ塗りとする際、隅やちり回りなどは、小ばけを用いて先に塗布した。
2. 木部のクリヤラッカー塗りの下塗りは、ジンクリッチプライマーを用いた。
3. 合成樹脂調合ペイントの上塗りは、はけ塗りとし、材料を希釈せずに使用した。
4. パテかいは、へらを用い、一度で埋まらないものは追いパテを繰り返し行った。

解説

1. ローラーブラシ塗りは、ローラーブラシに用いられているアクリルやポリエステル繊維等による塗料の含みがはけよりも多く、1回で広い面積に対して効率よく塗装できる。**隅やちり回り**等は、小ばけや専用ローラーを用いてあらかじめ塗っておく。
2. **クリヤラッカー塗り**は、建築物内部の造作材、建具、造り付け家具等の木部の透明塗装仕上げを対象とし、**下塗り**には**ウッドシーラー**を用いる。
3. **合成樹脂調合ペイント**の**上塗り**は、はけ塗り又は吹付けとし、はけ塗りの場合の希釈率は0〜5％であり、材料を**希釈せず**に使用してもよい。
4. **パテかい**とは、下地面のくぼみ、すき間、目違い部分などにパテをつけて平らにする作業をいう。一度で埋まらないものは追いパテを繰り返し行う。

正答 2

H30−30 C　CHECK □□□□□

【問題 166】 塗装の素地ごしらえに関する記述として、**最も不適当なもの**はどれか。

1. 鉄鋼面に付着した機械油の除去は、石油系溶剤を用いて行った。
2. 木部面の穴埋めは、節止めを行ってからパテを充填した。
3. せっこうボード面のパテかいは、合成樹脂エマルションパテを用いて行った。
4. モルタル面の吸込止めは、パテかいを行った後に、シーラーを全面に塗り付けた。

施工

解説

1. 動・植物油(防錆油等)は、80～100℃に加熱した弱アルカリ性溶剤で分解、洗浄して除去する。鉱物油(機械油等)は、アルカリ性溶剤では分解できないので、**石油系溶剤**等を用いて溶剤洗浄をする。
2. **汚れ・付着物除去 ⇨ やに処理 ⇨ 研磨紙ずり ⇨ 節止め ⇨ 穴埋め・パテかい ⇨ 研磨紙ずり**の順に**木部の素地ごしらえ**を行う。なお、節止めとは、木材のふしや赤味部分、またはやにが出やすい部分を、専用ワニスで塗装する作業をいい、パテかいとは、下地面のくぼみ・すき間・目違いなどの部分にパテを付けて平らにする作業をいう。
3. せっこうボード素地面におけるパテかいやパテ付けにおいては、合成樹脂エマルションパテや反応形合成樹脂パテ(２液形エポキシ樹脂パテ)等を用いる。
4. **モルタル壁面**は、**乾燥 ⇨ 汚れ・付着物除去 ⇨ 吸込み止め ⇨ 穴埋め・パテかい ⇨ 研磨紙ずり ⇨ パテしごき ⇨ 研磨紙ずり**の順にモルタルの素地ごしらえを行う。

モルタル面・プラスター面の素地ごしらえ

工程		面の処理
1	乾燥	素地を十分に乾燥させる。
2	汚れ、付着物除去	素地を傷つけないように除去する。
3	**吸込止め**	全面に塗り付ける。
4	**穴埋め、パテかい**	ひび割れ、穴等を埋めて、不陸を調整する。
5	研磨紙ずり	パテ乾燥後、表面を平らに研磨する。
6	パテしごき	全面にパテをしごき取り平滑にする。
7	研磨紙ずり	パテ乾燥後、全面を平らに研磨する。

正答 4

R02−31 C　CHECK

【問題 167】 ビニル床シート張りにおける熱溶接工法に関する記述として、**最も不適当なものはどれか。**

1. 床シートの幅木部への巻上げは、シートをニトリルゴム系接着剤により張り付けた。
2. 継目の溝はV字形とし、シート厚さの２／３程度まで溝切りした。
3. 溶接部のシートの溝部分と溶接棒は、250～300℃の熱風で加熱溶融した。
4. 溶接完了後、溶接部が完全に冷却したのち、余盛りを削り取り平滑にした。

解説

1. 幅木部における巻上げは、床シートを所定の位置より長めに切断し、とおりよく十分に折り曲げて張り付ける。**接着剤**は合成ゴム系で、**ニトリルゴム系**接着剤を選定することが望ましい。
2. シートの継手溶接の溝は、V字形又はU字形とし、均一な幅に床シートの厚さの**２／３程度**までの**深さ**とする。

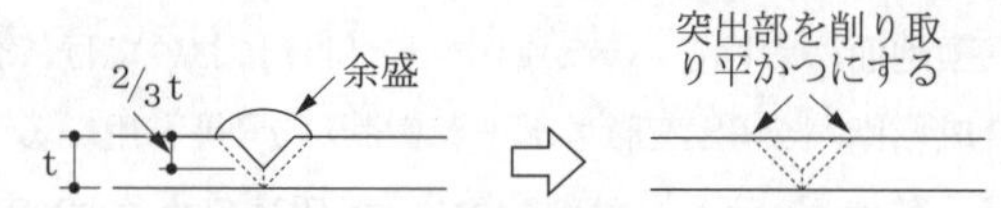

3. 溶接作業は、熱風溶接機を用い、床シート溝部分と溶接棒を160～200℃の熱風で加熱溶融させて、溶接棒を押さえ付けるようにして**圧着溶接**する。
4. 熱溶接工法における溶接継目の**余盛り**は、溶接直後に削り取ると、溶接部分が体積収縮を起こして肉やせの状態になり、凹む場合があるので、削り取るタイミングが大切で、溶接部が完全に**冷却**したのち、余盛りを削り取り平滑にする。

正答 3

H29−62 A　　CHECK □□□□□

【問題 168】 ビニル床シート張りに関する記述として、**最も不適当なもの**はどれか。

1. 厚物のシートを壁面に張り上げるため、床と壁が取り合う入隅部に面木を取り付けた。
2. シートは割付け寸法に従って裁断し、直ちに張り付けた。
3. 張付け用の接着剤は、所定のくし目ごてを用いて均一に塗布した。
4. 柄模様のシートは、接合部の柄合せを行い、重ね切りした。

解説

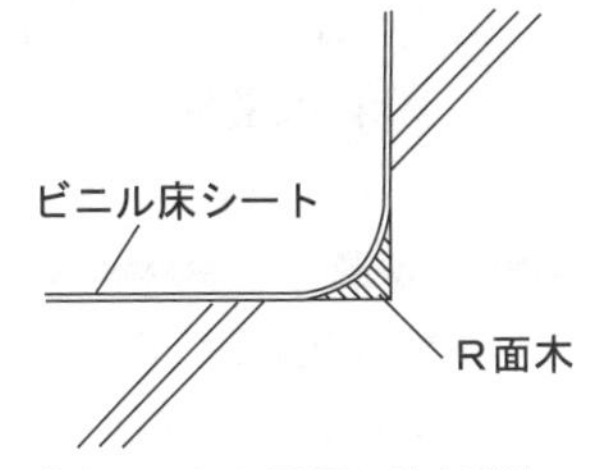

面木を用いた入隅部の納まり例

1. **ビニル床シート**を幅木を兼ね壁面に巻き上げて張る場合、防水性や壁際での清掃性を考慮し、面木などの成形材を用いて**入隅部**を**R形状**にする場合がある。
2. **床シート**は、長さ方向において製造時に発生する内部ひずみが残留し、開梱時又は施工時に収縮し、幅方向に伸びる傾向がある。したがって、施工に先立ち、床シートを割付け寸法に従って裁断して、室温にて**24時間以上放置**して**巻き癖**を取り除いてから張り付ける。
3. **接着剤**は、所定のくし目ごてを用いて下地面に**均一**に塗布する。
4. **柄模様のシート**の場合には、接合部で柄あわせを行い、重ね切りする。

正答 2

H29−61 A　CHECK

【問題 169】 床のフローリングボード張りに関する記述として、**最も不適当なものはどれか**。

1. 接着工法における、フローリングボードのモルタル下地への接着剤は、エポキシ樹脂系接着剤を使用した。
2. 体育館における、フローリングボードと壁との取合いは、すき間が生じないよう突き付けた。
3. フローリングボードの下張り用合板は、長手方向が根太と直交するように割り付けた。
4. フローリングボード張込み後、床塗装仕上げを行うまで、ポリエチレンシートを用いて養生をした。

解説

1. 下地への直張りボードの接着剤張り工法には、主剤と硬化剤との2液混合反応形のエポキシ樹脂系接着剤を用いる。配合比が異なると完全な硬化が行われず接着力が低下するので、製造所の指定の配合比にしたがって計量し、よくかく拌する。
2. 幅木および敷居下の板そばには、必要に応じて適切な**空隙(すき間)**を設ける。

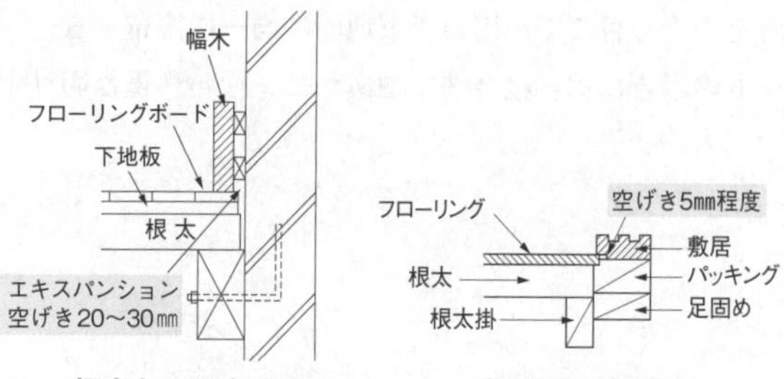

幅木との取合い　　敷居際の納まり

3. **合板下地板**は、板の長手方向が根太と**直交**するように張る。
4. 乾式工法の場合、接着剤使用の場合は硬化するまで(1日以上)歩行を禁止する。
また、すぐに塗装工事を行わない場合は、傷、汚れ、しみ、雨などのかからないようにポリエチレンシートなどを用いて養生する。

正答 2

R01－14 B　CHECK

【問題 170】 カーペットに関する記述として、**最も不適当なもの**はどれか。

1. タフテッドカーペットは、パイル糸をうね状に並べて基布に接着固定した敷物である。
2. ウィルトンカーペットは、基布とパイル糸を同時に織り込んだ、機械織りの敷物である。
3. ニードルパンチカーペットは、シート状の繊維で基布を挟み、針で刺して上下の繊維を絡ませた敷物である。
4. タイルカーペットは、バッキング材を裏打ちしたタイル状敷物である。

解説

1. **タフテッドカーペット**は、基布に刺しゅうのようにミシン針でパイルを刺し込む機械刺しで、パイルの抜けを防ぐために、裏面に接着剤(ラテックス等)をコーティングしパイルを裏面から固定した刺しゅう敷物である。

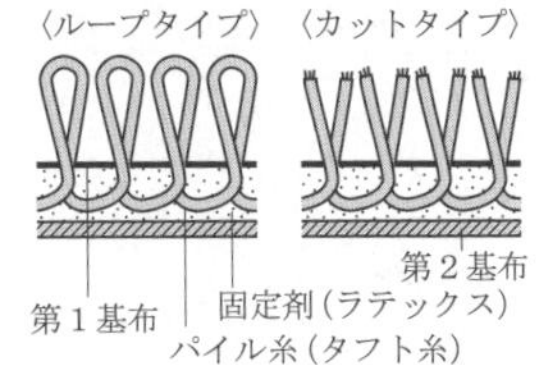

タフテッドカーペットの製織構成

2. **ウィルトンカーペット**とは、基布とパイルを同時に織る**機械織り**のカーペットのことをいう。基布になる経(タテ)糸と緯(ヨコ)糸がパイル糸と同時に織り上げられるのが特徴である。
3. **ニードルパンチカーペット**は、シート状の繊維を基布に挟み込み、かえりのあるニードル(針)で突き刺してフェルト状にした不織布で、ゴム等のバックコーティング剤等で補強したり、目の荒い織物を心材としてその両面にフェルト状とした繊維層を置き、織物を通して繊維相互を刺し絡めて作ることが多い。
4. **タイルカーペット**は、50cm角等の大きさにカットされたもので、バッキング材で裏打ちしたタイル状敷物である。施工が容易で部分的に取替えも出来るため、オフィスその他で利用されることが多く、耐久性・防染性に優れたループパイルタイプやボリューム感のあるカットパイルタイプ等がある。

正答 1

R01−31 B　CHECK □□□□□

【問題 171】 カーペット敷きに関する記述として、**最も不適当なもの**はどれか。

1. タイルカーペットは、粘着はく離形の接着剤を用いて張り付けた。
2. 全面接着工法によるカーペットは、ニーキッカーを用いて、十分伸長させながら張り付けた。
3. グリッパー工法のグリッパーは、壁際からのすき間を均等にとって打ち付けた。
4. ウィルトンカーペットは、はぎ合わせを手縫いでつづり縫いとした。

解説

1. **タイルカーペット**の張付けには、カーペット製造所の指定する**粘着はく離系接着剤**を使用し、市松張りを原則とする。部分的に簡単にはがせて、かつ、簡単に張り替えることができる。
2. **全面接着工法**でのカーペットの張付けにおいては、壁際のカーペットから1列ずつ順に仕上げていく。各列の幅方向に約1／2ずつ折り返して、**接着剤塗布**と**張付け**を**交互**に行う。折り返したカーペットを接着剤塗布面にかぶせ、紙管などを利用して圧着する。カーペットの伸長作業にニーキッカーを使用するのは、グリッパー工法である。
3. **グリッパー工法**は、部屋の周囲の壁際や柱回りに、釘針(ピン)の出ているグリッパーエッジを打ち付け、これに伸長したカーペットを引掛けて固定する工法である。グリッパーは壁際からのすき間(張り付けるカーペットの厚さの約2／3)を均等にとって、打ち付ける。施工仕上げに際して、このすき間に、カーペットの端部が押し込まれる。

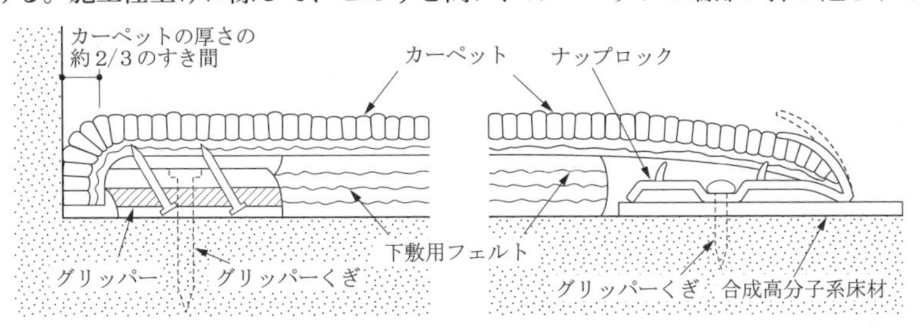

4. **ウイルトンカーペット**の接合部は、織目にそってはさみで切りそろえたのち、両端を突き合わせて接合部に不自然な線がないことを確認してはぎ合わせる。はぎ合わせは丈夫な綿糸、麻糸又は合成繊維糸を用いて**つづり縫い**を行う。

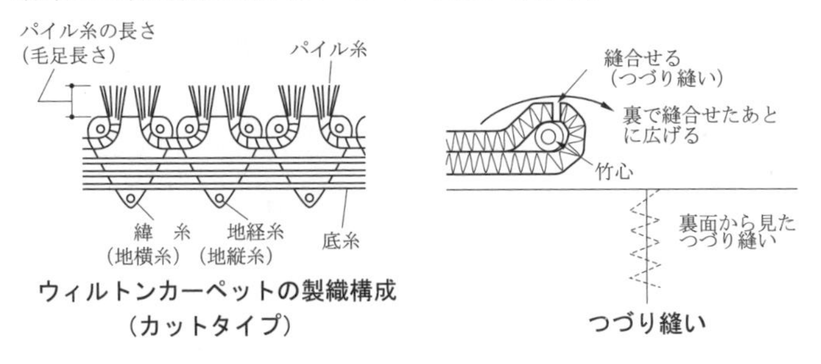

ウィルトンカーペットの製織構成
(カットタイプ)

つづり縫い

正答 2

R04−28 B　CHECK □□□□□

【問題 172】 フリーアクセスフロアに関する記述として、**最も不適当なもの**はどれか。

1. 電算機室では、床パネルの四隅の交点に共通の支持脚を設けて支持する共通独立脚方式としたため、方杖を設けて耐震性を高めた。
2. 事務室では、１枚のパネルの四隅や中間に高さ調整のできる支持脚が付く、脚付きパネル方式とした。
3. 床パネルの各辺の長さが500mmだったため、幅及び長さの寸法精度は、±0.5mm以内とした。
4. 床パネル取付け後の水平精度は、隣接する床パネルどうしの高さの差を２mm以下とした。

解説

1. **共通独立脚方式**は、パネルの四隅の交点に共通する支持脚を設けて支持するもので、耐震性を与えるための斜材、根がらみ(ストリンガー)などの耐震補強材を併用するタイプと強度の大きい自立する脚を用いるタイプがある。この方式は電算機室に用いた場合に耐震的な弱点があるので、通常の支持脚のみの形式のほか、地震時に支持脚から床パネルが脱落しないように、さまざまな耐震的工夫のものがあり、大別すれば方杖敷き、バットレス式、根がらみ式、自立補強式、斜材補強式などに用いられる。

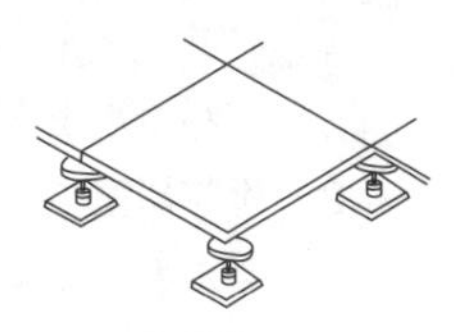
共通独立脚方式

2. **脚付きパネル方式**は、一つのパネルの四隅や中間に支持脚をもち、パネルに付属する脚が個別に調整できるものおよび支持脚をフィーラーで調整するものを含む。いわばちゃぶ台方式で4本足以上のものは調整可能の脚を持つものが主で、固定式のものもあるが、3本足以下ならば脚の高さ調節は不要である。低い二重床に向く型式である。

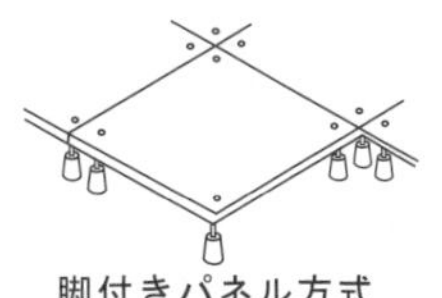
脚付きパネル方式

3. パネルの長さの精度は、各辺の長さが500mmを超える場合は±0.1％以内とし、500mm以下の場合は±0.5mm以内とする。
4. 床パネル取付け後の**水平精度**は、特記により指定ない場合は、隣接する床パネルの高さの差を調整式では**0.5mm以下**、調整なし方式では**1mm以下**とする。

正答 4

H29−64 A CHECK □□□□□

【問題 173】 フリーアクセスフロアに関する記述として、**最も不適当なもの**はどれか。

1. クリーンルームでは、床下に作業者が入れるように、根太、大引等の下地を設けてパネルを支持する根太方式とした。
2. 電算機室では、パネルの四隅の交点に高さを調整できる共通の支持脚を設けてパネルを支持する共通独立脚方式とし、ほうづえを設けて耐震性を高めた。
3. 事務室では、１枚のパネルの四隅や中間に高さ調整のできる支持脚が付く、脚付きパネル方式とした。
4. 会議室では、床下配線が少なかったため、コンクリート下地等の凹凸部でも、敷き並べるだけでそのまま高さ調整ができる置敷き方式とした。

解説

1. **根太方式**は、根太・大引などの下地を設けてパネルを指示するものである。根太方式は一般に床の支持高さが大きく、このため共通脚では不向きとなる場合に用いられるが、配線・配管の変更工事にあたっては根太も外せる必要がある。大型のクリーンルームのように床下に作業者が入れるような深さの場合は根太が固定されていても構わない。

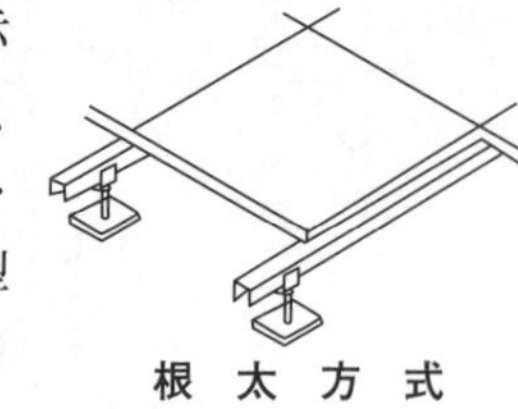

根 太 方 式

2. **共通独立脚方式**は、パネルの四隅の交点に共通する支持脚を設けて支持するもので、耐震性を与えるための斜材、根がらみ(ストリンガー)などの耐震補強材を併用するタイプと強度の大きい自立する脚を用いるタイプがある。この方式は電算機室に用いた場合に耐震的な弱点があるので、通常の支持脚のみの形式のほか、地震時に支持脚から床パネルが脱落しないように、さまざまな耐震的工夫のものがあり、大別すれば方杖敷き、バットレス式、根がらみ式、自立補強式、斜材補強式などに用いられる。

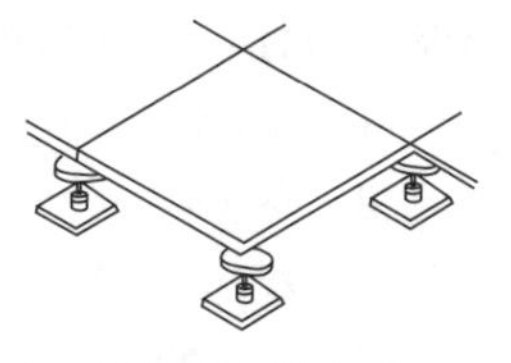

共通独立脚方式

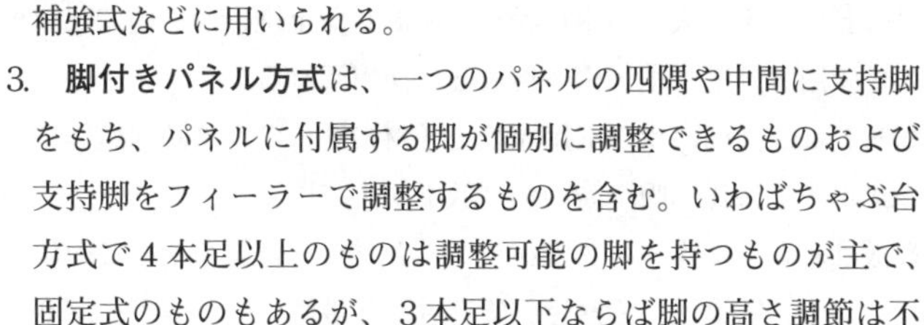

3. **脚付きパネル方式**は、一つのパネルの四隅や中間に支持脚をもち、パネルに付属する脚が個別に調整できるものおよび支持脚をフィーラーで調整するものを含む。いわばちゃぶ台方式で4本足以上のものは調整可能の脚を持つものが主で、固定式のものもあるが、3本足以下ならば脚の高さ調節は不要である。低い二重床に向く型式である。

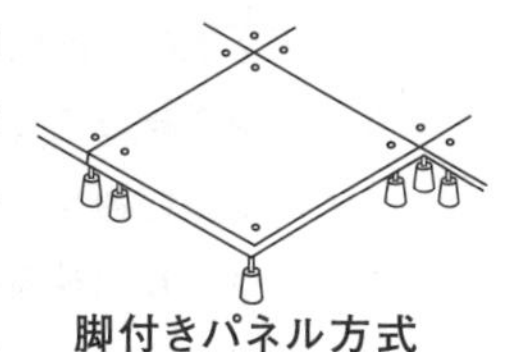

脚付きパネル方式

4. **置敷き方式**は、特に高さ調整を施さなくとも下地の凹凸を吸収できるものである。

でき上がった状態がいわば下駄を並べたような型式で、高さ調整のない最も低い二重床型式であり、床パネルと脚部が一体のものと高さを保つブロック状のベースと床パネルを組み合わす型式があり、いずれも下地床の凹凸に対して若干の順応性をもつ。したがって、コンクリート下地等の凹凸部でも、敷き並べるだけでそのまま高さ調整ができるわけではない。

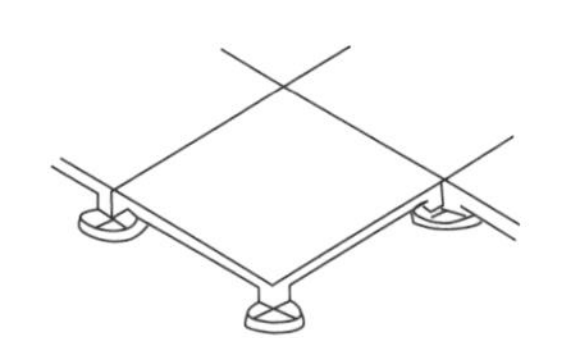

置き敷き(固定脚)方式

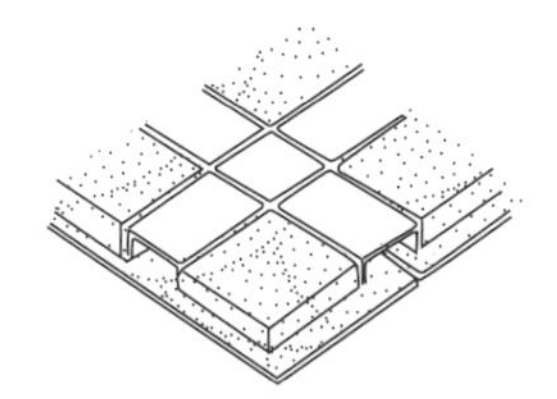

溝配線
置き敷き(一体型)方式

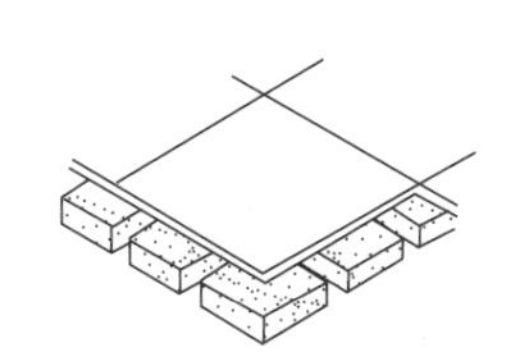

置き敷き(スペーサー)方式

正答 4

H30−14 B　CHECK

【問題 174】 ボード類の一般的な性質に関する記述として、**最も不適当なもの**はどれか。

1. インシュレーションボードは、断熱性に優れている。
2. シージングせっこうボードは、普通せっこうボードに比べ吸水時の強度低下が少ない。
3. ロックウール化粧吸音板は、吸音性、耐水性に優れている。
4. 木毛セメント板は、断熱性、吸音性に優れている。

解説

1. **インシュレーションボード**は、主に天然の木材繊維を成形した繊維板の一種で、屋根下地・床下地の断熱用、畳床用、外壁下地、床下地などに使用される。
2. **シージングせっこうボード**は、両面のボード用原紙と芯材のせっこうに**防水処理**を施したもので、普通せっこうボードに比べ吸水時の強度低下が生じにくい。
3. **ロックウール化粧吸音板**は、ロックウールを主材料に結合材と混合材を加えて板状に成形し、表面塗装されたもので、**防火性**、**断熱性**、**吸音性**、**化粧性**に優れるが、湿度変動によっては軟化や目地空きなどを起こすこともある。特に、鋼製天井下地に直に張る場合は**水分**や**湿気**の影響を受けやすい箇所への採用は**避ける**。
4. **木毛セメント板**は、軽量で**断熱・吸音性**に優れる。内壁・外壁下地・床下地に使用される。

正答 3

R03−27 B CHECK

【問題 175】 壁のせっこうボード張りに関する記述として、**最も不適当なもの**はどれか。

1. ボードを突付けとせず隙間を開けて底目地を取る目透し工法で仕上げる壁は、スクェアエッジのボードを使用した。
2. 鋼製下地に張り付ける場合のドリリングタッピンねじの頭は、仕上げ面の精度確保のため、ボード面と同面となるように締め込んだ。
3. 鋼製下地に張り付ける場合のドリリングタッピンねじの留付け間隔は、ボードの中間部より周辺部を小さくした。
4. ボードの重ね張りは、上張りと下張りのジョイント位置が同位置にならないように行った。

解説

1. **目透し工法**は、目地を美しく見せるために意匠的な意味でベベルエッジ又はスクェアエッジボード接合部を突付けとせず、多少隙間(一般に6～9 mm)を開けて底目地を取り、ボードを張る工法である。
2. 鋼製下地の裏面に、**10mm以上の余長**が得られる長さの**ドリリングタッピンねじ**を用い、頭がせっこうボードの表面から少しへこむように確実にねじ込む。

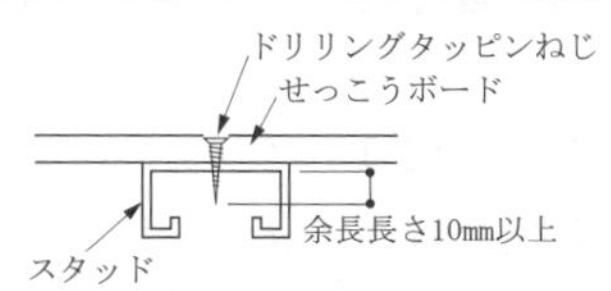

3. 鋼製下地に張り付ける場合の**ドリリングタッピンねじの留付け間隔**は、**中間部**を**300mm程度**、**周辺部**は**200mm程度**とするので、留付け間隔は、中間部より周辺部を小さくする。
4. **重ね張り**の場合、上張りは縦張りとし、水平方向には目地を設けず、下張りの継目と**同じ位置にならないようにする。**

正答 2

H30−31 A　CHECK

【問題 176】 壁のせっこうボード張りに関する記述として、**最も不適当なもの**はどれか。

1. せっこう系接着材直張り工法における張付けは、くさびをかってボードを床面から浮かし、床面からの水分の吸い上げを防いだ。
2. せっこう系直張り用接着材の盛上げ高さは、接着するボードの仕上がり面までの高さとした。
3. ボードの重ね張りは、上張りと下張りのジョイント位置が同位置にならないように行った。
4. せっこう系接着材直張り工法における張付けは、調整定規でボードの表面をたたきながら不陸がないように行った。

解説

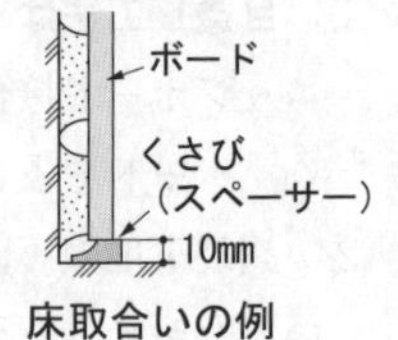

床取合いの例

1. せっこう系接着材による**直張り工法**では、床面の水分の吸上げ防止、接着材の乾燥を考慮して、ボード下端と床面の間に**スペーサー**を置いて、**10mm程度**浮かして張り付ける。
2. **接着材の盛上げ高さ**は、下地からボードの仕上げ高さまでの**2倍**とし、ボード裏面との**接着面**が**直径120mm〜150mm**得られるように押さえ付ける。
3. 重ね張りの場合、上張りは縦張りとし、水平方向には目地を設けず、下張りの継目と**同じ位置**にならないようにする。
4. ボードの張付けは、せっこうボードの表面を定規でたたきながら、上下左右の不陸調整をしながら行う。

正答 2

H29−63 A　　CHECK

【問題 177】 壁紙張りに関する記述として、**最も不適当なもの**はどれか。

1. 下地処理において、シーラーを塗布する前に、ビス頭の防錆処理を行った。
2. せっこう系接着材で直張りしたせっこうボード下地は、十分に乾燥させてから壁紙を張り付けた。
3. 張替えの際に、壁紙をはがしやすくするため、シーラーは部分的に塗布した。
4. 壁紙の表面に付着した接着剤は、張り終わった箇所ごとに清浄な湿布で直ちにふき取った。

解説

1. 紙壁張りに合板などのボード類を用いる場合、下地処理において、シーラーを塗布する前に、ビス・釘などの頭は**防錆処理**を行う。
2. せっこうボードをせっこう系接着材で直張りした場合は、接着材の乾燥が遅いので、十分な養生時間を取ってから壁紙張りを行う。特に通気性のないビニルクロス等とする場合は、ボードの表面が湿り、接着材が腐敗し、変色してクロスに汚れ等が生じる。
3. 下地に**シーラー**を塗る場合は、はけ・ローラー等を用いて**全面**にむらなく塗布する。なお、シーラー塗には次の目的がある。
   ① 接着性を向上させる
   ② 下地の吸水性の調節と、あく等が表面に浮き出るのを防止する
   ③ 張起こし等、張り作業が容易な下地面をつくる
   ④ 下地の色違いを修正する
   ⑤ 張り替えの際にはがしやすい下地をつくる
4. 壁紙の表面に付着した接着剤は、表面についた手あかとともに張り終わった箇所ごとに清浄な湿布で直ちにふき取る。特に建具枠回り、鴨居、ジョイント部等は放置しておくとしみの原因となる。

正答 3

H30−32 B　CHECK

【問題 178】 カーテン工事に関する記述として、**最も不適当なもの**はどれか。

1. レースカーテンのカーテンボックスは、窓幅に対して片側各々150mm長くした。
2. カーテンレールがダブル付けのカーテンボックスの奥行き寸法は、100mmとした。
3. 中空に吊り下げるカーテンレールの吊り位置は、間隔を１m程度とし、曲り箇所及び継目部分にも設けた。
4. カーテンレールに取り付けるランナーの数は、１m当たり８個とした。

解説

1. レースカーテンの**カーテンボックスの幅**は、窓幅に対して、一般に**片側各々100〜150mm程度**伸ばす。遮光用カーテンの場合には、遮光用ボックスとして長さを十分にとる。
2. **カーテンボックスの奥行きサイズ**は、**シングル付け**の場合は**100mm以上**、**ダブル付け**の場合は**180mm以上**とする。
3. 中空に吊り下げるカーテンレールは、宙吊り用のレールとする。**カーテンレールの吊り位置**は、**間隔１m程度**、カーブ箇所及びジョイント部分とし、支持材に強固に取り付ける。
4. **ランナーの数**は、１m当たり**８〜12個**が標準であるが、その数はカーテンのひだの間隔に準ずるものとする。

正答 2

H29−14 B　CHECK

【問題 179】 内装材料に関する記述として、**最も不適当なもの**はどれか。

1. エポキシ樹脂系塗り床材は、耐薬品性に劣っている。
2. せっこうボードは、防火性に優れている。
3. ビニル床シートには、帯電防止性を有するものがある。
4. けい酸カルシウム板は、軽量で不燃性に優れている。

解説

1. 溶剤形塗床材の**エポキシ樹脂系**は、①**強靭性**に富む。②**機械的性能**に優れる。③**耐薬品性**、特に**耐アルカリ性**がよい。④耐候性に劣る。低温硬化性(5℃)が劣る。などの特徴をもつ。また、主な用途は、**一般事務室、実験室、倉庫**等の床に用いられる。
2. **せっこうボード**は、①**遮音性、断熱性、防火性**がある。②施工が容易で、表面仕上げの方法も豊富である。③腐食しにくい。虫害も受けない。④吸水率が大きく、吸水により強度が著しく低下する欠点がある。などの特性をもつ。
3. **ビニル床シート**は、**耐摩耗性、耐水性、耐薬品性**に優れているが、熱に弱い。なお、特殊機能床シートには、帯電防止床シート、導電床シートなどがある。
4. **けい酸カルシウム板**は、石灰質原料、けい酸質原料、繊維、混和材料を原料とし高温高圧蒸気養生したもの。軽量で耐火・断熱・音響性能に富む。タイプ2は内装用、タイプ3は耐火被覆用として使用される。

正答 1

H29−65 B　CHECK

【問題 180】 押出成形セメント板による間仕切壁工事に関する記述として、**最も不適当な**ものはどれか。

1. 縦張り工法で施工する際に、パネル下部に取付け金物(L型金物)をセットし、パネル側はタッピンねじ、床面側はアンカーボルトで固定した。
2. 横張り工法で施工する際に、パネルがロッキングできるように、取付け金物(Zクリップ)はパネルの左右端部に取り付けた。
3. 縦張り工法のパネル上部の取付け金物(Zクリップ)は、回転防止のため、下地鋼材に溶接した。
4. 横張り工法の目地幅は、横目地よりも縦目地の方を大きくした。

解説

1. 押出成形セメント板(非構造部材)間仕切壁の標準構法は、①通しアングルにZクリップを用いてパネル上部を固定し、パネル下部を同様にZクリップで固定する方法と、②パネルの下部の小口にL型金物を取付け固定する方法に分類される。②では、パネル下部にL型金物をセットし、パネルにタッピンねじ、床面にはアンカーボルト等で固定する。
2. 縦張りロッキング工法の取付け金物(Zクリップ)は、パネルの上下端部に、ロッキングできるように取り付ける。横張りスライド法の**取付け金物(Zクリップ)**は、パネルの**左右端部**に、**スライド**できるように取り付ける。ロッキングではない。
3. 縦張り工法のパネル上部の取付け金物(Zクリップ)は、縦張り、横張りとも下地鋼材に**30mm以上**の**かかり代**を確保し、取付けボルトがZクリップのルーズホールの中心の位置になるように取り付ける。**鉄骨造**の場合は**溶接**、RC造の場合はあと施工アンカー等により安全性を確認し取り付ける。

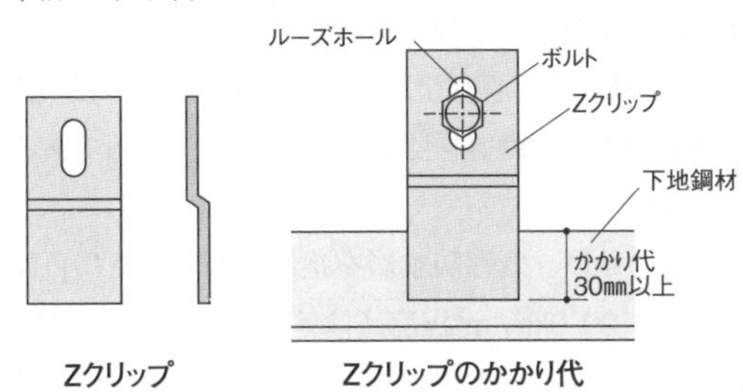

Zクリップ　　**Zクリップのかかり代**

4. パネル相互の目地幅は、縦張り工法でも横張り工法でも、短辺の方が大きな目地幅とする。**横張り工法**の場合、**縦目地の目地幅**は15mm以上、**横目地の目地幅**は8mm以上とする。

外壁パネル工法

	A種　縦張り工法(ロッキング方式)	B種　**横張り工法**(スライド方式)
工法	パネル四隅の取付け金物で支持部材に取り付け、躯体の層間変位に対しロッキングにより追随させる工法	パネル四隅の取付け金物で支持部材に取り付け、躯体の層間変位に対しスライドすることにより追随させる工法
荷重受け	各段ごとに荷重受け部材が必要	パネル2～3段ごとに荷重受けが必要
目　地	パネル間は伸縮目地とし、縦目地は8mm以上、横目地は15mm以上とする	パネル間は伸縮目地とし、**縦目地**は**15mm以上**、**横目地**は**8mm以上**とする

施工

正答　2

R03−28 C　CHECK □□□□

【問題 181】 外部仕上げ改修工事に関する記述として、**最も不適当なもの**はどれか。

1. 既存防水層撤去後の下地コンクリート面の軽微なひび割れは、新規防水がアスファルト防水のため、アスファルト防水用シール材により補修した。
2. コンクリート下地面の複層仕上塗材の既存塗膜の劣化部は、高圧水洗工法にて除去した。
3. 既存露出アスファルト防水層の上に、アスファルト防水熱工法にて改修するため、下地調整材としてポリマーセメントモルタルを用いた。
4. 外壁石張り目地のシーリング材の劣化した部分を再充填工法にて改修するため、既存シーリング材を除去し、同種のシーリング材を充填した。

解説

1. 既存防水層撤去後の下地コンクリート面の**軽微なひび割れ**は、**アスファルト防水用シール材**又は**ポリウレタン系シーリング材**により**補修**する。
2. **高圧水洗工法**は、劣化の著しい既存塗膜の除去や素地の脆弱部分の除去に適している。高圧水で物理的な力を加えて塗膜等を除去する工法で、高価であるが塗膜を全面的に除去する場合は効率がよい。
3. 既存露出防水層表面の砂は、既存防水層を損傷しないように可能な限り取り除き、清掃後、**溶融アスファルト**を**1.0kg/m²程度**又は**アスファルト系下地調整材**を塗布する。
4. 外壁石張り目地のシーリング材の劣化した部分を再充填工法にて改修する場合は、既存シーリング材を除去し、**同種**のシーリング材を充填する。

正答 3

R02−32 C　CHECK □□□□□

＊【問題 182】 内装改修工事における既存床仕上げ材の除去に関する記述として、**最も不適当なもの**はどれか。

ただし、除去する資材は、アスベストを含まないものとする。

1. コンクリート下地の合成樹脂塗床材は、ブラスト機械を用いてコンクリート表面とともに削り取った。
2. モルタル下地面に残ったビニル床タイルの接着剤は、ディスクサンダーを用いて除去した。
3. モルタル下地の磁器質床タイルの張替え部は、はつりのみを用いて手作業で存置部分と縁切りをした。
4. 根太張り工法の単層フローリングボードは、丸のこを用いて適切な寸法に切断し、根太下地を損傷しないように除去した。

解説

1. コンクリート下地の合成樹脂塗床材は、ケレン棒、電動ケレン棒、電動はつり器具、ブラスト機械等を用いてコンクリート表面とともに除去する。
2. モルタル下地面に残ったビニル床タイルの接着剤等は、ディスクサンダー等により、新規仕上げの施工に支障のないよう除去する。
3. モルタル下地の磁器質床タイルの張替え部を**ダイヤモンドカッター**等で縁切りをし、タイル片を電動ケレン棒、電動はつり器具等により**撤去**する。
4. 根太張り工法の単層フローリングボードは、丸のこを用いて適切な寸法に切断し、ケレン棒等ではがし取り、根太下地を損傷しないように除去する。

正答 3

3

共　　　通

設備工事（問題 183 ～問題 195）

●給排水設備／●空気調和設備／●電気設備／●消火・避難設備／●設備融合

その他（問題 196 ～問題 199）

●測量／●舗装／●建設機械

※例年、３問出題され、全問を解答します。

R04−17 A　　CHECK □□□□□

【問題 183】 給排水設備に関する記述として、**最も不適当なもの**はどれか。

1. 水道直結直圧方式は、水道本管から分岐した水道引き込み管に増圧給水装置を直結し、建物各所に給水する方式である。
2. ウォーターハンマーとは、給水配管内の水流が急激に停止したとき、振動や衝撃音等が生じる現象をいう。
3. 公共下水道の排水方式には、汚水と雨水を同一系統で排除する合流式と、別々の系統で排除する分流式がある。
4. 排水トラップの破封を防止するため、排水系統に通気管を設ける。

解説

1. **水道直結直圧方式**は、水道本管の配水管から分岐して給水管を引込み、**配水管**の水圧によって直接各々の水栓に給水する方式である。設問は、水道直結増圧方式である。
2. 配管内を通る水が瞬間的に停止されることで、水の流れによる圧力が逃げ場を失い、管内に非常に高い圧力と低い圧力が交互に発生し、激しい振動を生ずる。このような現象を水撃作用または**ウォーターハンマー**という。水撃作用がとくに激しい場合は管を破損することもある。
3. 排水方式は**合流式**と**分流式**とに分けられる。建築物内においては、合流式、分流式のいずれにおいても「雨水」は「雑排水」や「汚水」とは別系統としなければならない。公共下水道においては、合流式の場合には「雨水」と「汚水＋雑排水」を合流させることができる。

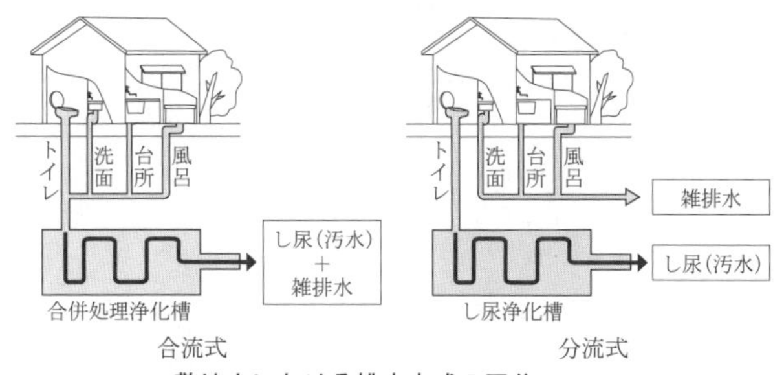

敷地内における排水方式の区分

4. **通気管**は、トラップの**封水**が破れるのを防ぎ、かつ水流が円滑になるようにするため、配管内と外気とを連絡させる目的で設けられる管のことで排水設備となる。

共通

正答 1

H30−17 B　CHECK □□□□□

【問題 184】 給排水設備に関する記述として、**最も不適当なもの**はどれか。

1. 水道直結直圧方式は、水道本管から分岐した水道引き込み管に増圧給水装置を直結し、建物各所に給水する方式である。
2. 中水道とは、水の有効利用を図るため、排水を回収して処理再生し、雑用水などに再利用する水道のことである。
3. 排水系統に設ける通気管は、排水トラップの破封を防止するためのものである。
4. 公共下水道の排水方式には、汚水と雨水を同一系統で排除する合流式と、別々の系統で排除する分流式とがある。

解説

1. **水道直結直圧方式**は、水道本管の配水管から分岐して給水管を引込み、**配水管**の水圧によって直接各々の水栓に給水する方式である。設問は、水道直結増圧方式である。

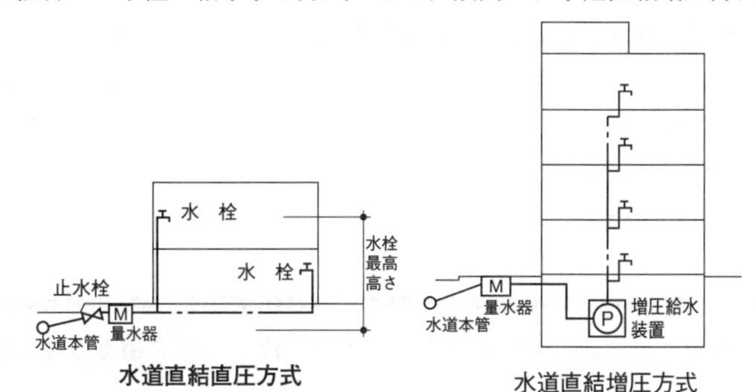

水道直結直圧方式　　水道直結増圧方式

2. 水の有効利用の観点から、排水を回収して浄化再生し、雑用水等に再利用する設備を**中水道設備**という。
3. 排水系統には**通気管**を設け、その系統内の排水及び空気の流れを円滑にし、同時に**トラップ**の封水がサイホン作用によって破壊されるのを防止する。

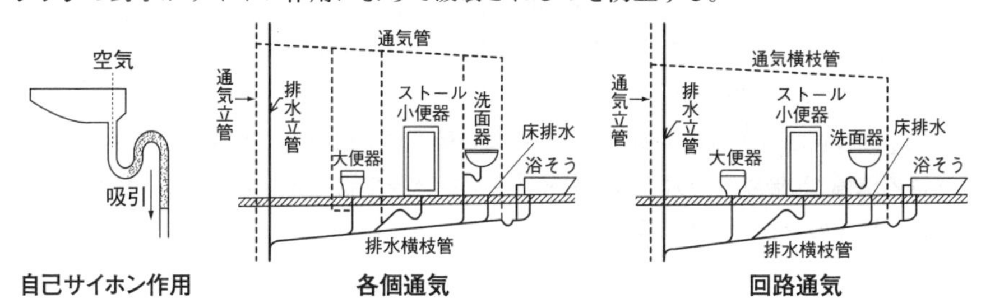

自己サイホン作用　　各個通気　　回路通気

4. 排水方式は合流式と分流式とに分けられる。建築物内においては、合流式、分流式のいずれにおいても**雨水**は**雑排水**や**汚水**とは**別系統**としなければならない。**公共下水道**においては、**合流式**の場合には**雨水**と**汚水＋雑排水**を合流させることができる。

正答　1

R03−15 B　CHECK

【問題 185】 屋外排水工事に関する記述として、**最も不適当なもの**はどれか。

1. 内法が600mmを超え、かつ、深さ1.2mを超える雨水用排水桝には、足掛け金物を取り付けた。
2. 雨水用排水桝及びマンホールの底部には、深さ50mmの泥だめを設けた。
3. 地中埋設排水管の長さが、その内径又は内法幅の120倍を超えない範囲内で、桝又はマンホールを設けた。
4. 排水管を給水管に平行して埋設する場合、給水管を上方にして、両配管は500mm以上のあきを設けた。

解説

1. **雨水用排水桝**は、内法が600mmを超え、かつ、深さ1.2mを超える桝には、**足掛け金物**を取り付ける。
2. 排水桝には雨水排水用の泥などが配管内に流れ込まないように、桝底に泥だめを設けた雨水桝と、汚水排水用の汚物が滞留しない汚水桝(インバートます)等がある。雨水用桝及びマンホールの底部には、**深さ150mm以上の泥だめ**を設ける。

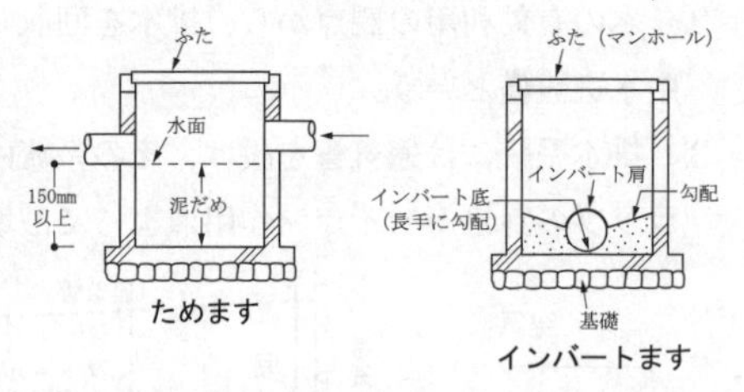

3. 地中埋設排水管を設ける場合、延長が長い排水管の途中で、排水管の長さがその内径又は**内法幅120倍以内**の箇所に、**桝**又は**マンホール**を設ける。排水桝は、容易に保守管理及び掃除のできる位置に設ける。

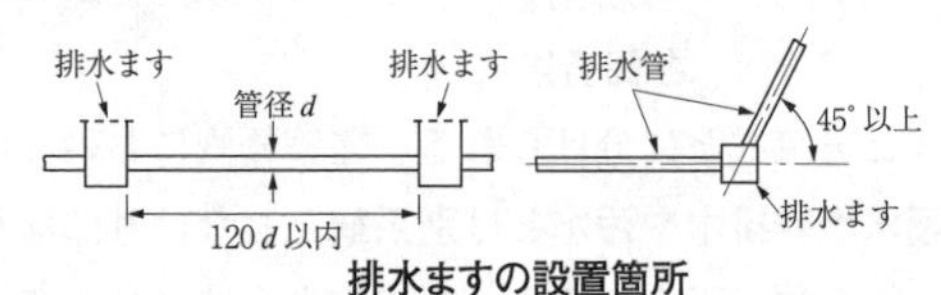

排水ますの設置箇所

4. 給水管と排水管を平行して埋設する場合には、給水管が排水に汚染されないように、原則として、両配管の**水平間隔**は**500mm以上**とし、かつ、給水管は排水管の上方に埋設するものとする。

正答 2

R01－15 A　CHECK

【問題 186】 屋外排水設備に関する記述として、**最も不適当なもの**はどれか。

1. 地中埋設排水管の長さが、その内径又は内法幅の120倍を超えない範囲内で、桝又はマンホールを設ける。
2. 地中埋設排水経路に桝を設ける場合、雨水桝にはインバートを、汚水桝には泥だめを設ける。
3. 排水管を給水管に平行して埋設する場合、原則として、両配管は500mm以上のあきを設ける。
4. 地中埋設排水経路が合流する箇所には、桝又はマンホールを設ける。

解説

1. **地中埋設排水管**を設ける場合、延長が長い排水管の途中で、排水管の長さがその内径又は内法幅**120倍以内**の箇所に、**ます**又は**マンホール**を設ける。排水ますは、容易に保守管理及び掃除のできる位置に設ける。
2. 地中埋設排水管において、ますを設ける場合、**雨水ます**には**150mm以上**の**泥だめ**を、**汚水ます**には底部に設けられる下面が半円形状の**インバート**を設ける。

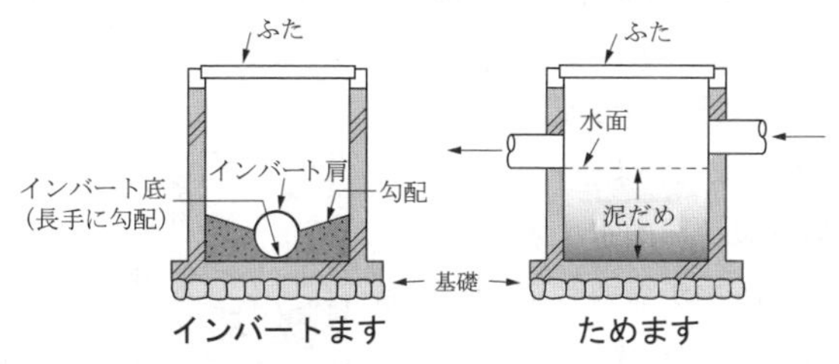

3. **給水管**と**排水管**を**平行**して埋設する場合には、給水管が排水に汚染されないように、原則として、両配管の**水平間隔**は**500mm以上**とし、かつ、**給水管**は排水管の**上方**に埋設するものとする。
4. 汚水の流路の方向若しくは勾配が著しく変化する箇所又は２以上の管きょを接続する箇所には、**ます**又は**マンホール**を設ける。ただし、管きょの清掃に支障がないときは、ます又はマンホールを設けなくてもよい。

共通

正答 2

H29−15 C　　CHECK

【問題 187】 屋外排水設備に関する記述として、**最も不適当なもの**はどれか。

1. 地中埋設排水管の勾配は、原則として、1/100以上とする。
2. 地中埋設排水管の長さが、その内径又は内法幅の120倍を超えない範囲内で、桝又はマンホールを設ける。
3. 排水管を給水管に平行して埋設する場合の両配管のあきは、原則として、500mm以上とする。
4. 雨水用排水桝及びマンホールの底部には、深さ50mm以上の泥だめを設ける。

解説

1. 管渠の**勾配**は、やむを得ない場合を除き、**1/100以上**とする。
2. 地中埋設排水管を設ける場合、延長が長い排水管の途中で、排水管の長さがその内径又は内法幅**120倍以内**の箇所に、**ます**又は**マンホール**を設ける。排水ますは、容易に保守管理及び掃除のできる位置に設ける。
3. **給水管**と**排水管**を**平行**して埋設する場合には、給水管が排水に汚染されないように、原則として、両配管の**水平間隔**は**500mm以上**とし、かつ、給水管は排水管の上方に埋設するものとする。
4. 排水ますには雨水排水用の泥などが配管内に流れ込まないように、ます底に泥だめを設けた雨水ますと、汚水排水用の汚物が滞留しない汚水ます(インバートます)等がある。**雨水用ます**及びマンホールの底部には、深さ**150mm以上**の**泥だめ**を設ける。

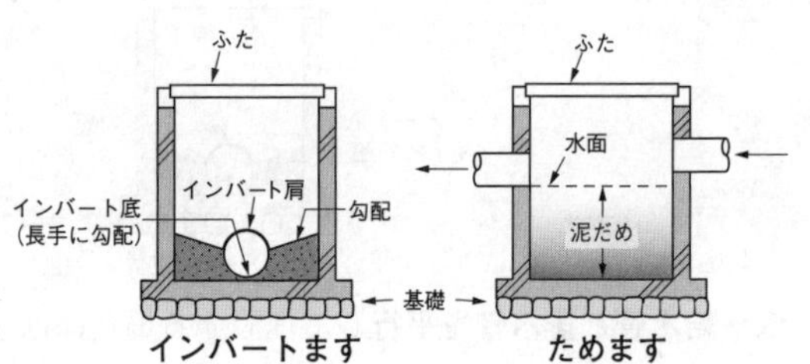

正答 4

R02−17 B　CHECK □□□□□

【問題 188】 空気調和設備に関する記述として、**最も不適当なもの**はどれか。

1. 定風量単一ダクト方式は、一定の風量で送風するシステムであり、負荷変動の異なる複数の空間に適するものである。
2. 二重ダクト方式は、冷風、温風の2系統のダクトを設置するシステムであり、混合ボックスで温度を調節して室内に吹き出すものである。
3. パッケージユニット方式は、機内に冷凍機、ファン、冷却コイル、加熱コイル等を内蔵した一体型の空調機を使用するものである。
4. ファンコイルユニット方式は、熱源機器でつくられた冷水や温水を各室のファンコイルユニットに供給し、冷風や温風を吹き出すものである。

解説

1. **定風量単一ダクト方式**は、空調機でつくった冷風または温風をダクトで各室に供給する方式であり、**ゾーンごと**の負荷の違いには**対応できない**。
2. **二重ダクト方式**は、冷風、温風を2系統のダクトに送り、末端の混合ボックスにより冷風と温風を混合調節して吹き出し、室温を制御する方式である。別々の部屋で同時に冷房と暖房を行うことができる。
3. **パッケージユニット**は、機内に冷凍機を**内蔵**し、送風機、冷却コイル、エアフィルター等を組み込んだユニット形空調機である。
4. **ファンコイルユニット方式**の2管式は季節ごとに冷房と暖房を切り替える必要があり、4管式はゾーン(ユニット)ごとの冷暖房同時運転が可能で、**温度調節**等、室内環境の**制御性**に優れている。

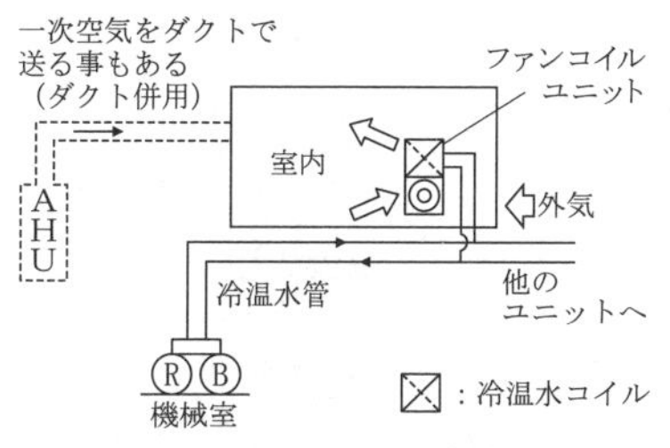

ファンコイルユニット方式

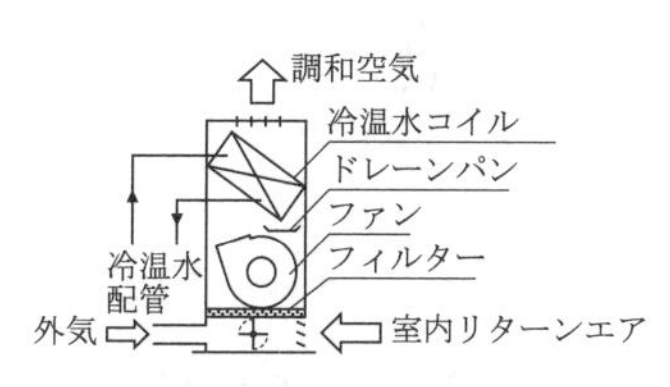

ファンコイルユニット

正答 1

R01−17 C　CHECK

【問題 189】 空気調和設備に関する記述として、**最も不適当なもの**はどれか。

1. 単一ダクト方式におけるCAV方式は、室内に吹き出す風量が一定であり、室内環境を一定に保つことができる。
2. 二重ダクト方式は、別々の部屋で同時に冷房と暖房を行うことができる。
3. パッケージユニット方式は、熱源機器でつくられた冷水や温水を各室のパッケージユニットに供給し、冷風や温風が吹き出るようにしたものである。
4. 各階ユニット方式は、各階ごとに空調機を分散設置して空調を行う方式で、各階ごとの負荷変動に対応できる。

解説

1. 空調設備には温度・湿度の調整だけでなく、換気の機能も求められる。**定風量(CAV)方式**は、常に**一定の風量**を吹出すため、必要換気量を常に安定して確保することができる。これに対して変風量(VAV)方式は、温度・湿度の変動に応じて吹出し風量を変えるため、吹出し風量が少ないときには換気量が不足しやすく、空気清浄度が低下しやすいという短所がある。
2. **二重ダクト方式**は、冷風、温風を2系統のダクトに送り、末端の混合ボックスにより冷風と温風を混合調節して吹き出し、室温を制御する方式である。別々の部屋で同時に冷房と暖房を行うことができる。
3. **パッケージユニット**は、機内に冷凍機を**内蔵**し、送風機、冷却コイル、エアフィルター等を組み込んだユニット形空調機である。

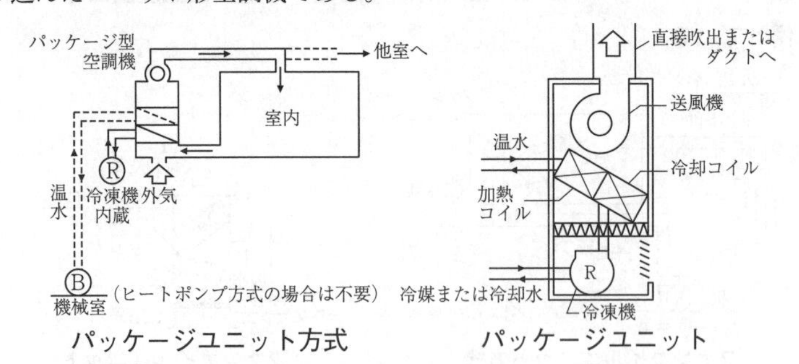

パッケージユニット方式　　パッケージユニット

4. 近年の単一ダクト方式は、定風量、変風量方式ともに、各階に設置されたAHU(エアハンドリングユニット)から送風され、インテリアゾーンなどを受け持つことが多い。かつては中央の大型空調機から縦に階を貫くシャフトにより送風する方式(セントラル方式)が一般的であったため、各階にAHUを設置する方式をこれと区別するために**各階ユニット方式**と呼ぶ。

正答 3

H29−17 A　CHECK

【問題 190】 空気調和設備に関する記述として、**最も不適当なもの**はどれか。

1. 二重ダクト方式は、別々の部屋で同時に冷房と暖房を行うことができる。
2. ファンコイルユニット方式は、各ユニットごとの温度調節はできない。
3. 定風量単一ダクト方式は、部分的な負荷変動が少ない劇場、オーディトリウムに適している。
4. パッケージ方式は、機械室、配管、ダクト等のスペースが少なくてすむ。

解説

1. **二重ダクト方式**は、冷風、温風を2系統のダクトに送り、末端の混合ボックスにより冷風と温風を混合調節して吹き出し、室温を制御する方式である。別々の部屋で**同時**に冷房と暖房を行うことができる。

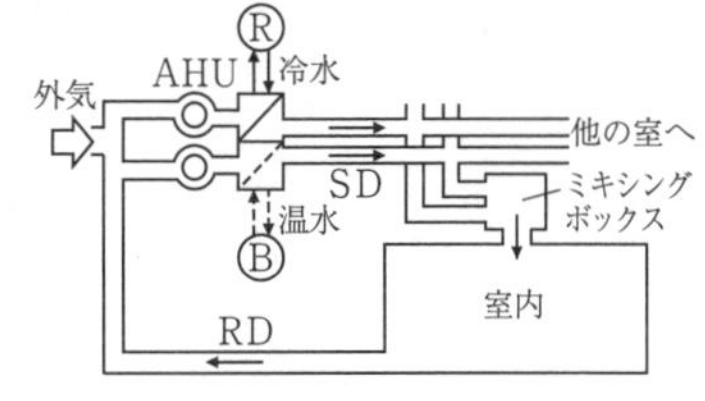

二重ダクト方式

2. **ファンコイルユニット方式**の2管式は季節ごとに冷房と暖房を切り替える必要があり、4管式はゾーン(ユニット)ごとの冷暖房同時運転が可能で、**温度調節**等、室内環境の**制御性**に優れている。

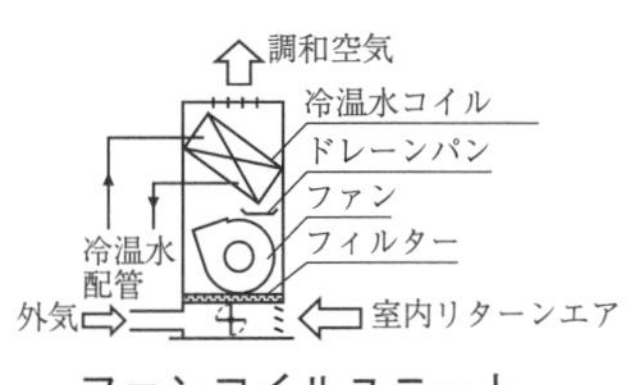

ファンコイルユニット

3. **定風量単一ダクト方式**は、空調機でつくった冷風または温風をダクトで各室に供給する方式である。複数の部屋を空調する場合、代表とする室の温湿度または、還り(リターン)空気の温湿度によって送風温度を変化させるため、負荷特性のほぼ等しいゾーン(劇場、オーディトリウムなど)に対して採用する。
4. **パッケージユニット**は、機内に冷凍機を内蔵し、送風機、冷却コイル、エアフィルター等を組み込んだユニット形空調機である。この方式は、ユニットごとに運転・停止ができ、他方式と比べて機械室面積が少なくてすむ長所がある。

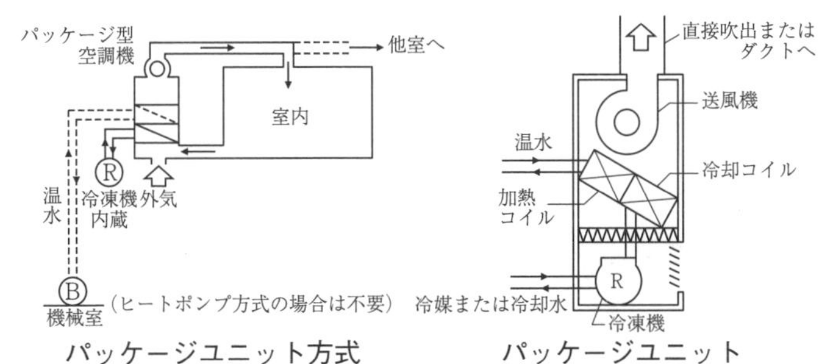

パッケージユニット方式　　パッケージユニット

正答 2

R04−16 B　　CHECK □□□□□

【問題 191】 日本産業規格(JIS)に規定する構内電気設備の名称とその配線用図記号の組合せとして、**不適当なもの**はどれか。

1. 換気扇 ――――― ⦾
2. 蛍光灯 ――――― ▭◯▭
3. ３路点滅器 ――――― ●3
4. 情報用アウトレット ― ⊖

解説

4. **情報用アウトレット**の配線用図記号は、◙ である。問題の記号は、コンセントである。

正答 4

H30−16 C　CHECK

【問題 192】 建築物の電気設備及び電気通信設備に関する用語の説明として、**最も不適当なもの**はどれか。

1. キュービクルは、金属製の箱に変圧器や遮断器などを収めたものである。
2. IP−PBXは、施設内のLANを利用して内線電話網を構築できる交換機である。
3. 漏電遮断器は、屋内配線の短絡や過負荷などの際に、回路を遮断するための装置である。
4. 同軸ケーブルは、CATVの配信などの情報通信に用いられる。

解説

1. **受変電設備**とは、受電設備と変電設備の総称であり、建物内に設ける場合と屋外に設ける場合がある。建物内に設ける場合は、配電盤・遮断器・変圧器などをパイプフレームに開放して取り付ける開放型受変電設備と、これらの機器類を金属箱に組み込んだ閉鎖型受変電設備（キュービクル）を設置する場合がある。
2. **IP電話**とは、IP技術による**ネットワーク**を使った電話のことである。従来の電話機ではディジタル変換装置を経由しなければ通話できなかったが、IP電話では、電話機をLANの１端末として、ネットワーク上で使用するので、直接ディジタル信号で音声を送受信できる。IP−PBXとは、Internet Protocol Private Branch eXchangeの略称で、IP電話機で内線通話や外線通話との中継を実現する機器のこと。企業内で利用されてきたビジネス電話機で内線や外線通話を実現する回線交換機（PBX）のIP電話機版である。
3. 電力の使い過ぎや回路の異常によって流れる過大電流を過負荷電流という。また、通常は絶縁されている回路の電線等が、何らかの外力あるいは劣化による絶縁物の破壊により、線間が接触するなどして、負荷（機器）の接続なしに流れる過大電流を短絡電流といい、過負荷電流と短絡電流を総称して過電流という。この過電流から電線を保護するために、配線用遮断器、ヒューズなどが用いられており、これらを**過電流遮断器**という。**漏電遮断器**は、過電流のほか、地絡電流も検出して自動的に電路を遮断する器具である。
4. **同軸ケーブル**は、高周波用のケーブルの一種で、特にテレビの信号を流すのに用いられる。CATVとは、アンテナを用いず、映像を同軸ケーブルや光ケーブルを用いて伝送する有線のテレビのことである。

正答 3

R02−16 C　CHECK

【問題 193】 防災設備に関する記述として、**最も不適当なもの**はどれか。

1. 傾斜路に設ける通路誘導灯は、避難上必要な床面照度の確保と避難の方向の確認を主な目的とする避難設備である。
2. 劇場の客席に設ける客席誘導灯は、客席から一番近い避難口の方向の明示を主な目的とする避難設備である。
3. 自動火災報知設備は、火災発生時に煙又は熱を感知し、自動的にベルやサイレンを鳴らす警報設備である。
4. 非常用の照明装置は、火災等で停電した場合に自動的に点灯し、避難上必要な床面照度を確保する照明設備である。

解説

1. 白地に緑絵文字の**通路誘導灯**は、廊下や通路、曲がり角に設置されており、通路誘導灯の矢印をたどることで、避難口誘導灯を見つけることができる。階段又は傾斜路に設ける通路誘導灯は、避難上必要な床面照度の確保と避難の方向の確認を主な目的とする避難設備である。

避難口誘導灯

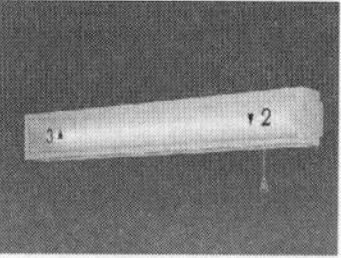

通路誘導灯（左：室内・廊下、右：階段）

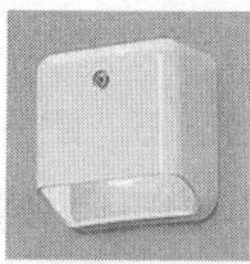

客席誘導灯

2. **客席誘導灯**は、劇場等で火災が発生した場合に観客等に混乱を生じさせないよう客席内の通路の床面を**避難上有効な**照度、すなわち0.2 lx以上となるように客席の通路部分に設ける誘導灯をいう。
3. **自動火災報知設備**は、感知器を用いて火災により発生する**熱**や**煙**を自動的に検知し、受信機、音響装置（ベルなど）を鳴動させて建物内に報知することにより、避難と初期消火活動を促す設備である。
4. **非常用の照明装置**は、火災時において、停電した場合に**自動的に点灯**し、かつ、避難するまでの間に、当該建築物の室内の温度が上昇した場合にあっても床面において１ルクス以上の照度を確保できるものとする。

正答 2

H29−16 A　　CHECK □□□□□

【問題 194】 防災設備に関する記述として、**最も不適当なもの**はどれか。

1. 避難経路に設ける通路誘導灯は、避難の方向の明示を主な目的とする避難設備である。
2. 劇場の客席に設ける客席誘導灯は、避難上必要な床面照度の確保を主な目的とする避難設備である。
3. 非常警報設備の非常ベルは、火災発生時に煙又は熱を感知し、自動的にベルが鳴る警報設備である。
4. 非常用の照明装置は、火災時等に停電した場合に自動的に点灯し、避難上必要な床面照度を確保する照明設備である。

解説

1. 白地に緑絵文字の**通路誘導灯**は、廊下や通路、曲がり角に設置されており、通路誘導灯の矢印をたどることで、**避難口誘導灯**を見つけることができる。階段又は傾斜路に設ける通路誘導灯は、避難上必要な床面照度の確保と避難の方向の確認を主な目的とする避難設備である。

避難口誘導灯

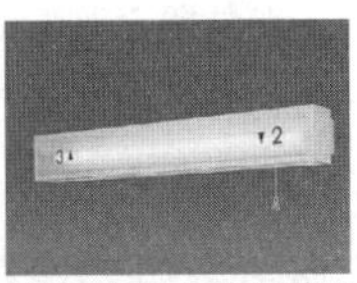
通路誘導灯（左：室内・廊下、右：階段）

客席誘導灯

2. **客席誘導灯**は、劇場等で火災が発生した場合に観客等に混乱を生じさせないよう客席内の通路の床面を**避難上有効な**照度、すなわち0.2lx以上となるように客席の通路部分に設ける誘導灯をいう。
3. 非常警報設備の**非常ベル**は、火災などの非常事態を知らせるために鳴らすベルのことである。感知器を用いて火災により発生する熱や煙を自動的に検知し、受信機、音響装置（ベル）を鳴動させて建物内に報知することにより、避難と初期消火活動を促す設備は、**自動火災報知設備**である。
4. **非常用の照明装置**は、火災時において、停電した場合に自動的に点灯し、かつ、避難するまでの間に、当該建築物の室内の温度が上昇した場合にあっても床面において**1ルクス以上**の照度を確保できるものとする。

共通

正答 3

R03−17 B　CHECK

【問題 195】 建築設備とそれに関連する用語の組合せとして、**最も関係の少ないもの**はどれか。

1. 給水設備 ———————— バキュームブレーカー
2. 排水設備 ———————— 通気管
3. ガス設備 ———————— マイコンメーター
4. 空気調和設備 ————— バスダクト

解説

1. **バキュームブレーカー**とは、給水管に負圧が生じると吸気口より空気を吸い閉止弁を閉じて汚水の逆流を防ぐ構造をもったものをいう。フラッシュバルブを給水管と直結した水洗方式では、必ずバキュームブレーカーを取り付けなければならないので**給水設備**となる。
2. **通気管**は、トラップの封水が破れるのを防ぎ、かつ水流が円滑になるようにするため、配管内と外気とを連絡させる目的で設けられる管のことで**排水設備**となる。
3. **マイコンメーター**は、計量器としての機能だけではなく、ガスの使用状況を常に監視し、マイクロコンピューターが危険と判断した時はガスを止めたり警告を表示する機能を持った保安ガスメーターのことで**ガス設備**となる。
4. **バスダクト配線**は、内部に裸銅線又はアルミニウム帯を納め、それを絶縁物で支持し、鋼板あるいはアルミニウム板などでつくられた外箱で密封したもので**電気配線工事**となる。

正答 4

R04−15 B　CHECK □□□□□

【問題 196】 測量に関する記述として、**最も不適当なもの**はどれか。

1. 水準測量は、地表面の高低差を求める測量で、レベル等を用いる。
2. 角測量は、水平角と鉛直角を求める測量で、セオドライト等を用いる。
3. 平板測量は、測点の距離と高さを間接的に求める測量で、標尺等を用いる。
4. 距離測量は、2点間の距離を求める測量で、巻尺等を用いる。

解説

1. **水準測量**は、**レベル**(水準儀)と**標尺**を使って、既知点から新点(未知)である水準点の標高、高低差を求める測量である。

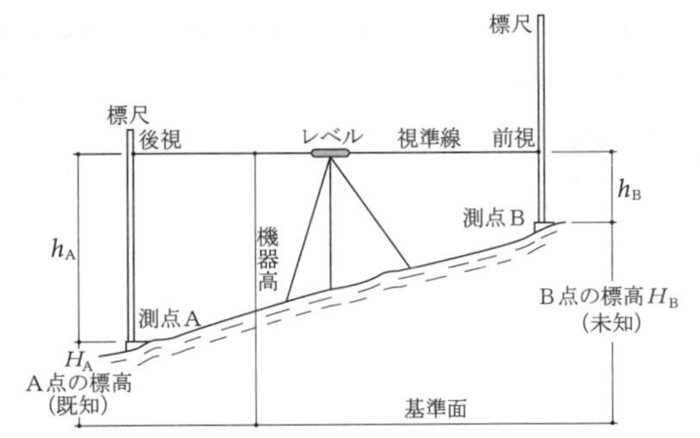

2. **角測量**は、対象物相互間の**角度**を求めるための測量で、平面方向の水平角と高さ方向の高度角があり、測角儀(角度を測る測量機器)には、**トランシット**、**セオドライト**、**トータルステーション**などがある。
3. **平板測量**は、平板とアリダードを用いて測量と製図を現地で同時に行うもので、精度は他の測量より落ちるが、作業が簡便で早い。高さを間接的に求める測量ではない。

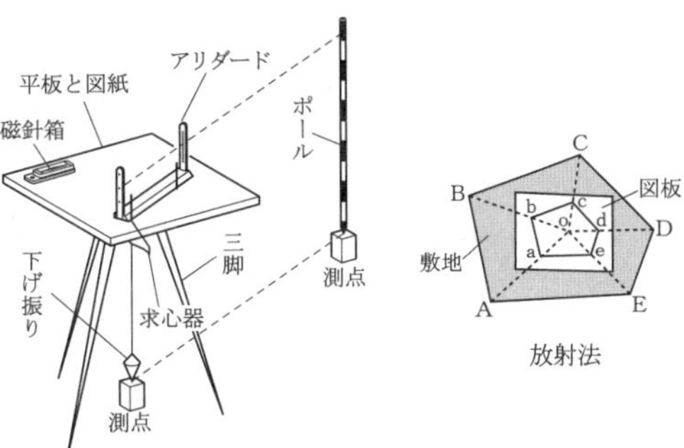

4. **距離測量**は、2点間の距離を求める測量で、巻尺等を用いて行う直接距離測量と、光波測距儀等の機器を用いて行う間接距離測量に分けられる。

正答 3

R02−15 B　　CHECK

【問題 197】 鋼製巻尺を用いる距離測定において、距離の補正を行う場合、**最も必要のないもの**はどれか。

1. 温度による補正
2. 湿度による補正
3. 尺定数による補正
4. 傾斜による補正

解説

鋼製巻尺を用いた2測点間の距離の測定値に対し、**温度補正**、**尺定数補正**及び**傾斜補正**は行うが、**湿度による補正**は行わない。

正答 2

H30−15 B

CHECK

【問題 198】 アスファルト舗装工事に関する記述として、**最も不適当なもの**はどれか。

1. アスファルト舗装は、交通荷重及び温度変化に対してたわみ変形する。
2. 路盤は、舗装路面に作用する荷重を分散させて路床に伝える役割を持っている。
3. プライムコートは、路床の仕上がり面を保護し、路床と路盤との接着性を向上させる役割を持っている。
4. 表層は、交通荷重による摩耗とせん断力に抵抗し、平坦ですべりにくい走行性を確保する役割を持っている。

解説

1. **アスファルト舗装**とは、**路盤**及び加熱アスファルト舗装の**表層**又は表層と**基層**で構成されるたわみ性舗装で、交通荷重を路床土の有する許容応力以下に分散する。
2. **路盤**は、交通荷重を分散させて、安全に路床に伝えるのに重要な役割を果たす。通常、**下層路盤**と**上層路盤**とに分けられる。

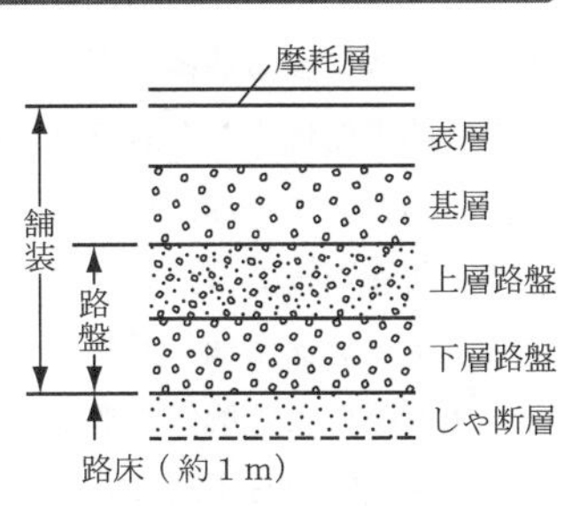

アスファルト舗装

3. **プライムコート**は、**路盤**の仕上げ面を**保護**し、その上のアスファルト混合物層との接着をよくするためのアスファルト乳剤のことである。

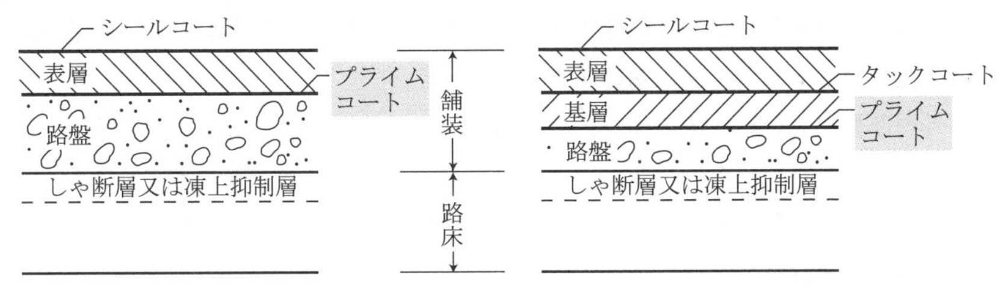

アスファルト舗装の構成（車路部）

4. **表層**は、交通荷重を分散して下層に伝達する機能とともに、交通車輌による流動、摩耗ならびにひびわれに抵抗し、平坦ですべりにくく、一般的には、雨水が下部に浸透するのを防ぐ役割を持っている。

正答 3

H29−50 A　CHECK □□□□□

*【問題 199】 市街地における、鉄筋コンクリート造の建築物の躯体の圧砕機による地上解体工事に関する記述として、**最も不適当なもの**はどれか。

1. コンクリート片の飛散防止や騒音防止のため、防音パネルを取り付けた。
2. 最初に作業開始面の外壁を解体し、オペレーターが建物の各部材に対応できる視界を確保した。
3. 各階の解体は、外周部を先行して解体し、中央部分を最後に解体した。
4. 解体時に発生する粉じんの飛散を防止するため、充分な散水をした。

解説

1. 圧砕機による解体工事による騒音・粉塵等の対策は、次の通りとする。なお、シート類は防炎処理されたものとする。
 ① 防音パネルは、隙間なく取り付ける。
 ② 防音シートは、ジョイントの重ねと結束を十分に施す。
 ③ メッシュ金網、養生シート等は、隙間なく取り付ける。
2. 圧砕機による解体を敷地の空地側地上から進める場合は、作業開始面の外壁から１スパンを上階から下階に向かって全階解体し、オペレーターが建物の各部分に対応できる視界を確保する。
3. 解体に当たっては、施工計画書の手順に従って進め、躯体の安全性を常に確認する。躯体の地上外周部の解体は、次の通りとする。
 ① 片持ち梁等が張り出している外周部は、外側への転倒を防止するため、張り出し部分を先に解体するか、又は適切な支持等を行う。
 ② 外周部を自立状態にする場合、その高さは２層分以下とし、安全性を確保する。
 したがって、外周部を先行し、中央部分を最後に解体する手順は誤りとなる。
4. 解体工事による散水養生は、ブレーカー、穿孔機、破砕機、圧砕機等による粉塵発生部に常時散水を行う。

正答 3

4

施工管理法

施工計画（問題 200 ～問題 213）

●事前調査／●施工計画／●申請・届出

工程管理（問題 214 ～問題 225）

●工程計画・工程管理／●工程表

品質管理（問題 226 ～問題 247）

●品質管理の基本／●品質検査／●材料の保管

安全管理（問題 248 ～問題 258）

●労働災害／●作業主任者／●各種作業の安全

※例年、10 問出題され、全問を解答します。

能力問題（問題 259 ～問題 266）

※例年、4 問出題され、全問を解答します。

R04−29 A　CHECK

【問題 200】 事前調査に関する記述として、**最も不適当なもの**はどれか。

1. 山留め工事の計画に当たって、周辺地盤の高低について調査することとした。
2. 工事用資材の搬入計画に当たって、幼稚園や学校の場所を確認し、輸送経路の制限の有無を調査することとした。
3. 土の掘削計画に当たって、振動が発生するため、近隣の商店や工場の業種を調査することとした。
4. 解体工事の計画に当たって、発生する木くずを処分するため、一般廃棄物の処分場所を調査することとした。

解説

1. **山留め工事計画**において、前面道路や敷地境界を含めた**周辺地盤の高低**の現状調査は、山留め計画のうえで、施工方法等にも影響するので必要である。
2. **搬入経路**の計画を立てるために、事前に輸送ルート上の**交通規制**、**道路幅員**、**交差点**などの状況、**幼稚園**、**学校**などの有無、**通学路**の指定の有無を調査し確認することは大切なことである。
3. 工事による**騒音**や**振動**が発生する場合、影響を受けるおそれのある**商店**、**病院**、**学校**、**精密機器工場**等の**近隣の施設**や**立地条件**について調査を行う。
4. **解体工事**の計画に当たって、発生する木くずを処分する場合は、**産業廃棄物**の処分場所を調査する。

正答 4

R03−29 A　CHECK □□□□□

【問題 201】 事前調査に関する記述として、**最も不適当なもの**はどれか。

1. 既製杭の打込みが予定されているため、近接する工作物や舗装の現況の調査を行うこととした。
2. 掘削中に地下水を揚水するため、周辺の井戸の使用状況の調査を行うこととした。
3. 工事予定の建物による電波障害に関する調査は済んでいたため、タワークレーン設置による影響の調査を省くこととした。
4. 地中障害物を確認するため、過去の土地利用の履歴について調査を行うこととした。

解説

1. 工事による**騒音**や**振動**が発生する場合、影響を受けるおそれのある商店、病院、学校、精密機器工場等の近隣の施設や立地条件について調査を行う。
2. 掘削中に**地下水**を揚水する場合、大量に揚水すると周辺の井戸が枯れるおそれもあるので、事前に周辺の**井戸**の有無、使用状況を調査する。
3. 工事予定の建物による**電波障害**に関する調査は、建設する建物のものであり、タワークレーンや足場の設置による影響があり得るので確認をしなければならない。
4. 敷地内の**地中障害物**の有無の調査は、杭工事、山留め工事等の施工機械の選定や所定の場所に可能か否かなどの決定に関係するので必要である。

正答 3

R02−33 A CHECK □□□□

【問題 202】 事前調査に関する記述として、**最も不適当なもの**はどれか。

1. 解体工事の事前調査として、近接する建物や工作物の現況の調査をすることとした。
2. 鉄骨工事の建方の事前調査として、日影による近隣への影響の調査をすることとした。
3. 敷地内の排水工事の事前調査として、排水管の勾配が公設桝まで確保できるか調査をすることとした。
4. 根切り工事の事前調査として、前面道路や周辺地盤の高低の調査をすることとした。

解説

1. 工事による**騒音**や**振動**が発生する場合、影響を受けるおそれのある商店、病院、学校、精密機器工場等の近隣の施設や立地条件について調査を行う。
2. **日影**に関する近隣への影響調査は、設計をする際に**設計者**が検討すべき内容なので、鉄骨建方計画段階に、調査するものではない。
3. 排水管の**配管計画**は、屋内排水設備からの排出箇所、接続ます等の排水施設の位置及び敷地の形状等を考慮して定める。管径及び勾配は、排水を支障なく流下させるように定める。
4. **根切り工事計画**において、前面道路や敷地境界の高低の現状調査は、根切りの残土搬出や山留め計画のうえで、施工方法等にも影響するので必要である。

正答 2

R01−33 A　　CHECK □□□□□

【問題 203】 施工計画と事前調査の組合せとして、**最も関係の少ないもの**はどれか。

1. 場所打ちコンクリート杭工事の計画 ―― 敷地内の地中障害物の有無の調査
2. 鉄骨の建方計画 ―――――――――― 近隣の商店や工場の業種の調査
3. 地下水の排水計画 ――――――――― 公共桝の有無と下水道の排水能力の調査
4. 山留工事の計画 ―――――――――― 試験掘削による土質性状の追加調査

解説

1. **場所打ちコンクリート杭工事**計画において、敷地内の**地中障害物**の有無の調査は、杭の施工機械の選定や杭の打設が所定の場所に可能か否かなどの決定に関係するので必要である。
2. 工事による**騒音**や**振動**が発生する場合、影響を受けるおそれのある**商店**、**病院**、**学校**、**精密機器工場**等の**近隣の施設**や**立地条件**について調査を行う。鉄骨の建方計画時ではなく、上流段階で調査を行う。
3. 建設工事で地下水の**排水**に公共下水道を使用する場合、**公共ますの有無**、**排水能力**、**公共下水道の径**、**勾配**、**周囲の使用状況**などを調査する。
4. 事前調査には、**資料調査**と**現地調査**がある。現地調査では、敷地内において試験掘削(試掘)を行い、表層部の土質性状や湧水量などの調査を行うこともある。

正答 2

H30−33 A　CHECK

【問題 204】 工事契約後に現場で行う事前調査及び確認に関する記述として、**最も不適当なもの**はどれか。

1. 建物設計時の地盤調査は、山留め工事の計画には不十分であったので、追加ボーリングを行うこととした。
2. 防護棚を設置するため、敷地地盤の高低及び地中埋設配管の状況を調査することとした。
3. 敷地内の排水を行うため、排水管の勾配が公設ますまで確保できるか調査することとした。
4. 工事用車両の敷地までの経路において、幼稚園や学校の場所を調査し、資材輸送の制限の有無を確認することとした。

解説

1. **根切り**、**山留め工事**の計画に対して設計時の地盤調査が不十分な場合は、**ボーリング箇所の追加**、**試験項目**の**追加**等を行う。
2. 仮設足場の**防護棚(朝顔)**は、工事現場の境界線から5m以内で、かつ、地盤面からの高さが7m以上にあるとき、その他、除却、外壁の修繕等に伴う落下物によって工事現場の周辺に危害を生ずるおそれがあるときは、鉄網又は帆布でおおう等、落下物による危害を防止するための措置を講じなければならない。したがって、敷地地盤の高低及び地中埋設配管等を防護棚の設置計画段階に、調査するものではない。

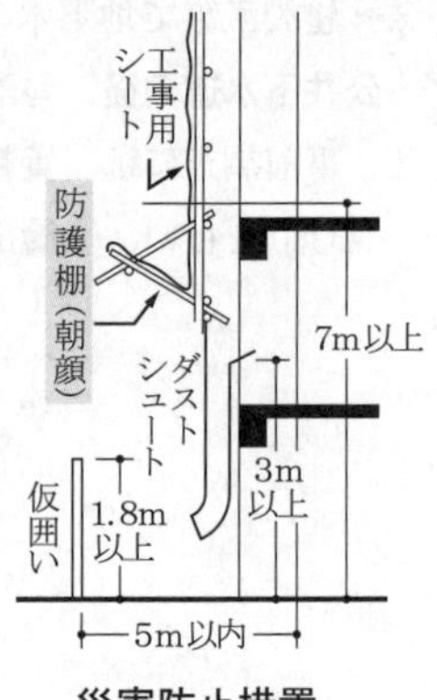

災害防止措置

3. 排水管の配管計画は、屋内排水設備からの排出箇所、接続ます等の排水施設の位置及び敷地の形状等を考慮して定める。管径及び勾配は、排水を支障なく流下させるように定める。
4. **搬入経路**の計画を立てるために、事前に輸送ルート上の**交通規制**、**道路幅員**、**交差点**などの状況、**幼稚園**、**学校**などの有無、**通学路**の指定の有無を調査し確認することは大切なことである。

正答 2

H29−26 B　CHECK □□□□□

【問題 205】 事前調査と施工計画の組合せとして、**最も関係の少ないもの**はどれか。

1. 近隣の商店や工場の業種の調査 ―――――― 解体工事計画
2. 前面道路や周辺地盤の高低の現状調査 ――― 根切り工事計画
3. 敷地内の地中障害物の有無の調査 ――――― 場所打ちコンクリート杭工事計画
4. 日影による近隣への影響調査 ――――――― 鉄骨建方計画

解説

1. 工事による**騒音**や**振動**が発生する場合、影響を受けるおそれのある**商店**、**病院**、**学校**、**精密機器工場**等の近隣の施設や立地条件について調査を行う。
2. **根切り工事計画**において、**前面道路**や**敷地境界**の**高低**の**現状調査**は、根切りの残土搬出や山留め計画のうえで、施工方法等にも影響するので必要である。
3. **場所打ちコンクリート杭工事計画**において、敷地内の**地中障害物**の有無の調査は、杭の施工機械の選定や杭の打設が所定の場所に可能か否かなどの決定に関係するので必要である。
4. **日影**に関する近隣への影響調査は、設計をする際に設計者が検討すべき内容なので、鉄骨建方計画段階に、調査するものではない。

正答 4

R04−30 A　CHECK

【問題 206】 仮設計画に関する記述として、**最も不適当なもの**はどれか。

1. 塗料や溶剤等の保管場所は、管理をしやすくするため、資材倉庫の一画を不燃材料で間仕切り、設置することとした。
2. 所定の高さを有し、かつ、危害を十分防止し得る既存の塀を、仮囲いとして使用することとした。
3. 工事用ゲートや通用口は必要な場合を除き閉鎖することとし、開放する場合は誘導員を配置することとした。
4. 工事現場の敷地周囲の仮囲いに設置する通用口には、内開き扉を設けることとした。

解説

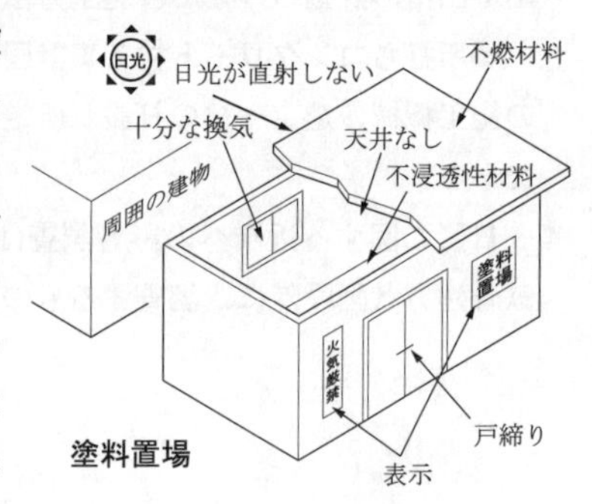

塗料置場

1. 仮設の**塗料置場**、ボンベ置場等の**危険物貯蔵庫**は、他の倉庫や作業員詰所と**離れた場所**に設けなければならない。また、鉄板等の**不燃構造**とし、消防法等の関係法令の規定に準拠したものとする。
2. **仮囲い**と同等以上の効力を有する他の囲いがある場合又は工事現場の周辺若しくは工事の状況により危害防止上支障がない場合においては仮囲いを設けなくてもよい。

3. 4. **工事用ゲート**や**通用口**など出入口を仮囲いに設けるに当たっては、次に掲げるところに従い適切に設置し、維持管理しなければならない。

① できる限り交通の支障が生じない箇所に設置すること
② 開放した時は、工事に必要な車両が入退場できるだけの**有効な高さ**と**幅**を有すること
③ 工事に必要がない限りこれを閉鎖しておくとともに、公衆の出入りを禁ずる旨の**掲示**を行うこと
④ 車両の出入りが頻繁で、出入口を開放しておく場合は、**見張り員**を配置し、公衆の出入りを防止するとともに、出入りする車両の**誘導**に当たらせること
⑤ 扉の構造は、**引戸**又は**内開き**とすること

正答 1

R03−30 A　CHECK □□□□□

【問題 207】 仮設計画に関する記述として、**最も不適当なもの**はどれか。

1. 規模が小さい作業所のため、守衛所を設けず、警備員だけを出入口に配置することとした。
2. 作業員詰所は、職種数や作業員の増減に対応するため、大部屋方式とすることとした。
3. 下小屋は、材料置場の近くに設置し、電力及び水道等の設備を設けることとした。
4. 鋼板製仮囲いの下端には、雨水が流れ出やすいように隙間を設けることとした。

解説

1. 規模が小さい作業所は、警備員だけを出入口に配置する程度とする。**守衛所**は、**車両用ゲート**や**通用口**の近くに設け、警備員が入退場管理を行いやすい場所に設置する。出入口が数箇所となる場合、メインの出入口に設置し、その他は立哨所(その位置を動かずに監視等にあたる所)程度とする。
2. **作業員詰所・休憩所**は、職種数や作業員の増減に対応するためや異業種間のコミュニケーション、空調設備のコスト等により、**大部屋方式**とすることが多い。
3. 大工、鉄筋工、左官などの作業員の加工場または休憩所を下小屋といい、現場内または近くの空地に設けるが、材料置場や現場との位置関係、運搬に便利な場所を選んで設置し、電力及び水道等の設備を設ける。
4. 傾斜している道路等に設置する**仮囲い**で、下端にすき間が生じる時は、木製の幅木を取付けたり、コンクリートを打つなどして、**すき間**をふさぐ。

正答 4

R02−34 B　CHECK □□□□

【問題 208】 仮設計画に関する記述として、**最も不適当なもの**はどれか。

1. 施工者用事務所と監理者用事務所は、機能が異なるため、それぞれ分けて設ける。
2. 仮囲いの出入り口は、管理をしやすくするため、人や車両の入退場の位置を限定する。
3. ハンガー式門扉は、扉を吊る梁が車両の積荷高さを制約する場合があるため、有効高さを検討する必要がある。
4. 仮囲いは、工事現場の周辺の状況が危害防止上支障がない場合であっても、設ける必要がある。

解説

1. 施工者用と監理者用の**事務室**は、機能が異なるため、それぞれ独立した事務室とするが、相互の連絡を密にできるように**同一建物内**に設ける方がよい。
2. ゲートや通用口の**位置**は、前面道路の状況や場内動線等との関連を考慮して決定し、通行人の安全や交通の妨げにならない位置に設ける。
3. 工事現場の**ゲート高さ**は、一般に空荷で退場する**生コン車の高さ**で決まることが多く、それにあわせた高さを有効高さとして検討する必要がある。
4. **仮囲い**と同等以上の効力を有する他の囲いがある場合又は工事現場の周辺若しくは工事の状況により**危害防止上支障がない場合**においては仮囲いを設けなくてもよい。

正答 4

R01−34 A　CHECK □□□□□

【問題 209】 仮設計画に関する記述として、**最も不適当なもの**はどれか。

1. 工事用ゲートを複数設置するため、守衛所をメインのゲート脇に設置し、その他は警備員だけを配置することとした。
2. 作業員詰所は、職種数や作業員の増減に対応するため、大部屋方式とすることとした。
3. 塗料や溶剤等の保管場所は、管理をしやすくするため、資材倉庫の一画を不燃材料で間仕切り設置することとした。
4. 工事用ゲートにおいて、歩行者が多いため、車両の入退場を知らせるブザー及び標示灯を設置することとした。

解説

1. **守衛所**は、**車両用ゲート**や**通用口**の近くに設け、警備員が入退場管理を行いやすい場所に設置する。出入口が数箇所となる場合、メインの出入口に設置し、その他は立哨所(その位置を動かずに監視等にあたる所)程度とする。
2. **作業員詰所・休憩所**は、職種数や作業員の増減に対応するためや異業種間のコミュニケーション、空調設備のコスト等により、**大部屋方式**とすることが多い。
3. 仮設の**塗料置場**、ボンベ置場等の**危険物貯蔵庫**は、他の倉庫や作業員詰所と**離れた場所**に設け、鉄板等の**不燃構造**とし、消防法等の関係法令の規定に準拠したものとする。

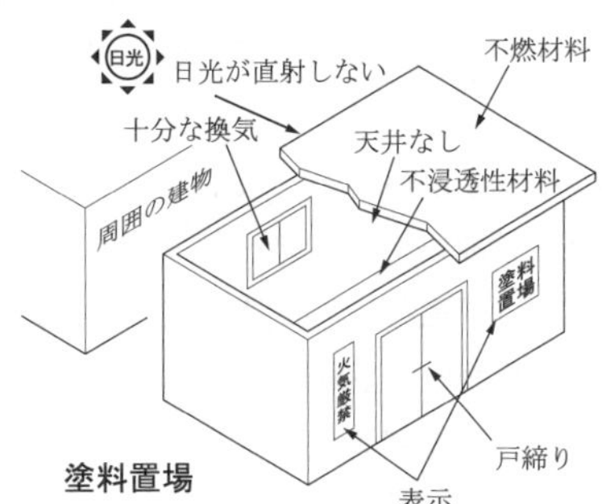

塗料置場

4. 車両用の**ゲート**や**通用口**などは、通行人の安全や交通の妨げにならないような位置に設置する。特に車両の出入りや通行人・交通量が多い場合などは、必要に応じて**誘導員**の配置や車両入退場時の**ブザー・標示灯**などの設置を行う。

H30−34 A　CHECK

【問題 210】 仮設計画に関する記述として、**最も不適当なもの**はどれか。

1. 施工者用事務所と監理者用事務所は、同一施設内にそれぞれ分けて設けることとした。
2. 仮囲いを設けなければならないので、その高さは周辺の地盤面から1.5mとすることとした。
3. 仮囲いの出入り口は、施錠できる扉を設置することとした。
4. 工事ゲートは、トラックアジテータが通行するので有効高さを3.8mとすることとした。

解説

1. 施工者用と監理者用の事務室は、機能が異なるため、それぞれ独立した事務室とするが、相互の連絡を密にできるように同一建物内に設ける方がよい。
2. 工事を行う場合においては、工事期間中工事現場の周囲にその地盤面からの**高さが1.8m以上**の板塀その他これに類する**仮囲い**を設けなければならない。ただし、これらと同等以上の効力を有する他の囲いがある場合又は工事現場の周辺若しくは工事の状況により危害防止上支障がない場合においては、代用してもよい。

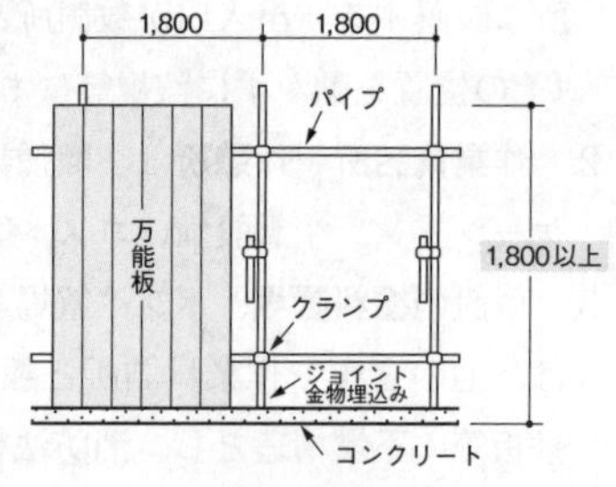

仮囲いの例

3. **仮囲い**に出入口を設ける場合においては、**施錠**できる構造とし、必要のない限り閉鎖しておく。
4. **仮囲い**に車両用のゲートを設ける場合は、工事に必要な車両の入退場ができる**有効高さ**、**有効幅**を有するものとする。なお、道路法の車両制限令では、車両の高さは**3.8m以下**(積載物を含む)となっている。

正答 2

H29−27 A　CHECK

【問題 211】 仮設計画に関する記述として、**最も不適当なもの**はどれか。

1. 敷地に余裕がなく工事用の事務所を工事現場から離れて設置するので、工事現場内に出先連絡所を設けることとした。
2. 酸素やアセチレンなどのボンベ類の貯蔵小屋は、ガスが外部に漏れないよう、密閉構造とすることとした。
3. 工事用の出入口の幅は、前面道路の幅員を考慮して計画することとした。
4. 工事用の出入口を複数設置するので、守衛所はメインの出入口に設置し、その他は警備員だけを配置することとした。

解説

1. 工事用の事務所が、敷地に余裕がなく作業場から離れている場合には、作業場を十分管理できるように、作業場内に**出先連絡所**を設けてすぐに連絡できるようにする。
2. **ボンベ類**の**貯蔵小屋**は、通気のため、**壁の１面**は開口とし、**他の３面**の壁は、上部に**開口部**を設ける。

3. 工事用の出入口の幅は、前面道路の幅員を考慮して計画する。工事用の車両出入口の幅は民地側で車両出入可能な**幅**とし、最大**６m以内**とする。**車両出入口**の設置数は原則１**箇所**とする。敷地が十分広い場合は２箇所まで設置可能とするが、出入口間の中心間隔は14m以上を原則とし、幅も４m以内とする。
4. **守衛所**は、**車両用ゲート**や**通用口**の近くに設け、警備員が入退場管理を行いやすい場所に設置する。出入口が数箇所となる場合、メインの出入口に設置し、その他は立哨所(その位置を動かずに監視等にあたる所)程度とする。

R04−31 B　CHECK □□□□□

【問題 212】 労働基準監督署長に届け出なければならないものとして、**不適当なもの**はどれか。

1. 延べ面積が10m²を超える建築物の除却
2. 現場で常時15人の労働者が従事するための特定元方事業者の事業開始報告
3. 設置期間が60日以上のつり足場の設置
4. つり上げ荷重が３tのクレーンの設置

解説

1. 建築主が床面積の合計が10m²を超える建築物を**建築**しようとする場合又は建築物の除却の工事を施工する者が建築物を**除却**しようとする場合においては、これらの者は、建築主事を経由して、その旨を**都道府県知事**に届け出なければならない。よって、届け出先が労働基準監督署長ではないので誤りである。
2. **特定元方事業者**は、その労働者及び関係請負人の労働者の作業が同一の場所において行われるときは、当該作業の開始後、遅滞なく、事業の種類並びに当該事業場の名称及び所在地等を**労働基準監督署長**に報告する。
3. 事業者は、**足場**の高さが10m以上(つり足場、張出し足場は高さに関係なく)で、組立から解体までの期間が**60日以上**のものを設置する場合は、足場の組立て・解体に係る「機械等設置・移転・変更届」を組立て開始の日の**30日前**までに**労働基準監督署長**に提出しなければならない。
4. 事業者は、つり上げ荷重が3.0tのクレーンを設置しようとするときは、**クレーン設置届**にクレーン明細書、クレーンの組立図、強度計算書及び書面を添えて、**労働基準監督署長**に提出しなければならない。

正答　1

H30−35 B　CHECK □□□□□

【問題 213】 建築工事に係る申請や届出等に関する記述として、**最も不適当なもの**はどれか。

1. 延べ面積が20m²の建築物を建築するため、建築工事届を知事に届け出た。
2. 耐火建築物に吹き付けられた石綿等の除去作業を行うため、建設工事計画届を労働基準監督署長に届け出た。
3. 積載荷重が１tの仮設の人荷用エレベーターを設置するため、エレベーター設置届を労働基準監督署長に提出した。
4. 歩道に工事用仮囲いを設置するため、道路占用の許可を警察署長に申請した。

解説

1. 建築主が床面積の合計が10m²を超える建築物を**建築**しようとする場合又は建築物の除却の工事を**施工する者**が建築物を**除却**しようとする場合においては、これらの者は、建築主事を経由して、その旨を**都道府県知事**に届け出なければならない。
2. **高さ31m**を超える建築物又は工作物（橋梁を除く）の建設、改造、解体又は破壊の仕事や、耐火建築物又は準耐火建築物で石綿等が吹き付けられているものにおける石綿等の除去の作業を行う仕事を開始しようとするときは、その計画を開始日の**14日前**までに、**労働基準監督署長**へ届け出なければならない。
3. 積載荷重１t以上の人荷用エレベーターの**設置届**は、工事開始の日の**30日前**までに**労働基準監督署長**に提出しなければならない。
4. 道路に所定の工作物、物件又は施設を設け、**道路**を**占用**する場合は、道路管理者の許可を受けなければならない。警察署長ではない。

正答 4

R04−32 A　CHECK

【問題 214】 建築工事の工程計画及び工程管理に関する記述として、**最も不適当なもの**はどれか。

1. 工事に必要な実働日数に作業休止日を考慮した日数を、暦日という。
2. 工期を横軸に取り、出来高の累計を縦軸とした進捗度グラフは、直線となる。
3. ネットワーク工程表は、作業の順序関係、開始時期及び終了時期を明確にしたもので、工程の変化に対応しやすい。
4. 工程管理においては、実施工程を分析検討し、その結果を計画工程の修正に合理的に反映させる。

解説

1. 休日、周囲の状況、施工ができない特殊期間、季節の天候等を考慮した実質的な作業可能日数を算出して、暦日換算を考慮した日数を、**暦日**という。
2. 工期を横軸に取り、出来高の累計を縦軸とした**進捗度グラフ**は、毎日の出来高が一定であれば直線となるが、実際には変曲点を持つS型の曲線となり、直線とはならない。
3. **ネットワーク工程表**は、作業の相互関係や開始・終了時刻が明確で、多くの種類の関連工事の工程調整に有利である。しかし、ひと目では全体の出来高が不明確であり、工程表の作成には手法(コンピュータ)の知識が必要である。
4. 工程管理においては、実施工程を分析検討し、その結果を計画工程の修正に合理的に反映させる。

正答 2

R03−32 A　CHECK □□□□□

【問題 215】 工程計画の立案段階で考慮すべき事項として、**最も不適当なもの**はどれか。

1. 敷地周辺の上下水道やガス等の公共埋設物を把握する。
2. 敷地内の既存埋設物の状況を把握する。
3. 全ての工種別の施工組織体系を把握する。
4. 敷地における騒音及び振動に関する法的規制を把握する。

解説

工程計画の立案段階で考慮すべき事項として、**敷地境界の確認**、**敷地地盤の高低**、**既存建築物**、**地下埋設物の確認**、上下水道やガス等の**公共埋設物**の現状調査等を行い把握し、工事による**騒音**や**振動**が発生する場合、影響を受けるおそれのある商店、病院、学校、精密機器工場等の近隣の施設や立地条件について把握する。

3. 工種別の施工組織体系は、工程計画の立案段階には直接の関係は少ない。

正答 3

R02−36 B　CHECK □□□□□

【問題 216】 総合工程表の立案に関する記述として、**最も不適当なもの**はどれか。

1. 工程計画上のマイルストーン(管理日)は、工程上の重要な区切りを避けて計画する。
2. 工区分割を行い、後続作業を並行して始めることにより、工期短縮が可能か検討する。
3. 型枠工事の工程計画では、型枠存置期間を考慮して、せき板や支保工の転用を検討する。
4. 工事を行う地域における労務、資材、機材等の調達状況を調査して、手配を計画する。

解説

1. **マイルストーン**(管理日)は、工程上、重要な区切りとなる時点や、中間工期として重要な作業の終了時点などに計画する。
2. 工程短縮を図るために分割した各工区の所要日数を正確に把握し、所要時間の長い作業を早期に着工させるとともに、工程全般にわたっての作業量の**平準化**を図り、工期短縮が可能か検討する。
3. 型枠工事の工程計画では、コンクリート打込み終了後の型枠存置期間を考慮して、せき板や支保工の**転用**ができるかを検討する。
4. **総合工程表**は、着工から完成引渡しまでの施工の状況を大局的に統括するために作成するもので、総合工程表作成に影響を及ぼす使用可能な前面道路の幅員及び交通規制の状況、地域による労務、資材、機材等の調達状況、敷地周辺の電柱、架線、信号機、各種表示板等の公共設置物の状況などの内容の把握は重要である。

正答 1

R01－36 A　　　　CHECK □□□□□

【問題 217】 総合工程表の立案段階で考慮すべき事項として、**最も必要性の少ないものは**どれか。

1. 敷地周辺の上下水道、ガス等の公共埋設物
2. 敷地周辺の電柱、架線等の公共設置物
3. コンクリート工事の検査項目
4. 使用揚重機の能力と台数

解説

総合工程表は、着工から完成引渡しまでの施工の状況を大局的に統括するために作成するもので、総合工程表作成に影響を及ぼす1.2.4.の内容の把握は重要である。各専門工事の検査項目と重点管理事項は、総合工程表の立案には直接の関係は少ない。

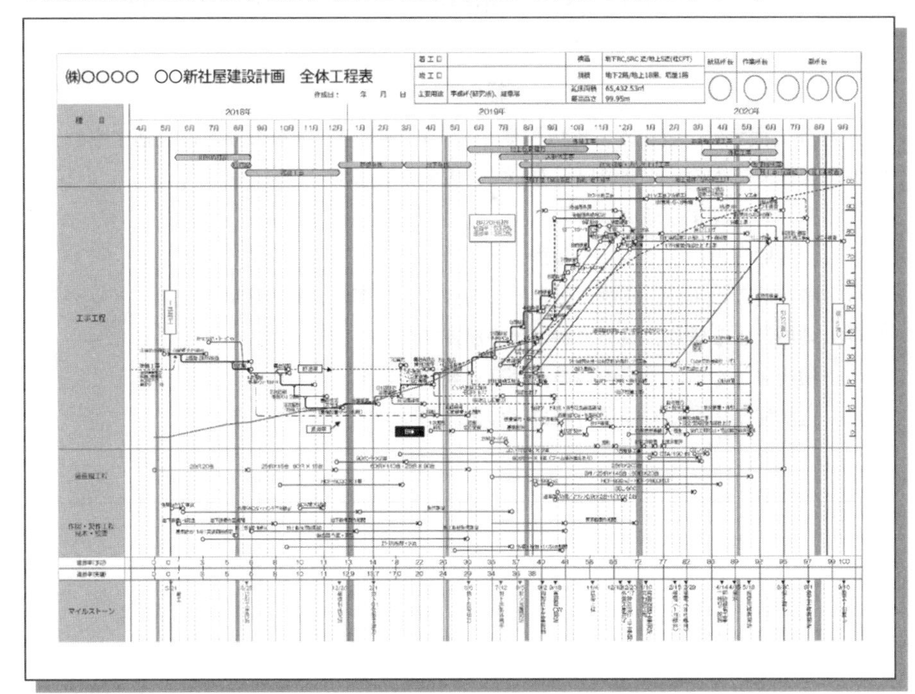

正答 3

H29−29 A　CHECK

【問題 218】 総合工程表の立案段階における考慮すべき事項として、**最も必要性の少ないもの**はどれか。

1. 使用可能な前面道路の幅員及び交通規制の状況
2. 地域による労務、資材、機材等の調達状況
3. 各専門工事の検査項目と重点管理事項
4. 敷地周辺の電柱、架線、信号機、各種表示板等の公共設置物の状況

解説

総合工程表は、着工から完成引渡しまでの施工の状況を大局的に統括するために作成するもので、総合工程表作成に影響を及ぼす1. 2. 4. の内容の把握は重要である。各専門工事の検査項目と重点管理事項は、総合工程表の立案には直接の関係は少ない。

<総合工程表>

総合工程表は、着工から完成引渡しまでの施工の状況を大局的に統括するために作成するもの。立案段階において考慮すべき事項は、次のとおり。

① 敷地の所在する地域の**天候**
② 現場周辺の行事や催しの**日程**
③ 敷地周辺の電柱、架線、信号機、各種表示板等の**公共設置物**の状況
④ 地域による労務、資材、機材等の**調達状況**
⑤ 使用可能な前面道路の幅員及び**交通規制の状況**
⑥ 近隣協定に基づく**作業可能日**と作業開始時刻・作業終了時刻

正答 3

H30−36 A　　　　CHECK □□□□□

【問題 219】 工程計画及び工程管理に関する記述として、**最も不適当なもの**はどれか。

1. ネットワーク工程表は、工程における複雑な作業間の順序関係を視覚的に表現することができる工程表である。
2. 山積工程表は、同種の作業を複数の工区や階で繰り返し実施する場合、作業の所要期間を一定にし、各作業班が工区を順々に移動しながら作業を行う手順を示した工程表である。
3. 工程計画を立てるに当たっては、その地域の雨天日や強風日等を推定して作業不能日を設定する。
4. 各作業の所要期間は、作業の施工数量を投入数量と１日当たりの施工能力で除して求める。

解説

1. **ネットワーク工程表**は、バーチャート工程表に比べ、各作業の順序や因果関係が明確になり、工事手順の検討ができるので、工事全体が把握しやすい。

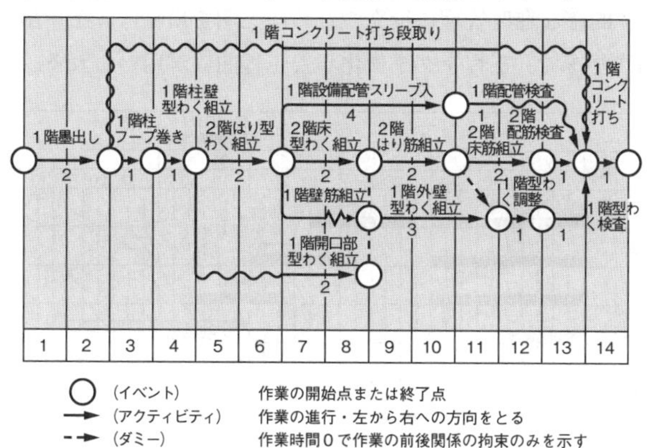

ネットワーク工程表

2. **山積工程表**は、各作業に必要となる工事資源の数量の変化を表すものであるが、日によって多い少ないがあり、バランスが取れない不経済な工程となる。そのため、山崩しの方法により、作業の開始日を調整するなどして、**平準化した工程表**を作成したものである。設問はタクト工程表の説明である。
3. **工程表**に示す主な事項及び工程表作成に当たって考慮すべき主な事項は、① **気候、風土、慣習**等の影響　② **施工計画書、製作図**及び**施工図の作成**並びに**承諾の時期**　③ **主要材料**等の**現場搬入時期**　④ **試験の時期・期間**　⑤ **仮設物の設置期間**　などである。
4. **作業所要日数＝工事数量／稼働１日当たり平均施工量**

施工管理法

正答 2

R04−33 A　CHECK

【問題 220】 バーチャート工程表に関する記述として、**最も不適当なもの**はどれか。

1. 複雑な時間計算が不要であるため、作成しやすい。
2. 工程上の重点管理しなければならない作業が判断しやすい。
3. 各作業の開始時期、終了時期及び所要期間を把握しやすい。
4. 出来高の累計を重ねて表現したものは、工事出来高の進捗状況が把握しやすい。

解説

1. **バーチャート工程表**は、作業の開始日、終了日、所要日数など工事全体が視覚的にわかりやすく、**作成**するのが**手軽**である。
2. バーチャート工程表は、各作業の単純な工事の進度管理に利用されるため、全工種の工程上の**キーポイント**や**重点管理作業**を把握することは**むずかしい**。
3. 一目で各作業の開始時期、終了時期及び所要日数を把握することができる。
4. 一般に工程の進度管理は工程表を用いて行われているが、バーチャート(横線式工程表)では、計画と実地とを対比して的確に工程の動きを把握することが困難である。この欠点を補い、的確な進度管理に役立つために工期を横軸に、工事出来高または施工量の累計を縦軸にとって、工程をグラフ化した工程曲線が用いられる。

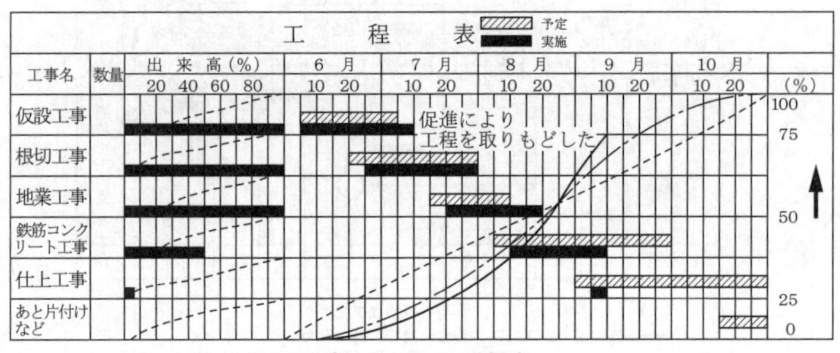

バーチャート工程表

正答 2

R03−33 C

CHECK □□□□□

【問題 221】 バーチャート工程表に関する記述として、**最も不適当なもの**はどれか。

1. 縦軸に工事項目を、横軸に月日を示し、各作業の開始から終了までを横線で表したものである。
2. 主要な工事の節目をマイルストーンとして工程表に付加すると、工程の進捗状況が把握しやすくなる。
3. 各作業の相互関係が表されていないため、工期に影響する作業がどれであるか掴みにくい。
4. 工程表に示す作業を増やしたり、作業を細分化すると、工程の内容が把握しやすくなる。

解説

1. 工事を構成する**各作業名**を縦に列記し、工期の時間的経過である各作業日の着手日から終了日までの間を棒線で結んで横軸にして表す。
2. 主要な工事の節目節目を**マイルストーン**として工程表に付加すると、工程の進捗状況が把握しやすくなる。
3. 各作業の工期に対する影響の度合いが把握しにくいため、各作業の順序関係を、明確に把握することができない。
4. 工程表に示す作業を増やしすぎたり、作業を細分化しすぎると、工程の内容が把握しにくくなる。

正答 4

R02−37 B　　CHECK

【問題 222】 バーチャート工程表に関する記述として、**最も適当なもの**はどれか。

1. 工事全体を掌握することが容易で、作成しやすい。
2. 工事を構成する各作業を縦軸に記載し、工事の達成度を横軸にして表す。
3. 工程上のキーポイント、重点管理しなければならない作業が判断しやすい。
4. 多種類の関連工事間の工程調整に有利である。

解説

1. **バーチャート工程表**は、作業の開始日、終了日、所要日数など工事全体が視覚的にわかりやすく、**作成**するのが**手軽**である。
2. **バーチャート工程表**は、**縦軸**に**各工事・作業**を列挙して、**横軸**に**日数や暦日**をとった表の中に、それぞれの作業や工事の実施期間を横線で記入したものである。
3. **バーチャート工程表**は、各作業の単純な工事の進度管理に利用されるため、全工種の工程上のキーポイントや**重点管理作業**を把握することはむずかしい。
4. **バーチャート工程表**は、各作業の開始日、終了日や所要日数は把握しやすいが、各作業の順序関係、相互関係を明確に把握することができないため、多種類の**関連工事間**の**工程調整**に不利である。多種類の関連工事間の工程調整に有利なのはネットワーク工程表である。

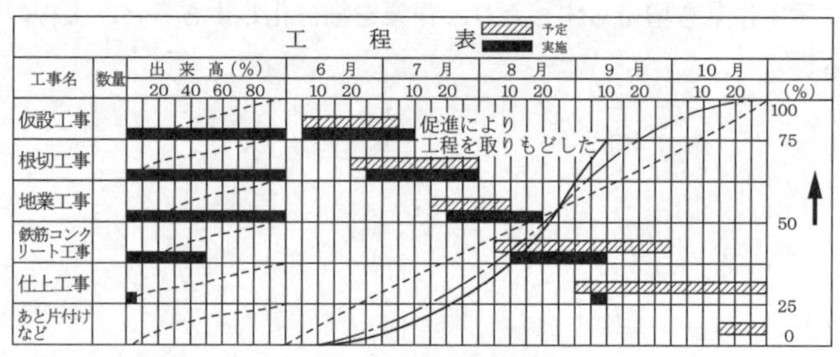

バーチャート工程表

正答 1

R01−37 A CHECK

【問題 223】 バーチャート工程表に関する記述として、**最も不適当なもの**はどれか。

1. 作業進行の度合い、工期に影響する作業やクリティカルパスが把握しやすい。
2. 作業の流れ、各作業の所要日数や施工日程が把握しやすい。
3. 手軽に作成することができ、視覚的に工程が把握しやすい。
4. 出来高の累計を重ねて表現したものは、工事出来高の進ちょく状況が把握しやすい。

解説

1. **バーチャート工程表**は、各作業の**単純な工事**の**進度管理**に利用されるため、全工種の工程上のキーポイントや重点管理作業を把握することはむずかしい。ネットワーク工程表は、作業順序が明確となるので、作業の遅れやクリティカルパス（全作業工程を最短時間で完了するために重要な作業経路）を把握しやすい。

2. 3. **バーチャート工程表**は、**縦軸**に**各工事・作業**を列挙して、**横軸**に**日数**や**暦日**をとった表の中に、それぞれの作業や工事の実施期間を横線で記入したもので、作成するのが手軽である。また、作業の開始日、終了日、所要日数が視覚的にわかりやすい。

4. 一般に工程の進度管理は工程表を用いて行われているが、横線工程表では、計画と実地とを対比して的確に工程の動きを把握することが困難である。この欠点を補い、的確な進度管理に役立つために工期を横軸に、**工事出来高**または**施工量**の**累計**を**縦軸**にとって、工程をグラフ化した工程曲線が用いられる。

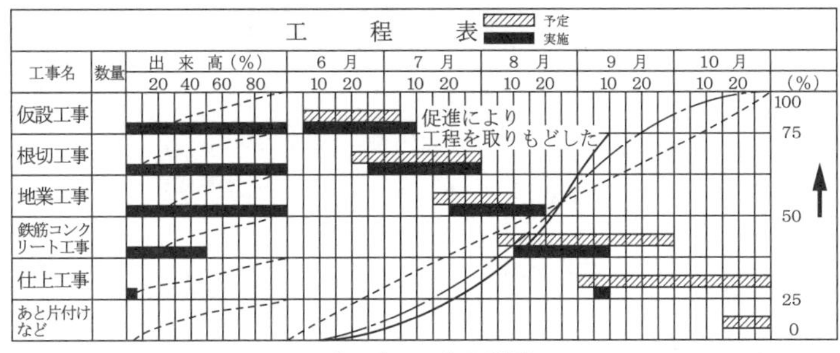

バーチャート工程表

正答 1

H30−37 B　　CHECK □□□□□

【問題 224】 バーチャート工程表に関する記述として、**最も適当なもの**はどれか。

1. 工事全体を掌握するには都合がよく、作成しやすい。
2. 工程上のキーポイント、重点管理しなければならない作業が判断しやすい。
3. 各作業の順序関係を、明確に把握することができる。
4. 工事を構成する各作業を縦軸に記載し、工事の達成度を横軸にして表す。

解説

1.4. **バーチャート工程表**は、**縦軸**に**各工事・作業**を列挙して、**横軸**に**日数や暦日**をとった表の中に、それぞれの作業や工事の実施期間を横線で記入したもので、作成するのが手軽である。また、作業の開始日、終了日、所要日数が視覚的にわかりやすい。

2. 各作業の単純な工事の進度管理に利用されるため、全工種の工程上のキーポイントや重点管理作業を把握することはむずかしい。

3. 各作業の工期に対する影響の度合いが把握しにくいため、各作業の順序関係を、明確に把握することができない。

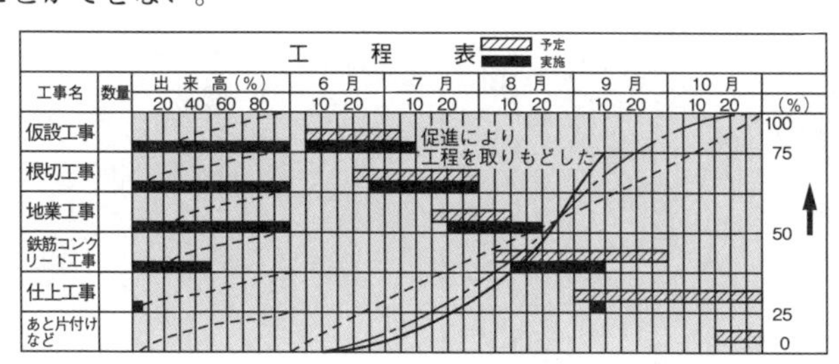

バーチャート工程表

正答 1

H29−30 C　　CHECK □□□□□

【問題 225】 バーチャート工程表の説明として、**最も適当なもの**はどれか。

1. 作業の流れと各作業の所要日数が把握しやすい工程表である。
2. 各作業に対する先行作業、並列作業、後続作業の相互関係が把握しやすい工程表である。
3. 工事出来高の累積値を表現しているため、工事進捗度合が把握しやすい工程表である。
4. 工程上のキーポイント、重点管理しなければならない作業、クリティカルパスが把握しやすい工程表である。

解説

1. **バーチャート工程表**は、**縦軸**に**各工事・作業**を列挙して、**横軸**に**日数や暦日**をとった表の中に、それぞれの作業や工事の実施期間を横線で記入したもので、作成するのが手軽である。また、作業の開始日、終了日、所要日数が視覚的にわかりやすい。
2. 記述は、**ネットワーク工程表**のことで、バーチャート工程表に比べ、各作業の**順序**や**因果関係**が**明確**になり、工事手順の検討ができるので、工事全体が把握しやすい。
3. 記述は、出来高工程表のことで、縦軸に工事出来高または施工量(累積値)をとり、横軸には工事の時間的経過すなわち日数(または週数あるいは月数)をとって、出来高の進ちょくを数量的、かつ、視覚的に示した工程表である。
4. 各作業の単純な工事の進度管理に利用されるため、全工種の工程上のキーポイントや重点管理作業を把握することはむずかしい。**ネットワーク工程表**は、**作業順序**が**明確**となるので、作業の遅れやクリティカルパス(全作業工程を最短時間で完了するために重要な作業経路)を把握しやすい。

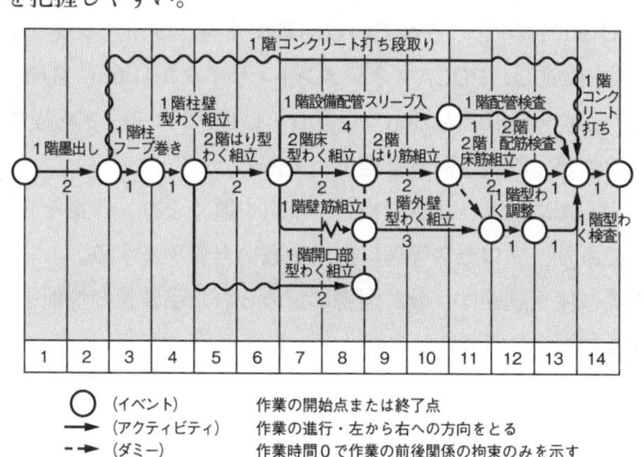

ネットワーク工程表

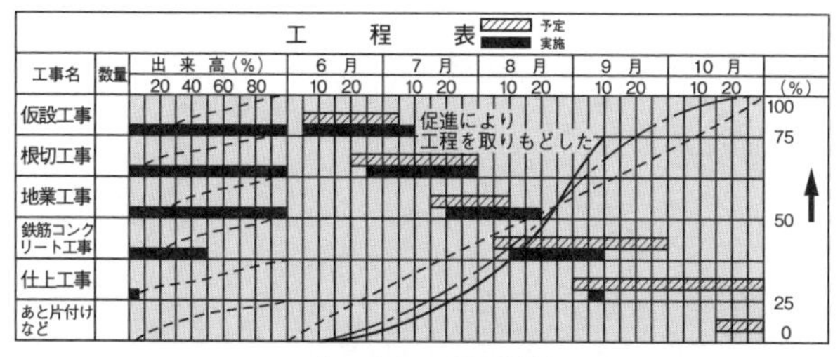

バーチャート工程表

施工管理法

正答 1

R01−38 A　CHECK

【問題 226】 品質管理に関する記述として、**最も不適当なもの**はどれか。

1. 品質管理とは、工事中に問題点や改善方法などを見出しながら、合理的、かつ、経済的に施工を行うことである。
2. PDCAサイクルを繰り返すことにより、品質の向上が図れる。
3. 作業そのものを適切に実施するプロセス管理に重点をおくより、試験や検査に重点をおく方が有効である。
4. 施工の検査に伴う試験は、試験によらなければ品質及び性能を証明できない場合に行う。

解説

1. **品質管理**(Quality Control)は、設計図書によって要求されたとおりの品質や性能をもつ建築物をつくることであり、JIS Z 8101では「買い手の要求に合った品質の品物又はサービスを経済的に作り出すための手段の体系」と定義されている。
2. ISO規格(ISO 9001)に定められている品質マネジメント・システムは、初めに品質方針・品質目標を設定し、**PDCAマネジメント・サイクル**(Plan：目標・計画、Do：実施・運用、Check：点検・検証、Action：見直し・展開)のステップを繰り返すことにより、継続的に業務の改善・改良を図る管理手法である。
3. 品質を確保するためには、試験や検査に重点を置くより、作業そのものを適切に実施する方が重要であり、**プロセス管理に重点**を置いた管理をする。
4. 施工の検査等に伴う試験は、設計図書に定められた品質及び性能を、試験によらなければ証明できない場合に行う。

正答 3

H29−31 A　CHECK □□□□□

【問題 227】 品質管理に関する記述として、**最も不適当なもの**はどれか。

1. 重点管理項目や管理目標は、現場管理方針として文書化し、現場全体に周知する。
2. 品質管理を組織的に行うために、品質管理活動に必要な業務分担、責任及び権限を明確にする。
3. 試験・検査の結果が管理値を外れた場合には、適切な処置を施し、再発防止の措置をとる。
4. 品質を確保するためには、作業そのものに重点を置くよりも、試験・検査に重点を置く方がよい。

解説

1. **重点的に管理する項目**や**管理目標**は、できる限り**数値化**し、品質管理計画に基づき、試験や検査を行い、それを現場管理方針として文書化し、現場全体に**周知**する。
2. **品質管理**を組織的・総合的に行うために、工事関係各部門において品質管理活動に必要な**業務分担**、**責任**及び**権限**を明確にした組織作りを行う。
3. 試験又は検査の結果で手直しが出た場合、品質計画に従って適切な処理を施し、その原因を追求、検討して同じ欠陥が再発しないように対策を施す。
4. **品質**を確保するためには、試験や検査に重点を置くより、作業そのものを適切に実施する方が重要であり、プロセス管理に**重点**を置いた管理をする。

正答 4

R03−34 B　CHECK □□□□□

【問題 228】 施工品質管理表(QC工程表)の作成に関する記述として、**最も不適当なもの**はどれか。

1. 工種別又は部位別に作成する。
2. 管理項目は、目指す品質に直接関係している要因から取りあげる。
3. 管理項目は、品質に関する重要度の高い順に並べる。
4. 管理項目ごとに、管理担当者の分担を明確にする。

解説

1. **QC工程表**は、**工種別**又は**部位別**に作成し、プロセスでの作りこみとチェック事項をまとめる。
2. **管理項目**は、工程において管理すべき**品質特性**を記入し、目指す品質に直接関係している要因から取りあげる。
3. **管理項目**は、施工手順に沿って、材料、作業員、機械・機具、作業のやり方等を、プロセスでの作りこみとチェック事項をまとめたもので、品質の重要度の高い順に並べることはしない。
4. 管理項目ごとに、**工事監理者**、**施工管理者**及び**専門工事業者**のそれぞれの**役割分担**を**明確**にする。

正答 3

R02−38 B　CHECK □□□□□

【問題 229】 品質管理に関する記述として、**最も不適当なもの**はどれか。

1. 検査とは、性質又は状態を調べた結果と判定基準を比較して、良否の判断を下すことである。
2. 施工品質管理表(QC工程表)には、検査の時期、方法、頻度を明示する。
3. 工程間検査は、作業工程の途中で、ある工程から次の工程に移ってもよいかどうかを判定するために行う。
4. 品質管理とは、品質計画に従って試験又は検査を行うことをいう。

解説

1. **検査**とは、性質又は状態を調べた結果と判定基準を比較して、良否の判断を下すことをいう。
2. **施工品質管理表**(QC工程表)の管理要領では、管理項目、管理値、検査の時期、方法、頻度等を明示しておく。
3. 工程間検査は、作業工程の途中で、ある工程から次の工程に移ってもよいかどうかを判定するために行う検査である。
4. **品質管理**とは、製品の品質を一定のものに安定させ、かつ向上させるための様々な管理であり、品質計画に従って試験又は検査を行うことはその一部であり、これのみを品質管理というのではない。

R04−34 B　CHECK

【問題 230】 品質管理の用語に関する記述として、**最も不適当なもの**はどれか。

1. 特性要因図とは、結果の特性とそれに影響を及ぼしている要因との関係を、魚の骨のような図に体系的にまとめたものである。
2. 見える化とは、問題、課題、対象等をいろいろな手段を使って明確にし、関係者全員が認識できる状態にすることである。
3. 管理項目とは、目標の達成を管理するために、評価尺度として選定した項目のことである。
4. QCDSとは、計画、実施、点検、処置のサイクルを確実、かつ、継続的に回して、プロセスのレベルアップを図る考え方である。

解説

1. **特性要因図**は、魚の骨図ともいい、特定の**結果**と**原因**系の関係を系統的に表した図である。
2. 見える化は、問題、課題、対象等を、いろいろな手段を使って明確にし、関係者全員が認識できる状態にすることをいう。

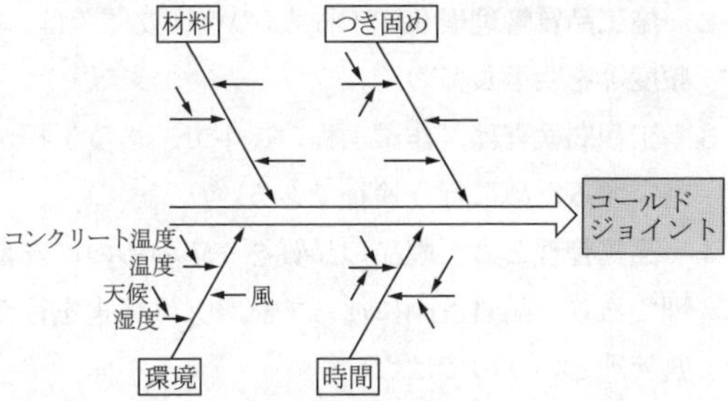

特性要因図

3. **管理項目**とは、目標の達成を管理するために、評価尺度として選定した項目のことをいう。
4. **QCDS**とは、Quality(品質)、Cost(原価)、Delivery(工期)、Safety(安全)、の頭文字を取った言葉である。施工管理でQCDSが使われるのは、良質な建設物を予算以内、かつ工期を厳守すること、現場の安全に配慮することが重要とされている。問題は、PDCAのことである。

正答 4

H30−38 A　CHECK □□□□□

【問題 231】 次の用語のうち、品質管理に**最も関係の少ないもの**はどれか。

1. ばらつき
2. ロット
3. マニフェスト
4. サンプリング

解説

1. **ばらつき**とは、観測値・測定結果の大きさがそろっていないこと、又は不ぞろいの程度をいい、ばらつきの大きさを表すには、標準偏差等を用いる。
2. **ロット**とは、等しい条件下で生産された製品、半製品、原材料等の単位体、又は単位量をある目的をもって集めたものである。
3. **マニフェスト**とは、積荷目録という意味があり、産業廃棄物の適正な処理を推進する目的で定められた制度のことをマニフェスト制度という。マニフェスト伝票を用いて廃棄物処理の流れを確認できるようにし、不法投棄などを未然に防ぐためのものである。品質管理の用語としては直接の関係は少ない。
4. **サンプリング**は、母集団からサンプルを取ることで、品質管理用語である。

正答 3

R02−40 B　CHECK □□□□□

【問題 232】 鉄筋のガス圧接継手部の試験方法として、**最も不適当なもの**はどれか。

1. 圧縮試験
2. 引張試験
3. 外観試験
4. 超音波探傷試験

解説

圧接完了後は、圧接箇所の**全数**について**外観検査**を行い、その後、**超音波探傷試験**又は**引張試験**による抜取検査を行う。圧縮試験は行わない。

正答 1

R03−36 B　CHECK □□□□□

【問題 233】 コンクリートの試験に関する記述として、**最も不適当なもの**はどれか。

1. フレッシュコンクリートの温度測定は、その結果を1℃単位で表示する。
2. 圧縮強度の試験は、コンクリート打込み日ごと、打込み工区ごと、かつ、150m^{3}以下にほぼ均等に分割した単位ごとに行う。
3. スランプ試験は、1cm単位で測定する。
4. スランプ試験時に使用するスランプコーンの高さは、300mmとする。

解説

1. **フレッシュコンクリート**の**温度測定**は、その結果を**1℃単位**で表示する。
2. **圧縮強度の試験**は、**コンクリート打込み日**ごと、**打込み工区**ごと、かつ、**150m^{3}以下**にほぼ**均等**に分割した単位ごとに行う。
3. **スランプ試験**は、**0.5cm単位**で測定する。
4. スランプ試験時に使用する**スランプコーンの高さ**は、**300mm**とし、試験時に変形しない**金属製**とする。

正答 3

H30−40 A　CHECK

【問題 234】 コンクリートの試験に関する記述として、**最も不適当なもの**はどれか。

1. スランプの測定値は、スランプコーンを引き上げた後の、平板からコンクリート最頂部までの高さとした。
2. スランプ試験は、コンクリートの打込み中に品質の変化が認められた場合にも行うこととした。
3. 1回の圧縮強度試験の供試体の個数は、3個とした。
4. 受入れ検査における圧縮強度試験は、3回の試験で1検査ロットを構成した。

解説

1. **スランプ**は、スランプコーンを引き上げた直後に測った**頂部からの下がり**で表す。

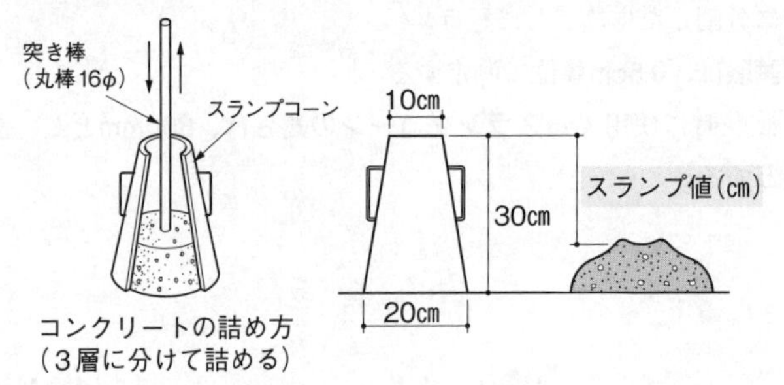

2. **スランプ試験**は随時行うこととしており、受入検査のための圧縮強度試験用供試体の採取時や構造体コンクリートの強度検査用供試体の採取時だけではなく、**打込み初期**や、打込み中に**品質の変化**が認められた時にも行うのがよい。
3. **構造体コンクリート**の1回の圧縮強度試験には、適当な間隔をおいた**3台**の運搬車から1個ずつ採取した**合計3個**の供試体を用いる。
4. **レディーミクストコンクリート**の受入れ時には、納入されたコンクリートの種類、品質及び容積が発注した条件に適合していることを確認しなければならない。圧縮強度の試験は、**標準養生**、**材齢28日**で行う。
   - 1回の試験は**打込み工区**、**打込み日**ごと、かつ**150m³以下**にほぼ均等に分割した単位ごとに3個の供試体を用いて行う。
   - **3回**を**1検査ロット**として合否を判定する。
   - 1回の試験結果は、**任意の一運搬車**から**採取**して作った**3個**の供試体の試験値の平均値とする。

正答 1

R03−35 A　　CHECK □□□□□

【問題 235】 トルシア形高力ボルトの１次締め後に行うマーキングに関する記述として、**最も不適当なもの**はどれか。

1. マークのずれによって、軸回りの有無を確認できる。
2. マークのずれによって、トルク値を確認できる。
3. マークのずれによって、ナットの回転量を確認できる。
4. マークのずれによって、共回りの有無を確認できる。

解説

一次締め後、ボルトにつけるマークには次のような目的がある。

・**一次締め完了**の確認

・本締め完了後マークがずれた位置による**共回り**及び**軸回り**のないことの確認

・マークのずれによる**本締め完了**の確認

・**ナットの回転量**の確認

トルク値については、挙げられていない。

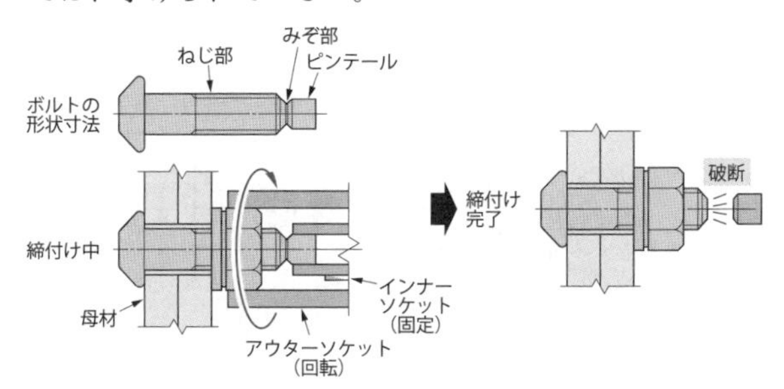

トルシア形高力ボルトの本締め

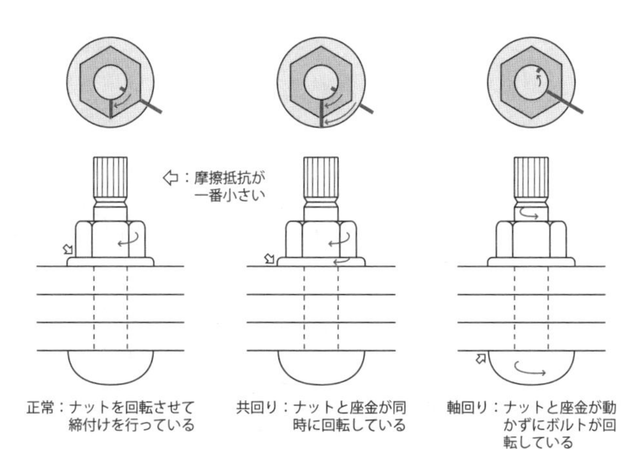

共回り・軸回り

正答 2

R01－39 B　CHECK

【問題 236】 トルシア形高力ボルトの１次締め後に行う、マーキングに関する記述として、最も不適当なものはどれか。

1. マークによって、１次締め完了の確認ができる。
2. マークのずれによって、本締め完了の確認ができる。
3. マークのずれによって、軸回りの有無の確認ができる。
4. マークのずれによって、トルク値の確認ができる。

解説

一次締め後、ボルトにつけるマークには次のような目的がある。

・**一次締め完了**の確認

・本締め完了後マークがずれた位置による**共回り及び軸回り**のないことの確認

・マークのずれによる**本締め完了**の確認

・**ナットの回転量**の確認

トルク値については、挙げられていない。

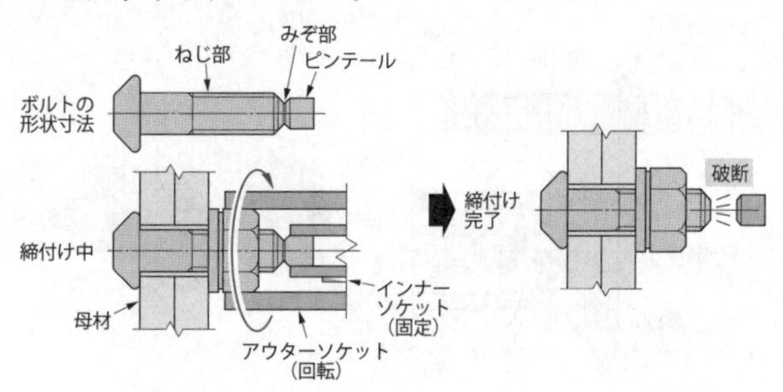

トルシア形高力ボルトの本締め

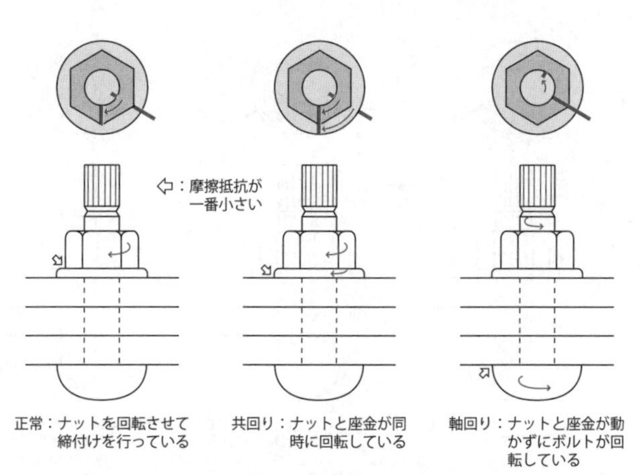

共回り・軸回り

正答 4

R04−36 B　CHECK □□□□□

【問題 237】 鉄骨工事の検査に関する記述として、**最も不適当なもの**はどれか。

1. トルシア形高力ボルトの本締め完了は、ピンテールの破断とマーキングのマークのずれによって確認した。
2. スタッド溶接の合否は、打撃曲げ試験によって確認した。
3. 溶接部の欠陥であるブローホールは、目視によって有無を確認した。
4. 溶接後のビード外観は、目視によって表面の不整の有無を確認した。

解説

1. **トルシア形高力ボルト**の締付け検査は、全てのボルトについて**ピンテール**が破断されていることを確認するとともに、1次締付け後に付けたマークのずれにより、共回り・軸回りの有無、ナットの回転量及びナット面から突き出したボルトの余長の過不足等を目視検査し、いずれについても異常が認められないものを合格とする。
2. **スタッドボルト**は、鉄骨梁とコンクリートスラブの合成梁の効果を期待して、梁フランジ面等に垂直に溶接されたボルトをいう。施工後のスタッド溶接部の検査は、**15°打撃曲げ検査**により行う。
3. 溶接部の欠陥の1つである**ブローホール**は、ガスによって生ずる溶着金属中の球状、又はほぼ球状の空洞が溶接内部にできる欠陥のため、目視の確認はできない。ブローホールの検出は放射線透過試験又は超音波探傷試験により行う。
4. 溶接後の**ビード外観**は、**目視**によって表面の不整の有無を確認する。

正答 3

H29−33 B　CHECK

【問題 238】 鉄骨工事における溶接部の欠陥を表す用語として、**最も不適当なもの**はどれか。

1. アンダーカット
2. ピット
3. パス
4. ブローホール

解説

1. **アンダーカット**は、溶接の止端に沿って母材が掘られて、溶着金属が満たされないで、溝となって残っている部分。必要に応じて整形した後、ショートビードにならないように補修溶接し、さらに必要な場合は、グラインダー仕上げを行う。
2. **ピット**(クレーター)は、溶着金属表面に生じる小さなくぼみ穴。アークエアガウジング、グラインダーなどにより削除した後、補修溶接する。
3. **パス**とは、溶接の進む方向に沿って行う１回の溶接操作のことをいう。
4. **ブローホール**は、ガスによって生ずる溶着金属中の球状、またはほぼ球状の空洞をいう。スラグ巻込み、溶込み不良、融合不良、ブローホールなどの内部欠陥は非破壊検査記録に基づいて欠陥の位置をマークした後、アークエアガウジングによりはつり取って実際の位置を確認し、欠陥の端部より**20mm程度除去**し、舟底型の形状に仕上げてから**再溶接**する。

アンダーカット	アンダーカットは溶接の止端にそって母材が掘られて，溶着金属が満たされないで，みぞとなって残っている部分	ブローホール	ブローホールは，ガスによって生ずる溶着金属中の球状，またはほぼ球状の空どう
ピット(クレーター)	ピットとは，溶着金属表面に生じる小さなくぼみ穴をいう	クラック(割れ)	クラックは，溶着金属内部に割れが生じることをいう
オーバラップ	オーバラップとは，溶着金属が止端で母材に融合しないで重なった部分をいう	スラグ巻込み	溶着・金属内部にスラグが混じってしまうこと

正答 3

R04−35 A　CHECK □□□□□

【問題 239】 工事現場における試験に関する記述として、**最も不適当なもの**はどれか。

1. 鉄筋のガス圧接部のふくらみの直径の測定は、デジタルノギスを用いて行った。
2. フレッシュコンクリートのスランプの測定は、スランプゲージを用いて行った。
3. 外壁タイル張り後のタイル接着力試験は、油圧式簡易引張試験器を用いて行った。
4. 硬質ウレタンフォーム断熱材の吹付け作業中の厚さの測定は、ダイヤルゲージを用いて行った。

解説

1. **ガス圧接継手**の継手部の検査方法としては、**全数検査**(外観検査)と**抜取検査**がある。外観検査は、原則として、圧接作業完了時に全数を**目視**又は**ノギス、スケール、専用検査治具**により測定する。
2. コンクリートの**スランプ試験方法**では、スランプコーンの中に試料を所定の方法で詰めた後にスランプコーンを取り去り、試料の自重による下がり量から試料のコンシステンシーを測定する。試料の下がった量はスランプゲージによって**0.5cm単位**で測定する。
3. **タイル接着力試験**は、タイルを張った後、**2週間以上**が経過し強度が出た時期に壁面に対して垂直方向にタイルを引っ張って接着強さを測定する検査である。油圧式簡易引張試験器は、小型・軽量設計なので1人で簡単に測定ができる。
4. 硬質ウレタンフォーム吹付け工法は、**ワイヤゲージ**等により随時測定しながら吹付け施工するが、1層の吹き上げ厚さは、30mm以下とし、総厚さが30mmを超える場合は多層吹きとする。ダイヤルゲージは使用しない。

正答 4

R02−39 B　CHECK □□□□□

【問題 240】 工事現場における試験に関する記述として、**最も不適当なもの**はどれか。

1. 吹付けロックウールによる耐火被覆材の厚さの確認は、確認ピンを用いて行った。
2. 外壁タイル張り後のタイル接着力試験は、油圧式簡易引張試験器を用いて行った。
3. 鉄筋のガス圧接部のふくらみの直径の測定は、ダイヤルゲージを用いて行った。
4. コンクリートのスランプフロー試験は、スランプコーンを用いて行った。

解説

1. 鉄骨造の耐力は、鉄骨のみに依存しているので、耐火被覆を施して火気の影響から保護する必要がある。吹付け工法には湿式工法と乾式工法とがあり、吹付けロックウールによる耐火被覆材の施工中の厚さの確認は、施工面積5 m^2当たり1箇所を単位としてピンを用いて厚さを確認しながら施工する。
2. **タイル接着力試験**は、タイルを張った後、**2週間以上**が経過し強度が出た時期に壁面に対して垂直方向にタイルを引っ張って接着強さを測定する検査である。油圧式簡易引張試験器は、小型・軽量設計なので1人で簡単に測定ができる。
3. **ガス圧接継手**の継手部の検査方法としては、全数検査(外観検査)と抜取検査がある。外観検査は、原則として、圧接作業完了時に全数を目視又は**ノギス、スケール、専用検査治具**により測定する。ダイヤルゲージは使用しない。
4. **スランプフロー試験**のスランプコーンへの試料の詰め方は、詰め始めてから、詰め終わるまでの時間を2分以内とする。**スランプコーン**を用いる。

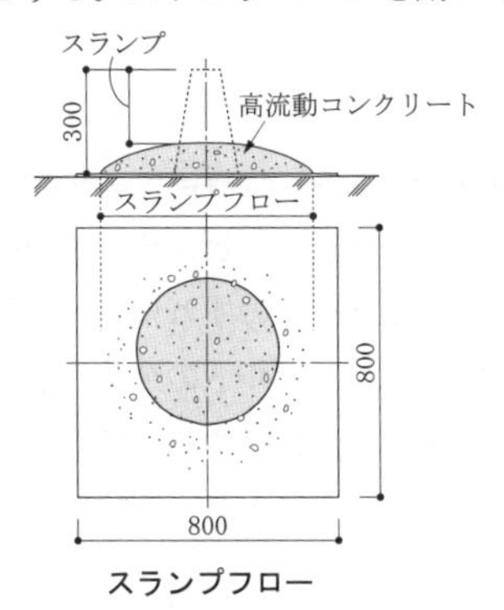

スランプフロー

正答 3

H30−39 A　CHECK

【問題 241】 品質管理のための試験及び検査に関する記述として、**最も不適当なもの**はどれか。

1. 鉄骨工事において、高力ボルト接合部の締付けの検査のため、超音波探傷試験を行った。
2. シーリング工事において、接着性の確認のため、簡易接着性試験を行った。
3. 塗装工事において、工場塗装した鉄骨の塗膜厚の確認のため、電磁式膜厚計を用いて測定した。
4. 鉄筋工事において、ガス圧接継手の検査のため、抜き取った接合部の引張試験を行った。

解説

1. **トルシア形高力ボルト**の締付け検査は、**ピンテール**が破断されていることを確認するとともに、１次締付け後に付けた**マークのずれ**により、**共回り・軸回り**の有無、ナットの**回転量**及びナット面から突き出した**ボルトの余長**の過不足等を目視検査し、いずれについても異常が認められないものを合格とする。超音波探傷試験は、圧接部に探触子から超音波を発信し、その反射波の状態により、圧接部の欠陥を発見する方法である。

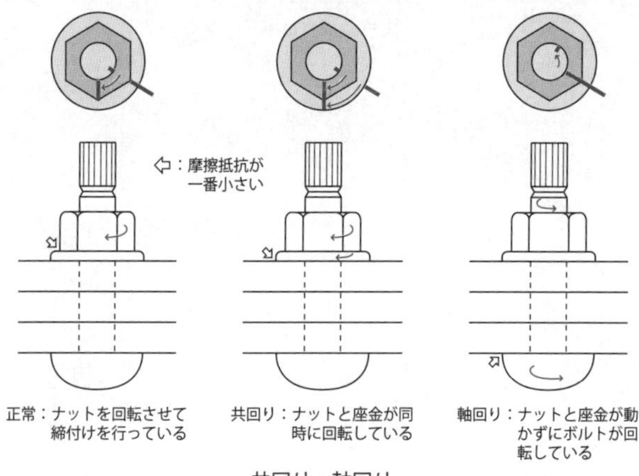

共回り・軸回り

2. **シーリング材**に用いる**簡易接着性試験**は、実際の構成材などにシーリング材を打設し、硬化後、手で引っ張るもので、シーリング材が弾性を発現するまで十分硬化させた後、180°の方向にシーリング材を引っ張り、シーリング材が凝集破壊すれば接着性は良好と判断できる。シーリング材は、同一種類のものであっても、製造所ごとに組成が異なるため、接着性能に問題が起こる場合があるので、製造所ごとに行う。

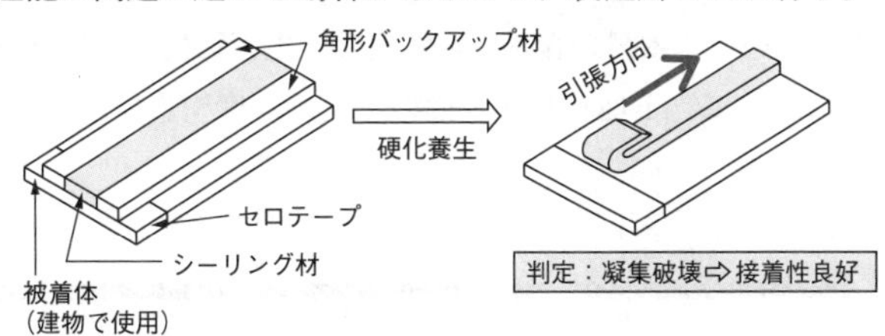

3. **錆止め塗料塗り**において、工事現場塗装の場合は、**使用量**から単位面積当たりの塗付け量を推定する。工場塗装の場合は、**電磁膜厚計**その他適切な測定器具により、膜厚の確認を行う。

4. 圧接完了後は、圧接箇所の**全数**について外観検査を行い、その後、**超音波探傷試験**又は引張試験による抜取検査を行う。抜取試験の適用は特記によるが、特記がなければ、超音波探傷試験とする。

正答 1

H29−32 B　CHECK □□□□□

【問題 242】 品質管理のための試験・検査に関する記述として、**最も不適当なもの**はどれか。

1. 鉄骨工事において、隅肉溶接のサイズの測定は、マイクロメーターを用いて行った。
2. 地業工事において、支持地盤の地耐力の確認は、平板載荷試験によって行った。
3. 内装工事において、木材の含水率の測定は、電気抵抗式水分計を用いて行った。
4. 塗装工事において、下地モルタル面のアルカリ度検査は、pHコンパレーターを用いて行った。

解説

1. **隅肉溶接**が完了した試験材を目視で観察して、溶接部に割れ、アンダーカット、オーバラップ、スラグ巻込みがないことを確認し、**溶接用ゲージ**を用いて、**のど厚及び脚長**を溶接線に沿って3箇所以上測定し、溶接材料の要求を満足し得ることを確認する。
2. **平板載荷試験**は、一般に**直径30cm**の円形板にジャッキで荷重をかけ、荷重の大きさと沈下量から地盤の変形や強さ等の特性を調べるために行う試験である。

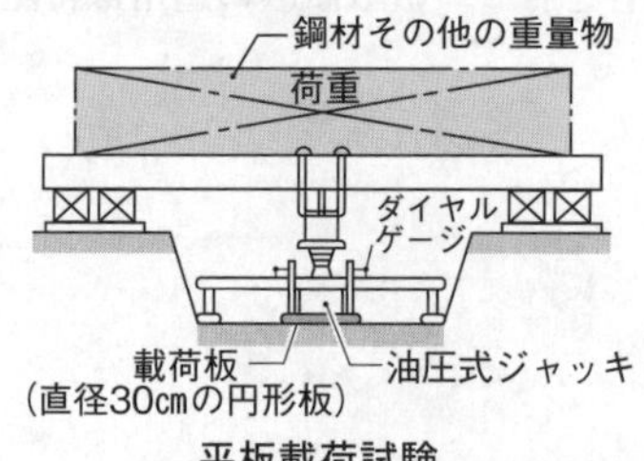

平板載荷試験

3. 木材に用いる**含水率試験**には、全乾法、**電気抵抗式水分計**や**高周波水分計**を用いるものがあり、工事現場搬入時の含水率を調べるのに用いられる。
4. 塗装工事の**アルカリ度検査**の方法には、**pHコンパレーター**、pH指示薬溶液、pH試験紙、万能指示薬(ユニバーサルインジケーター)等を用い、pH(水素イオン濃度)の測定を行う。

正答 1

R01－40 C　CHECK □□□□□

【問題 243】 品質管理のための試験又は検査に関する記述として、**最も不適当なもの**はどれか。

1. 鉄骨工事の現場隅肉溶接は、浸透探傷試験により確認した。
2. 造作用の木材は、含水率を高周波水分計により確認した。
3. 鉄筋のガス圧接部は、全数を外観試験により確認した。
4. 摩擦杭の周面摩擦力は、すべり係数試験により確認した。

解説

1. **溶接部の外観検査**は、溶接部のすべてにおいて表面欠陥及び精度に対して行う。割れの疑いがある表面欠陥には、**浸透探傷試験**又は**磁粉探傷試験**による試験を行う。なお、完全溶込み溶接部のすべての箇所は超音波探傷試験を行う。
2. 木材に用いる**含水率試験**には、全乾法、**電気抵抗式水分計**や**高周波水分計**を用いるものがあり、工事現場搬入時の含水率を調べるのに用いられる。
3. ガス圧接継手の継手部の検査方法としては、全数検査(外観検査)と抜取検査がある。**外観検査**は、原則として、圧接作業完了時に**全数**を**目視**又はノギス、スケール、専用検査治具により測定する。抜取検査は、１検査ロット(１組の作業班が１日に施工した圧接箇所の数量)からランダムに**30か所**を**超音波探傷法**又は**引張試験法**で検査する。
4. 周面摩擦力は、杭周面の摩擦抵抗による支持力で計算により求める。すべり係数試験は、高力ボルト接合に用いる。高力ボルト接合の摩擦面は、すべり係数が0.45以上確保できるよう、すべり係数試験を行い、表面に赤さびが発生している状態もしくは、ブラスト処理をしたものを標準とする。

正答 4

R03−31 A　CHECK □□□□

【問題 244】 工事現場における材料の保管に関する記述として、**最も不適当なもの**はどれか。

1. アスファルトルーフィングは、屋内の乾燥した場所に平積みで保管する。
2. ALCパネルは、台木を水平に置いた上に平積みで保管する。
3. 巻いた壁紙は、くせが付かないように屋内に立てて保管する。
4. アルミニウム製建具は、平積みを避け、縦置きにして保管する。

解説

1. **ルーフィング類**は、吸湿すると施工時に泡立ち、耳浮き等接着不良になりやすいので、屋外で雨露にさらしたり直接地面に置いたりしないで、屋内の**乾燥**した場所に**立てて保管**する。

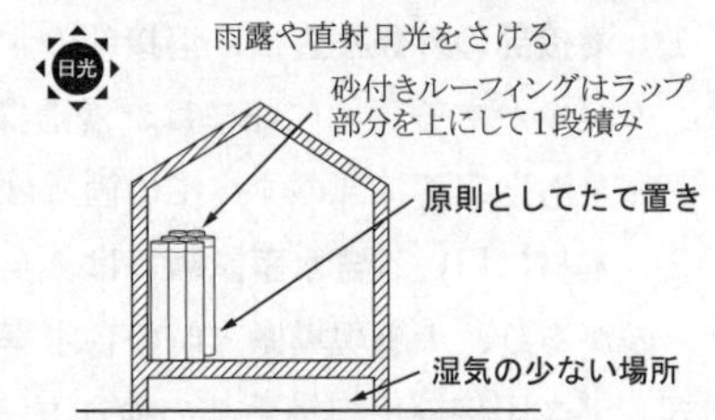

2. **ALCパネル**の積上げは、反りやねじれ、損傷が生じないように、所定の位置に台木を水平に置き、**積上げ高さ**は1段を**1.0m以下**として**2段**までとする。

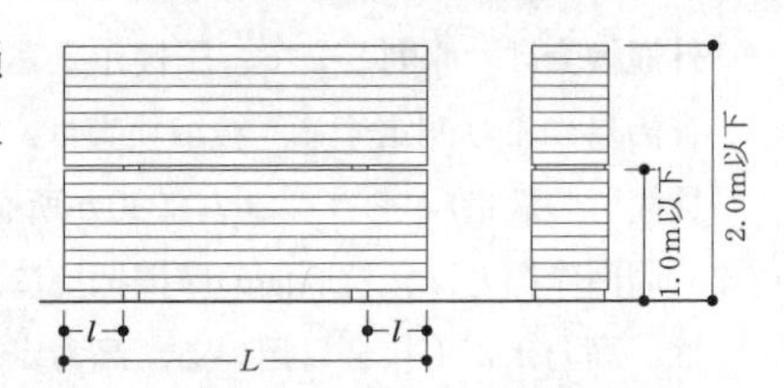

3. **壁紙張りの巻いた材料**は、井桁積みや横積みにするとくせがつくので、**立てて保管**する。
4. **アルミニウム製建具**は、平積みを避け、**縦置き**とし、鋼材で補強し木材で荷造りして保護する等、必要に応じて養生を行い保管する。

正答 1

R02−35 A　CHECK □□□□□

【問題 245】 工事現場における材料の保管に関する記述として、**最も不適当なもの**はどれか。

1. 高力ボルトは、箱の積上げ高さを５段までとして保管する。
2. 型枠用合板は、直射日光が当たらないよう、シートを掛けて保管する。
3. 袋詰めセメントは、風通しのよい倉庫に保管する。
4. 防水用の袋入りアスファルトは、積重ねを10段までとして保管する。

解説

1. **高力ボルト**は、包装の完全なものを未開封状態のまま工事現場へ搬入し、乾燥した場所に規格種別、径別、長さ別に整理して保管し、施工直前に包装を開封する。箱の積上げ高さは、**３～５段程度**とする。
2. **型枠用合板**は、**直射日光**に当たらないよう、シートを掛けて保管する。せき板は長い時間、太陽光にさらされると、材質が変化し、コンクリート表面の硬化不良の原因となる。
3. **セメント**は、風通しのよい場所で保管すると湿気を吸って固まる。長期間の保存又は湿気等により風化し始めて塊りのあるようなセメントは、強度が発現せず、強度不足等の原因となるので使用してはならない。よって、**風通し**のよい倉庫に保管してはならない。
4. 防水用の**袋入りアスファルト**を積み重ねて保管するときは、**10段**を超えて積まないようにし、荷崩れが起きないよう注意する。

正答 3

R01−35 A　CHECK

【問題 246】 工事現場における材料の保管に関する記述として、**最も不適当なものはどれか。**

1. 鉄筋は、直接地面に接しないように角材間に渡し置き、シートを掛けて保管した。
2. 壁紙は、ポリエチレンフィルムを掛けて養生し、屋内に立てて保管した。
3. ALCパネルは、台木を水平に置いた上に平積みで保管した。
4. ガラスは、クッション材を挟み、屋内の乾燥した場所に平積みで保管した。

解説

1. **鉄筋**は、**種類別**に整とんし、不合格品と混同しないようにする。また、直接地面に接しないように角材の上に置き(**地面より10cm以上離し**)、シートをかけて雨露・潮風などにさらされず、ごみ・土・油などで汚れないように保管する。

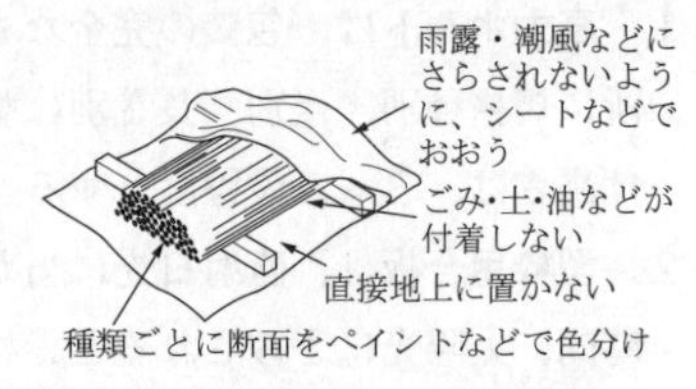

2. **巻いた壁紙**は、くせが付かないように**立てて保管**する。なお、直接日光を受けないように、また、塵あいその他による汚れを生じないようにポリエチレンフィルムを掛けるなど適切な養生を行う。
3. **ALCパネル**の積上げは、反りやねじれ、損傷が生じないように、所定の位置に台木を水平に置き、積上げ高さは1段を**1.0m以下**として**2段まで**とする。

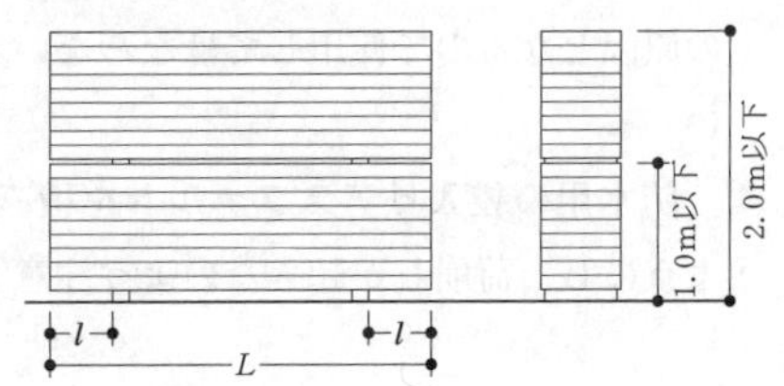

4. 裸台で運搬してきた**板ガラス**は、床への平置きは避け、床にゴム又木板を敷き、壁にもゴム板等を配し、ガラスを**立てかける**が、木箱、パレットあるいは車輪付き裸台で運搬してきたガラスは、乗せたままで保管する。

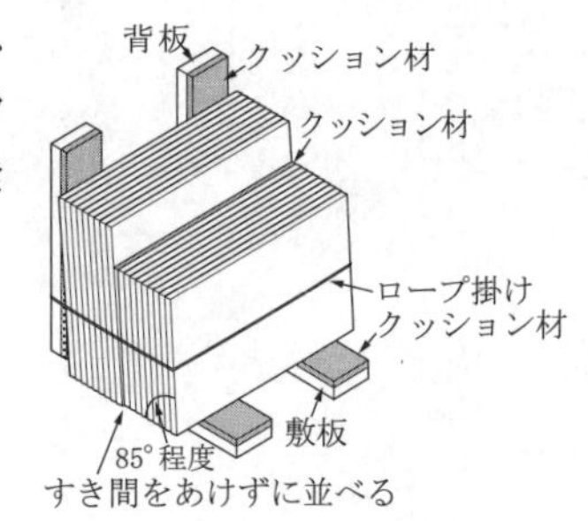

正答 4

H29−28 A CHECK □□□□□

【問題 247】 工事現場における材料の保管に関する記述として、**最も不適当なもの**はどれか。

1. 鉄筋は、直接地面に接しないように角材等の上に置き、シートをかけて保管する。
2. 袋詰めセメントは、風通しのよい屋内の倉庫に保管する。
3. アルミニウム製建具は、平積みを避け、縦置きにして保管する。
4. ロール状に巻かれた壁紙は、変形が生じないよう立てて保管する。

解説

1. **鉄筋**は、種類別に整とんし、不合格品と混同しないようにする。また、直接地面に接しないように角材の上に置き（地面より**10cm以上**離し）、**シート**をかけて雨露・潮風などにさらされず、ごみ・土・油などで汚れないように保管する。

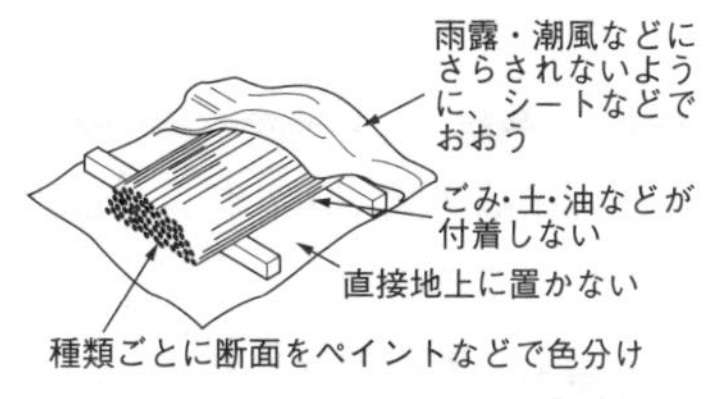

2. **セメント**は、風通しのよい場所で保管すると湿気を吸って固まる。長期間の保存又は湿気等により風化し始めて塊りのあるようなセメントは、強度が発現せず、強度不足等の原因となるので使用してはならない。よって、**風通し**のよい倉庫に**保管してはならない**。
3. **アルミニウム製建具**は、平積みを避け、**縦置き**とし、鋼材で補強し木材で荷造りして保護する等、必要に応じて養生を行い保管する。

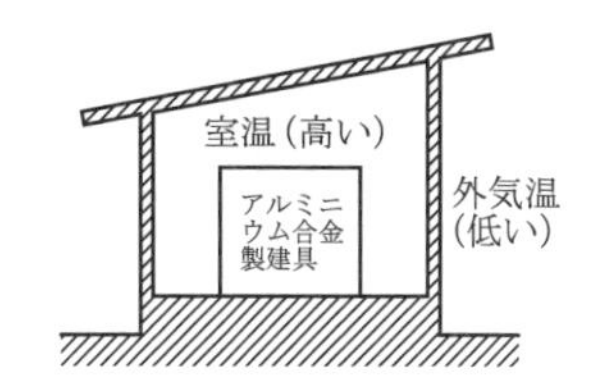

4. **壁紙張り**の巻いた材料は、井桁積みや横積みにするとくせがつくので、**立てて**保管する。

正答 2

H29−34 C　　CHECK □□□□□

【問題 248】 労働災害の強度率に関する次の文章中、□ に当てはまる数値として、適当なものはどれか。

「強度率は、□ 延べ実労働時間当たりの労働損失日数で、災害の重さの程度を表す。」

1. 1千
2. 1万
3. 10万
4. 100万

解説

強度率は次式で示され、**1,000労働時間当たり**の労働損失日数により、災害の程度を示したものである。

$$\text{強度率} = \frac{\text{労働損失日数}}{\text{延労働時間数}} \times 1{,}000$$ （小数点3位以下四捨五入）

正答 1

R03−38 B　CHECK

【問題 249】 特定元方事業者が行うべき安全管理に関する記述として、「労働安全衛生法」上、**誤っているもの**はどれか。

1. 毎作業日に、作業場所を巡視すること。
2. 足場の組立て作業において、材料の欠点の有無を点検し、不良品を取り除くこと。
3. 関係請負人が行う安全教育に対して、安全教育に使用する資料を提供すること。
4. クレーン等の運転についての合図を統一的に定めること。

解説

1. **特定元方事業者**は、**作業場の巡視**について、毎作業日に少なくとも**1回**、これを行なわなければならない。
2. 足場の組立て作業において、材料の欠点の有無を点検し、不良品を取り除くことは、**足場の組立て等作業主任者**が行うことであり、特定元方事業者が行うことではない。
3. **特定元方事業者**は、関係請負人が行う安全教育に対して、**安全教育**に使用する**資料の提供**等の**措置**を講じなければならない。
4. **特定元方事業者**は、クレーン等を用いて作業を行うときは、クレーンの運転について**一定の合図**を定め、合図を行う者を**指名**して、その者に合図を行わせなければならない。

正答 2

安全管理　作業主任者

H30−41 A　　CHECK □□□□□

【問題 250】 事業者が選任すべき作業主任者として、「労働安全衛生法」上、**定められていないもの**はどれか。

1. 型枠支保工の組立て等作業主任者
2. ガス溶接作業主任者
3. 足場の組立て等作業主任者
4. ALCパネル等建込み作業主任者

解説

作業主任者を選任すべき作業

作業主任者	作業内容	資格
高圧室内作業主任者	高圧室内作業（潜函工法その他の圧気工法で行われる高圧室内作業）。	免許者
ガス溶接作業主任者	アセチレンまたはガス集合装置を用いて行う溶接等の作業。	
地山の掘削作業主任者	掘削面の高さが**2m以上**となる地山の掘削の作業。	技能講習修了者
土止め支保工作業主任者	土止め支保工の切ばり又は腹起こしの取付け又は取外しの作業。	
型わく支保工の組立て等作業主任者	型わく支保工の組立て又は解体の作業。	
足場の組立て等作業主任者	吊り足場（ゴンドラの吊り足場を除く）、張出し足場又は高さが**5m以上**の構造の足場の組立て、解体又は変更の作業。	
鉄骨等の組立て等作業主任者	鉄骨等（その高さが**5m以上**であるものに限る）の組立て、解体又は変更の作業。	
酸素欠乏危険作業主任者	酸素欠乏危険場所における作業。	
木造建築物の組立て等作業主任者	軒の高さが**5m以上**の木造建築物の構造部材の組立て、屋根下地、外壁下地の取付け作業。	
コンクリート造の工作物の解体等作業主任者	その高さが**5m以上**のコンクリート造の工作物の解体、破壊の作業。	
コンクリート破砕器作業主任者	コンクリート破砕器を用いて行う破砕の作業。	
有機溶剤作業主任者	屋内作業又はタンク、船倉もしくは坑の内部その他の場所において有機溶剤を製造し、又は取扱う業務に係る作業。	

肢4. のALCパネル等の建込み作業については定められていない。

正答 4

R04−37 A　CHECK □□□□□

【問題 251】 型枠支保工の組立て等作業主任者の職務として、「労働安全衛生規則」上、**定められていないもの**はどれか。

1. 作業中、保護帽の使用状況を監視すること。
2. 作業を直接指揮すること。
3. 器具及び工具を点検し、不良品を取り除くこと。
4. 型枠支保工の組立図を作成すること。

解説

型枠支保工の組立て等作業主任者の職務として、型枠支保工の組立図を作成することは定められていない。

正答 4

R02−41 B　CHECK

【問題 252】 工事現場の安全管理に関する記述として、**最も不適当なもの**はどれか。

1. 安全施工サイクル活動とは、施工の安全を図るため、毎日、毎週、毎月に行うことをパターン化し、継続的に取り組む活動である。
2. 新規入場者教育とは、作業所の方針、安全施工サイクルの具体的な内容、作業手順などを教育する活動である。
3. TBM(ツール ボックス ミーティング)とは、職長を中心に、作業開始前の短時間で、当日の安全作業について話し合う活動である。
4. ZE(ゼロ エミッション)とは、作業に伴う危険性又は有害性に対し、作業グループが正しい行動を互いに確認し合う活動である。

解説

1. **安全衛生管理**は、全工程を通して、日、週、月ごとに基本的な実施事項を定型化し、その実施内容を改善し、充実を図りながら、継続的に実施する活動である。

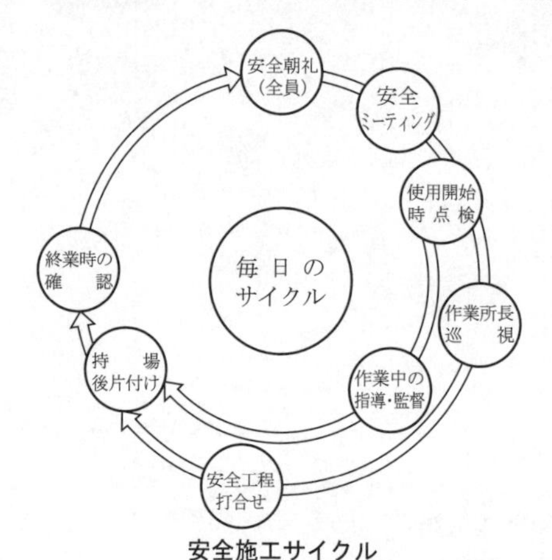

安全施工サイクル

2. **新規入場者教育**では、新しく現場に入場した作業員に対して、作業開始前に作業所の方針、安全施工サイクルの具体的な内容、作業手順などの教育を行う。
3. **ツールボックス・ミーティング**は、職場で行う安全教育の一つの方法で、安全常会、職場安全会議、職場常会等の名前でも呼ばれている。作業開始前の短い時間を使って開く安全の集いのことをいう。
4. **ZE(ゼロエミッション)**とは、工事現場から出る廃棄物をゼロにしようとする考え方である。作業に伴う危険性又は有害性に対し、作業グループが正しい行動を互いに確認し合う活動は、危険予知活動という。

正答 4

R03−37 B　CHECK

【問題 253】 建築工事における危害又は迷惑と、それを防止するための対策の組合せとして、**最も不適当なもの**はどれか。

1. 投下によるくずやごみの飛散 ―――――― ダストシュートの設置
2. 工事用車両による道路の汚れ ―――――― 沈砂槽の設置
3. 高所作業による工具等の落下 ―――――― 水平安全ネットの設置
4. 解体工事による粉塵の飛散 ――――――― 散水設備の設置

解説

1. **3m以上**の高所から物体を**投下**するときは、適当な**投下設備**を設け、**監視人**を置く等労働者の危険を防止するための措置を講じなければならないので、投下物の飛散防止のために、ダストシュートの設置は有効である。

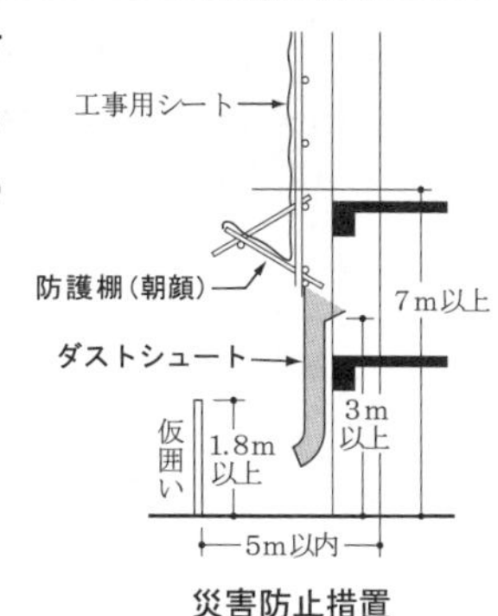

災害防止措置

2. 現場からの排水を下水等に流す場合に、沈砂槽の設置が必要であるが、工事用車両による周辺道路の汚れ防止のためには、入出場ゲート付近でタイヤ洗浄の実施が必要なので、直接の組合せとはならない。
3. **水平安全ネット**は、開口部、作業床の端、梁下部などで墜落により作業者に危険を及ぼすおそれのある箇所に水平に張り、墜落災害を防止する。最近は網目の小さなラッセル網地の安全ネットが、ボルト、手工具などの比較的軽量の落下物の防止を兼ねて使用されている。
4. 施工者は、建築(解体)工事に伴い粉塵発生のおそれがある場合には、発生源を湿潤な状態に保つ(散水設備の設置)、発生源を覆う等、**粉塵の飛散**を防止するための措置を講じなければならない。

正答 2

R01−41 A　CHECK

【問題 254】 建築工事における危害又は迷惑と、それを防止するための対策に関する記述として、**最も不適当なもの**はどれか。

1. 掘削による周辺地盤の崩壊を防ぐために、防護棚を設置した。
2. 落下物による危害を防ぐために、足場の外側面に工事用シートを設置した。
3. 工事用車両による道路面の汚れを防ぐために、洗車場を設置した。
4. 解体工事による粉塵の飛散を防ぐために、散水設備を設置した。

解説

1. 掘削による**土砂の崩壊**を防止するために設置するのは、**山留め**である。**防護棚**は、仮設足場からの落下物が通行人などに危害を与えないように足場に取り付けるものである。

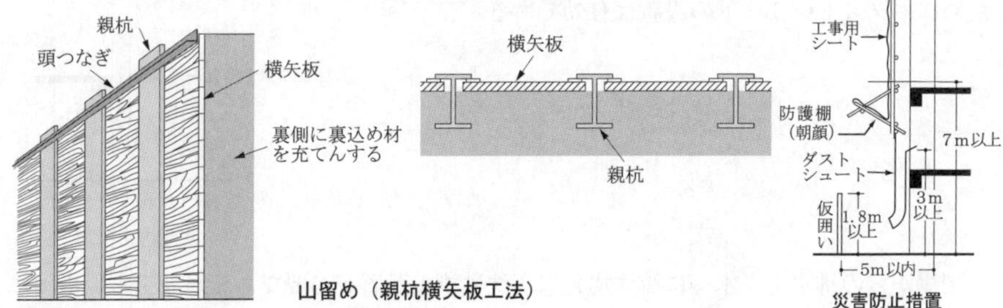

山留め（親杭横矢板工法）　災害防止措置

2. 工事現場の境界線から**水平距離が５m以内**で、かつ、地盤面から**高さが７m以上**にあるとき、その他はつり、除却、外壁の修繕等に伴う落下物によって工事現場の周辺に危害を生ずるおそれがあるときは、工事現場の周囲その他危害防止上必要な部分を**鉄網**又は**帆布**（シート）でおおう等落下物による危害を防止するための措置を講じなければならない。

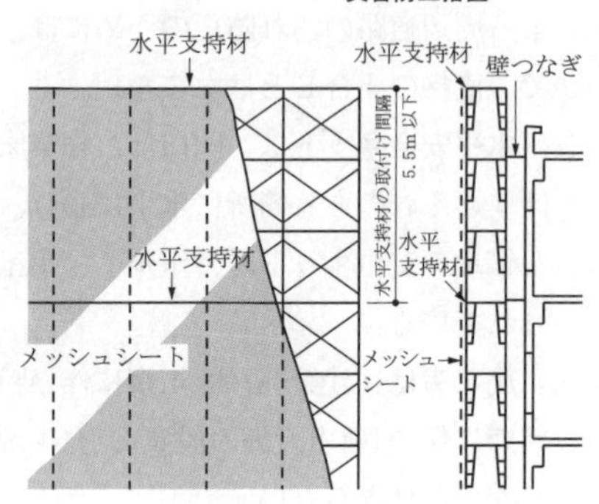

鋼管足場への設置例

3. 工事用車両による周辺道路の汚れ防止のためには、入出場ゲート付近でタイヤ洗浄のための洗浄装置を設ける。
4. 施工者は、解体時におけるコンクリート及び解体材等の破片や粉塵の飛散を防止するため、シート類や十分な強度を有する防網による養生、仮囲いの設置、散水等の措置を講じなければならない。

正答 1

R01−42 A　CHECK □□□□□

【問題 255】 高所作業車を用いて作業を行う場合、事業者の講ずべき措置として、「労働安全衛生法」上、**定められていないもの**はどれか。

1. 高所作業車は、原則として、主たる用途以外の用途に使用してはならない。
2. 高所作業車の乗車席及び作業床以外の箇所に労働者を乗せてはならない。
3. その日の作業を開始する前に、高所作業車の作業開始前点検を行わなければならない。
4. 高所作業等作業主任者を選任しなければならない。

解説

1. 事業者は、高所作業車を荷のつり上げ等当該高所作業車の主たる用途以外の用途に使用してはならない。ただし、労働者に危険を及ぼすおそれのないときは、この限りでない。
2. 事業者は、高所作業車を用いて作業を行うときは、乗車席及び作業床以外の箇所に労働者を乗せてはならない。
3. 事業者は、高所作業車を用いて作業を行うときは、その日の作業を開始する前に、制動装置、操作装置及び作業装置の機能について**点検**を行わなければならない。
4. 事業者は、**高所作業車**を用いて作業を行う場合は、作業指揮者を定め、作業計画書に基づいて作業の指揮を行わせる。高所作業等作業主任者ではない。

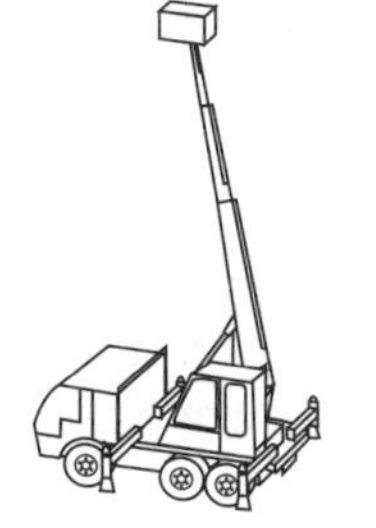

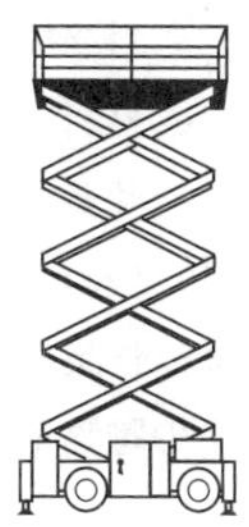

正答 4

R02−42 B　CHECK □□□□□

【問題 256】 型わく支保工の組立て等に関し、事業者の講ずべき措置として、「労働安全衛生法」上、**定められていないもの**はどれか。

1. 型わく支保工の材料、器具又は工具を上げ、又はおろすときは、つり綱、つり袋等を労働者に使用させること。
2. 型わく支保工の組立て等作業主任者を選任すること。
3. 型わく支保工の組立て等の作業を行う区域内には、関係労働者以外の労働者の立入りを禁止すること。
4. 型わく支保工の組立て等の作業の方法を決定し、作業を直接指揮すること。

解説

1.3. 事業者は、型わく支保工の組立て又は解体の作業を行うときは、次の措置を講じなければならない。

①当該作業を行なう区域には、関係労働者以外の労働者の立ち入りを禁止すること。

②強風、大雨、大雪等の悪天候のため、作業の実施について危険が予想されるときは、当該作業に労働者を従事させないこと。

③材料、器具又は工具を上げ、又はおろすときは、つり綱、つり袋等を労働者に使用させること。

2. 型わく支保工の組立て等作業主任者を選任は、事業者が行う。

4. **作業の方法**を決定し、作業を**直接指揮**することは、型枠支保工の組立て等**作業主任者の職務**である。事業者の講ずべき措置ではない。

正答 4

R04−38 A　CHECK

【問題 257】 足場に関する記述として、**最も不適当なもの**はどれか。

1. 折りたたみ式の脚立は、脚と水平面との角度を75°以下とし、開き止め具が装備されたものを使用した。
2. 移動式足場(ローリングタワー)の作業床の周囲には、高さ10cmの幅木と高さ90cmの中桟付きの手すりを設けた。
3. 単管足場の建地間隔は、桁行方向、梁間方向ともに、2mとした。
4. つり足場の作業床は、幅を40cmとし、隙間がないように敷きつめた。

解説

1. 脚立の脚と水平面との角度を**75度以下**とし、かつ、折りたたみ式のものにあっては、脚と水平面との角度を確実に保つための金具を備えるものを使用する。

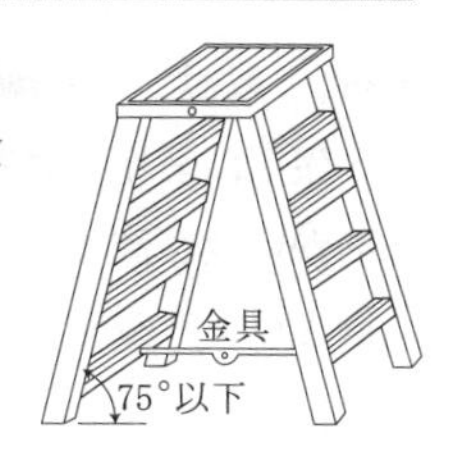

2. 移動式足場の作業床の周囲には、床面より90cm以上の高さに手すりを設け、その中間に中桟及び高さ10cm以上の幅木を取付ける。
3. **単管足場の建地の間隔**は、**桁行方向**を**1.85m以下**、**梁間方向**は**1.5m以下**とする。
4. **つり足場の作業床**は、**幅**を**40cm以上**とし、かつ、**隙間**がないようにする。

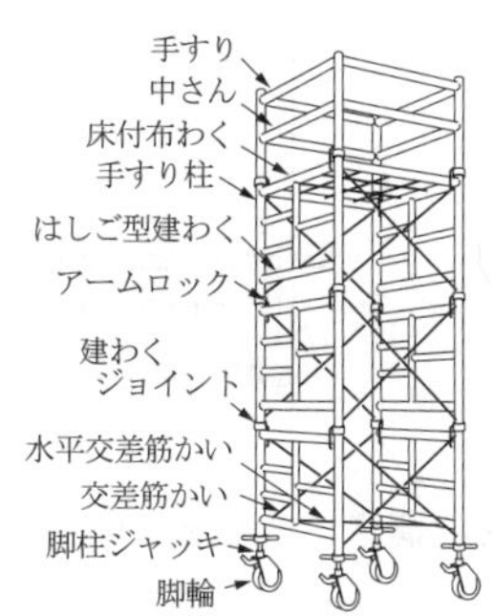

移動式足場（ローリングタワー）

正答 3

H30−42 B　　CHECK

【問題 258】 通路及び足場に関する記述として、**最も不適当なもの**はどれか。

1. 枠組足場の墜落防止設備として、交さ筋かい及び高さ15cm以上の幅木を設置した。
2. 枠組足場に使用する作業床の幅は、30cm以上とした。
3. 屋内に設ける作業場内の通路は、通路面からの高さ1.8m以内に障害物がないようにした。
4. 折りたたみ式の脚立は、脚と水平面との角度を75度以下とし、開き止めの金具で止めた。

解説

1. 墜落により労働者に危険を及ぼすおそれのある箇所には、枠組足場にあっては、**交さ筋かい及び高さ15cm以上40cm以下のさん**若しくは**高さ15cm以上の幅木**又はこれらと同等以上の機能を有する設備を設ける。

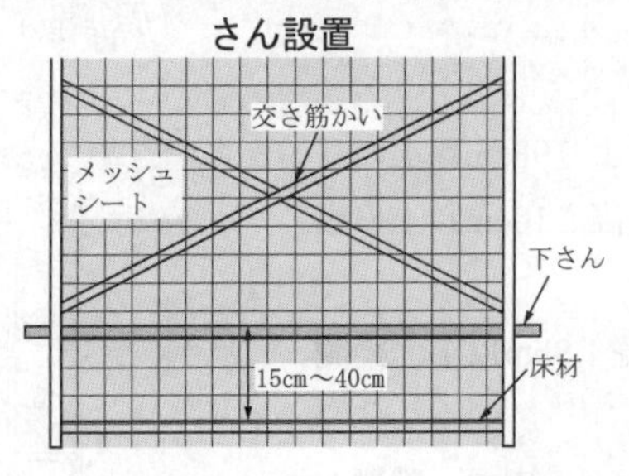

枠組足場

2. **高さ2m以上の作業場所**には、**作業床**を設けなければならない。また、つり足場の場合を除き、**幅**は、**40cm以上**とし、床材間のすき**間**は、**3cm以下**とする。

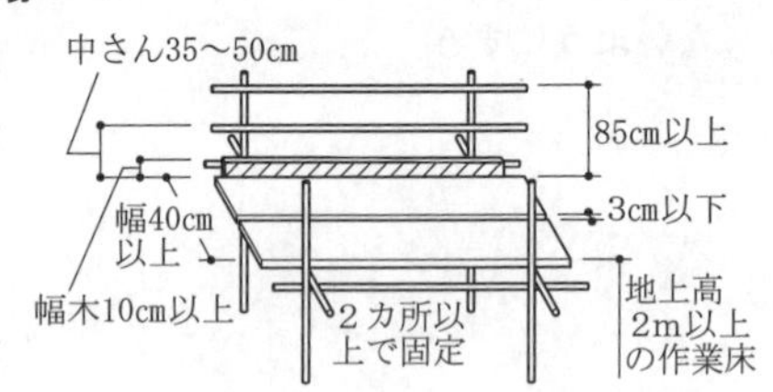

作業床

3. 床上通路は、通路面から高さ1.8m以内に障害物がなく、通路幅は1.2mを標準とし最小60cmを取れる場所でなければならない。

4. **脚立**の脚と水平面との角度を**75度以下**とし、かつ、折りたたみ式のものにあっては、脚と水平面との角度を確実に保つための金具を備える。

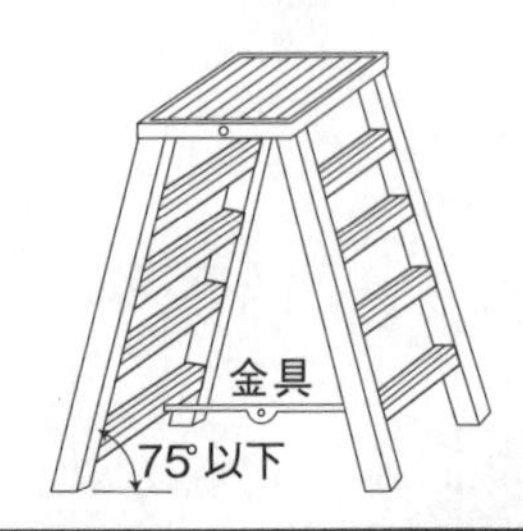

正答　2

R03−39 B　CHECK □□□□□

【問題 259】 鉄筋の加工及び組立てに関する記述として、**不適当なものを２つ選べ。**

1. 鉄筋の折曲げ加工は、常温で行う。
2. 帯筋の四隅は、鉄筋相互の交点の全数を結束する。
3. 鉄筋相互のあきの最小寸法は、鉄筋の強度によって決まる。
4. 鉄筋末端部のフックの余長の最小寸法は、折曲げ角度が大きいほど長くなる。

解説

1. 鉄筋は熱処理を行うと、鋼材としての性能が変わるので、加工場での曲げ加工は冷間(常温)**加工**としなければならない。
2. 交差する鉄筋相互の結束には、通常0.8〜0.85mm程度の鉄線のなましたものを使用するが、交差する鉄筋相互の結束は**帯筋**の四隅、**あばら筋**の上端隅部で全数とする。
3. 鉄筋相互の**あき**の**最小寸法**は、粗骨材の最大寸法の1.25**倍以上**、25mm及び隣り合う**鉄筋の平均径**(呼び名の数値)の1.5**倍**のうち最大のもの以上とする。鉄筋の強度によって決めるものではない。
4. フックの余長は、180°の場合は4d以上、135°の場合は6d以上、90°の場合は8d以上であり、**折り曲げ角度**が**大きい**ほど短くなる。

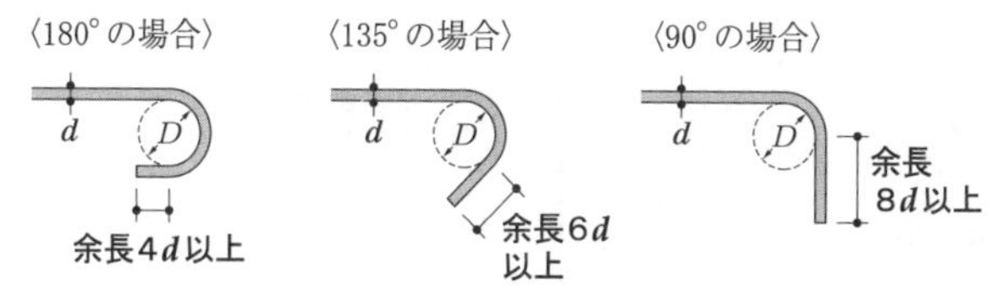

正答 3・4

R04−39 B　CHECK □□□□□

【問題 260】 鉄骨の加工に関する記述として、**不適当なものを２つ選べ。**

1. 鋼材の加熱曲げ加工は、青熱脆性域で行った。
2. 鋼材のガス切断は、自動ガス切断機を用いた。
3. 板厚が13mm以下の鋼材のアンカーボルト孔は、せん断孔あけで加工した。
4. 高力ボルトの孔径は、高力ボルトの公称軸径に５mmを加えた値とした。

解説

1. **曲げ加工**は、**常温加工**又は**加熱加工**とする。加熱加工の場合は、**赤熱状態**(850～900℃)で行い、青熱ぜい性域(200～400℃)で行ってはならない。
2. 鋼板の**切断**は、**機械切断法**、**ガス切断法**、**プラズマ切断法**等により、鋼材の形状・寸法に合わせて最適な方法で行う。ガス切断の場合は、原則として自動ガス切断機を用いる。なお、鋼材の**板厚**が**13mm以下**の場合は、**せん断切断**とすることができる。
3. 高力ボルト以外のボルト、アンカーボルト、鉄筋貫通孔は**ドリルあけ**を原則とするが、**板厚**が**13mm以下**のときは、**せん断孔あけ**とすることができる。
4. 高力ボルト、ボルト、アンカーボルトの公称軸径に対する孔径(単位：mm)は、表のとおりである。高力ボルトの孔径は、公称軸径＋2.0mmまたは公称軸径＋3.0mmであり、５mmでは大きすぎる。

種　類	孔径D	公称軸径d
高力ボルト	$d+2.0$ $d+3.0$	$d<27$ $27\leqq d$
ボルト	$d+0.5$	―
アンカーボルト	$d+5.0$	―

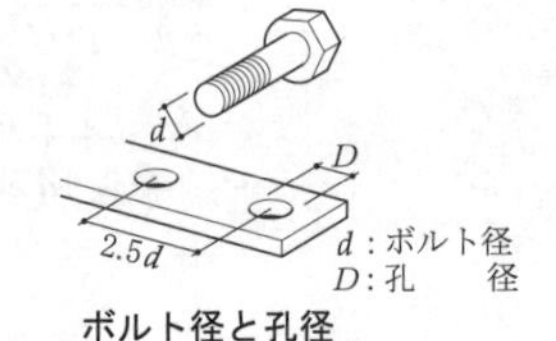

ボルト径と孔径

正答 1・4

R03−40 B　CHECK □□□□□

【問題 261】 在来軸組構法における木工事に関する記述として、**不適当なものを２つ選べ。**

1. 土台を固定するアンカーボルトは、土台の両端部や継手の位置、耐力壁の両端の柱に近接した位置に設置した。
2. 根太の継手は、大引の心を避けて突付け継ぎとし、釘打ちとした。
3. 火打梁は、柱と梁との鉛直構面の隅角部に斜めに入れた。
4. 内装下地や造作部材の取付けは、屋根葺き工事が終わった後に行った。

解説

1. 土台を基礎に**アンカーボルト**で緊結する際、アンカーボルトの埋設位置は、筋かいが取り付く柱の下部付近、構造用合板を張った耐力壁の両端柱の下部付近、土台の継手及び仕口箇所の上木端部とする。土台の継手及び仕口箇所の場合、押さえ勝手に上木を締め付ける必要があるため、上木側に設置する。

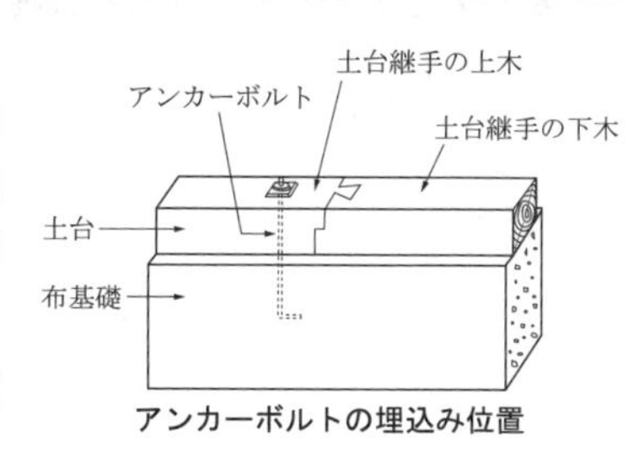

アンカーボルトの埋込み位置

2. **根太の継手**は、大引の**受材心**で**突付け継ぎ**とし、N90くぎを平打ちする。床板の継目と重なるとすき間ができるおそれがあるので添え木当て釘打ちとすることが望ましい。

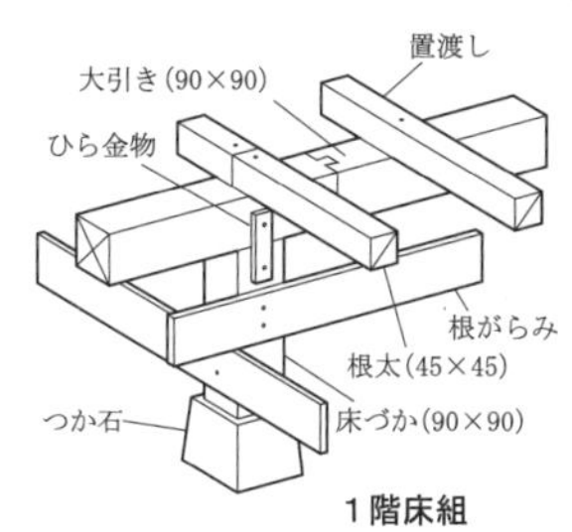

1階床組

3. **火打**は、小屋組、床組の**水平面**にあって、斜めに入れて隅角部を固める部材の総称である。火打梁、火打土台がある。
4. 本筋かい取付け後、**屋根葺き作業**から**内部造作**や床組み、仕上げなどの順に行われる。

施工管理法

正答 2・3

R04−41 C　CHECK □□□□□

【問題 262】 屋上アスファルト防水工事に関する記述として、**不適当なものを２つ選べ。**

1. ルーフィング類は、水上部分から張り付け、継目の位置が上下層で同一箇所にならないようにした。
2. ルーフドレン回りの増張りに用いるストレッチルーフィングは、ドレンのつばに100mm程度張り掛けた。
3. 保護コンクリートの動きによる立上り防水層の損傷を防止するため、成形緩衝材を立上り入隅部に取り付けた。
4. 保護コンクリートの伸縮調整目地の深さは、保護コンクリートの厚さの１／２とした。

解説

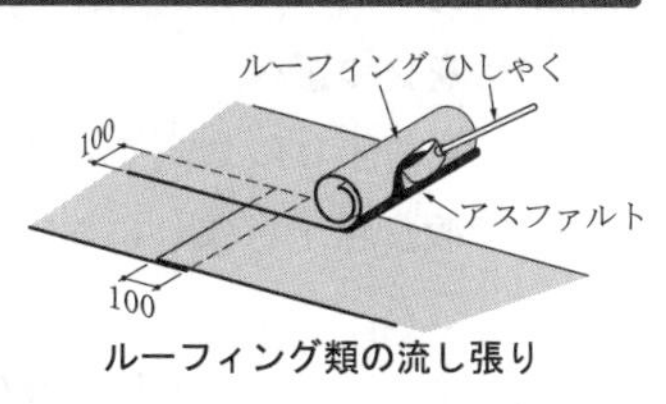

ルーフィング類の流し張り

1. **アスファルトルーフィングの継目**は、水勾配に逆らわないように、かつ、上下層の重ね位置が**同一箇所にならないように**、また重合せ部では水下側のルーフィングが水上側のルーフィングの**下側**になるように張り付けるのが通常である。このためルーフドレンがある水下部分から張り始める。
2. **ルーフドレン回り**は、立上り部分以上に漏水を起こしやすい箇所であり、入念な施工が必要である。ルーフドレンのつばへの増張りの**張掛け幅**は**100mm程度**とする。
3. 保護コンクリートの動きによる防水層の損傷を防ぐため、断熱層の有無にかかわらず、パラペットと保護コンクリートの**入隅**には**成形緩衝材**を取り付ける。

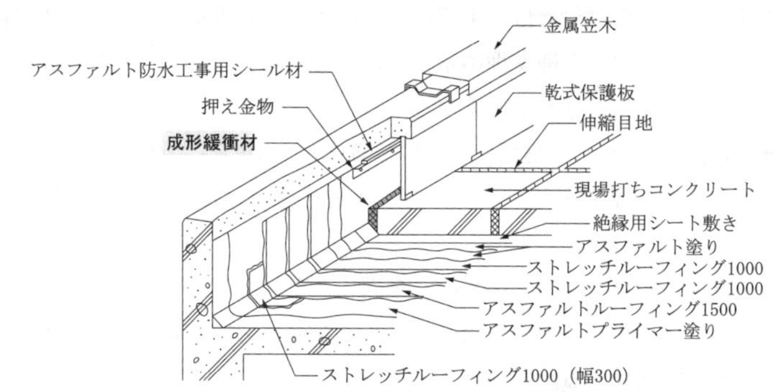

4. **伸縮調整目地**は、保護コンクリートが、乾燥収縮及び温度、水分による伸縮でひび割れが発生したり、移動によってパラペットを押し出したりするのを防ぐものであるから、その**深さ**は、**保護コンクリート**の**上から下**まで達するように設ける。

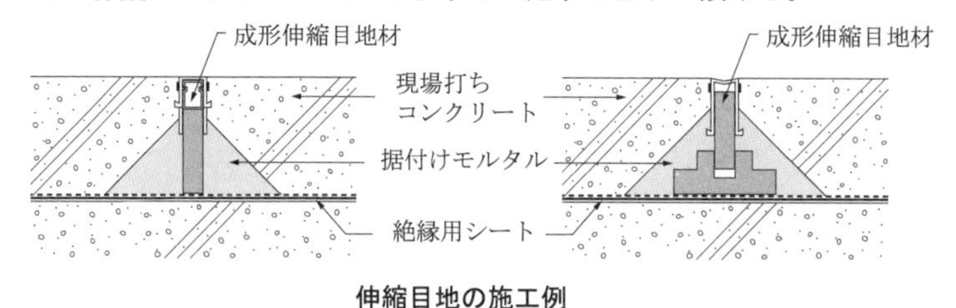

伸縮目地の施工例

正答 1・4

R03−41 B　CHECK

【問題 263】 セメントモルタルによるタイル後張り工法に関する記述として、**不適当なものを２つ選べ。**

1. 密着張りにおいて、タイルの張付けは、下部から上部にタイルを張った。
2. 改良積上げ張りにおいて、小口タイルの張付けは、1日の張付け高さを1.5mとした。
3. モザイクタイル張りのたたき押えは、紙張りの目地部分がモルタルの水分で濡れてくるまで行った。
4. 改良圧着張りにおいて、張付けモルタルの１回に塗り付ける面積は、タイル工１人当たり３m^2とした。

解説

1. **密着張り**のタイルの張付けは、**上部より下部**へと張り進めるが、まず１段置きに水糸に合わせて張り、そのあと間を埋めるようにして張る。上部より続けて張ると、タイルのずれが起きやすく目地通りが悪くなる。
2. **改良積上げ張り**は、タイル裏面に塗り付けるモルタルの厚さが他の張り方より大きく、タイルを下部から上部に張り付けるので、**１日の張付け高さ**を**1.5m以下**と制限している。
3. **モザイクタイル張り**のたたき押えは、**全面**にわたって十分行う必要があるが、その目安は、タイル目地に盛り上がった張付けモルタルの水分で、紙張りの目地部分が濡れてくることによって判断する。
4. **改良圧着張り**は、張付けモルタルの１回の塗付け面積の限度は、張付けモルタルに触れると手に付く状態のままタイル張りが完了できることとし、**２m^2/人以内**とする。

正答 1・4

R03−42 C　CHECK □□□□□

【問題 264】 塗装工事に関する記述として、**不適当なものを２つ選べ**。

1. 強溶剤系塗料のローラーブラシ塗りに、モヘアのローラーブラシを用いた。
2. オイルステイン塗りの色濃度の調整は、シンナーによって行った。
3. モルタル面の塗装に、合成樹脂調合ペイントを用いた。
4. 壁面をローラーブラシ塗りとする際、隅やちり回りなどは、小刷毛を用いて先に塗布した。

解説

1. 強溶剤系の塗料とは、ラッカーシンナーなどの強い溶解力をもつシンナーで薄める塗料である。モヘアや合成繊維、混毛の**ローラーブラシ**は、あらゆる塗料で使用できるが、**強溶剤系**には向いていない。
2. **オイルステイン**とは、顔料の一種で原液のままでも使用できる。色濃度の調整はペイントうすめ液、または難燃性ペイントうすめ液あるいは**シンナー**で行う。建築物の屋内における木部の塗り仕上げに用いられるが、木部を保護する力はないので、必ず適したニスで上塗りを行う。
3. **合成樹脂調合ペイント塗り**は、鉄部や木部の建築物内外の不透明塗装仕上げで、防せいや美粧を目的とした塗装である。耐アルカリ性はなく、**モルタル**や**コンクリート**等の面には適さない。
4. **ローラーブラシ塗り**は、ローラーブラシに用いられているアクリルやポリエステル繊維等による塗料の含みがはけよりも多く、１回で広い面積に対して効率よく塗装できる。**隅**や**ちり回り**等は、小ばけや専用ローラーを用いてあらかじめ塗っておく。

正答 1・3

R04−42 A　CHECK □□□□

【問題 265】 ビニル床シート張りの熱溶接工法に関する記述として、**不適当なものを２つ選べ。**

1. 張付け用の接着剤は、所定のくし目ごてを用いて均一に塗布した。
2. シートの張付けは、空気を押し出すように行い、その後ローラーで圧着した。
3. 継目の溝切りは、シート張付け後、接着剤が硬化する前に行った。
4. 溶接継目の余盛りは、溶接直後に削り取った。

解説

1. **張付け用接着剤**は、所定のくし目ごてを用いて下地面に均一に適量を塗布する。
2. **床シートの張付け**は、張出し墨にそって接着剤を塗布し、シートを送り込みながら圧着棒を用いて空気を押し出すように行い、その後45kgローラーで圧着する。
3. 継目の溝切りは、シート張付け後、**接着剤**が完全に硬化してから、はぎ目及び継手を電動溝切り機又は溝切りカッターで溝切りを行う。
4. 熱溶接工法における溶接継目の**余盛り**は、溶接直後に削り取ると、溶接部分が体積収縮を起こして肉やせの状態になり、凹む場合があるので、削り取るタイミングが大切で、溶接部が完全に冷却したのち、余盛りを削り取り平滑にする。

正答 3・4

R04−40 B　　CHECK □□□□□

【問題 266】 鉄筋コンクリート造建築物の解体工事に関する記述として、**不適当なものを2つ選べ。**

1. 解体作業に先立ち、各種設備機器の停止並びに給水、ガス、電力及び通信の供給が停止していることを確認した。
2. 壁及び天井のクロスは、せっこうボードと一緒に撤去した。
3. 騒音防止やコンクリート片の飛散防止のため、全面をメッシュシートで養生した。
4. 各階の解体は、中央部分を先行して解体し、外周部を最後に解体した。

解説

1. 建築物等の解体に先立ち、各種設備機器の停止並びに給水、ガス、電力及び通信の供給が停止していることを確認する。
2. 壁及び天井の**クロス**は、せっこうボードと分別解体とするため、別々に**撤去**する。
3. 解体工事での**騒音防止**やコンクリート片の**飛散防止**のためには、全面を防音**シート**又は防音**パネル**で養生する。
4. 基本的に外壁を残しながら**中央部分**の解体を先行する。こうすることにより、外周方向への飛散物の減少や騒音拡散の防止を図りながら作業することが可能になる。

正答 2・3

5

法　　規

建築基準法（問題 267 ～問題 278）

●総則：用語／●手続き／●一般構造規定

建設業法（問題 279 ～問題 290）

●建設業の許可／●建設工事の請負契約／●施工技術の確保

労働基準法（問題 291 ～問題 296）

●労働契約／●年少者の就業制限

労働安全衛生法（問題 297 ～問題 303）

●安全衛生管理体制／●労働者の就業等

その他の法規（問題 304 ～問題 315）

●騒音規制法／●廃棄物の処理及び清掃に関する法律／●建設リサイクル法／●消防法／●道路法

※例年、８問出題され、そのうちから６問を選択して解答します（解答数が指定数を超えた場合、減点となります）。

R03−43 A　CHECK □□□□□

【問題 267】 用語の定義に関する記述として、「建築基準法」上、**誤っているもの**はどれか。

1. 設計者とは、その者の責任において、設計図書を作成した者をいう。
2. コンビニエンスストアは、特殊建築物ではない。
3. 建築物に関する工事用の仕様書は、設計図書である。
4. 駅のプラットホームの上家は、建築物ではない。

解説

1. **設計者**とは、その者の責任において、**設計図書**を作成した者をいい、構造設計一級建築士又は設備設計一級建築士を含むものとする。
2. コンビニエンスストアは**物品販売業を営む店舗**であり、特殊建築物である。
3. **設計図書**とは、建築物、その敷地又は関係法令に規定する工作物に関する工事用の図面(原寸図その他これに類するものを除く)及び仕様書をいう。
4. **建築物**とは、**土地**に**定着**する**工作物**のうち、**屋根**及び**柱**若しくは**壁**を有するもの(これに類する構造のものを含む。)、これに**附属**する**門**若しくは**塀**、観覧のための工作物又は**地下**若しくは**高架**の工作物内に設ける事務所、店舗、興行場、倉庫その他これらに類する施設(鉄道及び軌道の線路敷地内の運転保安に関する施設並びに跨線橋、プラットホームの上家、貯蔵槽その他これらに類する施設を除く。)をいい、建築設備を含む。鉄道のプラットホームの上家は、建築物ではない。

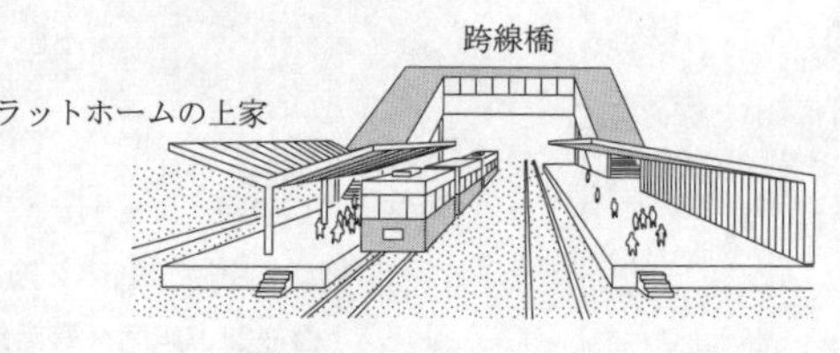

正答 2

R02−43 C　CHECK □□□□□

【問題 268】 用語の定義に関する記述として、「建築基準法」上、**誤っているもの**はどれか。

1. 建築物を移転することは、建築である。
2. 公衆浴場の浴室は、居室ではない。
3. コンクリートや石は、耐水材料である。
4. 基礎は、構造耐力上主要な部分であるが、主要構造部ではない。

解説

1. **建築**とは、建築物を新築し、増築し、改築し、又は移転することをいう。
2. **居室**とは、人が居住、執務、作業、集会、娯楽等のために継続的に使用する室をいう。住宅の浴室は、居室ではないが、公衆浴場の浴室は、不特定多数の人が入れ代わり立ち代わり継続的に使用するので、居室となる。
3. **耐水材料**とは、れんが、石、人造石、コンクリート、アスファルト、陶磁器、ガラスその他これらに類する耐水性の建築材料をいう。
4. **主要構造部**は、壁、柱、床、はり、屋根又は階段をいい、建築物の構造上重要でない間仕切壁、間柱、最下階の床等は除かれるので、建築物の基礎は主要構造部ではない。

正答 2

R01−43 C　CHECK

【問題 269】 用語の定義に関する記述として、「建築基準法」上、**誤っているもの**はどれか。

1. 大規模の修繕とは、建築物の主要構造部の１種以上について行う過半の修繕をいう。
2. 設計者とは、その者の責任において、設計図書を作成した者をいう。
3. 建築設備は、建築物に含まれる。
4. コンビニエンスストアは、特殊建築物ではない。

解説

1. **主要構造部**の**一種以上**について行う**過半の修繕**が**大規模の修繕**である。
2. **設計者**とは、その者の責任において、**設計図書**を作成した者をいい、構造設計一級建築士又は設備設計一級建築士を含むものとする。
3. **建築物**とは、**土地**に**定着**する**工作物**のうち、**屋根**及び**柱**若しくは**壁**を有するもの、これに**附属**する**門**若しくは**塀**、観覧のための工作物又は**地下**若しくは**高架**の工作物内に設ける事務所、店舗、興行場、倉庫その他これらに類する施設をいい、建築設備を含むものとする。

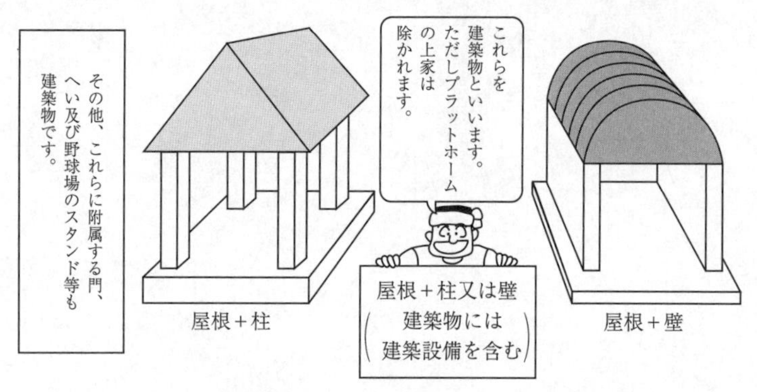

4. コンビニエンスストアは**物品販売業を営む店舗**であり、**特殊建築物**である。

正答 4

H29−18 C　　CHECK □□□□□

【問題 270】 用語の定義に関する記述として、「建築基準法」上、**誤っているもの**はどれか。

1. 地下の工作物内に設ける倉庫は、建築物である。
2. 自動車車庫の用途に供する建築物は、特殊建築物である。
3. 主要構造部を準耐火構造とした建築物は、すべて準耐火建築物である。
4. 作業の目的のために継続的に使用する室は、居室である。

解説

1. **建築物**とは、**土地**に**定着**する**工作物**のうち、**屋根**及び**柱**若しくは**壁**を有するもの、これに**附属**する**門**若しくは**塀**、観覧のための工作物又は**地下**若しくは**高架**の工作物内に設ける事務所、店舗、興行場、倉庫その他これらに類する施設をいう。
2. **特殊建築物**とは、学校、体育館、病院、劇場、集会場、百貨店、旅館、共同住宅、寄宿舎、下宿、倉庫、**自動車車庫**その他これらに類する用途に供する建築物をいう。

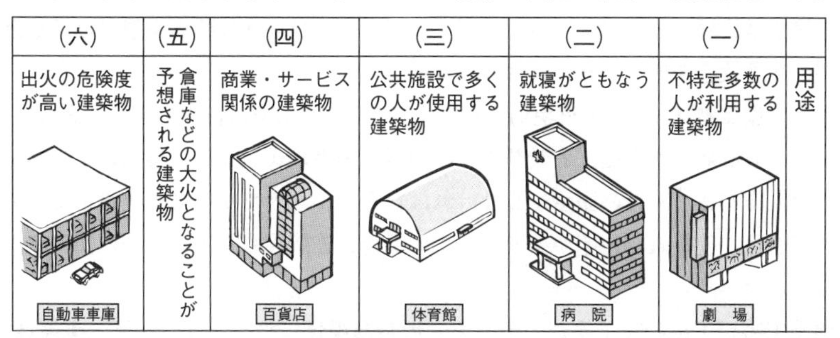

(六)	(五)	(四)	(三)	(二)	(一)	
出火の危険度が高い建築物	倉庫などの大火となることが予想される建築物	商業・サービス関係の建築物	公共施設で多くの人が使用する建築物	就寝がともなう建築物	不特定多数の人が利用する建築物	用途
自動車車庫		百貨店	体育館	病院	劇場	

3. **準耐火建築物**とは、耐火建築物以外の建築物で、次の①、②の両方を満たすものである。
   ①**主要構造部**：「準耐火構造」又は「準耐火構造と同等の準耐火性能を有するものとして政令で定める技術的基準に適合するもの」
   ②**外壁の開口部で延焼のおそれのある部分**：防火設備（耐火建築物と同様）
4. **居室**とは、居住、執務、作業、集会、娯楽その他これらに類する目的のために**継続的に使用**する室をいう。

正答 3

R04−43 B　CHECK

【問題 271】 建築確認手続き等に関する記述として、「建築基準法」上、**誤っているもの**はどれか。

1. 建築主は、原則として、工事完了から４日以内に、建築主事に到達するように完了検査を申請しなければならない。
2. 建築主は、工事現場の見やすい場所に、国土交通省令で定める様式によって、建築確認があった旨の表示をしなければならない。
3. 施工者は、建築確認申請が必要な工事の場合、設計図書を工事現場に備えておかなければならない。
4. 建築主事は、工事の完了検査の申請を受理した場合、その受理した日から７日以内に検査をしなければならない。

解説

1. **建築主**は、原則として、工事が完了した日から**４日以内**に**建築主事**又は**指定確認検査機関**の**完了検査**を申請しなければならない。
2. 工事の施工者は、当該工事現場の見易い場所に、国土交通省令で定める様式によって、建築主、設計者、工事施工者及び工事の現場管理者の氏名又は名称並びに当該工事に係る建築確認があった旨の**表示**をしなければならない。したがって、建築主ではない。
3. 施工者は、建築確認申請が必要な工事の場合、**設計図書**を工事現場に備えておかなければならない。
4. 建築主事が工事の完了検査の申請を受理した場合においては、建築主事等(建築主事又はその委任を受けた当該市町村若しくは都道府県の職員)は、その申請を受理した日から**７日以内**に、当該工事に係る建築物及びその敷地が建築基準関係規定に適合しているかどうかを**検査**しなければならない。

正答 2

H30−43 A　CHECK

【問題 272】 次の記述のうち、「建築基準法」上、**誤っているもの**はどれか。

1. 特定行政庁は、工事の施工者に対して工事の計画又は施工の状況に関する報告を求めることができる。
2. 建築主は、木造で階数が３以上の建築物を新築する場合、原則として、検査済証の交付を受けた後でなければ、当該建築物を使用し、又は使用させてはならない。
3. 工事施工者は、建築物の工事を完了したときは、建築主事又は指定確認検査機関の完了検査を申請しなければならない。
4. 建築主事は、鉄骨２階建ての建築物の確認申請書を受理した場合、その受理した日から35日以内に、建築基準関係規定に適合するかどうかを審査しなければならない。

解説

1. **特定行政庁**、建築主事又は建築監視員は、建築主、設計者、工事監理者、工事施工者、指定確認検査機関等に対して、建築物の敷地、構造、建築設備若しくは用途又は建築物に関する工事の計画若しくは施工の状況に関する**報告**を求めることができる。
2. 木造の建築物で３以上の階数を有するもの等の建築物の新築又はこれらの建築物(共同住宅以外の住宅等を除く)の増築等で避難施設等の工事を含む場合、建築主は、原則として、**検査済証の交付**を受けた後でなければ、これらの建築物や建築物の部分を使用させることはできない。
3. **建築主**は、原則として、工事が**完了**した日から**４日以内**に建築主事又は指定確認検査機関の**完了検査**を申請しなければならない。工事施工者ではない。

＊4. 建築主事は、申請書を受理した場合、次の期間内に建築基準関係規定に適合するかを審査しなければならない。なお、構造計算適合性判定の期間が延長された場合など合理的な理由があるときは、35日の範囲内で審査期間を延長することができる。

① 200m^{2}超の特殊建築物・規模の大きな建築物……………35日

② 規模の小さな建築物…………………………………………７日

正答 3

R02−44 A　CHECK □□□□□

【問題 273】 居室の**採光**及び**換気**に関する記述として、「建築基準法」上、**誤っているもの**はどれか。

1. 温湿度調整を必要とする作業を行う作業室については、採光を確保するための窓その他の開口部を設けなくてもよい。
2. ふすま、障子その他随時開放することができるもので仕切られた２室は、居室の採光の規定の適用に当たっては、１室とみなすことはできない。
3. 換気設備を設けるべき調理室等に設ける給気口は、原則として、天井の高さの１／２以下の高さに設けなければならない。
4. 居室には、政令で定める技術的基準に従って換気設備を設けた場合、換気のための窓その他の開口部を設けなくてもよい。

解説

1. 居室には**採光**及び**換気**のための窓その他の開口部を設けなければならないが、温湿度調整を必要とする作業を行う作業室その他用途上やむを得ない居室については、設けなくてもよい。
2. ふすま、障子その他**随時開放**することができるもので仕切られた２室は、採光及び換気の規定の適用に当たっては、１室とみなしてよい。

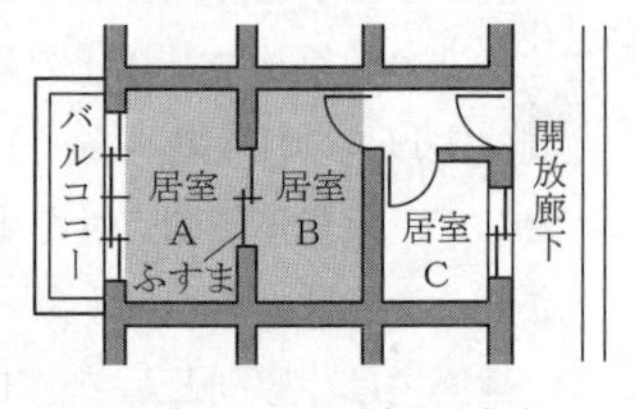

居室AとBは１室とみなす

3. 換気設備を設けるべき調理室等に設ける**給気口**は、原則として、天井の高さの**１／２以下**の高さに設けなければならない。
4. 居室には換気のための窓その他の開口部を設けなければならないが、所定の換気設備を設けた場合は設けなくてもよい。

正答 2

建築基準法　一般構造規定：採光

R03−44 A　CHECK □□□□□

【問題 274】 地上階にある次の居室のうち、「建築基準法」上、原則として、採光のための窓その他の開口部を**設けなくてよいもの**はどれか。

1. 病院の診察室
2. 寄宿舎の寝室
3. 有料老人ホームの入所者用談話室
4. 保育所の保育室

解説

住宅、学校、病院、診療所、寄宿舎、下宿その他これらに類する建築物で政令で定めるものの居室には、採光のための窓その他の開口部を設ける。具体的には、以下の表の通りである。病院の病室には、採光のための窓その他の開口部を設けなければならないが、病院の**診察室**には、採光のための窓その他の**開口部**を設けなくてもよい。

建築物の居室	割合
住宅の居室のうち、居住のために使用されるもの	1／7
幼稚園、小学校、中学校、高等学校又は中等教育学校の教室	1／5
保育所の保育室	
病院、診療所の病室	1／7
寄宿舎の寝室、下宿の宿泊室	
児童福祉施設等の寝室（入所者が使用するもの）	
児童福祉施設等（保育所を除く）の居室のうち、入所者又は通う者に対する保育、訓練、日常生活に必要な便宜の供与等の目的のために使用されるもの	
大学、専修学校等の教室	1／10
病院・診療所・児童福祉施設等の居室のうち、入院患者・入所者の**談話**・娯楽等の目的に使用されるもの	

正答 1

H30−44 B　CHECK □□□□□

【問題 275】 地上階にある次の居室のうち、「建築基準法」上、原則として、採光のための窓その他の開口部を**設けなければならないもの**はどれか。

1. 中学校の職員室
2. 事務所の事務室
3. 寄宿舎の寝室
4. ホテルの客室

解説

住宅、学校、病院、診療所、寄宿舎、下宿その他これらに類する建築物で政令で定めるものの居室には、採光のための窓その他の開口部を設ける。具体的には、以下の表の通りである。したがって、**寄宿舎の寝室**は、**開口部**を設けなければならない。

<table>
<tr><th>建築物の居室</th><th>割合</th></tr>
<tr><td>住宅の居室のうち、居住のために使用されるもの</td><td>1/7</td></tr>
<tr><td>幼稚園、小学校、中学校、高等学校又は中等教育学校の教室</td><td rowspan="2">1/5</td></tr>
<tr><td>保育所の保育室</td></tr>
<tr><td>病院、診療所の病室</td><td rowspan="4">1/7</td></tr>
<tr><td>寄宿舎の寝室、下宿の宿泊室</td></tr>
<tr><td>児童福祉施設等の寝室（入所者が使用するもの）</td></tr>
<tr><td>児童福祉施設等（保育所を除く）の居室のうち、入所者又は通う者に対する保育、訓練、日常生活に必要な便宜の供与等の目的のために使用されるもの</td></tr>
<tr><td>大学、専修学校等の教室</td><td rowspan="2">1/10</td></tr>
<tr><td>病院・診療所・児童福祉施設等の居室のうち、入院患者・入所者の談話・娯楽等の目的に使用されるもの</td></tr>
</table>

正答 3

H29−19 C　　CHECK

【問題 276】 地上階にある次の居室のうち、「建築基準法」上、原則として、採光のための窓その他の開口部を**設けなければならないもの**はどれか。

1. 有料老人ホームの入所者用談話室
2. 幼保連携型認定こども園の職員室
3. 図書館の閲覧室
4. 診療所の診察室

解説

住宅、学校、病院、診療所、寄宿舎、下宿その他これらに類する建築物で政令で定めるものの居室には、採光のための窓その他の開口部を設ける。具体的には、以下の表の通りである。したがって、**有料老人ホーム**(児童福祉施設等に該当)の**入所者用談話室**は、**開口部**を設けなければならない。

建築物の居室	割合
住宅の居室のうち、居住のために使用されるもの	1/7
幼稚園、小学校、中学校、義務教育学校、高等学校、中等教育学校又は幼保連携型認定こども園の教室	1/5
保育所及び幼保連携型認定こども園の保育室	
病院、診療所の病室	1/7
寄宿舎の寝室、下宿の宿泊室	
児童福祉施設等の寝室(入所者が使用するもの)	
児童福祉施設等(保育所を除く)の居室のうち、入所者又は通う者に対する保育、訓練、日常生活に必要な便宜の供与等の目的のために使用されるもの	
大学、専修学校等の教室	1/10
病院・診療所・児童福祉施設等の居室のうち、入院患者・**入所者の談話・娯楽等の目的に使用されるもの**	

正答 1

R01−44 A　　CHECK

【問題 277】 居室の採光及び換気に関する記述として、「建築基準法」上、**誤っているもの**はどれか。

1. 採光に有効な部分の面積を計算する際、天窓は実際の面積の３倍の面積を有する開口部として扱う。
2. 換気設備のない居室には、原則として、換気に有効な部分の面積がその居室の床面積の $\frac{1}{20}$ 以上の換気のための窓その他の開口部を設けなければならない。
3. 地階に設ける居室には、必ずしも採光を確保するための窓その他の開口部を設けなくてもよい。
4. 病院の診察室には、原則として、採光のための窓その他の開口部を設けなければならない。

解説

1. 採光有効面積は、次式によって求める。

　採光有効面積＝開口部の面積×採光補正係数

　また、**採光補正係数**は、用途地域などによって異なり、算定式によって求める。**天窓**の採光補正係数は、その値に3.0を乗じて得た数値とする。

2. **居室**には**換気**のための窓その他の**開口部**を設け、その換気に有効な部分の面積は、その居室の床面積の**1／20以上**としなければならない。ただし、所定の換気設備を設けた場合においては、この限りでない。

3. **居室**には、**採光**のための窓その他の**開口部**を設けなければならない。ただし、地階若しくは地下工作物内に設ける居室等、やむを得ない居室については、設けなくてもよい。

4. 住宅、学校、病院、診療所、寄宿舎、下宿その他これらに類する建築物で政令で定めるものの居室には、採光のための窓その他の開口部を設ける。具体的には、以下の表のとおりである。病院の病室には、採光のための窓その他の開口部を設けなければならないが、病院の**診察室**には、採光のための窓その他の**開口部**を設けなくてもよい。

建築物の居室	割合
住宅の居室のうち、居住のために使用されるもの	1／7
幼稚園、小学校、中学校、高等学校又は中等教育学校の教室	1／5
保育所の保育室	
病院、診療所の**病室**	1／7
寄宿舎の寝室、下宿の宿泊室	
児童福祉施設等の寝室（入所者が使用するもの）	
児童福祉施設等（保育所を除く）の居室のうち、入所者又は通う者に対する保育、訓練、日常生活に必要な便宜の供与等の目的のために使用されるもの	
大学、専修学校等の教室	1／10
病院・診療所・児童福祉施設等の居室のうち、入院患者・入所者の談話・娯楽等の目的に使用されるもの	

正答　4

R04−44 B　CHECK

【問題 278】 次の記述のうち、「建築基準法」上、**誤っているもの**はどれか。

1. 階段に代わる傾斜路の勾配は、1／8を超えないものとする。
2. 下水道法に規定する処理区域内においては、汚水管が公共下水道に連結された水洗便所としなければならない。
3. 集会場の客用の屋内階段の幅は、120cm以上とする。
4. 建築物に設ける昇降機の昇降路の周壁及び開口部は、防火上支障がない構造でなければならない。

解説

1. 階段に代わる**傾斜路の勾配**は、1／8をこえてはならない。

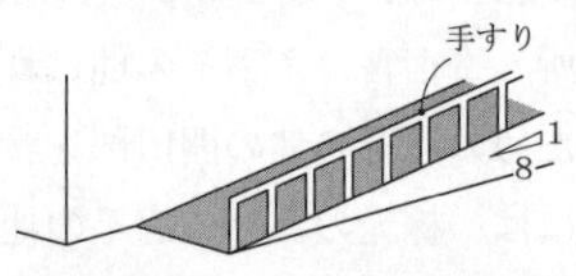

2. 下水道法に規定する**処理区域内**においては、汚水管が公共下水道に連結された**水洗便所**としなければならない。
3. 中学校、高等学校若しくは中等教育学校における生徒用のもの又は劇場、映画館、演芸場、観覧場、公会堂若しくは**集会場**における**客用**のもの等の**屋内階段**及びその**踊場の幅**は、**140cm以上**とし、**けあげは18cm以下**、**踏面は26cm以上**とする。
4. 建築物に設ける昇降機の昇降路の周壁及び開口部は、防火上支障がない構造でなければならない。

正答　3

R04−45 C　CHECK □□□□□

【問題 279】 建設業の許可に関する記述として、「建設業法」上、**誤っているもの**はどれか。

1. 一の都道府県の区域内にのみ営業所を設けて営業をしようとする場合は、原則として、当該営業所の所在地を管轄する都道府県知事の許可を受けなければならない。
2. 建設業の許可は、５年ごとに更新を受けなければ、その期間の経過によって、その効力が失われる。
3. 指定建設業と定められている建設業は、７業種である。
4. 一般建設業の許可を受けた業者と特定建設業の許可を受けた業者では、発注者から直接請け負うことができる工事の請負代金の額が異なる。

解説

1. 建設業を営もうとする者は、**二以上の都道府県**の区域内に営業所を設けて営業をしようとする場合にあっては**国土交通大臣**の、**一の都道府県**の区域内にのみ営業所を設けて営業をしようとする場合にあっては当該営業所の所在地を管轄する**都道府県知事**の**許可**を受けなければならない。
2. **建設業の許可**は、**５年ごと**にその**更新**を受けなければ、その期間の経過によって、その効力を失う。
3. **特定建設業**において、**建設業29業種**の中から土木工事業、建築**工事業**、電気**工事業**、管**工事業**、鋼構造物**工事業**、舗装**工事業**、造園**工事業**の**７種類**が**指定建設業**として指定されている。
4. 一般建設業の許可を受けた業者と特定建設業の許可を受けた業者では、発注者から直接請け負うことができる工事の請負代金の額が異ならない。下請契約の**下請代金額**が異なる。

正答 4

R03−45 A　　CHECK □□□□□

【問題 280】 建設業の許可に関する記述として、「建設業法」上、**誤っているもの**はどれか。

1. 解体工事業で一般建設業の許可を受けている者は、発注者から直接請け負う1件の建設工事の下請代金の総額が4,500万円の下請契約をすることができない。
2. 建築工事業で一般建設業の許可を受けている者は、発注者から直接請け負う1件の建設工事の下請代金の総額が7,000万円の下請契約をすることができない。
3. 建設業を営もうとする者は、すべて、建設業の許可を受けなければならない。
4. 建設業の許可を受けようとする者は、営業所の名称及び所在地を記載した許可申請書を国土交通大臣又は都道府県知事に提出しなければならない。

解説

1. 2. **特定建設業**とは、発注者から直接請負う建設工事を4,500万円以上(**建築工事業**では**7,000万円以上**)の**下請契約**(2つ以上の下請契約があるときは総額)で施工する者をいう。したがって、解体工事業で4,500万円の下請契約をする場合は、特定建設業の許可を受けている必要がある。

3. 建設業を営もうとする者は、建設業の許可を受けなければならないが、以下のような**軽微な建設工事**を請け負うことを営業とする者は、**許可を受けなくてもよい**。

●建築一式工事にあって、工事一件の請負代金の額が**1,500万円未満**の工事のみを行う場合。

●延べ面積が**150m²未満の木造住宅工事**のみを行う場合。

●建築一式工事以外の建設工事にあっては**500万円未満**の工事のみを行う場合。

4. 建設業の許可を受けようとする者は、営業所の名称及び所在地を記載した許可申請書を、**一の都道府県の区域内**にのみ営業所を設けて営業をしようとする場合にあっては当該営業所の所在地を管轄する**都道府県知事**に、**二以上の都道府県の区域内**に営業所を設けて営業をしようとする場合にあっては**国土交通大臣**に、提出しなければならない。

正答 3

R02−45 A　CHECK □□□□□

【問題 281】 建設業の許可に関する記述として、「建設業法」上、**誤っているもの**はどれか。

1. 工事１件の請負代金の額が1,500万円に満たない建築一式工事のみを請け負う場合、建設業の許可を必要としない。
2. 建設業の許可は、建設工事の種類ごとに、29業種に分けて与えられる。
3. 国又は地方公共団体が発注者である建設工事を請け負う者は、特定建設業の許可を受けていなければならない。
4. 下請負人として建設業を営もうとする者が建設業の許可を受ける場合、一般建設業の許可を受ければよい。

解説

1. 軽微な建設工事（工事１件の請負代金の額が**1,500万円未満の建築一式工事**、延べ面積が**150m²未満の木造住宅工事**、請負代金**500万円未満の建築一式工事**以外の建設工事）のみを請け負う者は、建設業の許可を必要としない。
2. 建設業の許可は、建設工事の種類ごとに、それぞれに対応する建設業ごとに29業種に分けて与えられる。
3. **特定建設業**とは、発注者から直接請負う建設工事を4,500万円以上（**建築工事**では**7,000万円以上**）の**下請契約**（２つ以上の下請契約があるときは総額）で施工する者をいう。国又は地方公共団体が発注者であることには関係がない。

建設業の許可に関するフロー

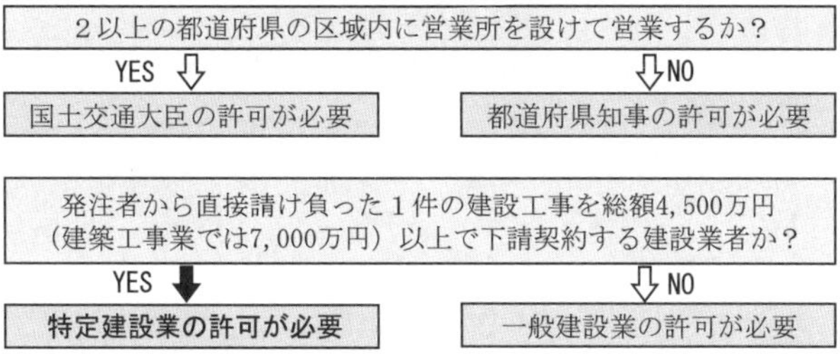

２以上の都道府県の区域内に営業所を設けて営業するか？
- YES ⇩ 国土交通大臣の許可が必要
- ⇩NO 都道府県知事の許可が必要

発注者から直接請け負った１件の建設工事を総額4,500万円（建築工事業では7,000万円）以上で下請契約する建設業者か？
- YES ⬇ **特定建設業の許可が必要**
- ⇩ NO 一般建設業の許可が必要

4. **一般建設業**とは、特定建設業以外の建設業をいう。特定建設業以外の場合は一般建設業の許可が必要になる。一般建設業許可を受けた建設業者は、自ら施工する場合や下請負人として施工する場合は、請負代金の規定はない。

正答 3

R01−45 A　　CHECK □□□□□

【問題 282】 建設業の許可に関する記述として、「建設業法」上、**誤っているもの**はどれか。

1. ２以上の都道府県の区域内に営業所を設けて営業しようとする者が建設業の許可を受ける場合には、国土交通大臣の許可を受けなければならない。
2. 建築工事業で特定建設業の許可を受けている者は、土木工事業で一般建設業の許可を受けることができる。
3. 解体工事業で一般建設業の許可を受けている者は、発注者から直接請け負う１件の建設工事の下請代金の総額が3,000万円の下請契約をする場合には、特定建設業の許可を受けなければならない。
4. 建築工事業で一般建設業の許可を受けている者は、発注者から直接請け負う１件の建設工事の下請代金の総額が7,000万円の下請契約をする場合には、特定建設業の許可を受けなければならない。

解説

1. 建設業を営もうとする者は、**二以上の都道府県**の区域内に営業所を設けて営業をしようとする場合にあっては**国土交通大臣**の、**一の都道府県**の区域内にのみ営業所を設けて営業をしようとする場合にあっては当該営業所の所在地を管轄する**都道府県知事**の**許可**を受けなければならない。
2. **建設業の許可**は、**建設工事の種類ごと**に、それぞれに対応する建設業ごとに分けて与えられる。一般建設業の許可を受けた者が、当該許可に係る建設業について、特定建設業の許可を受けたときは、その者に対する当該建設業に係る一般建設業の許可は、その効力を失う。しかし、ある業種で一般建設業の許可を受け、別の業種では特定建設業の許可を受けた場合、同じ業種の建設業ではなく、別々の業種なので許可を受けることができる。

3. 4. **特定建設業**とは、**発注者**から**直接**請負う建設工事を4,500万円以上(**建築工事業**では**7,000万円以上**)の**下請契約**(2つ以上の下請契約があるときは総額)で施工する者をいう。したがって、解体工事業で3,000万円の下請契約をする場合は、特定建設業の許可は必要ないが、建築工事業で7,000万円の下請契約をする場合は、特定建設業の許可を受けている必要がある。

建設業の許可に関するフロー

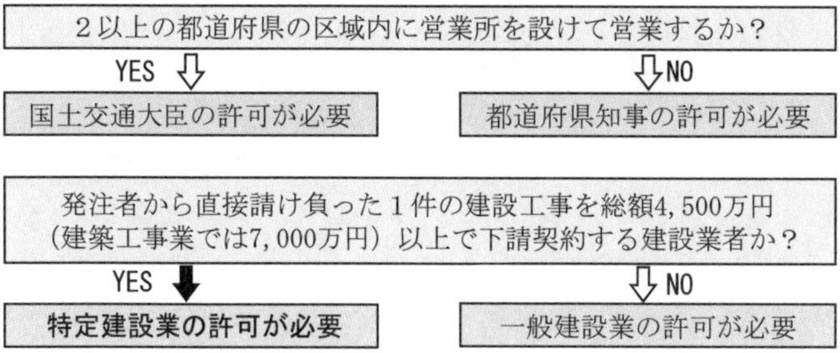

2以上の都道府県の区域内に営業所を設けて営業するか?
- YES → 国土交通大臣の許可が必要
- NO → 都道府県知事の許可が必要

発注者から直接請け負った1件の建設工事を総額4,500万円(建築工事業では7,000万円)以上で下請契約する建設業者か?
- YES → **特定建設業の許可が必要**
- NO → 一般建設業の許可が必要

法規

正答 3

H30−45 C　CHECK □□□□□

【問題 283】 建設業の許可に関する記述として、「建設業法」上、**誤っているもの**はどれか。

1. 営業所に置く専任技術者について、代わるべき者があるときは、その者について、書面を提出しなければならない。
2. 許可を受けた建設業の業種の区分について変更があったときは、その旨の変更届出書を提出しなければならない。
3. 営業所の所在地について、同一の都道府県内で変更があったときは、その旨の変更届出書を提出しなければならない。
4. 使用人数に変更を生じたときは、その旨を書面で届け出なければならない。

解説

1.3. 許可に係る**建設業者**は、**商号**又は**名称**、**営業所の名称**及び**所在地**、営業所ごとの**専任の技術者**等について**変更**があったときは、**30日以内**に、所定の変更届出書を**国土交通大臣**又は**都道府県知事**に提出しなければならない。

2. **建設業の許可**は、**建設工事の種類ごと**に、それぞれの建設業に分けて与える。建設業者は２以上の許可を受けることができる。

4. 許可に係る建設業者は、下記の書類等の記載事項に変更を生じたときは、毎事業年度経過後４月以内に、その旨を書面で国土交通大臣又は都道府県知事に届け出なければならない。

- 工事経歴書
- 直前３年の各事業年度における工事施工金額を記載した書面
- 使用人数を記載した書面

正答 2

H29−20 B　CHECK □□□□□

【問題 284】 建設業の許可に関する記述として、「建設業法」上、**誤っているもの**はどれか。

1. ２以上の都道府県の区域内に営業所を設けて営業しようとする者が、建設業の許可を受ける場合、国土交通大臣の許可を受けなければならない。
2. 建築工事業で特定建設業の許可を受けている者は、土木工事業で一般建設業の許可を受けることができる。
3. 建築工事業で一般建設業の許可を受けている者が、建築工事業で特定建設業の許可を受けた場合、一般建設業の許可は効力を失う。
4. 国又は地方公共団体が発注者である建設工事を請け負う者は、特定建設業の許可を受けていなければならない。

解説

1.　建設業を営もうとする者は、**2以上の都道府県**の区域内に営業所を設けて営業をしようとする場合にあっては**国土交通大臣**の、**1の都道府県**の区域内にのみ営業所を設けて営業をしようとする場合にあっては当該営業所の所在地を管轄する**都道府県知事**の**許可**を受けなければならない。

2. 3.　建設業の許可は、建設工事の種類ごとに、それぞれに対応する**建設業ごと**に分けて与えられる。一般建設業の許可を受けた者が、当該許可に係る建設業について、特定建設業の許可を受けたときは、その者に対する当該建設業に係る一般建設業の許可は、その効力を失う。

なお、ある業種で一般建設業の許可を受け、別の業種では特定建設業の許可を受けた場合、同じ業種の建設業ではなく、別々の業種なので許可を受けることができる。

4.　**特定建設業**とは、**発注者**から**直接**請負う建設工事を4,500万円以上（**建築工事**では7,000**万円以上**）の**下請契約**（2つ以上の下請契約があるときは総額）で施工する者をいう。国又は地方公共団体が発注者であることには関係がない。

建設業の許可に関するフロー

2以上の都道府県の区域内に営業所を設けて営業するか？
- YES ⇩ 国土交通大臣の許可が必要
- NO ⇩ 都道府県知事の許可が必要

発注者から直接請け負った1件の建設工事を総額4,500万円（建築工事業では7,000万円）以上で下請契約する建設業者か？
- YES ⬇ **特定建設業の許可が必要**
- NO ⇩ 一般建設業の許可が必要

法規

正答　4

R03−46 A　CHECK □□□□□

【問題 285】 建設工事の請負契約書に記載しなければならない事項として、「建設業法」上、**定められていないもの**はどれか。

1. 工事内容及び請負代金の額
2. 工事の履行に必要となる建設業の許可の種類及び許可番号
3. 各当事者の履行の遅滞その他債務の不履行の場合における遅延利息、違約金その他の損害金
4. 請負代金の全部又は一部の前金払の定めをするときは、その支払いの時期及び方法

解説

建設工事の請負契約の当事者は、契約の締結に際して、工事内容・請負代金の額・工事着手の時期及び工事完成の時期等を書面に記載し、署名又は記名押印をして相互に交付しなければならないが、その中に建設業の許可の種類及び許可番号は含まれていない。

〈建設工事の請負契約の内容〉

① **工事内容**
② 請負代金の額
③ 工事着手の時期及び工事完成の時期
④ 工事を施工しない日又は時間帯の定めをするときは、その内容
⑤ **請負代金の全部又は一部の前金払又は出来形部分に対する支払の定めをするときは、その支払の時期及び方法**
⑥ 当事者の一方から設計変更又は工事着手の延期若しくは工事の全部若しくは一部の中止の申出があつた場合における工期の変更、請負代金の額の変更又は損害の負担及びそれらの額の算定方法に関する定め
⑦ 天災その他不可抗力による工期の変更又は損害の負担及びその額の算定方法に関する定め
⑧ 価格等の変動若しくは変更に基づく請負代金の額又は工事内容の変更
⑨ 工事の施工により第三者が損害を受けた場合における賠償金の負担に関する定め
⑩ 注文者が工事に使用する資材を提供し、又は建設機械その他の機械を貸与するときは、その内容及び方法に関する定め
⑪ 注文者が工事の全部又は一部の完成を確認するための検査の時期及び方法並びに引渡しの時期
⑫ 工事完成後における請負代金の支払の時期及び方法
⑬ 工事の目的物が種類又は品質に関して契約の内容に適合しない場合におけるその不適合を担保すべき責任又は当該責任の履行に関して講ずべき保証保険契約の締結その他の措置に関する定めをするときは、その内容
⑭ **各当事者の履行の遅滞その他債務の不履行の場合における遅延利息、違約金その他の損害金**
⑮ 契約に関する紛争の解決方法
⑯ その他国土交通省令で定める事項

正答 2

R02－46 B　　CHECK □□□□□

【問題 286】 建設工事の請負契約書に記載しなければならない事項として、「建設業法」上、**定められていないもの**はどれか。

1. 注文者が工事の全部又は一部の完成を確認するための検査の時期及び方法並びに引渡しの時期
2. 工事の完成又は出来形部分に対する下請代金の支払の時期及び方法並びに引渡しの時期
3. 工事の施工により第三者が損害を受けた場合における賠償金の負担に関する定め
4. 天災その他不可抗力による工期の変更又は損害の負担及びその額の算定方法に関する定め

解説

建設工事の請負契約の当事者は、契約の締結に際して、工事内容・請負代金の額・工事着手の時期及び工事完成の時期等を書面に記載し、署名又は記名押印をして相互に交付しなければならないが、その中に工事の完成又は出来形部分に対する下請代金の支払の時期及び方法並びに引渡しの時期は含まれていない。

〈建設工事の請負契約の内容〉

① 工事内容
② 請負代金の額
③ 工事着手の時期、工事完成の時期
④ 工事を施工しない日、時間帯を定めるときは、その内容
⑤ 請負代金の前金・部分払いの支払の時期・方法
⑥ 工期の変更、請負代金の額の変更、損害の負担及びそれらの額の算定方法
⑦ **天災その他不可抗力による工期の変更、損害の負担・その額の算定方法**
⑧ 価格等の変動・変更に基づく請負代金の額・工事内容の変更
⑨ **第三者が損害を受けた場合における賠償金の負担**
⑩ 注文者が提供した資材、貸与した建設機械等の内容・方法
⑪ **注文者による検査の時期・方法、引渡しの時期**
⑫ 工事完成後における請負代金の支払の時期・方法
⑬ 工事の目的物の瑕疵担保責任、保証保険契約の締結その他の措置
⑭ 遅延利息、違約金その他の損害金
⑮ 契約に関する紛争の解決方法
⑯ その他国土交通省令で定める事項

正答 2

R01－46 A　CHECK □□□□□

【問題 287】 建設工事の請負契約書に記載しなければならない事項として、「建設業法」上、**定められていないもの**はどれか。

1. 工事着手の時期及び工事完成の時期
2. 工事の履行に必要となる建設業の許可の種類及び許可番号
3. 契約に関する紛争の解決方法
4. 工事内容及び請負代金の額

解説

建設工事の請負契約の当事者は、契約の締結に際して、工事内容・請負代金の額・工事着手の時期及び工事完成の時期等を書面に記載し、署名又は記名押印をして相互に交付しなければならないが、その中に建設業の許可の種類及び許可番号は含まれていない。

〈建設工事の請負契約の内容〉

① **工事内容**
② **請負代金の額**
③ **工事着手の時期、工事完成の時期**
④ 工事を施工しない日、時間帯を定めるときは、その内容
⑤ 請負代金の前金・部分払いの支払の時期・方法
⑥ 工期の変更、請負代金の額の変更、損害の負担及びそれらの額の算定方法
⑦ 天災その他不可抗力による工期の変更、損害の負担・その額の算定方法
⑧ 価格等の変動・変更に基づく請負代金の額・工事内容の変更
⑨ 第三者が損害を受けた場合における賠償金の負担
⑩ 注文者が提供した資材、貸与した建設機械等の内容・方法
⑪ 注文者による検査の時期・方法、引渡しの時期
⑫ 工事完成後における請負代金の支払の時期・方法
⑬ 工事の目的物の瑕疵担保責任、保証保険契約の締結その他の措置
⑭ 遅延利息、違約金その他の損害金
⑮ **契約に関する紛争の解決方法**
⑯ その他国土交通省令で定める事項

正答 2

H29−21 C　CHECK

【問題 288】 建設工事の請負契約書に記載しなければならない事項として、「建設業法」上、**定められていないもの**はどれか。

1. 価格等の変動若しくは変更に基づく請負代金の額又は工事内容の変更
2. 工事の履行に必要となる建設業の許可の種類及び許可番号
3. 契約に関する紛争の解決方法
4. 天災その他不可抗力による工期の変更又は損害の負担及びその額の算定方法に関する定め

解説

建設工事の請負契約の当事者は、契約の締結に際して、工事内容・請負代金の額・工事着手の時期及び工事完成の時期等を書面に記載し、署名又は記名押印をして相互に交付しなければならないが、その中に工事の履行に必要となる建設業の許可の種類及び許可番号は含まれていない。

〈建設工事の請負契約の内容〉

① 工事内容
② 請負代金の額
③ 工事着手の時期、工事完成の時期
④ 工事を施工しない日、時間帯を定めるときは、その内容
⑤ 請負代金の前金・部分払いの支払の時期・方法
⑥ 工期の変更、請負代金の額の変更、損害の負担及びそれらの額の算定方法
⑦ **天災その他不可抗力による工期の変更、損害の負担・その額の算定方法**
⑧ **価格等の変動・変更に基づく請負代金の額・工事内容の変更**
⑨ 第三者が損害を受けた場合における賠償金の負担
⑩ 注文者が提供した資材、貸与した建設機械等の内容・方法
⑪ 注文者による検査の時期・方法、引渡しの時期
⑫ 工事完成後における請負代金の支払の時期・方法
⑬ 工事の目的物の瑕疵担保責任、保証保険契約の締結その他の措置
⑭ 遅延利息、違約金その他の損害金
⑮ **契約に関する紛争の解決方法**
⑯ その他国土交通省令で定める事項

正答 2

R04−46 B　CHECK □□□□□

【問題 289】 建設工事現場に置く技術者に関する記述として、「建設業法」上、**誤っているもの**はどれか。

1. 国又は地方公共団体が発注する建築一式工事以外の建設工事で、請負代金の額が3,000万円の工事現場に置く主任技術者は、専任の者でなければならない。
2. 共同住宅の建築一式工事で、請負代金の額が8,000万円の工事現場に置く主任技術者は、専任の者でなければならない。
3. 主任技術者は、工事現場における建設工事を適正に実施するため、当該建設工事の施工に従事する者の技術上の指導監督の職務を誠実に行わなければならない。
4. 下請負人として建設工事を請け負った建設業者は、下請代金の額にかかわらず主任技術者を置かなければならない。

解説

1. **国、地方公共団体**が**発注**する**建築一式工事以外**の建設工事で、**請負代金**が**4,000万円（建築一式工事**の場合は**8,000万円）以上**の場合は、**専任**の**主任技術者**又は**監理技術者**を置かなければならない。したがって、請負代金の額が3,000万円の建設工事では、専任の者を置く必要はない。
2. 共同住宅の**建築一式工事**で、請負代金の額が**8,000万円**の工事現場に置く主任技術者は、専任の者でなければならない。
3. **主任技術者**は、工事現場における建設工事を適正に実施するため、当該建設工事の施工に従事する者の**技術上**の指導監督の職務を誠実に行わなければならない。
4. **建設業者**は、元請、下請にかかわらず請け負った建設工事を施工するときは、その工事現場の技術上の管理をつかさどるもの（**主任技術者**）を置かなければならない。

正答 1

H30−46 A　CHECK □□□□□

【問題 290】 工事現場における技術者に関する記述として、「建設業法」上、**誤っている**ものはどれか。

1. 建設業者は、発注者から3,500万円で請け負った建設工事を施工するときは、主任技術者を置かなければならない。
2. 工事現場における建設工事の施工に従事する者は、主任技術者又は監理技術者がその職務として行う指導に従わなければならない。
3. 元請負人の特定建設業者から請け負った建設工事で、元請負人に監理技術者が置かれている場合は、施工する建設業の許可を受けた下請負人は主任技術者を置かなくてもよい。
4. 請負代金の額が8,000万円の工場の建築一式工事を請け負った建設業者は、当該工事現場における建設工事の施工の技術上の管理をつかさどる技術者を専任の者としなければならない。

解説

1. **建設業者**は、元請け、下請けにかかわらず、その請け負った建設工事を施工するときは、所定の条件に該当する者で、その工事現場における建設工事の施工の技術上の管理をつかさどるもの(**主任技術者**)を置かなければならない。
2. 工事現場における建設工事の施工に従事する者は、**主任技術者**又は**監理技術者**がその職務として行う**指導**に従わなければならない。
3. 建設業者は、その請け負った建設工事を施工するときは、主任技術者を置かなければならないとあり、元請が特定建設業者であり、監理技術者を置いているときであっても、**下請**の建設業者は**主任技術者**を置かなくてはならない。
4. **公共性**のある施設・工作物、又は**多数**の者が利用する施設・工作物に関する重要な建設工事で政令で定めるものについては、工事１件の請負金額が4,000万円(**建築一式工事**の場合は**8,000万円**)**以上**のものについては、工事の安全かつ適正な施工を確保するために、**工事現場ごと**に**専任**の**主任技術者**又は**監理技術者**を置かなければならない。

正答　3

R01−47 A　CHECK

【問題 291】 労働契約に関する記述として、「労働基準法」上、**誤っているもの**はどれか。

1. 使用者は、労働することを条件とする前貸の債権と賃金を相殺することができる。
2. 使用者は、労働契約に附随して貯蓄の契約をさせてはならない。
3. 労働者は、使用者より明示された労働条件が事実と相違する場合においては、即時に労働契約を解除することができる。
4. 使用者は、労働契約の不履行について違約金を定める契約をしてはならない。

解説

1. **使用者**は、**前借金**その他労働することを条件とする**前貸の債権**と**賃金**を相殺してはならない。
2. 使用者は、労働契約に**付随**して**貯蓄**の契約をさせ、又は貯蓄金を管理する契約を**してはならない**。
3. 使用者より明示された**労働条件**が事実と**相違**する場合においては、労働者は、**即時**に労働契約を解除することができる。

4. **使用者**は、**労働契約の不履行**について違約金を定め、又は損害賠償額を予定する契約を**してはならない**。

正答 1

H29−22 A　　CHECK

【問題 292】 労働契約に関する記述として、「労働基準法」上、**誤っているもの**はどれか。

1. 使用者は、労働者が業務上の傷病の療養のために休業する期間及びその後30日間は、原則として解雇してはならない。
2. 使用者は、労働契約の不履行について損害賠償額を予定する契約をすることができる。
3. 使用者は、労働契約の締結に際し、労働者に対して賃金、労働時間その他の労働条件を明示しなければならない。
4. 労働者は、使用者より明示された労働条件が事実と相違する場合においては、即時に労働契約を解除することができる。

解説

1. 使用者は、労働者が業務上負傷し、又は疾病にかかり療養のために休業する期間及びその後**30日間**並びに産前産後の女性が休業する期間及びその後**30日間**は、原則として**解雇してはならない**。

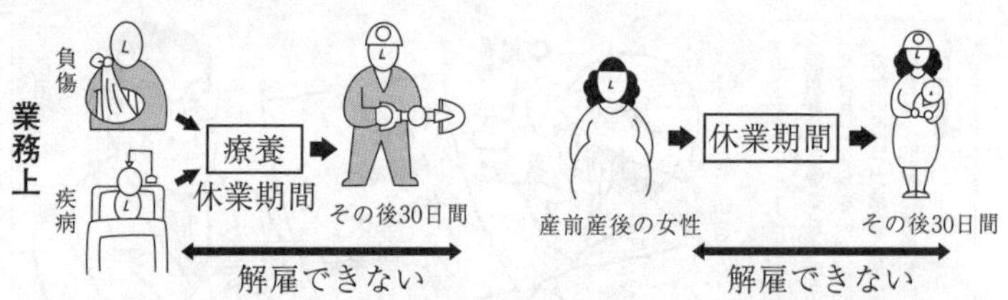

2. 使用者は、労働契約の不履行について**違約金**を定め、又は**損害賠償額**を予定する契約をしてはならない。
3. 使用者は、労働契約の締結に際し、労働者に対して**賃金**、**労働時間**その他の労働条件を**明示**しなければならない。
4. 使用者より明示された労働条件が事実と相違する場合においては、労働者は、即時に労働契約を**解除**することができる。

正答 2

R03−47 A　CHECK

【問題 293】 労働契約に関する記述として、「労働基準法」上、**誤っているもの**はどれか。

1. 使用者は、労働することを条件とする前貸の債権と賃金を相殺することができる。
2. 労働者は、使用者より明示された労働条件が事実と相違する場合においては、即時に労働契約を解除することができる。
3. 使用者は、労働者が業務上の傷病の療養のために休業する期間及びその後30日間は、原則として解雇してはならない。
4. 労働条件は、労働者と使用者が、対等の立場において決定すべきものである。

解説

1. 使用者は、前借金その他労働することを条件とする**前貸の債権**と**賃金**を相殺してはならない。
2. 使用者より明示された**労働条件**が事実と**相違**する場合においては、労働者は、即時に労働契約を**解除**することができる。
3. 使用者は、労働者が業務上負傷し、又は疾病にかかり療養のために**休業する期間**及び**その後30日間**並びに産前産後の女性が休業する期間及びその後**30日間**は、原則として**解雇してはならない**。
4. **労働条件**は、労働者と使用者が、対等の立場において決定すべきものである。

正答 1

R02−47 A　CHECK

【問題 294】 労働契約の締結に際し、「労働基準法」上、使用者が定め、原則として、労働者に**書面で交付しなければならない労働条件**はどれか。

1. 職業訓練に関する事項
2. 安全及び衛生に関する事項
3. 災害補償及び業務外の傷病扶助に関する事項
4. 就業の場所及び従事すべき業務に関する事項

解説

使用者は、**労働契約の締結**に際し、労働者に対して下記の①～⑤の労働条件について明らかとなる**書面**を交付しなければならない。

① 労働契約の期間に関する事項
② **就業の場所及び従事すべき業務に関する事項**
③ 始業及び終業の時刻、所定労働時間を超える労働の有無、休憩時間、休日、休暇等に関する事項
④ 賃金(退職手当等を除く。)の決定、計算及び支払の方法、賃金の締切り及び支払の時期並びに昇給に関する事項
⑤ 退職に関する事項(解雇の事由を含む。)

職業訓練に関する事項、安全及び衛生に関する事項、災害補償及び業務外の傷病扶助に関する事項等は、書面で交付する事項として定められていない。

正答 4

R04−47 B　CHECK □□□□□

【問題 295】 次の記述のうち、「労働基準法」上、**誤っているもの**はどれか。

1. 使用者は、妊娠中の女性を、地上又は床上における補助作業の業務を除く足場の組立ての作業に就かせてはならない。
2. 使用者は、満18歳に満たない者について、その年齢を証明する戸籍証明書を事業場に備え付けなければならない。
3. 未成年者は、独立して賃金を請求することができる。
4. 親権者又は後見人は、未成年者に代って労働契約を締結することができる。

解説

1. 使用者は、**妊娠中の女性**を、地上又は床上における補助作業の業務を除く**足場の組立ての作業**に就かせてはならない。
2. 使用者は、**満18才**に満たない者について、その年齢を証明する**戸籍証明書**を事業場に備え付けなければならない。
3. **未成年者**は、**独立**して**賃金**を**請求**することができる。親権者又は後見人は、未成年者の賃金を代って受け取ってはならない。
4. 親権者又は後見人は、未成年者に代って**労働契約**を締結してはならない。

正答 4

H30−47 B　CHECK

【問題 296】 次の業務のうち、「労働基準法」上、満17歳の者を**就かせてはならない業務**はどれか。

1. 電気ホイストの運転の業務
2. 動力により駆動される土木建築用機械の運転の業務
3. 最大積載荷重1.5tの荷物用エレベーターの運転の業務
4. 20kgの重量物を断続的に取り扱う業務

解説

使用者は、満18歳に満たない者に、運転中の機械若しくは動力伝導装置の危険な部分の掃除、注油、検査若しくは修繕をさせ、運転中の機械若しくは動力伝導装置にベルト若しくはロープの取付け若しくは取りはずしをさせ、動力によるクレーンの運転をさせ、その他厚生労働省令で定める危険な業務に就かせ、又は厚生労働省令で定める重量物を取り扱う業務に就かせてはならない。肢2．のみが就かせてはならない業務にあたる。

1. **動力により駆動される巻上げ機**(**電気ホイスト**及びエアホイストを**除く**。)、運搬機又は索道の運転の業務
2. **動力**により駆動される**土木建築用機械**又は船舶荷扱用機械の運転の業務
3. 最大積載荷重が**2t以上**の人荷共用若しくは**荷物用のエレベーター**又は高さが15m以上のコンクリート用エレベーターの運転の業務
4. 危険有害業務の就業制限では、満18歳未満の**重量物**を取り扱う業務の制限として、**断続作業**の場合、**女性**で**25kg以上**、**男性**で**30kg以上**の重量物の取り扱いの業務に就かせることはできない。

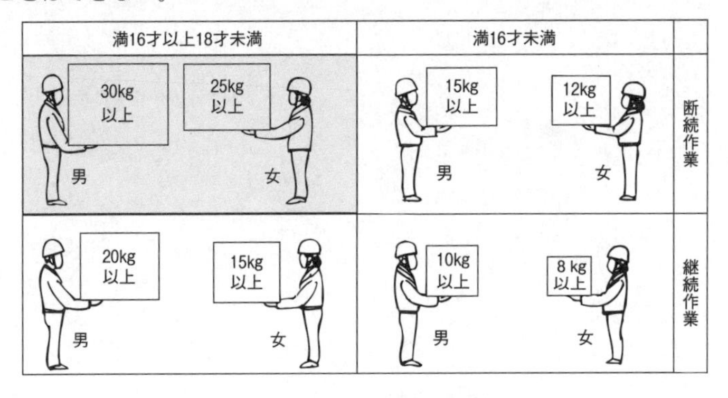

正答 2

R04−48 B　CHECK

【問題 297】 建設工事の現場において、元方安全衛生管理者を選任しなければならない就労する労働者の最少人員として、「労働安全衛生法」上、**正しいもの**はどれか。

ただし、ずい道等の建設の仕事、橋梁の建設の仕事又は圧気工法による作業を行う仕事を除くものとする。

1. 20人
2. 30人
3. 50人
4. 100人

解説

特定元方事業者は、常時**50人以上**の労働者が同一の場所において行われることによって生ずる労働災害を防止するため、**統括安全衛生責任者**を選任し、その者に元方安全衛生管理者の指揮をさせるとともに、必要な事項を統括管理させなければならない。

正答 3

H30−48 A　　CHECK □□□□□

【問題 298】「労働安全衛生法」上、事業者が、所轄労働基準監督署長へ報告書を提出する**必要がないもの**はどれか。

1. 産業医を選任したとき。
2. 安全管理者を選任したとき。
3. 衛生管理者を選任したとき。
4. 安全衛生推進者を選任したとき。

解説

事業者は、選任すべき事由が発生した日から**14日以内**に**総括安全衛生管理者・安全管理者・衛生管理者・産業医**を選任し、遅滞なく、所定の報告書を、労働基準監督署長に提出しなければならない。安全衛生推進者についての報告書の規定はなく、提出する必要はない。

管理者等	選任者	事業場の規模	選任までの期限	選任報告書提出先	業務の内容
総括安全衛生管理者		常時100人以上			(1) 安全管理者・衛生管理者等の指揮 (2) 安全衛生業務 ① 危険・健康障害防止の措置 ② 安全衛生教育 ③ 健康診断・健康保持促進の措置 ④ 労働災害原因調査・再発防止対策 ⑤ 安全衛生方針の表明 ⑥ 危険性、有害性調査とその措置 ⑦ 安全衛生計画の作成、実施、評価、改善
安全管理者	事業者		**14日以内**	所轄労働基準監督署長	① 総括安全衛生管理者の業務のうち、安全に係る技術的事項 ② 作業場等を巡視し、設備、作業方法等の危険防止措置
衛生管理者		常時50人以上			① 総括安全衛生管理者の業務のうち、衛生に係る技術的事項 ② 作業場等を定期に巡視し設備、作業方法、衛生状態の健康障害防止措置
産業医					① 健康診断、面接指導に基づく健康保持措置 ② 作業環境維持、作業管理 ③ 健康管理、健康教育、健康相談等健康保持促進 ④ 衛生教育 ⑤ 健康障害の原因調査と再発防止措置

正答 4

R03−48 B　CHECK □□□□□

【問題 299】 事業者が、新たに職務に就くことになった職長に対して行う安全衛生教育に関する事項として、「労働安全衛生法」上、**定められていないもの**はどれか。

ただし、作業主任者を除くものとする。

1. 労働者の配置に関すること
2. 異常時等における措置に関すること
3. 危険性又は有害性等の調査に関すること
4. 作業環境測定の実施に関すること

解説

事業者は、その事業場の業種が政令で定めるものに該当するときは、新たに職務につくこととなった職長その他の作業中の労働者を直接指導又は監督する者(作業主任者を除く。)に対し、厚生労働省令で定めるところにより、**安全又は衛生のための教育**を行なわなければならない。定める事項は、

・作業方法の決定及び**労働者の配置**に関すること。

・労働者に対する指導又は監督の方法に関すること。

・省令で定められるものの**危険性**又は**有害性**等の調査及びその結果に基づき講ずる措置に関すること。

・**異常時等における措置**に関すること。

・その他現場監督者として行うべき労働災害防止活動に関すること。

であり、作業環境測定についての実施に関することは定められていない。

正答 4

R02−48 A　　CHECK □□□□□

【問題 300】 建設業において、「労働安全衛生法」上、事業者が安全衛生教育を**行わなくてもよい者**はどれか。

1. 新たに選任した作業主任者
2. 新たに職務につくこととなった職長
3. 新たに建設現場の事務職として雇い入れた労働者
4. 新たに雇い入れた短時間(パートタイム)労働者

解説

1.2. 事業者は、新たに職務につくこととなった職長その他の作業中の労働者を直接指導又は監督する者(作業主任者を除く。)に対し、**安全又は衛生のための教育**を行わなければならないとあり、**作業主任者**は**除外**されている。

3.4. 事業者は、**労働者を雇い入れたとき**は、当該労働者に対し、その従事する業務に関する**安全又は衛生のための教育**を行わなければならない。

正答 1

R01−48 B　CHECK □□□□□

【問題 301】 事業者が、新たに職務に就くことになった職長に対して行う安全衛生教育に関する事項として、「労働安全衛生法」上、**定められていないもの**はどれか。
ただし、作業主任者を除く。

1. 作業方法の決定に関すること
2. 労働者に対する指導又は監督の方法に関すること
3. 危険性又は有害性等の調査に関すること
4. 作業環境測定の実施に関すること

解説

事業者は、その事業場の業種が政令で定めるものに該当するときは、新たに職務につくこととなった職長その他の作業中の労働者を直接指導又は監督する者(作業主任者を除く。)に対し、厚生労働省令で定めるところにより、安全又は衛生のための教育を行なわなければならない。定める事項は、次のとおりであり、作業環境測定についての実施に関することは定められていない。

・**作業方法の決定**及び労働者の配置に関すること。
・**労働者に対する指導**又は**監督の方法**に関すること。
・省令で定められるものの**危険性**又は**有害性**等の**調査**及びその結果に基づき講ずる措置に関すること。
・異常時等における措置に関すること。
・その他現場監督者として行うべき労働災害防止活動に関すること。

正答 4

H29−23 A　CHECK

【問題 302】 建設業において、「労働安全衛生法」上、事業者が安全衛生教育を**行わなくてもよいもの**はどれか。

1. 新たに建設現場の事務職として雇い入れた労働者
2. 作業内容を変更した労働者
3. 新たに職務につくこととなった職長
4. 新たに選任した作業主任者

解説

1. **事業者**は、労働者を**雇い入れ**たときは、当該労働者に対し、その従事する業務に関する**安全**又は**衛生**のための**教育**を行わなければならない。

2. **事業者**は、労働者の**作業内容**を**変更**したときは、当該労働者に対し、その従事する業務に関する**安全**又は**衛生**のための教育を行わなければならない。

3.4. **事業者**は、**新たに**職務につくこととなった**職長**その他の作業中の労働者を**直接指導**又は**監督**する者(作業主任者を除く。)に対し、**安全**又は**衛生**のための教育を行わなければならないとあり、作業主任者は除外されている。

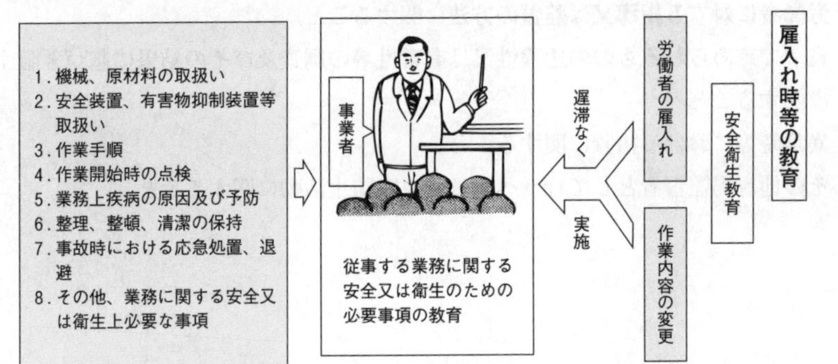

正答 4

H29−35 B　CHECK

【問題 303】 統括安全衛生責任者を選任すべき特定元方事業者が、労働災害を防止するために行わなければならない事項として、「労働安全衛生法」上、**誤っているもの**はどれか。

1. 作業場所を巡視すること。
2. 協議組織の設置及び運営を行うこと。
3. 安全衛生責任者を選任すること。
4. 作業間の連絡及び調整を行うこと。

解説

特定元方事業者は、その労働者及び関係請負人の労働者の作業が**同一**の場所において行われることによって生ずる労働災害を防止するため、次の事項に関する必要な措置を講じなければならない。

① **協議組織**の**設置**及び**運営**を行うこと。
② **作業間**の**連絡**及び**調整**を行うこと。
③ **作業場所**を**巡視**すること。
④ **関係請負人**が行う労働者の**安全**又は**衛生**のための**教育**に対する**指導**及び**援助**を行うこと。

したがって、安全衛生責任者の選任は防止するために行う事由としては該当しない。

正答 3

H30−50 B　CHECK

【問題 304】「騒音規制法」上の指定地域内における特定建設作業を伴う建設工事の施工に際し、市町村長への届出書に**記入又は添付の定めのないもの**はどれか。

1. 特定建設作業の開始及び終了の時刻
2. 建設工事の目的に係る施設又は工作物の種類
3. 特定建設作業の場所の附近の見取図
4. 特定建設作業に係る仮設計画図

解説

指定地域内において**特定建設作業**を伴う建設工事を施工しようとする者は、当該特定建設作業の開始の日の**7日前**までに、次の事項を**市町村長**に届け出なければならない。なお、届出には、当該特定建設作業の場所の附近の**見取図**を添附しなければならない。肢4．の特定建設作業に係る仮設計画図は定められていない。

① 氏名又は名称及び住所並びに法人にあっては、その代表者の氏名
② 建設工事の目的に係る施設又は工作物の種類
③ 特定建設作業の場所及び実施の期間
④ 騒音の防止の方法
⑤ その他環境省令で定める事項
　(特定建設作業の種類、特定建設作業の開始及び終了の時刻等)

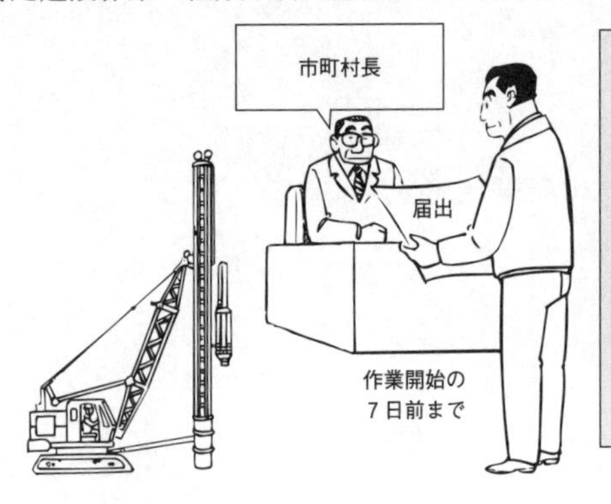

特定建設作業の実施の届出

指定地域内で特定建設作業を伴う建設工事を施工しようとする者は、作業開始の7日前までに市町村長に届出なければならない。ただし、災害その他非常の事態の発生により、特定建設作業を緊急に行う必要がある場合は、届出を行い得る状態になり次第、速やかに届出をする。

正答　4

R03−49 A　CHECK □□□□□

【問題 305】 次の記述のうち、「廃棄物の処理及び清掃に関する法律」上、**誤っているもの**はどれか。

1. 工作物の新築に伴って生じた紙くずは、一般廃棄物である。
2. 建設工事の現場事務所から排出された新聞、雑誌等は、一般廃棄物である。
3. 工作物の除去に伴って生じたコンクリートの破片は、産業廃棄物である。
4. 工作物の新築に伴って生じたゴムくずは、産業廃棄物である。

解説

1. **紙くず**は、建設業に係るもの(工作物の**新築**、**改築**又は**除去**に伴って生じたものに限る。)、パルプ、紙又は紙加工品の製造業、新聞業、出版業、製本業及び印刷物加工業に係るもの並びにポリ塩化ビフェニルが塗布され、又は染み込んだものに限るとされているので、工作物の新築に伴って生じた紙くずは、**産業廃棄物**である。
2. 建設工事の**現場事務所から排出された**新聞、雑誌等は、工作物の新築、改築又は除去に伴って生じたものではないので、**一般廃棄物**である。
3. 工作物の新築、改築又は除去に伴って生じた**コンクリートの破片**その他これに類する不要物は、**産業廃棄物**である。
4. **ゴムくず**は、**産業廃棄物**である。

正答 1

R02−49 B　CHECK □□□□□

【問題 306】 次の記述のうち、「廃棄物の処理及び清掃に関する法律」上、**誤っているもの**はどれか。

1. 建築物の新築に伴って生じた段ボールは、産業廃棄物である。
2. 建築物の地下掘削に伴って生じた土砂は、産業廃棄物である。
3. 建築物の除去に伴って生じた木くずは、産業廃棄物である。
4. 建築物の杭工事に伴って生じた汚泥は、産業廃棄物である。

解説

1. **紙くず**は、建設業に係るもの（工作物の**新築**、**改築**又は**除去**に伴って生じたものに限る。）、パルプ、紙又は紙加工品の製造業、新聞業、出版業、製本業及び印刷物加工業に係るもの並びにポリ塩化ビフェニルが塗布され、又は染み込んだものに限る。したがって、工作物の新築に伴って生じた段ボールは、**産業廃棄物**である。
2. 建設発生土は、産業廃棄物に規定されていない。
3. **木くず**（建設業に係るもの（工作物の新築、改築又は除去に伴って生じたものに限る。）、木材又は木製品の製造業、パルプ製造業、輸入木材の卸売業及び物品賃貸業に係るもの、貨物の流通のために使用したパレットに係るもの並びにポリ塩化ビフェニルが染み込んだものに限る。）は、**産業廃棄物**である。
4. 場所打ちコンクリート杭工事に伴って生じた**汚泥**は、**産業廃棄物**である。

正答 2

R01－49 C　CHECK

【問題 307】 産業廃棄物の運搬又は処分の委託契約書に記載しなければならない事項として、「廃棄物の処理及び清掃に関する法律」上、**定められていないもの**はどれか。
ただし、特別管理産業廃棄物を除くものとする。

1. 委託する産業廃棄物の種類及び数量
2. 産業廃棄物の運搬を委託するときは、運搬の方法
3. 産業廃棄物の処分を委託するときは、処分の方法
4. 委託者が受託者に支払う料金

解説

委託契約は、**書面**により行い、当該委託契約書には、次に掲げる事項が含まれ、かつ、環境省令で定める書面が添付されていなければならない。定める事項は、主に次のとおりであり、運搬の方法は規定されていない。

- **委託する産業廃棄物の種類及び数量**
- 産業廃棄物の運搬を委託するときは、運搬の最終目的地の所在地
- 産業廃棄物の処分又は再生を委託するときは、その処分又は再生の場所の所在地、その**処分**又は再生の**方法**及びその処分又は再生に係る施設の処理能力
- 委託契約の有効期間
- **委託者が受託者に支払う料金**

正答 2

H29−24 A　CHECK

【問題 308】 次の記述のうち、「廃棄物の処理及び清掃に関する法律」上、**誤っているもの**はどれか。

ただし、特別管理産業廃棄物を除くものとする。

1. 事業者は、工事に伴って生じた産業廃棄物を自ら処理することはできない。
2. 事業者は、工事に伴って生じた産業廃棄物が運搬されるまでの間、産業廃棄物保管基準に従い、生活環境の保全上支障のないようにこれを保管しなければならない。
3. 事業者は、工事に伴って生じた産業廃棄物の運搬を他人に委託する場合には、委託する産業廃棄物の種類及び数量に関する条項が含まれた委託契約書としなければならない。
4. 事業者は、工事に伴って生じた産業廃棄物の処分を他人に委託する場合には、その産業廃棄物の処分が事業の範囲に含まれている産業廃棄物処分業者に委託しなければならない。

解説

1. **事業者**は、その**産業廃棄物**を**自ら処理しなければならない**。

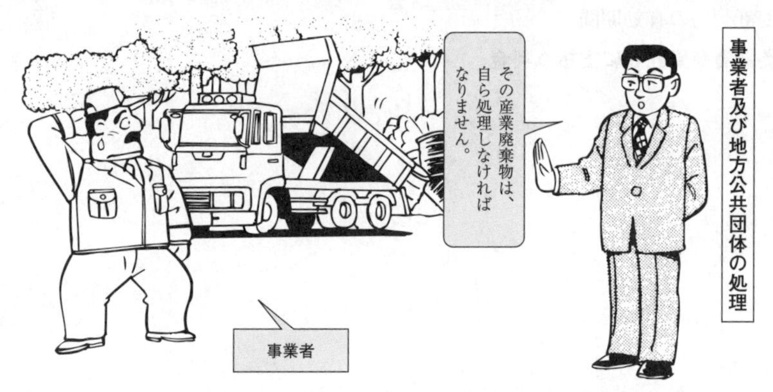

2. **事業者**は、その産業廃棄物が運搬されるまでの間、産業廃棄物保管基準に従い、生活環境の保全上支障のないようにこれを**保管**しなければならない。
3. **委託契約**は、**書面**により行う。**委託契約書**には、所定の事項についての条項が含まれ、かつ、環境省令で定める**書面**が添付されていること。

＊4. 産業廃棄物の処分又は再生にあっては、他人の産業廃棄物の処分又は再生を業として行うことができる者であって委託しようとする産業廃棄物の処分又は再生がその事業の範囲に含まれるものに委託すること。

正答 1

R04−49 A　CHECK

【問題 309】 解体工事に係る次の資材のうち、「建設工事に係る資材の再資源化等に関する法律(建設リサイクル法)」上、特定建設資材に**該当しないもの**はどれか。

1. 木造住宅の解体工事に伴って生じた木材
2. 公民館の解体工事に伴って生じたせっこうボード
3. 事務所ビルの解体工事に伴って生じたコンクリート塊及び鉄くず
4. 倉庫の解体工事に伴って生じたコンクリートブロック

解説

特定建設資材とは、コンクリート、木材その他建設資材のうち、建設資材廃棄物となった場合におけるその再資源化が資源の有効な利用及び廃棄物の減量を図る上で特に必要であり、かつ、その再資源化が経済性の面において制約が著しくないと認められる、次に掲げる建設資材とする。

- **コンクリート**
- **コンクリート及び鉄から成る建設資材**
- **木　材**
- **アスファルト・コンクリート**

したがって、2.の公民館の解体工事に伴って生じたせっこうボードは該当しない。

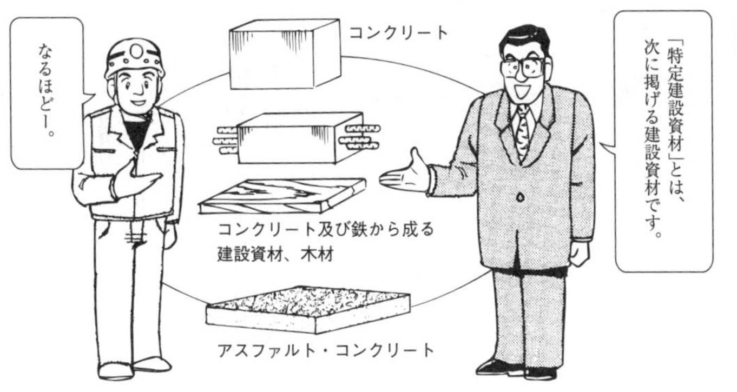

正答 2

H30−49 C　　CHECK

【問題 310】　建設工事に使用する資材のうち、「建設工事に係る資材の再資源化等に関する法律(建設リサイクル法)」上、特定建設資材に**該当するもの**はどれか。

1. 内装工事に使用するパーティクルボード
2. 外壁工事に使用するモルタル
3. 防水工事に使用するアスファルトルーフィング
4. 屋根工事に使用するセメント瓦

解説

特定建設資材は、次に掲げる建設資材である。

- **コンクリート**
- **コンクリート及び鉄から成る建設資材**
- **木　材**
- **アスファルト・コンクリート**

粘土瓦は、特定建設資材ではない。

パーティクルボードは木材として特定建設資材に該当するが、モルタル、アスファルトルーフィング、セメント瓦は該当しない。

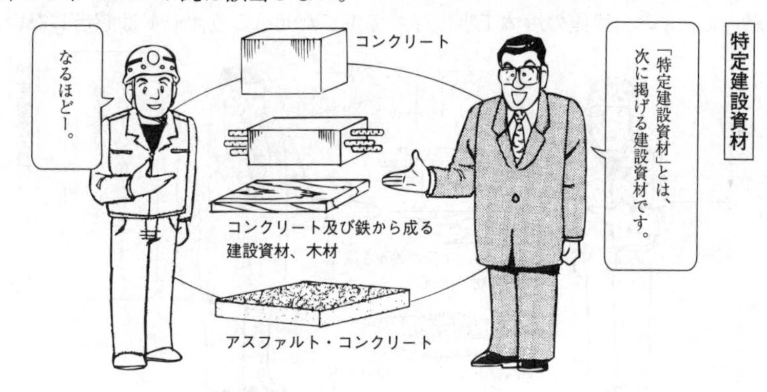

正答　1

R01−50 A　CHECK □□□□□

【問題 311】 次の資格者のうち、「消防法」上、**定められていないもの**はどれか。

1. 消防設備点検資格者
2. 建築設備等検査員
3. 消防設備士
4. 防火対象物点検資格者

解説

1. 3. 4. **消防設備点検資格者、消防設備士、防火対象物点検資格者**は、消防法で定められている。

2. **建築設備等検査員**は、**建築基準法**で定められており、特定建築設備等(昇降機及び特定建築物の昇降機以外の建築設備等をいう。)の検査を行う。

正答 2

R03−50 B　　CHECK

【問題 312】 消防用設備等の種類と機械器具又は設備の組合せとして、「消防法」上、**誤っているもの**はどれか。

1. 警報設備 ―――――― 自動火災報知設備
2. 避難設備 ―――――― 救助袋
3. 消火設備 ―――――― 連結散水設備
4. 消防用水 ―――――― 防火水槽

解説

1. **警報設備**とは、**自動火災報知設備**(漏電火災警報器含む)・**ガス漏れ火災警報設備**や**非常警報設備**(拡声器などの簡易警報用具)及び**非常放送設備**等である。
2. **避難設備**とは、火災が発生した場合において避難するために用いる機械器具又は設備で、**すべり台**、**避難はしご**、**救助袋**、**緩降機**その他の避難器具並びに**誘導灯**及び**誘導標識**をいう。
3. **連結散水設備**は、消火設備とは異なり「消火活動上必要な施設」の一つで、火災が発生した場合煙や熱が充満することによって消防活動が難しくなることが予想される地下街や地下階に設置される設備である。

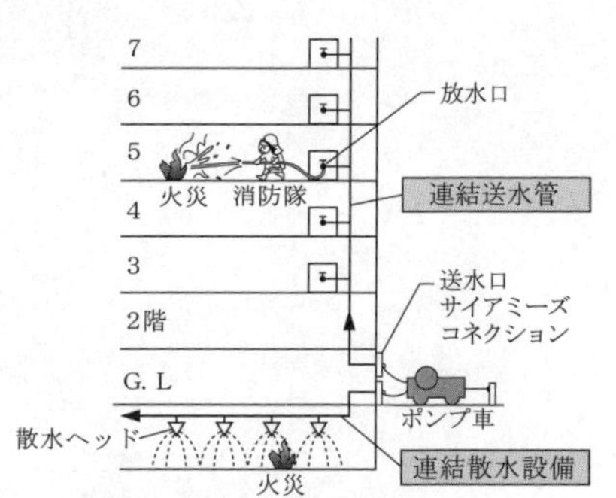

連結送水管・連結散水設備

4. **消防用水**とは、消火の目的で用いられる水をいい、広い敷地に存する大規模な建築物での延焼段階の火災を消火するため消防隊が消火活動上の水利を得るためのもので、**防火水槽**、**プール**、**池**等である。

正答 3

H29−25 C　　CHECK

【問題 313】 消防用設備等の種類と機械器具又は設備の組合せとして、「消防法」上、**誤っているもの**はどれか。

1. 警報設備 ―――――――― 漏電火災警報器
2. 避難設備 ―――――――― 救助袋
3. 消火設備 ―――――――― 連結散水設備
4. 消火活動上必要な施設 ――― 排煙設備

解説

1. **漏電火災警報器**とは、消防法により定められた消防用設備（**警報設備**）の一つであり、漏電を検知し警報を発令する装置である。
2. **避難設備**とは、火災が発生した場合において避難するために用いる機械器具又は設備で、すべり台、避難はしご、**救助袋**、緩降機その他の避難器具並びに誘導灯及び誘導標識をいう。
3. **連結散水設備**は、消火設備とは異なり「**消火活動上必要な施設**」の一つで、火災が発生した場合煙や熱が充満することによって消防活動が難しくなることが予想される**地下街**や**地下階**に設置される設備である。
4. **排煙設備**とは、火災時、避難路確保のために煙を排気する装置で、排煙機、給気機、排煙風道、給気風道及び付属設備で、**消火活動上必要な施設**に該当する。

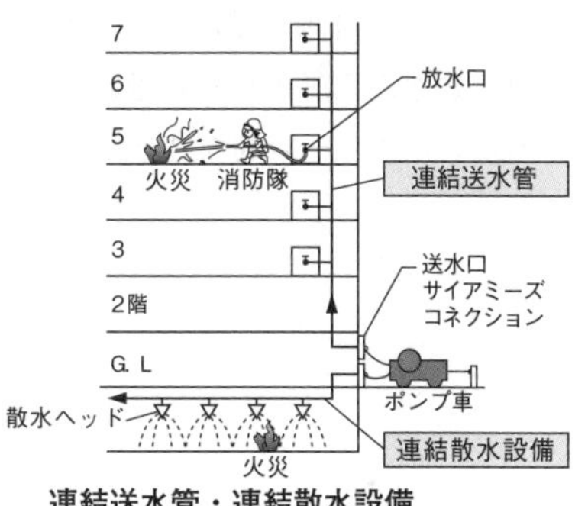

連結送水管・連結散水設備

正答 3

R04−50 A　CHECK

【問題 314】 次の記述のうち、「道路法」上、道路の占用の許可を受ける**必要のないもの**はどれか。

1. 歩道の上部に防護構台を組んで、構台上に現場事務所を設置する。
2. 道路の上部にはみ出して、防護棚（養生朝顔）を設置する。
3. コンクリート打込み作業のために、ポンプ車を道路上に駐車させる。
4. 道路の一部を掘削して、下水道本管へ下水道管の接続を行う。

解説

道路占用とは、道路上に電柱や公衆電話を設置するなど、道路に一定の物件や施設などを設置し、**継続**して道路を使用することをいい、地下に水道・下水道・ガスなどの管路を埋設することや沿道の建物から看板や日除け等を道路の上空に突き出して設置することも含まれる。

所定の工作物、物件又は施設を設け、継続して道路を使用しようとする場合においては、道路管理者の許可を受けなければならない。肢1.2.4.は、継続的に道路を使用するものであり、道路占用許可が必要であるが、肢3.のコンクリートポンプ車の駐車は、コンクリート打設のための**一時的**な駐車となるため、**道路使用許可**が必要となる。

正答 3

R02−50 A　CHECK □□□□□

【問題 315】 次の記述のうち、「道路法」上、道路の**占用の許可を受ける必要のないもの**はどれか。

1. 歩道の一部にはみ出して、工事用の仮囲いを設置する。
2. 道路の上部にはみ出して、防護棚(養生朝顔)を設置する。
3. 工事用電力の引込みのために、仮設電柱を道路に設置する。
4. 屋上への設備機器揚重のために、ラフタークレーンを道路上に設置する。

解説

道路占用とは、道路上に電柱や公衆電話を設置するなど、道路に一定の物件や施設などを設置し、継続して道路を使用することをいい、地下に水道・下水道・ガスなどの管路を埋設することや沿道の建物から看板や日除け等を道路の上空に突き出して設置することも含まれる。

所定の工作物、物件又は施設を設け、継続して道路を使用しようとする場合においては、道路管理者の許可を受けなければならない。肢1. 2. 3. は、継続的に道路を使用するものであり、道路占用許可が必要であるが、肢4.の屋上への設備機器揚重のために、ラフタークレーンを道路上に設置するのは、一時的な駐車となるため、道路使用許可が必要となる。

正答 4

本試験にチャレンジ!!

【2023年度　一次本試験（後期）】

この問題解説集は、出題分野ごとに出題をまとめて編集していますが、ここでは、具体的な本試験の出題形式を知っていただくために、昨年度の本試験問題（後期）を、出題順に掲載しています。

解答の時間配分などの参考として下さい。

午前の部

NO.	問題項目		NO.	問題項目	
1	建築学	換気	26	施工	建具工事
2		採光・照明	27		塗装工事
3		音響	28		内装工事
4		鉄筋コンクリート構造	29	施工管理法	事前調査
5		鉄骨構造	30		仮設計画
6		鉄骨構造	31		材料の保管
7		基礎・地盤構造	32		工程計画
8		応力度	33		バーチャート工程表
9		応力	34		品質管理
10		曲げモーメント図	35		試験（高力ボルト）
11		鋼材	36		検査（コンクリート）
12		木材	37		安全管理
13		建具	38		安全管理（特定元方事業者）
14		シーリング材	39	能力問題	型枠工事
15	共通	測量	40		型枠工事
16		照明設備	41		防水工事
17		建築設備	42		外壁改修工事
18	施工	仮設工事	43	法規	建築基準法（総則）
19		地業工事	44		建築基準法（一般構造）
20		鉄筋工事	45		建設業法（許可）
21		鉄骨工事	46		建設業法（請負契約書）
22		木工事	47		労働基準法
23		タイル工事	48		労働安全衛生法
24		屋根工事	49		産廃法
25		左官工事	50		消防法

問　題

※　問題番号〔問題１～問題14〕までの**14問題**のうちから、**９問題を選択し、解答**してください。

R05－01

【問題　1】 換気に関する記述として、**最も不適当なもの**はどれか。

1. 空気齢とは、空気が流入口から室内のある点まで到達するのに要する平均時間のことである。
2. 必要換気回数は、必要換気量を室容積で割った値であり、室内の空気を１時間に何回入れ替えるのかを表す。
3. 機械換気方式には、屋外の風圧力を利用するものと室内外の温度差による空気の密度の違いを利用するものがある。
4. 温度差換気の換気量は、給気口と排気口の高低差の平方根に比例する。

R05－02

【問題　2】 採光及び照明に関する記述として、**最も不適当なもの**はどれか。

1. 全天空照度は、直射日光による照度を含む。
2. 昼光率は、窓等の採光部の立体角投射率によって異なる。
3. 全般照明と局部照明を併せて行う照明方式を、タスク・アンビエント照明という。
4. 高輝度な部分や極端な輝度対比等によって感じるまぶしさを、グレアという。

R05－03

【問題　3】 音に関する記述として、**最も不適当なもの**はどれか。

1. 室内の仕上げが同じ場合、室の容積が大きいほど残響時間は長くなる。
2. 人が音として知覚できる可聴周波数は、一般に、20Hzから20,000Hzである。
3. 音の強さのレベルが60dBの同じ音源が２つ同時に存在する場合、音の強さのレベルは約120dBになる。
4. 周波数の低い音は、高い音より壁や塀等の背後に回り込みやすい。

R05－04

【問題　4】 鉄筋コンクリート構造に関する記述として、**最も不適当なもの**はどれか。

1. 腰壁やたれ壁が付いた柱は、付いていない柱に比べ、地震時にせん断破壊を起こしやすい。
2. 大梁は、床の鉛直荷重を支えるとともに、柱をつなぎ地震力等の水平力にも抵抗する部材である。
3. 耐震壁の配置は、建築物の重心と剛心をできるだけ近づけるようにする。
4. 耐震壁の壁量は、地震等の水平力を負担させるため、下階よりも上階が多くなるようにする。

R05－05

【問題　5】 鉄骨構造の一般的な特徴に関する記述として、鉄筋コンクリート構造と比較した場合、**最も不適当なもの**はどれか。

1. 同じ容積の建築物では、構造体の軽量化が図れる。
2. 構造体の剛性が大きいため、振動障害が生じにくい。
3. 架構の変形能力が高い。
4. 大スパンの建築物が可能である。

R05－06

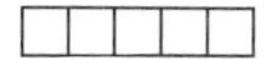

【問題　6】 鉄骨構造に関する記述として、**最も不適当なもの**はどれか。

1. 丸鋼を用いる筋かいは、主に圧縮力に抵抗する。
2. ガセットプレートは、節点に集まる部材相互の接合のために設ける部材である。
3. 裏当て金は、完全溶込み溶接を片面から行うために、溶接線に沿って開先ルート部の裏側に取り付けられる鋼板である。
4. ダイアフラムは、梁から柱へ応力を伝達するため、仕口部に設ける。

R05－07

【問題　7】地盤及び基礎構造に関する記述として、**最も不適当なもの**はどれか。

1. 独立フーチング基礎は、一般に基礎梁で連結する。
2. 洪積層は、沖積層に比べ建築物の支持地盤として適している。
3. 液状化現象は、粘性土地盤より砂質地盤のほうが生じやすい。
4. 直接基礎の鉛直支持力は、基礎スラブの根入れ深さが深くなるほど小さくなる。

R05－08

【問題　8】長方形断面の部材の応力度の算定とそれに用いる変数の組合せとして、**最も不適当なもの**はどれか。

1. 柱の垂直応力度の算定 ―――― 柱の断面積
2. 梁のせん断応力度の算定 ―――― 梁幅
3. 曲げ応力度の算定 ―――― 断面二次半径
4. 縁応力度の算定 ―――― 断面係数

R05－09

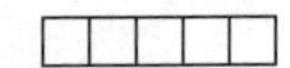

【問題　9】図に示す単純梁ABにおいて、点C及び点Dにそれぞれ集中荷重Pが作用したとき、点Eに生じる応力の値の大きさとして、**正しいもの**はどれか。

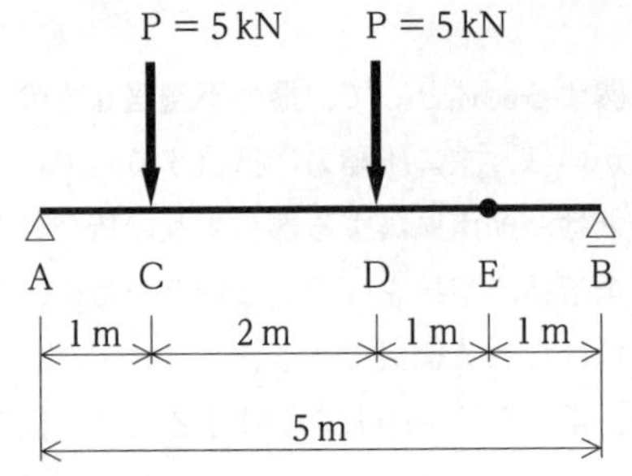

1. せん断力は、2kNである。
2. せん断力は、6kNである。
3. 曲げモーメントは、4kN・mである。
4. 曲げモーメントは、8kN・mである。

R05－10　□□□□□

【問題　10】　図に示す片持梁ABのCD間に等分布荷重wが作用したときの曲げモーメント図として、**正しいもの**はどれか。

ただし、曲げモーメントは材の引張側に描くものとする。

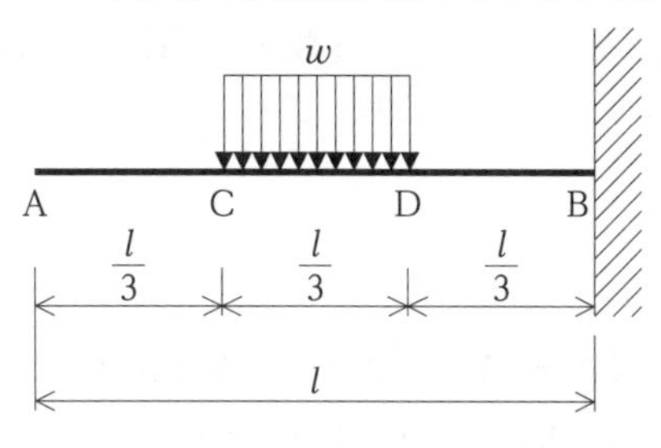

1.

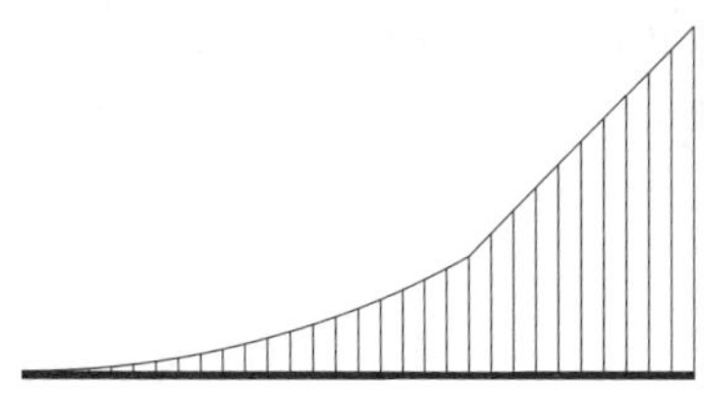

2.

3.

4.

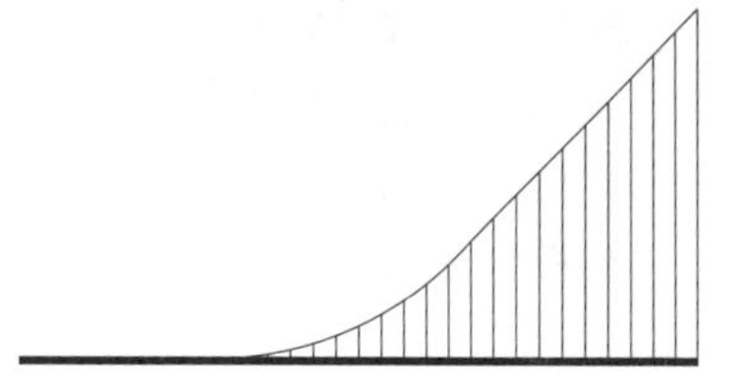

R05－11

【問題　11】構造用鋼材に関する記述として、**最も不適当なもの**はどれか。

1. 線膨張係数は、約1.2×10^{-5}（1／℃）である。
2. 炭素含有量が多くなると、ねばり強さや伸びが大きくなる。
3. 建築構造用圧延鋼材SN400Bの引張強さの下限値は、400N／mm^2である。
4. 鋼のヤング係数は、常温では強度に係わらずほぼ一定である。

R05－12

【問題　12】木材に関する記述として、**最も不適当なもの**はどれか。

1. 辺材部分は、一般に心材部分より含水率が高い。
2. 気乾状態とは、木材の水分が完全に無くなった状態をいう。
3. 繊維方向の圧縮強度は、繊維に直交する方向の圧縮強度より大きい。
4. 強度は、繊維飽和点以上では、含水率が変化してもほぼ一定である。

R05－13

【問題　13】日本産業規格（JIS）に規定する建具の性能試験に関する記述として、**不適当なもの**はどれか。

1. 遮音性の性能試験では、音響透過損失を測定する。
2. 気密性の性能試験では、通気量を測定する。
3. 結露防止性の性能試験では、熱貫流率を測定する。
4. 水密性の性能試験では、漏水を測定する。

R05－14

【問題　14】シーリング材に関する記述として、**最も不適当なもの**はどれか。

1. ポリサルファイド系シーリング材は、ムーブメントが大きい目地には好ましくない。
2. ポリウレタン系シーリング材は、ガラス回り目地に適している。
3. シリコーン系シーリング材は、紫外線による変色が少ない。
4. アクリルウレタン系シーリング材は、施工時の気温や湿度が高い場合、発泡のおそれがある。

※　**問題番号**〔問題15～問題17〕までの**3問題**は、**全問題**を**解答**してください。

R05－15

【問題　15】 距離測量における測定値の補正に関する記述として、**最も不適当なもの**はどれか。

1. 光波測距儀を用いた測量において、気象補正を行った。
2. 光波測距儀を用いた測量において、反射プリズム定数補正を行った。
3. 鋼製巻尺を用いた測量において、湿度補正を行った。
4. 鋼製巻尺を用いた測量において、尺定数補正を行った。

R05－16

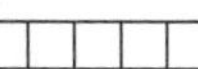

【問題　16】 LED照明に関する一般的な記述として、**最も不適当なもの**はどれか。

1. 水銀を使用していないため、廃棄する場合に蛍光灯のように手間が掛からない。
2. 蛍光灯や電球に比べ耐熱性が高いため、高温となる発熱体の周辺への設置に適している。
3. 光の照射方向に熱をほとんど発しないため、生鮮食料品用の照明に適している。
4. 光線に紫外線をほとんど含まないため、屋外照明に使用しても虫が寄り付きにくい。

R05－17

【問題　17】 建築設備とそれに関連する用語の組合せとして、**最も関係の少ないもの**はどれか。

1. 給水設備 ―――――― ヒートポンプ
2. ガス設備 ―――――― マイコンメーター
3. 排水設備 ―――――― トラップ
4. 空気調和設備 ―――― ファンコイルユニット

※　**問題番号**〔問題18～問題28〕までの**11問題**のうちから、**8問題を選択し、解答**してください。

R05−18

【問題　18】 やり方及び墨出しに関する記述として、**最も不適当なもの**はどれか。

1. 水貫は、水杭に示した一定の高さに上端を合わせて、水杭に水平に取り付ける。
2. 鋼製巻尺は、同じ精度を有する巻尺を複数本用意して、そのうちの１本を基準巻尺とする。
3. やり方は、建物の高低、位置、方向、心の基準を明確に表示するために設ける。
4. ２階から上階における高さの基準墨は、墨の引通しにより、順次下階の墨を上げる。

R05−19

【問題　19】 地業工事に関する記述として、**最も不適当なもの**はどれか。

1. 砂利地業で用いる砂利は、砂が混じったものよりも粒径の揃ったものとする。
2. 締固めによって砂利地業にくぼみが生じた場合、砂利を補充して表面を平らに均す。
3. 捨てコンクリートは、墨出しをしやすくするため、表面を平坦にする。
4. 土間コンクリートの下の防湿層は、断熱材がある場合、断熱材の直下に設ける。

R05−20

【問題　20】 鉄筋の加工及び組立てに関する記述として、**最も不適当なもの**はどれか。

1. 鉄筋の折曲げ加工は、常温で行う。
2. 鉄筋相互のあきは、鉄筋の強度により定められた最小寸法を確保する。
3. 床開口部補強のための斜め補強筋は、上下筋の内側に配筋する。
4. ガス圧接を行う鉄筋は、端面を直角、かつ、平滑にする。

R05−21

【問題　21】 高力ボルト接合に関する記述として、**最も不適当なもの**はどれか。

1. トルシア形高力ボルトの本締めは、ピンテールが破断するまで締め付けた。
2. トルシア形高力ボルトの座金は、座金の内側面取り部がナットに接するように取り付けた。
3. JIS形高力ボルトの首下長さは、締付け長さにナットと座金の高さを加えた寸法とした。
4. 高力ボルト接合部のフィラープレート両面に摩擦面処理を行った。

R05−22

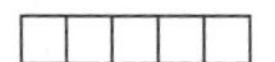

【問題　22】 在来軸組構法の木工事における仕口の名称と納まり図の組合せとして、**誤っているもの**はどれか。

1. 大留め

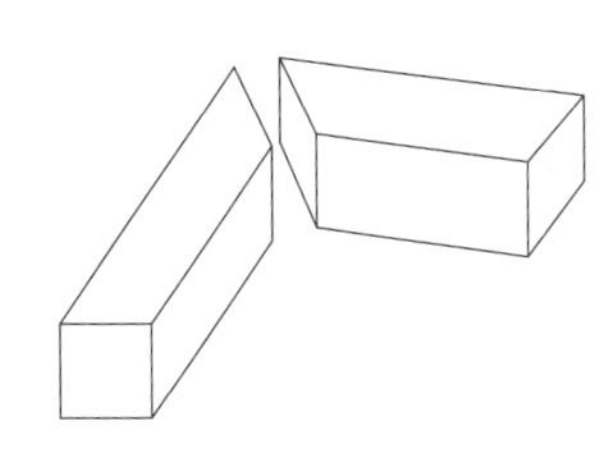

2. 相欠き

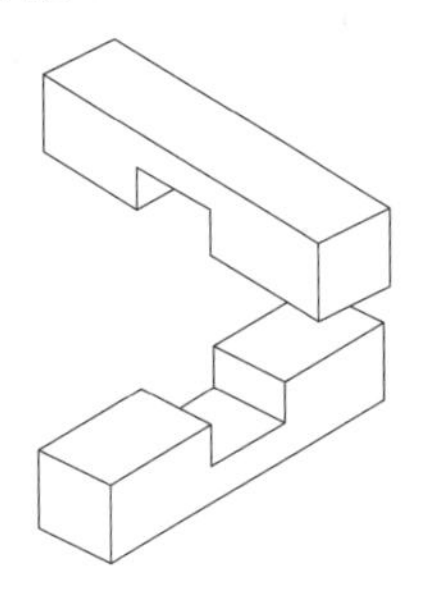

3. 大入れ

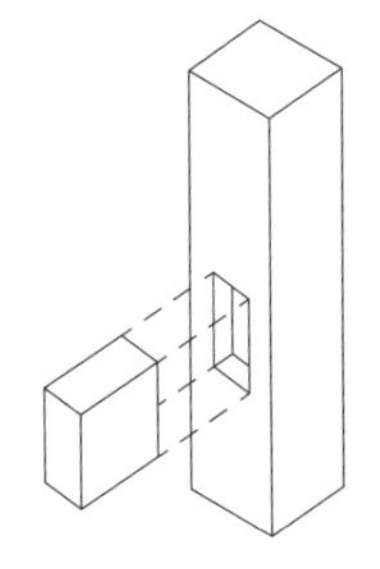

4. 蟻掛け

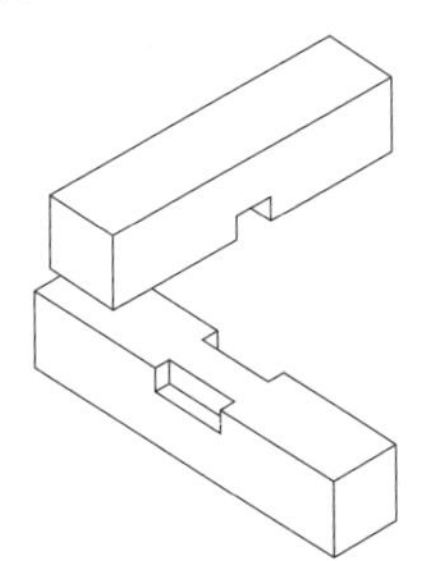

R05－23

【問題　23】 セメントモルタルによるタイル後張り工法に関する記述として、**最も不適当なもの**はどれか。

1. マスク張りにおいて、タイル裏面へマスク板を当てて、張付けモルタルを金ごてで塗り付けた。
2. 密着張りにおいて、タイルは下部から上部に張り進めた。
3. 改良圧着張りにおいて、張付けモルタルの１回に塗り付ける面積は、タイル工１人当たり２m^2とした。
4. モザイクタイル張りにおいて、張付けモルタルの１回に塗り付ける面積は、タイル工１人当たり３m^2とした。

R05－24

【問題　24】 金属製折板葺に関する記述として、**最も不適当なもの**はどれか。

1. はぜ締め形折板は、本締めの前にタイトフレームの間を１mの間隔で部分締めを行った。
2. けらば部分の折板の変形を防ぐため、変形防止材を設けた。
3. 重ね形折板の重ね部に使用する緊結ボルトの流れ方向の間隔は、900mmとした。
4. 重ね形折板のボルト孔は、呼び出しポンチで開孔した。

R05－25

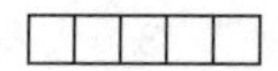

【問題　25】 コンクリート壁下地のセメントモルタル塗りに関する記述として、**最も不適当なもの**はどれか。

1. 吸水調整材は、下地とモルタルの接着力を増強するため、厚膜となるように十分塗布した。
2. 下塗りは、吸水調整材塗りの後、３時間経過してから行った。
3. つけ送りを含む総塗り厚が40mmとなる部分は、下地にアンカーピンを打ち、ネットを取り付けた。
4. セメントモルタル張りのタイル下地となるモルタル面は、木ごてで仕上げた。

R05－26

【問題　26】 建具金物に関する記述として、**最も不適当なもの**はどれか。

1. 本締り錠は、握り玉の中心にシリンダーが組み込まれたもので、ラッチボルトがデッドボルトと兼用となっている錠である。
2. 鎌錠は、鎌状のデッドボルトを突合せ部分の受けに引っかけて施錠するもので、引き戸に使用される錠である。
3. ピボットヒンジは、戸を上下から軸で支える金物で、戸の表面外又は戸厚の中心に取り付ける。
4. フロアヒンジは、床に埋め込む箱形の金物で、自閉機能があり、戸の自閉速度の調整をすることができる。

R05－27

【問題　27】 木質系素地面の塗装に関する記述として、**最も不適当なもの**はどれか。

1. オイルステイン塗りは、塗付け後、乾き切らないうちに余分な材料を拭き取った。
2. 合成樹脂調合ペイント塗りの中塗りは、塗装回数を明らかにするため、上塗りと色を変えて塗装した。
3. つや有合成樹脂エマルションペイント塗りは、塗料の粘度の調整を水で行った。
4. クリヤラッカー塗りの下塗りは、ジンクリッチプライマーを用いた。

R05－28

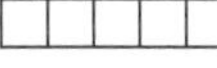

【問題　28】 ビニル床シート張りに関する記述として、**最も不適当なもの**はどれか。

1. シートを幅木部に張り上げるため、ニトリルゴム系接着剤を使用した。
2. 熱溶接工法では、シート張付け後、張付け用接着剤が硬化する前に溶接接合を行った。
3. シートを壁面に張り上げるため、床と壁が取り合う入隅部に面木を取り付けた。
4. 湿気のおそれのある下地への張付けには、エポキシ樹脂系接着剤を使用した。

※　**問題番号**〔問題29～問題38〕までの**10問題**は、**全問題**を**解答**してください。

R05－29

【問題　29】　事前調査に関する記述として、**最も不適当なもの**はどれか。

1. 鉄骨の建方計画に当たり、近隣の商店や工場の業種について調査を行うこととした。
2. 敷地境界と敷地面積の確認のため、地積測量を行うこととした。
3. 敷地内の建家、立木、工作物の配置を把握するため、平面測量を行うこととした。
4. 根切り工事に当たり、埋蔵文化財の有無について調査を行うこととした。

R05－30

【問題　30】　仮設計画に関する記述として、**最も不適当なもの**はどれか。

1. 下小屋は、材料置場の近くに設置し、電力や水道等の設備を設けることとした。
2. 工事用ゲートの有効高さは、鉄筋コンクリート造の工事のため、最大積載時のトラックアジテータの高さとすることとした。
3. 工事現場の周辺状況により、危害防止上支障がないことから、仮囲いとしてガードフェンスを設置することとした。
4. 工事用ゲートには、車両の入退場を知らせる標示灯を設置したが、周辺生活環境に配慮しブザーは設置しないこととした。

R05－31

【問題　31】　工事現場における材料の保管に関する記述として、**最も不適当なもの**はどれか。

1. 巻いた壁紙は、くせが付かないように立てて保管した。
2. ビニル床タイルは、乾燥している床に箱詰め梱包のまま、積重ねを10段までとして保管した。
3. 板ガラスは、クッション材を挟み、乾燥した場所に平積みで保管した。
4. 防水用の袋入りアスファルトは、積重ねを10段までとして保管した。

R05−32

【問題　32】 工程計画の立案段階で考慮すべき事項として、**最も不適当なもの**はどれか。

1. 最初に全ての工種別の施工組織体系を把握する。
2. 敷地周辺の上下水道やガス等の公共埋設物を把握する。
3. 鉄骨工事の工程計画では、資材や労務の調達状況を調査して、手配を計画する。
4. 型枠工事の工程計画では、型枠存置期間を考慮して、せき板や支保工の転用を検討する。

R05−33

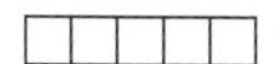

【問題　33】 バーチャート工程表の特徴に関する記述として、ネットワーク工程表と比較した場合、**最も不適当なもの**はどれか。

1. 手軽に作成することができ、視覚的に工程が把握しやすい。
2. 作業間調整に伴う修正がしやすい。
3. 前工程の遅れによる後工程への影響が把握しにくい。
4. 全体工期の短縮を検討する場合、工程のどこを縮めればいいのかわかりにくい。

R05−34

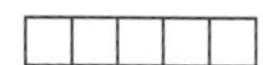

【問題　34】 品質管理に関する記述として、**最も不適当なもの**はどれか。

1. 品質計画に基づく施工の試験又は検査の結果は、次の計画や設計に活かす。
2. 川上管理とは、品質に与える影響が大きい前段階や生産工程の上流で品質を管理することである。
3. 施工品質管理表（QC工程表）とは、管理項目について管理値、検査の時期、方法、頻度等を明示したものである。
4. 試験とは、性質又は状態を調べ、判定基準と比較して良否の判断を下すことである。

R05−35

【問題　35】トルシア形高力ボルトのマーキングに関する記述として、**最も不適当なもの**はどれか。

1. マーキングは、高力ボルトの取付け後、直ちに行う。
2. マーキングは、ボルト軸からナット、座金及び母材にかけて一直線に行う。
3. マークのずれによって、軸回りの有無を確認できる。
4. マークのずれによって、本締め完了の確認ができる。

R05−36

【問題　36】コンクリートの試験に関する記述として、**最も不適当なもの**はどれか。

1. １回の圧縮強度試験の供試体の個数は、３個とした。
2. １回の圧縮強度試験は、コンクリート打込み日ごと、打込み工区ごと、かつ、150m^3以下にほぼ均等に分割した単位ごとに行った。
3. スランプの測定値は、スランプコーンを引き上げた後の、平板からコンクリート最頂部までの高さとした。
4. スランプ試験において、スランプコーンを引き上げた後、コンクリートが偏って形が不均衡になったため、別の試料によって新たに試験を行った。

R05−37

【問題　37】建築工事における危害又は迷惑と、それを防止するための対策に関する記述として、**最も不適当なもの**はどれか。

1. 高所作業による工具等の落下を防ぐため、水平安全ネットを設置した。
2. 工事用車両による道路面の汚れを防ぐため、洗浄装置を設置した。
3. 掘削による周辺地盤の崩壊を防ぐため、防護棚を設置した。
4. 解体工事による粉塵の飛散を防ぐため、散水設備を設置した。

R05－38 □□□□□

【問題　38】 建設業の現場における特定元方事業者が講ずべき措置として、「労働安全衛生法」上、**定められていないもの**はどれか。

1. 機械等が転倒するおそれがある場所において関係請負人の労働者が作業を行うとき、その関係請負人に対する技術上の指導を行うこと。
2. 関係請負人が行う安全教育に対して、安全教育に使用する資料を提供すること。
3. 特定元方事業者の労働者及び関係請負人の労働者の作業が同一の場所において行われるとき、作業間の連絡及び調整を行うこと。
4. 足場の組立て作業において、材料の欠点の有無を点検し、不良品を取り除くこと。

※　**問題番号**〔問題39〜問題42〕までの**4問題は能力問題**です。**全問題を解答**してください。

R05−39

【問題　39】 型枠の支保工に関する記述として、**不適当なものを2つ選べ。**

1. 上下階の支柱は、できるだけ平面上の同一位置になるように設置した。
2. 地盤上に直接支柱を立てるため、支柱の下に剛性のある敷板を敷いた。
3. 支柱は、パイプサポートを3本継ぎとした。
4. パイプサポートに設ける水平つなぎは、番線を用いて緊結した。

R05−40

【問題　40】 型枠の存置期間に関する一般的な記述として、**不適当なものを2つ選べ。**
ただし、計画供用期間の級は標準とする。

1. コンクリートの材齢によるせき板の最小存置期間は、普通ポルトランドセメントと高炉セメントB種では同じである。
2. コンクリートの材齢によるせき板の最小存置期間は、同じセメントの種類の場合、存置期間中の平均気温の高低に係わらず同じである。
3. せき板の最小存置期間を定めるコンクリートの圧縮強度は、柱と壁は同じである。
4. 梁下のせき板の最小存置期間を定めるコンクリートの圧縮強度は、コンクリートの設計基準強度が同じ場合、セメントの種類に係わらず同じである。

R05−41

【問題　41】 合成高分子系ルーフィングシート防水の接着工法に関する記述として、**不適当なものを2つ選べ。**

1. 加硫ゴム系シート防水において、プライマーを塗布する範囲は、その日にシートを張り付ける範囲とした。
2. 加硫ゴム系シート防水において、接着剤を塗布後、オープンタイムを置かずにシートを張り付けた。
3. 塩化ビニル樹脂系シート防水において、シートを張り付けるエポキシ樹脂系接着剤は、シート裏面に塗布した。
4. 塩化ビニル樹脂系シート防水において、防水層の立上り末端部は、押え金物で固定し、不定形シール材を用いて処理した。

R05−42

□□□□□

【問題　42】 外壁仕上げの劣化とその改修工法に関する記述として、**不適当なものを２つ選べ。**

1. コンクリート打放し面のひび割れは、ポリマーセメントモルタル充填工法で改修した。
2. 劣化した既存複層仕上塗材は、高圧水洗で除去した。
3. タイル張り仕上げの浮きは、Uカットシール材充填工法で改修した。
4. モルタル塗り仕上げの浮きは、アンカーピンニング部分エポキシ樹脂注入工法で改修した。

※　**問題番号**〔問題43～問題50〕までの**8問題**のうちから、**6問題を選択**し、**解答**してください。

R05－43

【問題　43】 用語の定義に関する記述として、「建築基準法」上、**誤っているもの**はどれか。

1. 基礎は、構造耐力上主要な部分であるが、主要構造部ではない。
2. 電波塔に設けた展望室は、建築物である。
3. コンビニエンスストアは、特殊建築物ではない。
4. コンクリートや石は、耐水材料である。

R05－44

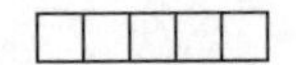

【問題　44】 地上階における居室の採光及び換気に関する記述として、「建築基準法」上、**誤っているもの**はどれか。

1. 採光に有効な部分の面積を計算する際、天窓は実際の面積よりも大きな面積を有する開口部として扱う。
2. 換気設備のない居室には、原則として、換気に有効な部分の面積がその居室の床面積の1／20以上の換気のための窓その他の開口部を設けなければならない。
3. 病院の診察室には、採光のための窓その他の開口部を設けなければならない。
4. ふすま、障子その他随時開放することができるもので仕切られた2室は、居室の採光及び換気の規定の適用に当たっては、1室とみなす。

R05－45

【問題　45】 建設業の許可に関する記述として、「建設業法」上、**誤っているもの**はどれか。

1. 2以上の都道府県の区域内に営業所を設けて営業しようとする者が建設業の許可を受ける場合には、国土交通大臣の許可を受けなければならない。
2. 国又は地方公共団体が発注者である建設工事を請け負う者は、特定建設業の許可を受けていなければならない。
3. 建築工事業で一般建設業の許可を受けている者は、発注者から直接請け負う1件の建設工事の下請代金の総額が7,000万円の下請契約をすることができない。
4. 解体工事業で一般建設業の許可を受けている者は、発注者から直接請け負う1件の建設工事の下請代金の総額が4,500万円の下請契約をすることができない。

R05－46

□□□□□

【問題 46】 建設工事の請負契約書に記載しなければならない事項として、「建設業法」上、**定められていないもの**はどれか。

1. 工事の履行に必要となる建設業の許可の種類及び許可番号
2. 当事者の一方から設計変更の申出があった場合における工期の変更、請負代金の額の変更又は損害の負担及びそれらの額の算定方法に関する定め
3. 天災その他不可抗力による工期の変更又は損害の負担及びその額の算定方法に関する定め
4. 注文者が工事の全部又は一部の完成を確認するための検査の時期及び方法並びに引渡しの時期

R05－47

□□□□□

【問題 47】 労働契約に関する記述として、「労働基準法」上、**誤っているもの**はどれか。

1. 使用者は、労働契約の不履行について、違約金とその支払の方法を定めて契約しなければならない。
2. 使用者は、労働契約に附随して貯蓄の契約をさせてはならない。
3. 使用者は、労働することを条件とする前貸の債権と賃金を相殺してはならない。
4. 使用者は、労働契約の締結に際し、労働者に対して就業の場所及び従事すべき業務に関する事項を明示しなければならない。

R05－48

□□□□□

【問題 48】 事業者が、新たに職務に就くことになった職長に対して行う安全衛生教育に関する事項として、「労働安全衛生法」上、**定められていないもの**はどれか。
ただし、作業主任者を除くものとする。

1. 労働者の配置に関すること
2. 作業方法の決定に関すること
3. 労働者に対する指導又は監督の方法に関すること
4. 作業環境測定の実施に関すること

R05−49

【問題　49】 工作物の建設工事に伴う次の副産物のうち、「廃棄物の処理及び清掃に関する法律」上、産業廃棄物に**該当しないもの**はどれか。

1. 除去に伴って生じたコンクリートの破片
2. 新築に伴って生じたゴムくず
3. 除去に伴って生じた陶磁器くず
4. 地下掘削に伴って生じた土砂

R05−50

【問題　50】 消防用設備等の種類と機械器具又は設備の組合せとして、「消防法」上、**誤っているもの**はどれか。

1. 警報設備 ―――――― 漏電火災警報器
2. 消化設備 ―――――― 連結送水管
3. 消火活動上必要な施設 ―― 排煙設備
4. 避難設備 ―――――― 救助袋

解　　説

【問題　1】 正答――― 3

1. 空気齢は換気効率指標であり、給気口から供給された清浄空気が室内のある点に到達するまでの平均時間を示す。空気齢が小さいほど、清浄空気が早く到着することを示す。一方、室内のある点から排気口に至る平均時間を空気余命といい、この値が小さいほど発生した汚染物質を速やかに室外に排出できることを意味する。

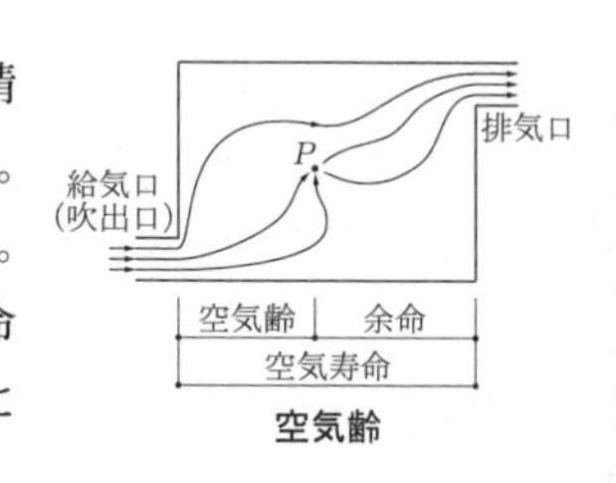

空気齢

2. 必要換気量をその室の容積で割った値を必要換気回数といい、換気回数は、部屋の空気が１時間に何回入れ替わるかを表す。必要換気量は、室内の汚染濃度を許容濃度以下に保つために必要な最小の換気量をいう。

$$換気回数〔回/h〕=\frac{1時間の換気量〔m^3/h〕}{室の容積〔m^3〕}$$

3. 機械換気方式は送風機により、強制的に換気するもので、給気に給気機、排気に排気機を用いる第１種、給気に給気機を用い、排気は自然排気の第２種、排気に排気機を用い、給気は自然給気の第３種がある。設問の屋外の風圧力や室内外の温度差による空気の密度の違いを利用するものは自然換気方式である。

4. 温度の高い空気は密度が小さいため上昇し、温度の低い空気は下降するため、温度差による換気量は、流入口と流出口との高低差が大きいほど多くなる。

温度差換気(重力換気)の基本式は、次式で示される。

$$Q_g=\alpha\cdot A\sqrt{2gh\left(\frac{t_i-t_o}{273+t_i}\right)}$$

Q_g：温度差による換気量　　h：上下開口部の中心間の垂直距離

α：流量係数　　g：重力加速度

A：開口部面積　　t_i：室温　　t_o：外気温

したがって、換気量は室内外温度差の平方根および上下開口部の中心部相互の垂直距離(h)の平方根に比例する。

【問題　2】　正答――― 1

1. 全天空照度は、大気中で拡散された天空光のみによる水平面照度を指し、直射日光成分は含まない。

2. 窓等の採光部の立体角投射率とは、全視界に占める窓の面積の割合のことで窓からの水平面に対する効果を表す。壁に対し窓の面積が大きくなると空の光を多く採り入れることになる。昼光率は、窓から直接受照点に入射する昼光による直接昼光率と、いったん天井や壁の表面で反射してから入射する昼光による間接昼光率に分けられる。窓の受照面に対する窓等の採光部の立体投射率は受照面での直接昼効率にほぼ等しい。受照面照度は、窓と受照面の位置、天井や壁面等の室内表面の反射率、窓外の建築物や樹木等による天空光の遮蔽等の影響を受けるため、昼光率はそれらを考慮して計算する。

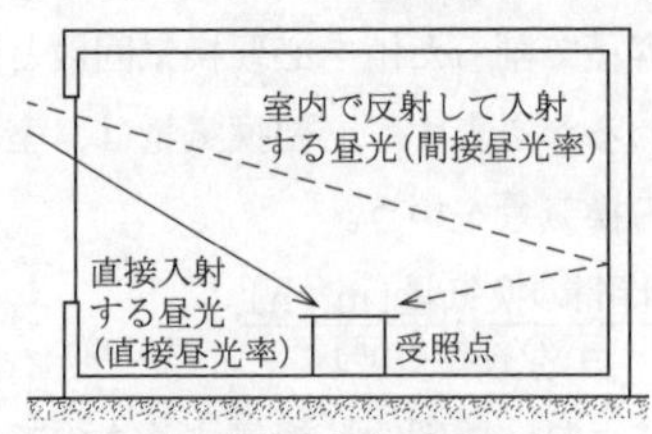

昼光率＝直接昼光率＋間接昼光率

3. タスク・アンビエント照明は、全般照明と局部照明を併せて行う方式である。作業面上と室内全体とに著しい明暗が生じると目が疲れやすく、作業の低下につながるので、全般照明による照度は、局部照明の照度の１／10以上とすることが望ましい。

4. グレアとは、時間的空間的に不適切な輝度分布、輝度範囲、または極端な対比などによって、まぶしさを感じたり、物が見えにくくなったりすることをいう。

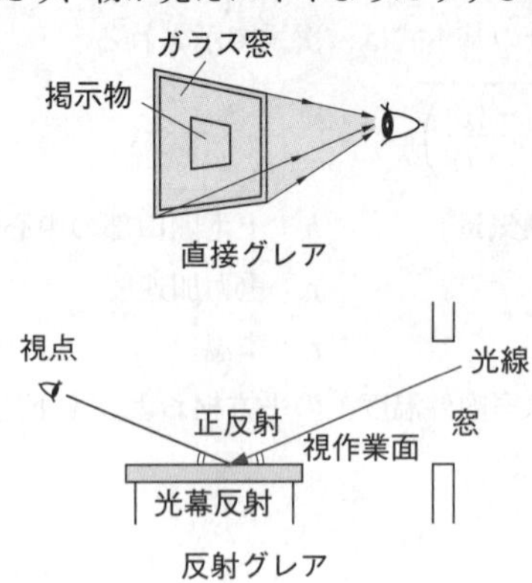

【問題　3】 正答―― 3

1. 残響時間は、室容積に比例し、平均吸音率と室内表面積に反比例する。室の容積が大きいほど長くなり、平均吸音率が大きいほど短くなる。
2. 周波数の多い音は高く、少ない音は低く聞こえる。人間の耳に聞こえる音の範囲は、低音約20Hzから高音約20,000Hzまでである。
3. 複数の音圧レベルの強さを求めるには、常用対数を用いた式を使うが、同じ音圧レベルの騒音源が２つになった場合は、１つの場合より約３dB高くなる。よって60dBの同じ音圧が２つ同時に存在する場合63dBとなる。約１台を止めると、音の強さのレベルは、約３dB減少する。

音の強さ（音源の台数）	音の強さのレベル
2倍	＋3 dB
4倍	＋6 dB
10倍	＋10dB
100倍	＋20dB
1／2倍	－3 dB
1／4倍	－6 dB
伝搬距離２倍	－6 dB

4. 音には、障壁の陰になる部分にも頂点を越えて回り込む回折現象が見受けられるが、音源・障壁の頂点・受音点という３点の位置の関係が同じ場合には、周波数の高い音ほど回折現象が生じにくくなる。したがって、周波数の低い音は、周波数の高い音より壁や塀等の背後に回り込みやすくなる。
   - ・高い周波数の音：「波長が短い」ため、障害物の背後に回り込むことができない。
   - ・低い周波数の音：「波長が長い」ため、障害物の背後に回り込むことができる。

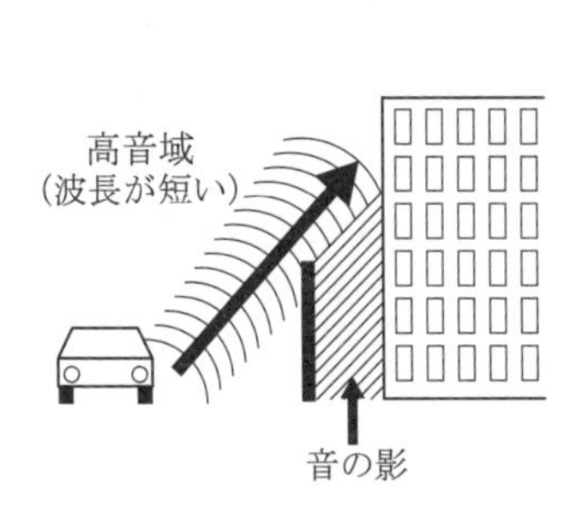

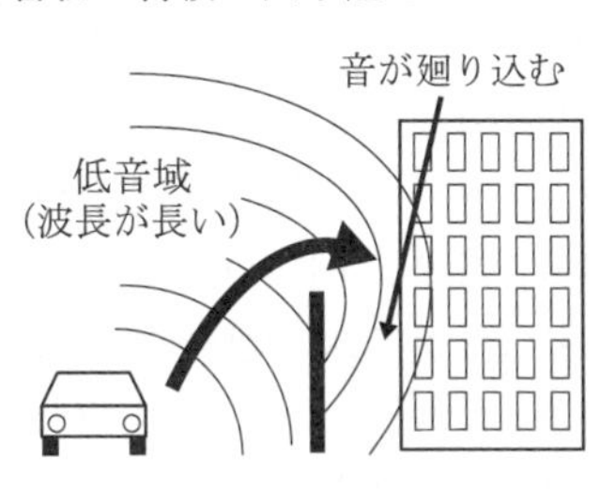

【問題　4】 正答――― 4

1. 非耐力壁であっても、腰壁、垂れ壁が柱と接している場合は、柱を拘束する形になり、支点間距離の短い短柱となる。このような短柱には、地震時に水平力が集中するとともにせん断破壊を起こしやすい。

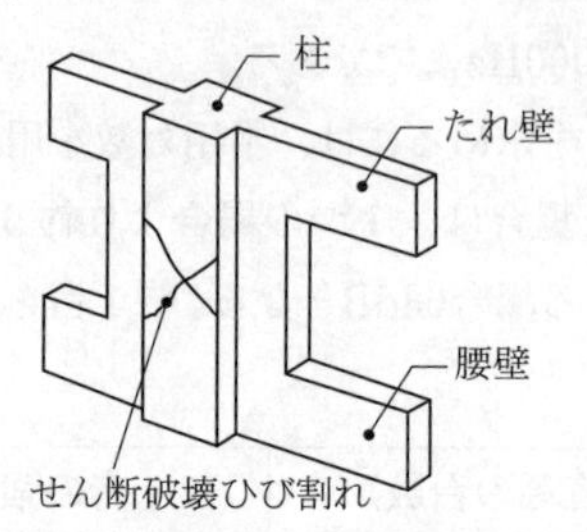

2. 大梁は柱と柱をつなぎ、骨組みを構成し、床の荷重を支えると同時に、地震力その他の水平荷重にも抵抗する。

3. 耐震壁等を偏った配置にすると、剛性の中心が偏り、重心との距離が大きくなり、地震時にはねじれ振動を生じるので、建築物の重心と剛心の距離はできるだけ近づけるように配置する。

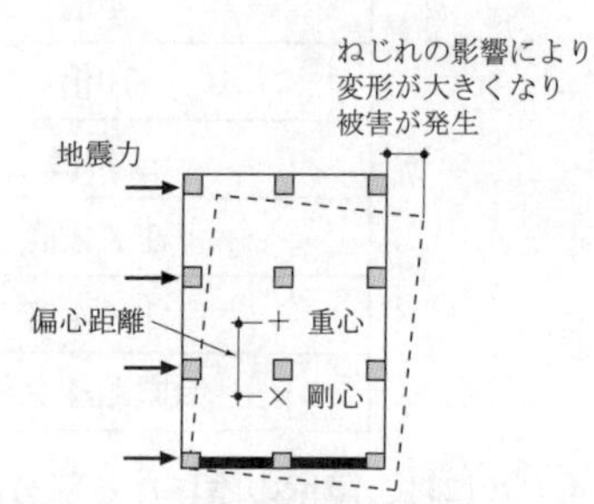

4. 耐震壁の壁量は、上階の重量も支える下階の方が多く必要となる。耐震壁は、平面的に縦・横両方向にバランスよく配置し、上階、下階とも同じ位置になるように設けるのがよい。

【問題　5】 正答――― 2

1. 鉄骨構造に用いられる鋼材の強度は、コンクリートより数倍から10倍程度大きいため、部材断面を小さくすることができ、同じ容積の建築物では、構造体の軽量化が図れる。
2. 鉄筋コンクリート構造と比べ構造体は、剛性が小さく、振動障害が生じやすい。
3. 鋼材は強くて粘りがあるため、鉄筋コンクリート構造に比べ、小さな断面の部材で骨組みを造ることができ、変形能力も大きい。
4. 鉄骨構造は、鉄筋コンクリート構造に比べ、軽量のわりに部材強度が大きいため、大スパンの建築物が可能である。

【問題　6】 正答――― 1

1. 筋かいとは、柱と柱の間に入れる補強材のことをいう。鋼材は引張力に対抗する部材であるため、丸鋼等を用いる筋かいは引張力に対して有効な部材である。

2. ガセットプレートは、鉄骨構造の柱・梁などの接合部およびトラスの節点において、組み合わせる部材を接合するために用いる鋼板のことをいう。

3. 裏あて金とは、溶接部の底部に裏から当てる金属のこと。一般に、突合せ溶接(完全溶込み溶接)を行う場合は、突き合わせる部材の全断面が完全に溶接されなければならない。そのためには、裏はつりあるいは裏当て金を使用して、十分なルート間隔をとり、裏当て金を密着させる。

4. ダイアフラムは、柱と梁の接合部(仕口部)に設ける補強材である。梁と柱の相互で曲げ応力を伝達できるように配置する鉄骨プレートで、通しダイアフラム、内ダイアフラム、外ダイアフラムがある。通しダイアフラム形式は、柱を梁の上下フランジの位置で切断し、その切断した部分にダイアフラムを入れる形式である。内ダイアフラム形式は、柱内部の梁の上下フランジの位置にダイアフラムを入れる形式である。外ダイアフラムは、柱の四角にダイアフラムを取り付ける形式である。

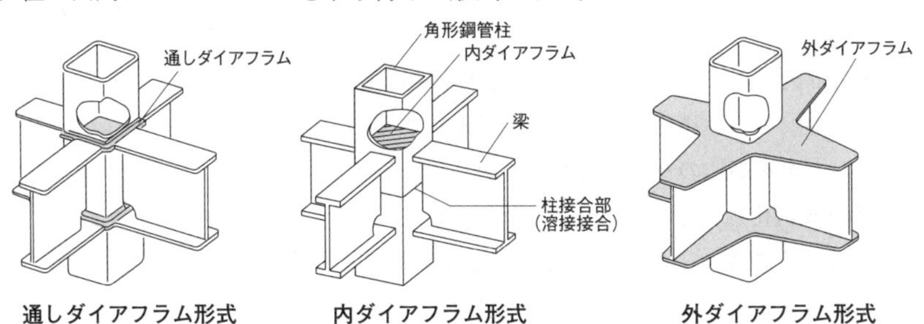

通しダイアフラム形式　　内ダイアフラム形式　　外ダイアフラム形式

【問題　7】 正答——4

1. 独立基礎は、建物を支える構造物である基礎の1つで、コンクリートを円柱や直方体などの形状に固めたものが一般的で、建物の四隅や柱の真下など、構造的に荷重がかかる位置に単独で設置する。特に大きな荷重がかかる柱等の下に用いられることが多い。独立基礎は、一般に基礎梁を用いて相互に連結することにより、不同沈下を防止する。

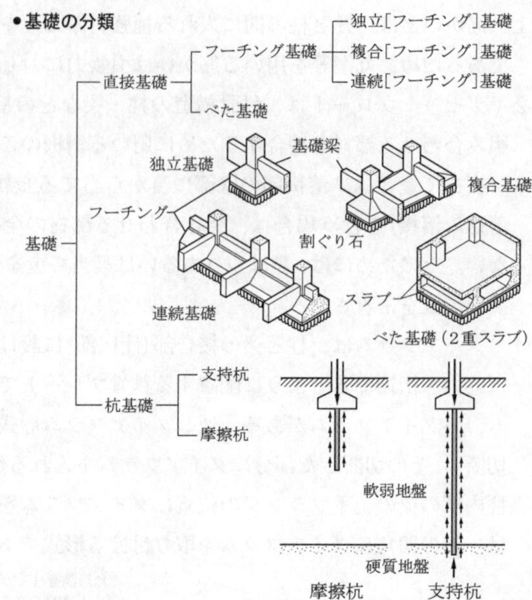

2. 洪積層は約170万年前～約1万年前の洪積紀に生成された地層で、沖積層より地盤の強度も大きく、洪積層の方が建築物の支持地盤として適している。
3. 地盤の液状化は、水で飽和した砂が、振動・衝撃などによる間隙水圧の上昇のためにせん断抵抗を失う現象である。地震時に、水分を含んだ砂地盤が液状化すると、噴砂現象(砂や水が地表に噴出する現象)を生じることがある。したがって、液状化現象は粘性土地盤より砂質地盤のほうが生じやすい。

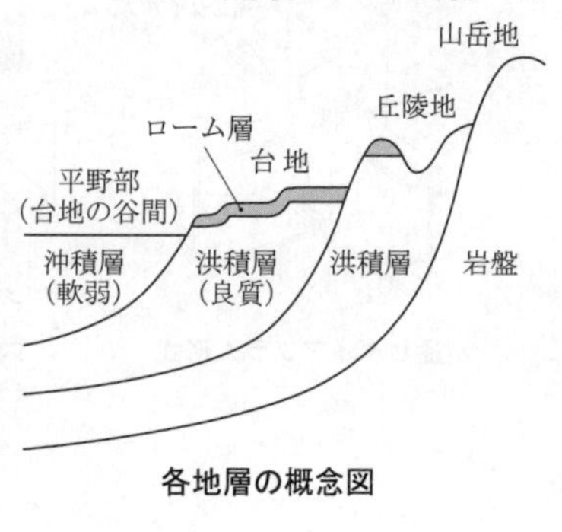

各地層の概念図

4. 直接基礎の鉛直支持力は、基礎スラブの根入れ深さが深くなるほど大きくなる。

【問題　8】 正答——3

1. 柱の断面積は、部材の切断面(断面積)にたいして垂直方向に生じる応力度の算定に用いられる。
2. 梁幅は、断面図形の図心を求める場合や、部材の断面に生ずるせん断応力度の算定に用いられる。

3.　断面二次半径は、細長い部材が圧縮力を受けたときの強さを算定するときに必要な係数で、座屈荷重等の算定に用いられる。曲げ応力度の算定に用いるものではない。

4.　断面係数は、曲げ強さを求めるために必要とされる係数で、縁応力度の算定に用いられる。

【問題　9】 正答——3

支点Aにおけるモーメントのつり合いより、

$-V_B \times 5\,\mathrm{m} + 5\,\mathrm{kN} \times 1\,\mathrm{m} + 5\,\mathrm{kN} \times 3\,\mathrm{m} = 0$

$-5V_B \cdot \mathrm{m} = -5\,\mathrm{kN} \cdot \mathrm{m} - 15\,\mathrm{kN} \cdot \mathrm{m}$

$5V_B \cdot \mathrm{m} = 20\,\mathrm{kN} \cdot \mathrm{m}$

$V_B = +4\,\mathrm{kN}$

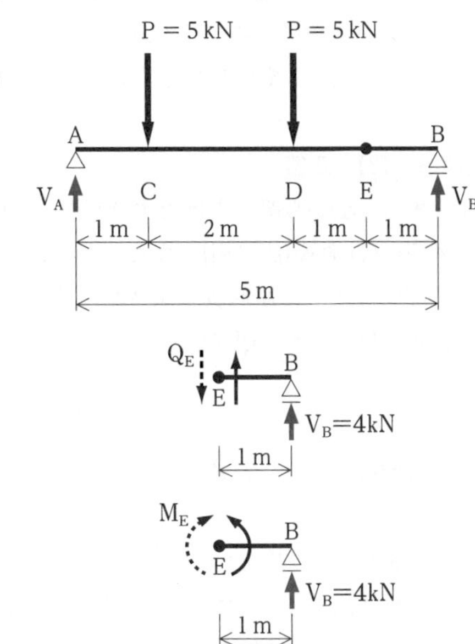

「せん断力」

$\therefore Q_E = 4\,\mathrm{kN}$

「曲げモーメント」

$\therefore M_E = 4\,\mathrm{kN} \times 1\,\mathrm{m} = 4\,\mathrm{kN} \cdot \mathrm{m}$（下側凸）

【問題　10】 正答——4

AC間は荷重がかかっていないので曲げモーメントが0となる。よって1.は除かれる。また、B点にはモーメントが生じるので、3.は除かれる。DB間は曲げモーメントが直線となり、D点で最小、B点で最大となる。以上より正しい曲げモーメント図は4.となる。

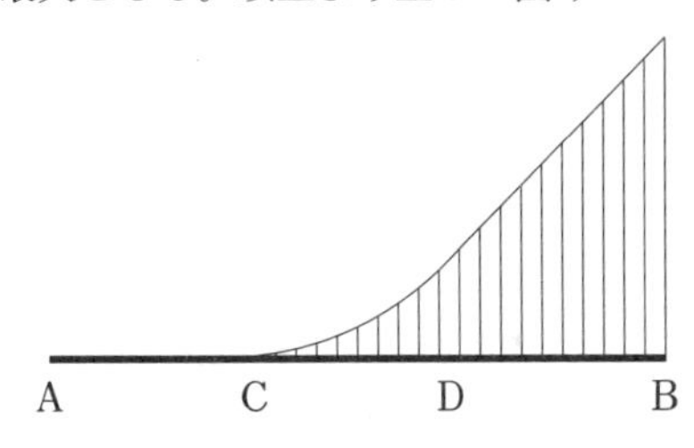

【問題　11】　正答――― 2

1.　線膨張係数は、約1.2×10^{-5}（1／℃）で、コンクリートと同じである。
2.　鋼材に含まれる炭素は、降伏点・引張強さ・硬さなどを上昇させるなど、鋼の強度を高めるのに最も経済的かつ有効な元素である。しかし、炭素含有量が増加すると、伸び・絞り・衝撃特性が低下し、さらに溶接性も低下する。
3.　建築構造用圧延鋼材SN400A及びSN400Bの引張強さの下限値は、400N／mm^2である。
4.　ヤング係数は、約2.05×10^5N／mm^2で、温度の上昇によって下降するが、常温では、鋼の引張強さが変化しても、その値は一定である。

【問題　12】　正答――― 2

1.　木は、根から吸い上げた水分を樹木全体に送る仮道管（針葉樹）又は道管（広葉樹）、また、でんぷん等同化物質を貯蔵・分配するために原形質を保持した柔細胞があり、木の生命活動を担うため、辺材部分は、心材部分より含水率が高い。

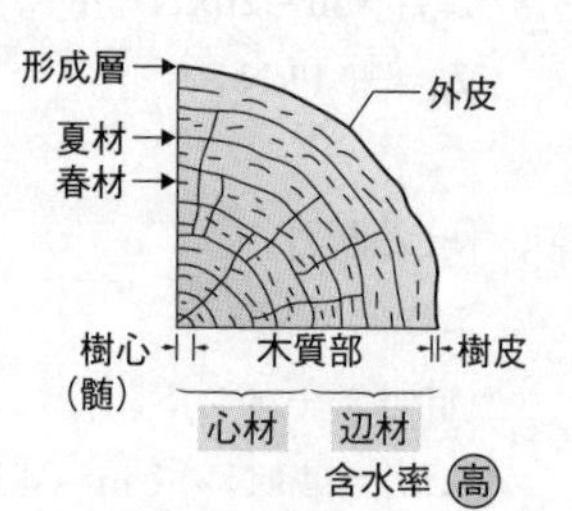

2.　気乾状態とは、大気中の水分と木材の含有水分が平衡になった状態の含水率で、気温20℃、相対湿度65％において、約15％である状態をいう。木材の水分が完全に無くなった状態を全乾状態という。
3.　木材は繊維方向に強く、力が材軸に傾斜した方向から作用すると平行繊維間にめり込みが生じ、針葉樹では繊維に直角な方向で圧縮強度が約1／3に減少する。したがって、繊維方向の圧縮強度は、繊維に直交する方向の圧縮強度より大きい。
4.　繊維飽和点とは、含有水分が結合水100％飽和、自由水ゼロの状態をいう。このときの含水率は約30％である。木材の強度は、繊維飽和点以上では、含水率が変化してもほぼ一定である。

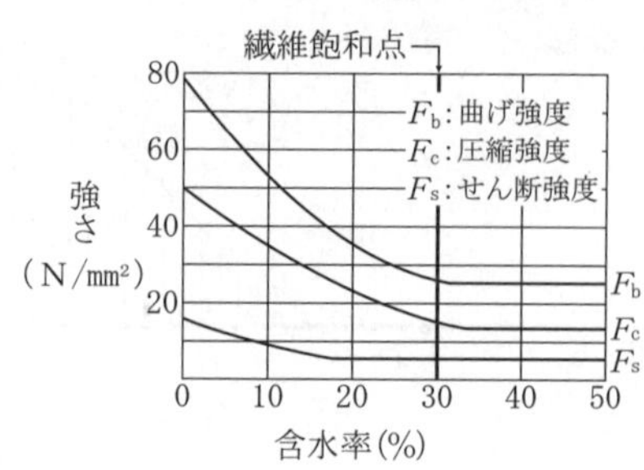

【問題　13】　正答——— 3

1. 建具の遮音性試験は、建具に対して外部から試験音を入射させ、建具の外部及び内部における音圧レベルを測定することによって、測定対象建具の音響透過損失相当値を測定する。遮音性は、音を遮る程度のことをいう。
2. 建具の気密性試験では、通気量を算出する。気密性は、空気のもれを防ぐ程度のことをいう。
3. 建具の結露防止性能試験は、温度低下率の算出をして恒温恒湿室側試験体表面温度と低温室空気温度との相関グラフを作成する。熱貫流率を算出するのは、建具の断熱性試験である。結露防止性は、建具表面の結露の発生を防ぐ程度のことをいう。
4. 建具の水密性試験では、漏水状況を記録する。水密性は、風雨による建具室内側への水の侵入を防ぐ程度のことをいう。

【問題　14】　正答——— 2

1. ポリサルファイド系シーリング材はムーブメント(温度変化や風圧力、地震などによって部材間に生じる伸縮やずれ)の大きい目地には不適である。
2. ガラス回りの目地には、シリコーン系のシーリング材やポリサルファイド系シーリング材2成分形が良く用いられる。ポリウレタン系シーリング材は、ALCパネルのパネル間目地やコンクリート下地の目地に用いられる。
3. シリコーン系シーリング材は、耐候性、耐熱性に優れ、シリコーン系、変成シリコーン系、ポリサルファイド系シーリングは紫外線による変退色の影響はない。
4. アクリルウレタン系シーリング材やポリウレタン系シーリング材は、施工時の気温や湿度の影響を受けやすいため、施工時にシーリングが発泡しないように注意して施工しなければならない。

【問題　15】　正答——— 3

1.2. 光波測距儀とは、主にレーザーを用いて距離を測定する機械のことで、気象補正や反射プリズム定数補正を行う。

3.4. 鋼製巻尺を用いた2測点間の距離の測定値に対し、温度補正、尺定数補正及び傾斜補正は行うが、湿度による補正は行わない。

【問題　16】　正答——— 2

1. LED照明は、水銀が含まれていないので、廃棄する場合に蛍光灯のように手間が掛からず処理ができる。

2. LED照明は、他のランプ類に比べ耐熱性が低いため、高温にさらされないよう、発熱体の周辺への設置は避けなければならない。

3. LED照明は、光の照射方向に熱をほとんど発しないため、生鮮食料品用の照明に適している。

4. LED照明は、光線に紫外線をほとんど含まないため、屋外照明に使用しても虫が寄り付きにくい。

【問題 17】 正答――1

1. ヒートポンプは、水・空気などの低温の物体から熱を吸収し、高温の物体に換える装置で、冷暖房や蒸発装置などに応用されており、熱ポンプとも呼ばれる。したがって、給湯設備や空気調和設備に関連する。

2. マイコンメーターは、計量器としての機能だけではなく、ガスの使用状況を常に監視し、マイクロコンピューターが危険と判断した時はガスを止めたり警告を表示する機能を持った保安ガスメーターのことをいう。したがって、ガス設備に関連する。

3. トラップは、排水設備の配管の途中に設けられ、下水道の悪臭やガスが屋内へ侵入するのを防ぐためのものである。したがって、排水設備に関連する。

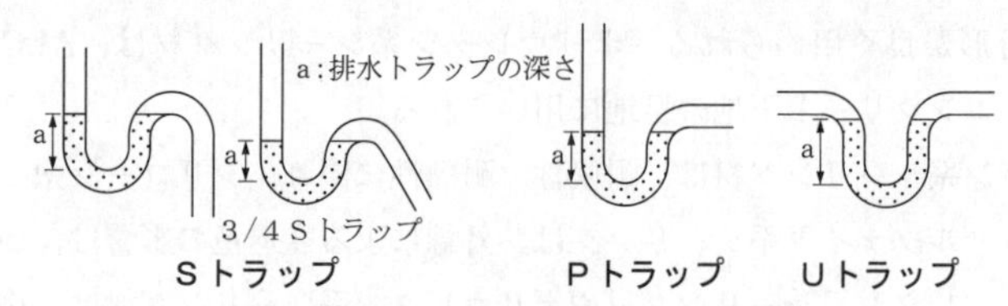

4. ファンコイルユニット方式は、各室に送風機(ファン)、冷温水コイル、フィルターなどを内蔵したファンコイルユニットを設け、これに機械室の熱源機器から冷・温水を供給し、所定の冷・温風を吹出させる空調方式である。したがって、空気調和設備に関連する。

【問題 18】 正答――4

1. 水貫は、やり方貫ともいい、水杭にしるした高さの基準墨に合わせ順次打ち付けていく貫板のことで、水貫の上端はかんな掛けを施し、基準に合わせて水平に取り付ける。

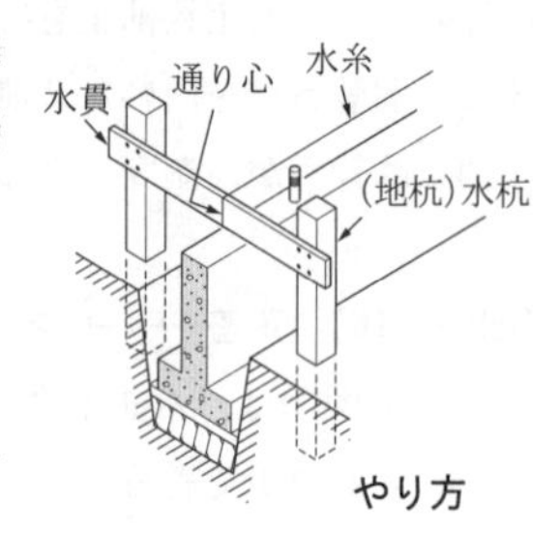

やり方

2. 鋼製巻尺は、工事着手前に基準鋼巻尺を定め、監理者の承認を受ける。使用するものは、JISに規定されている1級品とする。テープ合わせにより、同じ精度を有する巻尺を2本以上用意して、1本は基準巻尺として保管する。

3. やり方とは、建築物の高低、位置、方向、通り心の基準を明示する仮設物である。縄張り後、やり方を建築物等の隅々その他の要所に設け、工事に支障のない箇所に逃げ心を設ける。
4. 2階より上階における高さの基準墨は、1階の高さよりベンチマークからレベル等の測量器具を使用して、外部より柱主筋や鉄骨などの垂直部材で比較的剛強なものを利用して移して決める。

【問題 19】 正答——— 1
1. 砂利地業に使用する砂利は、比較的薄い層状にして敷き広げて締固めを行うため、あまり大きくないものがよく、その最大粒径は45mm程度で、粒径のそろった砂利よりも砂混じりの切込み砂利がよい。砂利の代わりに用いる砕石は、硬質なものとする。
2. 締固めによるくぼみが生じている場合は、砂や砂利などを補充し再度転圧し、表面が平坦になるように締固める。
3. 墨出しをしやすくするためには、捨てコンクリートの表面を平坦に仕上げる。
4. 土間コンクリートに設ける防湿層の位置は、土間スラブ(土間コンクリートを含む)の直下とする。ただし、断熱材がある場合は、断熱材の直下とする。

【問題 20】 正答——— 2
1. 鉄筋は熱処理を行うと、鋼材としての性能が変わるので、加工場での曲げ加工は冷間(常温)加工としなければならない。
2. 鉄筋相互のあきの最小寸法は、粗骨材の最大寸法の1.25倍以上、25mm及び隣り合う鉄筋の平均径(呼び名の数値)の1.5倍のうち最大のもの以上とする。鉄筋の強度によって決めるものではない。
3. 床開口部補強のための斜め補強筋は、かぶり厚さを確保するため、上端筋及び下端筋の内側に配筋する。
4. 鉄筋の圧接端面は、鉄筋を圧接器に取付けた時に、圧接部の有害な付着物を完全に研磨除去し、できるだけ直角、かつ、平滑になるように切断・加工する。

【問題 21】 正答——3

1. 本締めはトルシア形高力ボルト専用の締付け機を用いて行い、ピンテールが破断するまでナットを締め付ける。締付け位置により専用の締付け機が使えないときは、高力六角ボルトと交換し、ナット回転法又はトルクコントロール法により締め付ける。

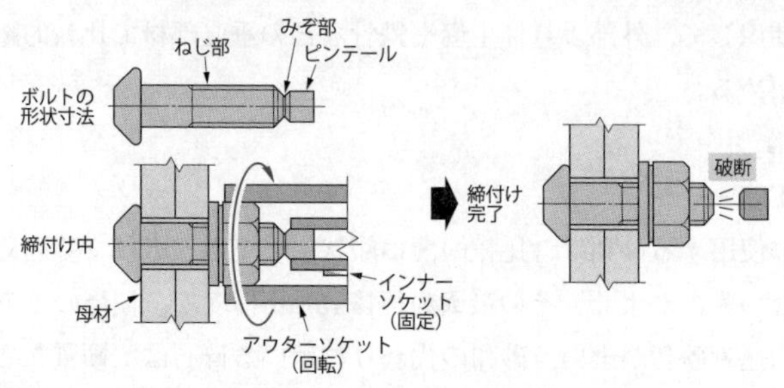

トルシア形高力ボルトの本締め

2. セットを構成する座金、ナットには表裏があるので、ボルトを接合部に組み込むときには、逆使いしないように注意する。ナットは表示記号のある側が表、座金は内側に面取りのある側が表として取り付ける。

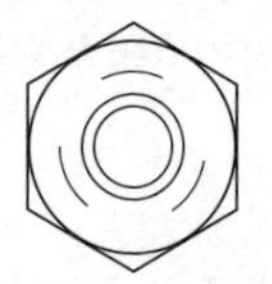

ナットは表示記号のある側が表

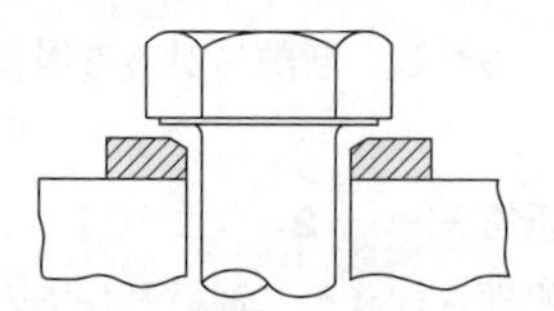

座金は内側面取りのある側が表

ナット・座金の表裏

3. 高力ボルトの長さ(首下長さ)は、締付け長さに下表の長さを加えたものを標準とする。

ボルトの呼び径		M12	M16	M20	M22	M24	M27	M30
締付け長さに加える長さ(単位：mm)	高力六角ボルト	25	30	35	40	45	50	55
	トルシア形高力ボルト		25	30	35	40	45	50

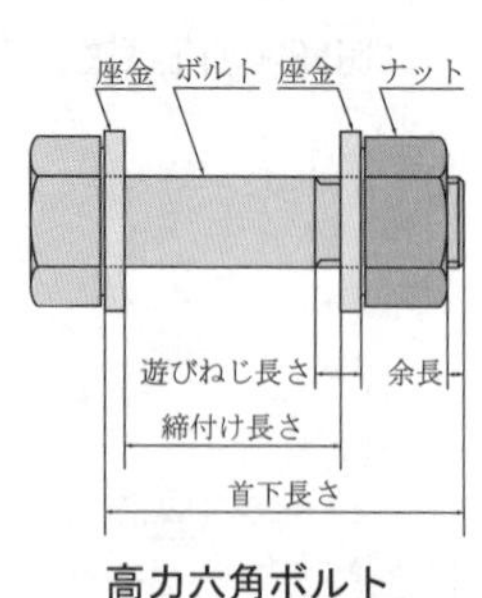

高力六角ボルト

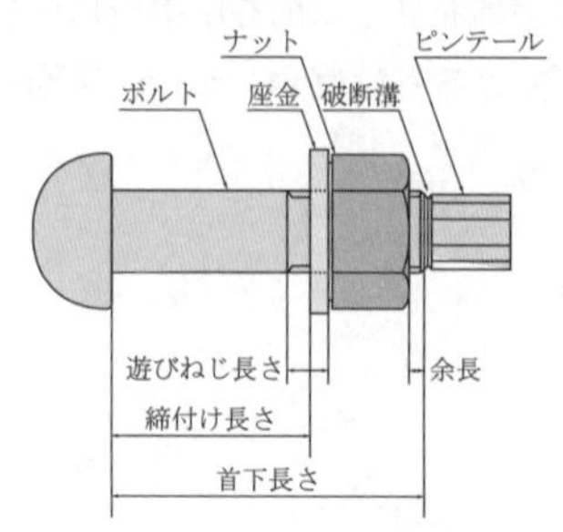

トルシア形高力ボルト

4.　フィラーは、鉄骨接合部の肌すき部に入れる薄い鋼板(フィラープレート)で、両面とも十分な表面粗度が得られるようにショットブラスト(細かな鋼球を使用)やグリットブラスト(鋭角な形状をした鉄の粒を使用)などで摩擦面処理を施す。

【問題　22】　正答――― 4

1.2.3.　仕口の名称と納まり図の組合せは、設問のとおり。

4.　設問の納まりの図は、渡りあご掛けである。

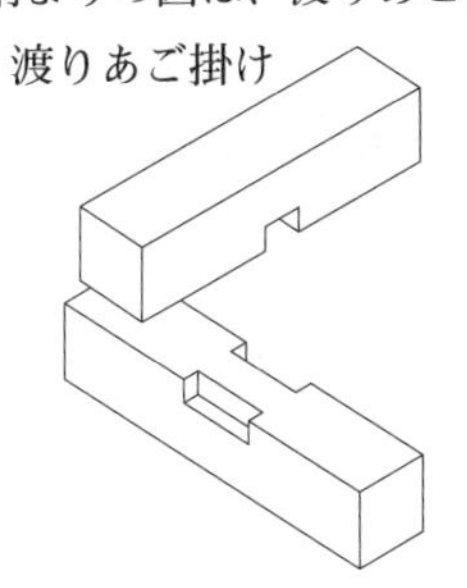

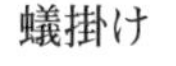

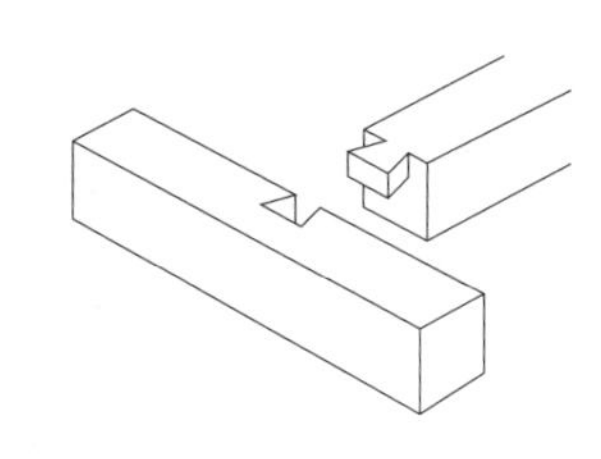

【問題　23】　正答――― 2

1.　マスク張りは、ユニット化された50mm角以上のタイル裏面にモルタル塗布用のマスクを乗せて張付けモルタルを塗り付け、マスクを外してから下地面にタイルをたたき押えをして張り付ける工法である。

2.　密着張りのタイルの張付けは、上部より下部へと張り進めるが、まず１段置きに水糸に合わせて張り、そのあと間を埋めるようにして張る。上部より続けて張ると、タイルのずれが起きやすく目地通りが悪くなる。

3.　改良圧着張りは、張付けモルタルの１回の塗付け面積の限度は、張付けモルタルに触れると手に付く状態のままタイル張りが完了できることとし、２m^2/人以内とする。

4.　モザイクタイル張りにおいて、張付けモルタルの１回の塗付け面積の限度は、張付けモルタルに触れると手につく状態のままタイル張りが完了できることとし、３m^2/人以内とする。

【問題　24】　正答――― 3

1.　はぜ締め形折板は、本締めの前にタイトフレームの間を手動はぜ締め器で、約１m程度の間隔で部分締めを行う。

2. 変形防止材は、折板葺屋根のけらば部分の荷重に対する耐力を保持するために設ける部材をいう。折板葺のけらばを折板材のみで納める場合、折板は荷重のために変形しやすい性質がある。この変形を防ぐため、けらば先端部分には、1,200mm以下の間隔で折板の山間隔の3倍以上の長さの山形鋼又は帯鋼の変形防止材を取り付ける。

3. 重ね形折板の取付けは、各山ごとにタイトフレームに固定し、折板の流れ方向の重ね部に使用する緊結ボルトの間隔は600mm程度とする。折板の端部の端空き寸法は50mm以上とする。

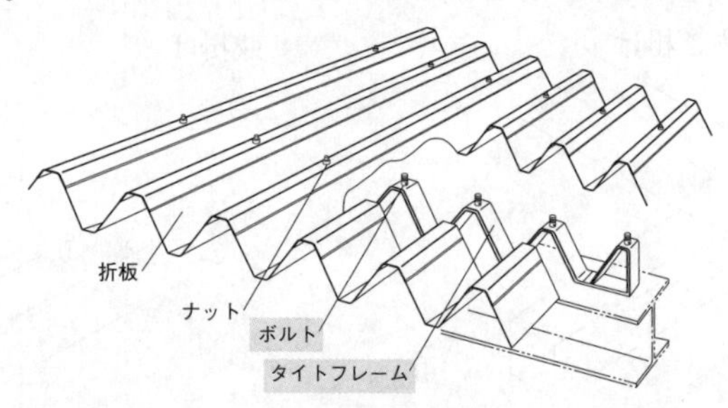

重ね形折板屋根

4. 重ね形折板では、折板をタイトフレーム上の固定ボルトに固定する。ボルト孔はドリル開口とし、孔径はボルト径より0.5mm以上大きくしない。また、重ね形折板であらかじめ固定ボルトが付いたタイトフレームを用いる場合は、図のような呼び出しポンチによる開孔を行う。

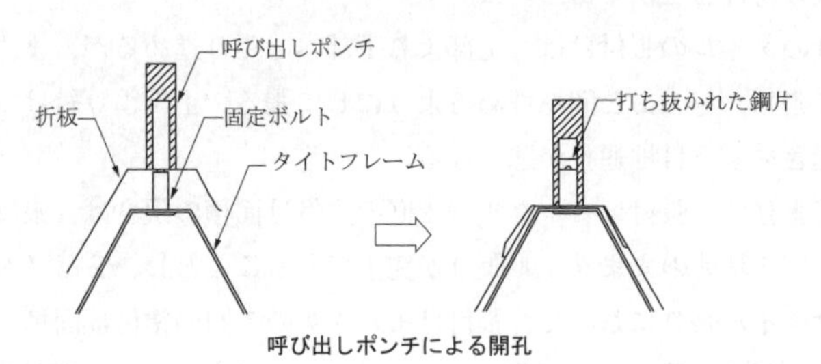

呼び出しポンチによる開孔

【問題 25】 正答―― 1

1. 吸水調整材は、塗り過ぎることにより下地とモルタルの界面の膜が厚くなり、塗り付けたモルタルがずれやすくなり、モルタルの接着力を低下させるおそれがある。したがって、薄膜となるように塗布する。

2. 吸水調整材塗布後、下塗りまでの間隔時間は、一般に、1時間以上とし、放置期間は、3日間以内を原則とする。

3. 総塗厚が25mm以上になる場合は、下地にステンレス製アンカーピンを打ち、ステンレス製ラスを張るか、溶接金網、ネット等を取り付けたうえでモルタルを塗付ける。
4. 木ごて仕上げは、表面が粗面で金ごて仕上げほど密実ではなく、乾燥収縮による細かいひび割れ等を少なくするという目的で塗装仕上げや壁仕上げの下地に用いられることもある。モルタル下地とタイル張付け用モルタルとの接着性を良くするためタイル張り下地にも用いられる。

【問題 26】 正答——— 1

1. 本締り錠は、デッドボルトのみ有し、鍵またはサムターンで施解錠できる錠である。なお、設問の内容はモノロックである。

モノロック

2. 鎌錠は､引戸に用いられる錠前で､鎌状のボルトの先端を回転させて、戸当りの受け座に引掛けて錠をかける方式である。

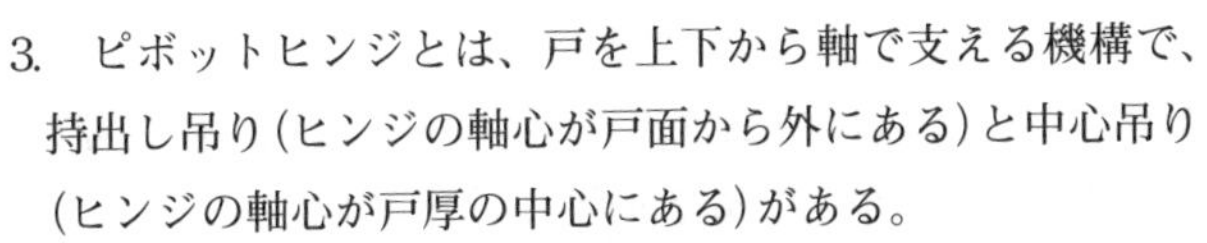
3. ピボットヒンジとは、戸を上下から軸で支える機構で、持出し吊り(ヒンジの軸心が戸面から外にある)と中心吊り(ヒンジの軸心が戸厚の中心にある)がある。

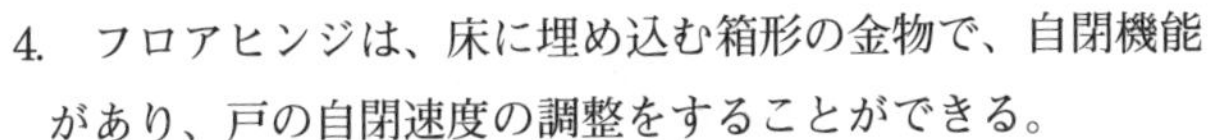
4. フロアヒンジは、床に埋め込む箱形の金物で、自閉機能があり、戸の自閉速度の調整をすることができる。

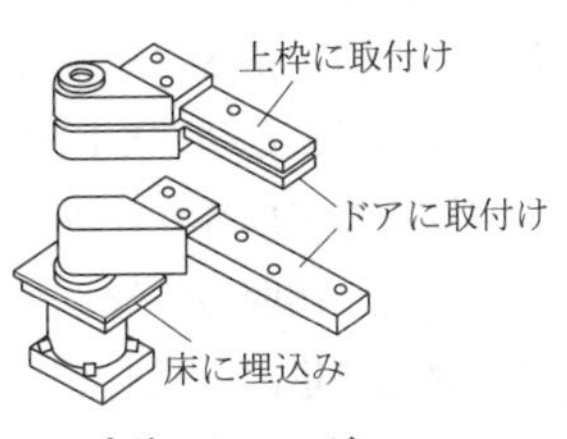

ピボットヒンジ

【問題 27】 正答——— 4

1. オイルステイン塗りは、原液でも使用でき、塗付け後、乾き切らないうちに余分な塗料を拭き取る。
2. 合成樹脂調合ペイント塗りの中塗りは、塗装回数を明らかにするため、上塗りと色を変えて塗装をする。
3. 合成樹脂エマルションペイント塗りやつや有合成樹脂エマルションペイント塗りは、水系塗料であり、水による希釈が可能で加水して塗料に流動性をもたせる。
4. クリヤラッカー塗りは、建築物内部の造作材、建具、造り付け家具等の木部の透明塗装仕上げを対象とし、下塗りにはウッドシーラーを用いる。ジンクリッチプライマーとは防錆塗料である。

【問題 28】 正答——— 2

1. 幅木部における巻上げは、床シートを所定の位置より長めに切断し、とおりよく十分に折り曲げて張り付ける。接着剤は合成ゴム系で、ニトリルゴム系接着剤を選定することが望ましい。

2. 熱溶接工法は、床シート張付け後、接着剤が硬化したことを見計らい、溝切りカッター等を用いてはぎ目及び継目に溝切りを行い、熱溶接機を用いて溶接接合を行う。

3. ビニル床シートを幅木を兼ね壁面に巻き上げて張る場合、防水性や壁際での清掃性を考慮し、面木などの成形材を用いて入隅部をR形状にする場合がある。

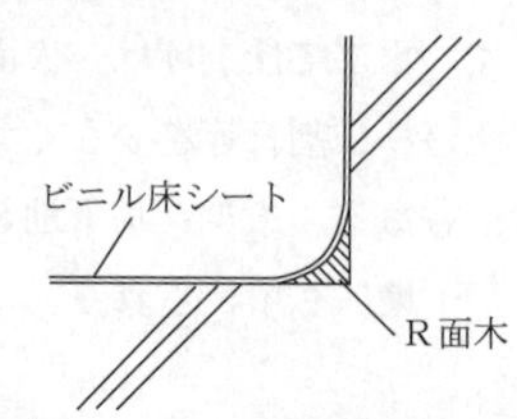

面木を用いた入隅部の納まり例

4. エポキシ樹脂系接着剤は様々な床材料に対して強い接着力が得られ、適用範囲が広い。特に、湿気のおそれのある下地の耐湿用接着剤として、工場、実験室、屋外等特殊条件の場所に使用されている。

【問題 29】 正答――― 1

1. 工事による騒音や振動が発生する場合、影響を受けるおそれのある商店、病院、学校、精密機器工場等の近隣の施設や立地条件について調査を行う。鉄骨の建方計画時ではなく、計画初期の段階で調査を行う。
2. 地積測量は、敷地境界と敷地面積等の確認のため行う。
3. 平面測量は、敷地内の建家、立木、工作物の配置を把握するために行う。
4. 根切り工事計画において、周辺道路の交通規制及び地中埋設物(地中に埋設されたガス管、電線、埋蔵文化財等)の調査は、根切りの残土搬出や山留め計画のうえで、施工方法等にも影響するので必要である。

【問題 30】 正答――― 2

1. 大工、鉄筋工、左官などの作業員の加工場または休憩所を下小屋といい、現場内または近くの空地に設けるが、材料置場や現場との位置関係、運搬に便利な場所を選んで設置し、電力及び水道等の設備を設ける。
2. トラックアジテータ(生コン車)の高さは、積荷時と空荷時とでは10cm程度違ってくるため、ゲートの高さは、空荷時のトラックアジテータ(生コン車)の高さを基準とする。
3. 「木造の建築物で高さが13m又は軒の高さが９mを超えるもの」、「木造以外の建築物で階数が２以上のもの」は、建築工事等を行う場合、工事現場の周囲に地盤面からの高さが1.8m以上の仮囲いを設ける。ただし、これらと同等以上の効力を有する既存の囲いなどがある場合は、設けなくてもよい。また、工事現場の周辺若しくは工事の状況により危害防止上支障がない場合においては、ガードフェンスのような簡易なものでよい。

4. 車両用のゲートや通用口などは、通行人の安全や交通の妨げにならないような位置に設置する。特に車両の出入りや通行人・交通量が多い場合などは、必要に応じて誘導員の配置や車両入退場時のブザー・標示灯などの設置を行う。

【問題 31】 正答――― 3

1. 壁紙張りの巻いた材料は、井桁積みや横積みにするとくせがつくので、立てて保管する。
2. 床タイルを保管する場合は、くせがつかないように平坦な場所で行い、箱詰め梱包された材料は10段重ね以下とする。材料は濡れたり湿気を帯びると変色や汚染が生じることがあるので乾燥している床に保管する。また、衝撃などにより材料が損傷しないように取り扱う。
3. 裸台で運搬してきた板ガラスは、床への平置きは避け、床にゴム又木板を敷き、壁にもゴム板等を配し、ガラスを立てかけるが、木箱、パレットあるいは車輪付き裸台で運搬してきたガラスは、乗せたままで保管する。

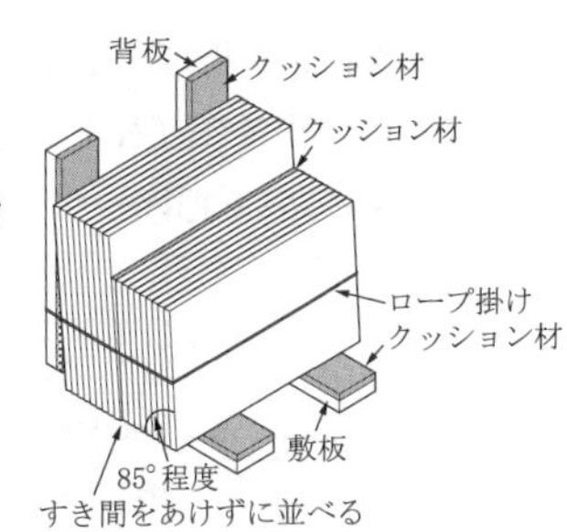

4. 防水用の袋入りアスファルトを積み重ねて保管するときは、10段を超えて積まないようにし、荷崩れが起きないよう注意する。

【問題 32】 正答――― 1

1. 工種別の施工組織体系は、工程計画の立案段階には直接の関係は少ない。
2. 工程計画の立案段階で考慮すべき事項として、敷地境界の確認、敷地地盤の高低、既存建築物、地下埋設物の確認、上下水道やガス等の公共埋設物の現状調査等を行い把握し、工事による騒音や振動が発生する場合、影響を受けるおそれのある商店、病院、学校、精密機器工場等の近隣の施設や立地条件について把握する。
3. 鉄骨工事の工程計画に影響を及ぼす使用可能な前面道路の幅員及び交通規制の状況、地域による労務、資材、機材等の調達状況、敷地周辺の電柱、架線、信号機、各種表示板等の公共設置物の状況などの内容の把握は重要である。
4. 型枠工事の工程計画では、コンクリート打込み終了後の型枠存置期間を考慮して、せき板や支保工の転用ができるかを検討する。

【問題 33】 正答――― 2

1. バーチャート工程表は、縦軸に各工事・作業を列挙して、横軸に日数や暦日をとった表の中に、それぞれの作業や工事の実施期間を横線で記入したもので、作成するのが手軽である。また、作業の開始日、終了日、所要日数が視覚的にわかりやすい。

2. バーチャート工程表は、各作業の開始日、終了日や所要日数は把握しやすいが、各作業の順序関係、相互関係を明確に把握することができないため、多種類の関連工事間の工程調整に不利である。多種類の関連工事間の工程調整に有利なのはネットワーク工程表である。

3. 各作業の工期に対する影響の度合いが把握しにくいため、各作業の順序関係を、明確に把握することができない。

4. 各作業の単純な工事の進度管理に利用されるため、全工種の工程上のキーポイントや重点管理作業を把握することはむずかしい。ネットワーク工程表は、作業順序が明確となるので、作業の遅れやクリティカルパス(全作業工程を最短時間で完了するために重要な作業経路)を把握しやすい。

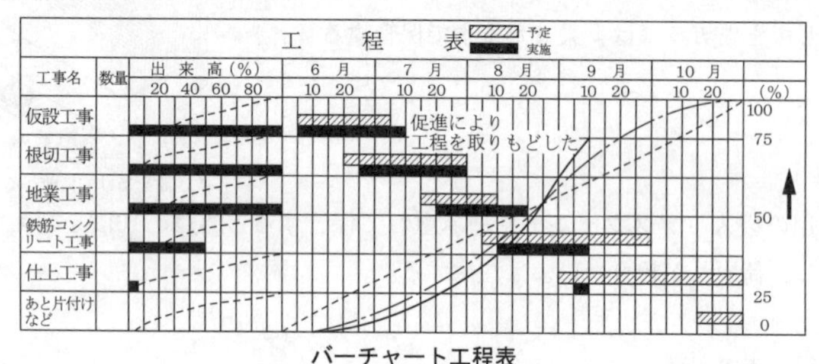

バーチャート工程表

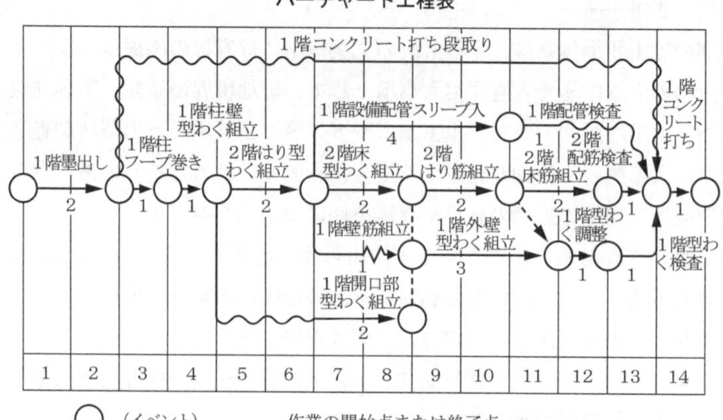

○ (イベント) 作業の開始点または終了点

→ (アクティビティ) 作業の進行・左から右への方向をとる

⇢ (ダミー) 作業時間0で作業の前後関係の拘束のみを示す

ネットワーク工程表

【問題　34】　正答――― 4

1. 施工に伴い検査した結果は、記録に残し、次の計画や設計にフィードバックし、よりよい品質確保のために生かすようにする。
2. 川上管理は、品質に与える影響が大きい前段階や生産工程の上流で品質を管理することである。
3. 施工品質管理表(QC工程表)とは、管理要領では、管理項目、管理値、検査の時期、方法、頻度等を明示しておく。
4. 性質又は状態を調べ、判定基準と比較して良否の判断を下すことは、試験ではなく、検査の内容である。

【問題　35】　正答――― 1

1. トルシア形高力ボルトの締付け作業はボルトを取付けた後、一次締め → マーキング → 本締めの順で本接合の締付けを行う。
2. マーキングは、一次締め後、ボルト軸からナット・座金・母材にかけて一直線に行う。

3.4.　一次締め後、ボルトにつけるマークには次のような目的がある。

・一次締め完了の確認

・本締め完了後マークがずれた位置による共回り及び軸回りのないことの確認

・マークのずれによる本締め完了の確認

・ナットの回転量の確認

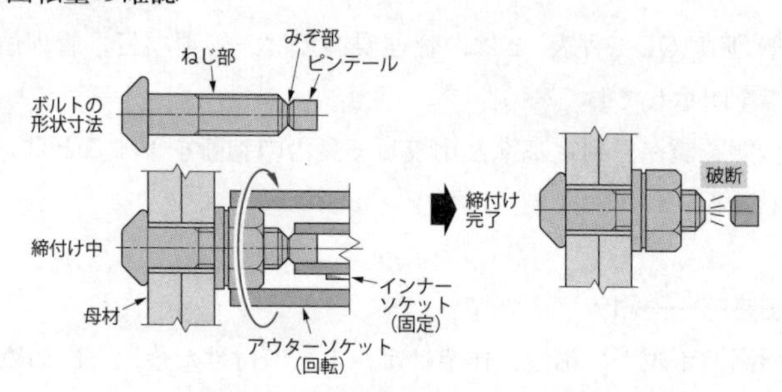

トルシア形高力ボルトの本締め

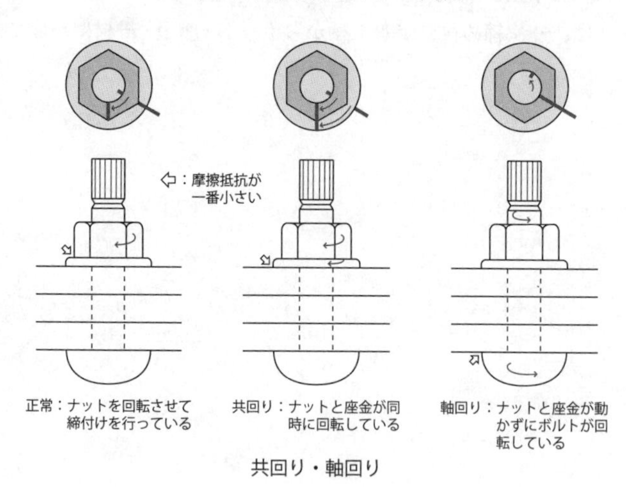

共回り・軸回り

【問題　36】　正答―――3

1.　圧縮強度試験の１回の試験の供試体の個数は３個とする。

2.　圧縮強度の試験は、コンクリート打込み日ごと、打込み工区ごと、かつ、150m^{3}以下にほぼ均等に分割した単位ごとに行う。

3. スランプは、スランプコーンを引き上げた直後に測った頂部からの下がりで表す。

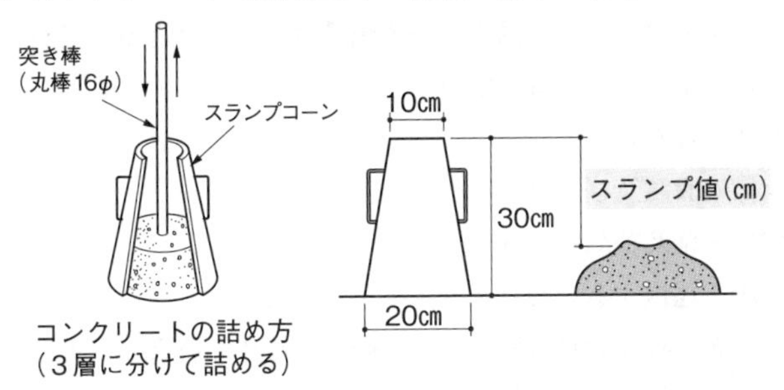

コンクリートの詰め方
（3層に分けて詰める）

4. コンクリートがスランプコーンの中心軸に対して偏ったり、くずれたりして、形が不均衡になった場合は、別の試料を用いて再試験する。

【問題 37】 正答――― 3

1. 水平安全ネットは、開口部、作業床の端、梁下部などで墜落により作業者に危険を及ぼすおそれのある箇所に水平に張り、墜落災害を防止する。最近は網目の小さなラッセル網地の安全ネットが、ボルト、手工具などの比較的軽量の落下物の防止を兼ねて使用されている。
2. 工事用車両による周辺道路の汚れ防止のためには、入出場ゲート付近でタイヤ洗浄のための洗浄装置を設ける。
3. 掘削による土砂の崩壊を防止するために設置するのは、山留めである。防護棚は、仮設足場からの落下物が通行人などに危害を与えないように足場に取り付けるものである。

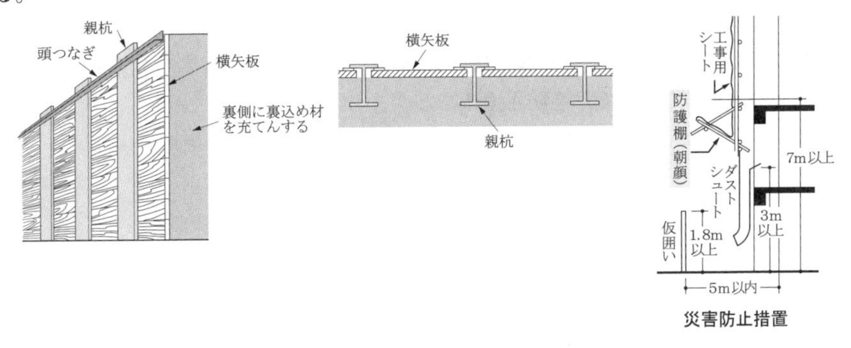

災害防止措置

4. 施工者は、解体時におけるコンクリート及び解体材等の破片や粉塵の飛散を防止するため、シート類や十分な強度を有する防網による養生、仮囲いの設置、散水等の措置を講じなければならない。

【問題　38】　正答――― 4

1.3.　特定元方事業者は、その労働者及び関係請負人の労働者の作業が同一の場所において行われることによって生ずる労働災害を防止するため、次の事項に関する必要な措置を講じなければならない。

一　協議組織の設置及び運営を行うこと。

二　作業間の連絡及び調整を行うこと。

三　作業場所を巡視すること。

四　関係請負人が行う労働者の安全又は衛生のための教育に対する指導及び援助を行うこと。　等

2.　特定元方事業者は、関係請負人が行う安全教育に対して、安全教育に使用する資料の提供等の措置を講じなければならない。

4.　足場の組立て作業において、材料の欠点の有無を点検し、不良品を取り除くことは、足場の組立て等作業主任者が行うことであり、特定元方事業者が行うことではない。

【問題　39】　正答――― 3・4

1.2.　支柱は垂直に立て、上下階の支柱は、可能な限り平面上の同一位置とする。また、地盤に支柱を立てる場合は、地盤を十分締固めるとともに、剛性のある敷板を敷くなど支柱が沈下しないよう必要な措置を講ずる。

3.4.　パイプサポートを支柱として用いる場合は次による。

イ．パイプサポートを３本以上継いで用いない（２本で継ぐ）こと。

ロ．パイプサポートを継いで用いるときは、４以上のボルト又は専用の金具を用いて継ぐこと。

ハ．高さが3.5mを超える時は、高さ２m以内ごとに水平つなぎを２方向に設け、かつ水平つなぎの変形を防止すること。

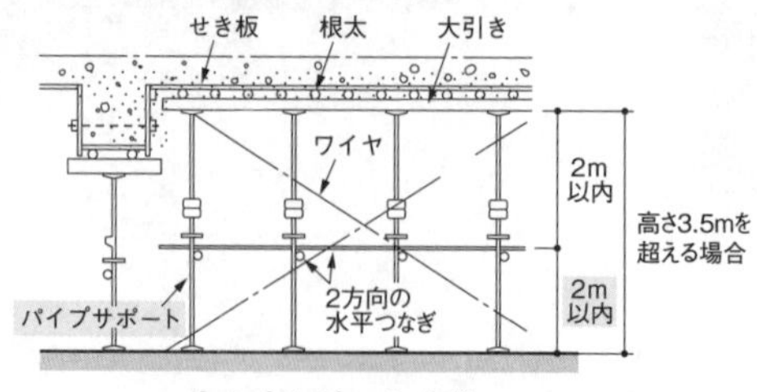

パイプサポート支柱

また、パイプサポートと水平つなぎとの緊結は、根がらみクランプなどの専用金具を用いる。

【問題　40】 正答――― 1・2

計画供用期間の級が短期及び標準の場合、コンクリートの材齢によるせき板の最小存置期間は下表のとおり。

セメントの種類 ＼ 平均温度	早強ポルトランドセメント	普通ポルトランドセメント 高炉セメントA種 フライアッシュセメントA種	高炉セメントB種 フライアッシュセメントB種	中庸熱ポルトランドセメント 低熱ポルトランドセメント 高炉セメントC種 フライアッシュセメントC種
	コンクリートの材齢（日）			
20℃以上	2	4	5	7
20℃未満 10℃以上	3	6	8	9

1. 普通ポルトランドセメントと高炉セメントB種では最小存置期間は異なる。
2. 同じセメントの種類の場合、存置期間中の平均気温の高低によって最小存置期間は変わる。また、せき板の最小存置期間を定めるコンクリートの圧縮強度は下表のとおり。

	建築物の部分	存置日数（日）平均気温		コンクリートの圧縮強度	
		20℃以上	10℃以上 20℃未満	短期 標準	長期 超長期
せき板	**基礎・はり側・柱・壁**	4	6	5N/mm² 以上	10N/mm² 以上
せき板	版下・はり下	支保工取り外し後		設計基準強度の100%	
支柱 （支保工）	**版下・はり下**	圧縮強度が**12N/mm²以上**かつ計算により安全確認した場合		設計基準強度の100%	

3. 基礎・梁側・柱及び壁のせき板の最小存置期間を定めるコンクリートの圧縮強度は同じである。
4. 梁下のせき板の最小存置期間を定めるコンクリートの圧縮強度は、コンクリートの設計基準強度が同じ場合、セメントの種類に係わらず、設計基準強度の100%以上に達するまでとする。

【問題　41】 正答――― 2・3

1. 加硫ゴム系シート防水及び塩化ビニル樹脂系シート防水接着工法の場合のプライマーの塗布は、下地の表面を清掃した後、その日に張付けるルーフィング範囲に、ローラーばけ又は毛ばけ等を用いて規定量をむらなく塗布する。
2. 加硫ゴム系シート防水接着工法のルーフィングシートの張付けは、シートに接着剤を塗布し、オープンタイム（適切な施工可能時間）を確認した後、ハンドローラー等で転圧し張り付ける。

3. 塩化ビニル樹脂系シート防水接着工法において、エポキシ系又はポリウレタン系接着剤を用いる場合は、プライマーの乾燥を確認した後、下地面のみにローラーばけ又はくしべら等を用いてむらなく塗布する。
4. 加硫ゴム系シート防水及び塩化ビニル樹脂系シート防水接着工法において、防水層の立上り末端部は、端部にテープ状シール材を張付けた後にルーフィングシートを張付け、押え金物を用いて留め付けて、さらに、不定形シール材で処理する。

【問題 42】 正答―― 1・3

1. コンクリート打放し面のひび割れの改修は、樹脂注入工法、Uカットシール材充填工法、シール工法のいずれかを採用して行う。なお、ポリマーセメントモルタル充填工法は、軽微なはがれや比較的浅い欠損部を美観上の観点からポリマーセメントモルタルを充填して改修する工法である。
2. 高圧水洗工法は、劣化の著しい既存塗膜の除去や素地の脆弱部分の除去に適している。高圧水で物理的な力を加えて塗膜等を除去する工法で、高価であるが塗膜を全面的に除去する場合は効率がよい。
3. タイル張り仕上げ外壁の浮き部の改修は、アンカーピンニング部分エポキシ樹脂注入工法、注入口付アンカーピンニング部分エポキシ樹脂注入工法等で改修する。なお、Uカットシール材充填工法は、コンクリート打放し仕上げ外壁やモルタル塗り仕上げ外壁のひび割れ部の改修に用いる工法である。
4. モルタル塗り仕上げ部の浮き部分の改修は、アンカーピンニング部分エポキシ樹脂注入工法、アンカーピンニング全面エポキシ樹脂注入工法で改修する。

【問題 43】 正答―― 3

1. 主要構造部は、壁、柱、床、はり、屋根又は階段をいい、建築物の構造上重要でない間仕切壁、間柱、最下階の床等は除かれ、建築物の基礎も主要構造部ではない。
2. 建築物とは、土地に定着する工作物のうち、屋根及び柱若しくは壁を有するもの(これに類する構造のものを含む。)、これに附属する門若しくは塀、観覧のための工作物又は地下若しくは高架の工作物内に設ける事務所、店舗、興行場、倉庫その他これらに類する施設(鉄道及び軌道の線路敷地内の運転保安に関する施設並びに跨線橋、プラットホームの上家、貯蔵槽その他これらに類する施設を除く。)をいい、建築設備を含む。電波塔に設けた展望室は、地下若しくは高架の工作物に設けるその他これらに類する施設に該当するため、建築物である。
3. コンビニエンスストアは物品販売業を営む店舗であり、特殊建築物である。

4. 耐水材料とは、れんが、石、人造石、コンクリート、アスファルト、陶磁器、ガラスその他これらに類する耐水性の建築材料をいう。

【問題 44】 正答―― 3

1. 採光有効面積は、次式によって求める。

採光有効面積＝開口部の面積×採光補正係数

また、採光補正係数は、用途地域などによって異なり、算定式によって求める。ただし、天窓の採光補正係数は、その値に3.0を乗じて得た数値とする。

したがって、天窓は実際の面積よりも大きな面積を有する開口部として扱う。

2. 居室には換気のための窓その他の開口部を設け、その換気に有効な部分の面積は、その居室の床面積の1／20以上としなければならない。ただし、所定の換気設備を設けた場合においては、この限りでない。

3. 住宅、学校、病院、診療所、寄宿舎、下宿その他これらに類する建築物で政令で定めるものの居室には、採光のための窓その他の開口部を設ける。具体的には、以下の表の通りである。病院の病室には、採光のための窓その他の開口部を設けなければならないが、病院の診察室には、採光のための窓その他の開口部を設けなくてもよい。

<table>
<tr><th>建築物の居室</th><th>割合</th></tr>
<tr><td>住宅の居室のうち、居住のために使用されるもの</td><td>1／7</td></tr>
<tr><td>幼稚園、小学校、中学校、高等学校又は中等教育学校の教室</td><td rowspan="2">1／5</td></tr>
<tr><td>保育所の保育室</td></tr>
<tr><td>病院、診療所の病室</td><td rowspan="4">1／7</td></tr>
<tr><td>寄宿舎の寝室、下宿の宿泊室</td></tr>
<tr><td>児童福祉施設等の寝室（入所者が使用するもの）</td></tr>
<tr><td>児童福祉施設等（保育所を除く）の居室のうち、入所者又は通う者に対する保育、訓練、日常生活に必要な便宜の供与等の目的のために使用されるもの</td></tr>
<tr><td>大学、専修学校等の教室</td><td rowspan="2">1／10</td></tr>
<tr><td>病院・診療所・児童福祉施設等の居室のうち、入院患者・入所者の談話・娯楽等の目的に使用されるもの</td></tr>
</table>

4.　ふすま、障子その他随時開放することができるもので仕切られた２室は、採光及び換気の規定の適用に当たっては、１室とみなしてよい。

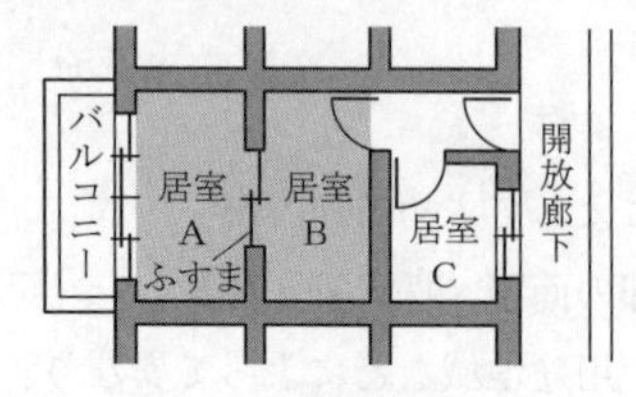

居室AとBは１室とみなす

【問題　45】　正答――― 2

1.　建設業を営もうとする者は、二以上の都道府県の区域内に営業所を設けて営業をしようとする場合にあっては国土交通大臣の許可、一の都道府県の区域内にのみ営業所を設けて営業をしようとする場合にあっては当該営業所の所在地を管轄する都道府県知事の許可を受けなければならない。

2.　特定建設業とは、発注者から直接請負う建設工事を4,500万円以上(建築工事業では7,000万円以上)の下請契約(２つ以上の下請契約があるときは総額)で施工する者をいう。国又は地方公共団体が発注者であることには関係がない。

3.4.　特定建設業とは、発注者から直接請負う建設工事を4,500万円以上(建築工事業では7,000万円以上)の下請契約(２つ以上の下請契約があるときは総額)で施工する者をいう。したがって、建築工事業で7,000万円、解体工事業で4,500万円の下請契約をする場合は、特定建設業の許可を受けている必要がある。

【問題　46】　正答――― 1

建設工事の請負契約の当事者は、契約の締結に際して、工事内容・請負代金の額・工事着手の時期及び工事完成の時期等を書面に記載し、署名又は記名押印をして相互に交付しなければならないが、その中に建設業の許可の種類及び許可番号は含まれていない。

〈建設工事の請負契約の内容〉

①　工事内容

②　請負代金の額

③　工事着手の時期及び工事完成の時期

④　工事を施工しない日又は時間帯の定めをするときは、その内容

⑤　請負代金の全部又は一部の前金払又は出来形部分に対する支払の定めをするときは、その支払の時期及び方法

⑥　当事者の一方から設計変更又は工事着手の延期若しくは工事の全部若しくは一部の中止の申出があつた場合における工期の変更、請負代金の額の変更又は損害の負担及びそれらの額の算定方法に関する定め
⑦　天災その他不可抗力による工期の変更又は損害の負担及びその額の算定方法に関する定め
⑧　価格等の変動若しくは変更に基づく請負代金の額又は工事内容の変更
⑨　工事の施工により第三者が損害を受けた場合における賠償金の負担に関する定め
⑩　注文者が工事に使用する資材を提供し、又は建設機械その他の機械を貸与するときは、その内容及び方法に関する定め
⑪　注文者が工事の全部又は一部の完成を確認するための検査の時期及び方法並びに引渡しの時期
⑫　工事完成後における請負代金の支払の時期及び方法
⑬　工事の目的物が種類又は品質に関して契約の内容に適合しない場合におけるその不適合を担保すべき責任又は当該責任の履行に関して講ずべき保証保険契約の締結その他の措置に関する定めをするときは、その内容
⑭　各当事者の履行の遅滞その他債務の不履行の場合における遅延利息、違約金その他の損害金
⑮　契約に関する紛争の解決方法
⑯　その他国土交通省令で定める事項

【問題　47】　正答――― 1

1. 使用者は、労働契約の不履行について違約金を定め、又は損害賠償額を予定する契約をしてはならない。
2. 使用者は、労働契約に付随して貯蓄の契約をさせ、又は貯蓄金を管理する契約をしてはならない。
3. 使用者は、前借金その他労働することを条件とする前貸の債権と賃金を相殺してはならない。
4. 使用者は、労働契約の締結に際し、労働者に対して下記の①～⑤の労働条件について明らかとなる書面を交付しなければならない。

　①　労働契約の期間に関する事項
　②　就業の場所及び従事すべき業務に関する事項
　③　始業及び終業の時刻、所定労働時間を超える労働の有無、休憩時間、休日、休暇等に関する事項

④　賃金(退職手当等を除く。)の決定、計算及び支払の方法、賃金の締切り及び支払の時期並びに昇給に関する事項

⑤　退職に関する事項(解雇の事由を含む。)

【問題　48】　正答——4

事業者は、その事業場の業種が政令で定めるものに該当するときは、新たに職務につくこととなった職長その他の作業中の労働者を直接指導又は監督する者(作業主任者を除く。)に対し、次の事項について、厚生労働省令で定めるところにより、安全又は衛生のための教育を行なわなければならない。定める事項は、

・作業方法の決定及び労働者の配置に関すること。

・労働者に対する指導又は監督の方法に関すること。

・省令で定められるものの危険性又は有害性等の調査及びその結果に基づき講ずる措置に関すること。

・異常時等における措置に関すること。

・その他現場監督者として行うべき労働災害防止活動に関すること。

したがって、作業環境測定についての実施に関することは定められていない。

【問題　49】　正答——4

1.　工作物の新築、改築又は除去に伴って生じたコンクリートの破片その他これに類する不要物は、産業廃棄物である。

2.　事業活動に伴って生じたゴムくずは、産業廃棄物である。

3.　事業活動に伴って生じた陶磁器くずは、産業廃棄物である。

4.　地下掘削に伴って生じた土砂は、産業廃棄物に規定されていない。

【問題　50】　正答——2

1.　消防法上、「警報設備」は、自動火災報知設備、ガス漏れ火災報知設備、漏電火災警報器等が該当する。

2.　消防法上、「消火設備」は、屋内消火栓設備、スプリンクラー設備等が該当する。連結送水管は、「消火活動上必要な施設」に該当する。

3.　消防法上、「消火活動上必要な施設」は、排煙設備、連結散水設備、連結送水管等が該当する。

4.　消防法上、「避難設備」は、避難器具(避難はしご、救助袋等)、誘導灯及び誘導標識等が該当する。

2024年度 日建学院受験対策スケジュール

月	2級建築施工管理技術検定 試験日程
2月	一次のみ試験（前期）申込受付期間 **2/9（金）～3/8（金）**
3月	
4月	
5月	一次のみ試験（前期）受講票発送 **5/20（月）**
6月	**一次のみ試験（前期）本試験日 6/9（日）** 一次・二次受験申込書販売開始 **6/26（水）～7/24（水）**
7月	一次のみ試験（前期）合格発表 **7/10（水）** 一次・二次受験申込受付期間 **7/10（水）～7/24（水）**
8月	
9月	
10月	一次&二次・一次のみ（後期）・二次のみ受験票送付 **11/5（火）**
11月	**一次・二次本試験日 11/24（日）**
12月	
2025年 1月	一次（後期）合格発表 **1/10（金）**
2月	二次合格発表 **2/7（金）**
3月	

日建学院受験者応援サービス
－最寄りの各校で受付－

一次&二次 申込

願書取寄せサービス

ご自宅や職場へ願書の
お届けをいたします。
お知り合いの方の分もご一緒に
お取り寄せできます。

※願書代金がかかります。
※受験申込期間に間に合うよう、
お早めにお申し込みください。

**二次検定問題・解答参考例
無料進呈**

二次検定を振り返るために
最適の資料です。
お近くの各校、またはHPで
ご請求ください。

日建学院

6月前期
3/下

公

11月後期
8/中

公

※スケジュールは予定のため変更することがあります。

ケジュール
験対策講座
上旬
講義
試験
験対策講座
/中旬
講義
講義
試験

日建学院 本校教室一覧

北海道・東北地区

札幌	☎ 011-251-6010
苫小牧	☎ 0144-35-9400
旭川	☎ 0166-22-0201
青森	☎ 017-774-5001
弘前	☎ 0172-29-2561
八戸	☎ 0178-70-7500
盛岡	☎ 019-659-3900
水沢	☎ 0197-22-4551
仙台	☎ 022-267-5001
秋田	☎ 018-801-7070
山形	☎ 023-622-5100
酒田	☎ 0234-26-3351
郡山	☎ 024-941-1111

北陸地区

新潟	☎ 025-245-5001
長岡	☎ 0258-25-8001
上越	☎ 025-525-4885
富山	☎ 076-433-2002
金沢	☎ 076-280-6001
KIT前教室	☎ 076-293-0821
福井	☎ 0776-21-5001

関東地区

水戸	☎ 029-305-5433
つくば	☎ 029-863-5015
宇都宮	☎ 028-637-5001
小山	☎ 0285-31-4331
群馬	☎ 027-330-2611
太田	☎ 0276-58-2570
大宮	☎ 048-648-5555
川口	☎ 048-499-5001
川越	☎ 049-243-3611
所沢	☎ 04-2991-3759
朝霞台	☎ 048-470-5501
南越谷	☎ 048-986-2700
熊谷	☎ 048-525-1806
千葉	☎ 043-244-0121
船橋	☎ 047-422-7501
成田	☎ 0476-22-8011
木更津	☎ 0438-80-7766
柏	☎ 04-7165-1929
新松戸	☎ 047-348-6111
浦安	☎ 047-397-6780
池袋	☎ 03-3971-1101
新宿	☎ 03-6894-5800
上野	☎ 03-5818-0731
新橋	☎ 03-6858-4650
吉祥寺	☎ 0422-28-5001
立川	☎ 042-527-3291
八王子	☎ 042-628-7101
北千住	☎ 03-6850-0120
町田	☎ 042-728-6411
武蔵小杉	☎ 044-733-2323
横浜	☎ 045-440-1250
厚木	☎ 046-224-5001
藤沢	☎ 0466-29-6470
山梨	☎ 055-263-5100
長野	☎ 026-244-4333
松本	☎ 0263-41-0044

東海地区

静岡	☎ 054-654-5091
浜松	☎ 053-546-1077
沼津	☎ 055-954-3100
富士	☎ 0545-66-0951
名古屋	☎ 052-541-5001
北愛知	☎ 0568-75-2789
岡崎	☎ 0564-28-3811
豊橋	☎ 0532-57-5113
岐阜	☎ 058-216-5300
四日市	☎ 059-349-0005
津	☎ 059-291-6030

近畿地区

京都	☎ 075-221-5911
福知山	☎ 0773-23-9121
滋賀	☎ 077-561-4351
梅田	☎ 06-6377-1055
なんば	☎ 06-4708-0445
枚方	☎ 072-843-1250
堺	☎ 072-228-6728
岸和田	☎ 072-436-1510
橿原	☎ 0744-28-5600
奈良	☎ 0742-34-8771
神戸	☎ 078-230-8331
姫路	☎ 079-281-5001
和歌山	☎ 073-473-5551
田辺	☎ 0739-22-6665

中国地区

岡山	☎ 086-223-8860
倉敷	☎ 086-435-0150
福山	☎ 084-926-0570
広島	☎ 082-223-2751
岩国	☎ 0827-22-3740
山口	☎ 083-972-5001
徳山	☎ 0834-31-4339
松江	☎ 0852-27-3618
鳥取	☎ 0857-27-1987
米子	☎ 0859-33-7519

四国地区

松山	☎ 089-924-6777
西条	☎ 0897-55-6770
高松	☎ 087-869-4661
高知	☎ 088-821-6165
徳島	☎ 088-622-5110

九州地区

北九州	☎ 093-512-7100
天神	☎ 092-762-3170
久留米	☎ 0942-33-9164
大牟田教室	☎ 0944-32-8915
佐賀	☎ 0952-31-5001
長崎	☎ 095-820-5100
佐世保	☎ 0956-87-0627
大分	☎ 097-546-0521
中津	☎ 0979-25-0002
熊本	☎ 096-241-8880
宮崎	☎ 0985-50-0034
延岡	☎ 0982-34-7183
都城	☎ 0986-88-4001
鹿児島	☎ 099-808-2500
沖縄	☎ 098-861-6006
うるま	☎ 098-916-7430
名護	☎ 0980-50-9115

日建学院 認定校　　日建学院 認定校

日建学院 公認スクール　　日建学院 公認スクール

受講者の生活スタイルは様々です。できることならば通学時間は短いほうがいい。そんな思いで「日建学院認定校」と「日建学院公認スクール」を全国に開校しています。「日建学院認定校」では建築士と土木施工管理技士を中心に運営、「日建学院公認スクール」でも多くの講座を運営しています。提供される講座は、本校と同じカリキュラム、同じ教材でクオリティの高い授業が提供されます。日建学院ホームページの全国学校案内からあなたの近くの日建学院をお探し下さい。

講座一覧

※認定校及び公認スクールでは取扱講座が異なりますので詳しくは最寄り校へご確認下さい。

建築関連
- 1級建築士
- 2級建築士
- インテリアコーディネーター
- 建築設備士
- 構造設計1級建築士

不動産関連
- 宅地建物取引士（宅建）
- 賃貸不動産経営管理士
- 管理業務主任者
- 土地家屋調査士
- 測量士補

建設関連
- 1級建築施工管理技士
- 2級建築施工管理技士
- 1級土木施工管理技士
- 2級土木施工管理技士
- 1級管工事施工管理技士
- 2級管工事施工管理技士
- 1級造園施工管理技士
- 2級造園施工管理技士
- 1級舗装施工管理技術者
- 給水装置工事主任技術者
- 第三種電気主任技術者
- 1級エクステリアプランナー
- 2級エクステリアプランナー
- コンクリート主任技士
- コンクリート技士
- CPDS

税務・ビジネス・介護・福祉
- ファイナンシャルプランナー2級（AFP）
- ファイナンシャルプランナー3級
- 日商簿記2級
- 日商簿記3級
- 秘書検定
- 2級建設業経理士
- 福祉住環境コーディネーター
- 介護福祉士

就職・スキルアップ
- JW-CAD
- Auto-CAD
- DRA-CAD
- 建築CAD検定
- Office
- SPI
- 中国語

実務
- 構造計算関連

職業訓練
- 介護職員初任者研修
- 介護福祉士実務者研修 通学

法定講習一覧

（株）日建学院 実施

- 建築士定期講習
- 宅建登録講習
- 宅建実務講習
- 監理技術者講習
- 評価員講習会
- 第一種電気工事士定期講習

2級建築施工管理技士『一次対策問題解説集』購入者特典!

特典

2級建築施工管理技士一次
「公開模擬試験」受験料割引

①	一次（6月試験向け）	通常受験料：税込 3,300 円→ 利用者特典：税込 2,200 円
②	一次（11月試験向け）	通常受験料：税込 3,300 円→ 利用者特典：税込 2,200 円
③	一次＋二次（11月試験向け）	通常受験料：税込 5,500 円→ 利用者特典：税込 3,300 円

全国の日建学院各校はHPで！ https://www.ksknet.co.jp/nikken/index.aspx

(注意)一部開催しない校、特典適用がない校もございますので予めご了承ください。必ずご希望校にご確認ください。

※「公開模擬試験」開催校について
直営校のみ実施いたします。一部実施しない校もありますので、最寄りの校にお問い合わせください。

≪お申込み方法≫

下記申込書に必要事項をご記入のうえ、事務局スタッフへ「特典受験料」と一緒にお渡しください。

---------- 切り取り ----------

令和6年度2級建築施工管理技士『一次対策問題解説集』購入者特典「公開模擬試験」申込書

■必要事項をご記入ください。

申込日	年　月　日

学習方法	一般 ・ 他講習	受験番号		受付校	
受験回数	1回目・2回目・3回目以上	住所	〒 アパート名　号室		
フリガナ					
氏名		連絡先	自宅・携帯　（　）		
生年月日	西暦　年　月　日生	勤務先	（　）		

■受講希望の項目に○印をつけてください。

	開催日	公開模擬名	利用者限定特典受験料	締切日
	5 月26 日(日)	一次（6 月試験向け）	税込 2,200 円	2024 年 5 月15 日(水)
	11 月10 日(日)	一次（11月試験向け）	税込 2,200 円	2024 年10 月30 日(水)
	11 月10 日(日)	一次＋二次（11月試験向け）	税込 3,300 円	2024 年10 月30 日(水)

****日建学院使用欄****

備考		担当	

※個人情報の取り扱いについて／弊社ではご提供いただいた個人情報をお客様へのご連絡・商品の発送のほか、弊社のサービス・商品等のご案内を目的に利用させていただきますので予めご了承ください。（株式会社建築資料研究社　東京都豊島区池袋2-50-1）

【正誤等に関するお問合せについて】

本書の記載内容に万一、誤り等が疑われる箇所がございましたら、**郵送・ＦＡＸ・メール等の書面**にて以下の連絡先までお問合せください。その際には、お問合せされる方のお名前・連絡先等を必ず明記してください。また、お問合せの受付け後、回答には時間を要しますので、あらかじめご了承いただきますよう、お願い申し上げます。

なお、正誤等に関するお問合せ以外のご質問、受験指導および相談等はお受けできません。そのようなお問合せにはご回答いたしかねますので、あらかじめご了承ください。

お電話によるお問合せは、お受けできません。

【郵送先】
〒171-0014
東京都豊島区池袋2-38-1　日建学院ビル3F
建築資料研究社 出版部
「令和6年度版　2級建築施工管理技士 一次対策問題解説集」正誤問合せ係
【FAX】
03-3987-3256
【メールアドレス】
seigo@mx1.ksknet.co.jp　　※件名に**書名**を明記してください

【本書の法改正・正誤情報等について】

本書の記載内容について発生しました法改正・正誤情報等は、下記ホームページ内でご覧いただけます。

なおホームページへの掲載は、対象試験終了時ないし、本書の改訂版が発行されるまでとなりますので、あらかじめご了承ください。

https://www.kskpub.com ➡ 訂正・追録

令和6年度版　**2級建築施工管理技士 一次対策問題解説集**

2024年3月5日　初版第1刷発行

編　著　日建学院教材研究会
発行人　馬場 栄一
発行所　**株式会社建築資料研究社**
〒171-0014　東京都豊島区池袋2-38-1
日建学院ビル 3F
TEL 03-3986-3239　FAX 03-3987-3256
https://www.kskpub.com
表　紙　齋藤 知恵子（sacco）
印刷・製本　**株式会社広済堂ネクスト**

　ISBN978-4-86358-920-9